Christine Nöstlinger
Maikäfer, flieg!
Zwei Wochen im Mai

Jubiläumsbibliothek
25 Jahre Beltz & Gelberg

Dagmar Chidolue *Lady Punk*
Peter Härtling *Krücke*
Henky Hentschel *Die Hunde im Schatten des Mandelbaums*
Josef Holub *Der rote Nepomuk*
Klaus Kordon *Die roten Matrosen oder Ein vergessener Winter*
Klaus Kordon *Mit dem Rücken zur Wand*
Klaus Kordon *Der erste Frühling*
Erwin Moser *Der Rabe Alfons*
Christine Nöstlinger *Maikäfer, flieg! / Zwei Wochen im Mai*
Leonie Ossowski *Die große Flatter*
Mirjam Pressler *Novemberkatzen*
Karla Schneider *Die Reise in den Norden*
Reinhold Ziegler *»Es gibt hier nur zwei Richtungen, Mister«*
Arnulf Zitelmann *Paule Pizolka oder Eine Flucht durch Deutschland*

Christine Nöstlinger

Maikäfer, flieg!
&
Zwei Wochen im Mai

Zwei Romane in einem Band
Mit einem Nachwort der Autorin

BELTZ
& Gelberg

Christine Nöstlinger, geboren 1936, lebt in Wien. Sie veröffentlichte Gedichte, Romane, Filme und zahlreiche Kinder- und Jugendbücher. Im Programm Beltz & Gelberg sind u. a. erschienen: *Wir pfeifen auf den Gurkenkönig* (Deutscher Jugendbuchpreis), *Lollipop, Hugo, das Kind in den besten Jahren, Der Hund kommt!* (Österreichischer Staatspreis), Oh, du Hölle!, *Der Neue Pinocchio, Der Zwerg im Kopf* (Zürcher Kinderbuchpreis), *Der gefrorene Prinz, Wie ein Ei dem anderen, Eine mächtige Liebe* (Christine-Nöstlinger-Lesebuch), *Ein und Alles* (zusammen mit Jutta Bauer), *Einen Vater hab ich auch* und zuletzt *Vom weißen Elefanten und den roten Luftballons.*
1984 wurde sie für ihr Gesamtwerk mit der internationalen Hans-Christian-Andersen-Medaille ausgezeichnet.

Maikäfer, flieg! kam auf die Auswahlliste zum Deutschen Jugendbuchpreis und wurde mit dem Buxtehuder Bullen und dem Silbernen Griffel ausgezeichnet.

Einmalige Sonderausgabe 1996

Beltz Verlag, Weinheim und Basel
Programm Beltz & Gelberg, Weinheim

Einband- und Reihengestaltung Rotraut Susanne Berner
Gesamtherstellung
Druckhaus Beltz, 69494 Hemsbach
Printed in Germany
ISBN 3 407 79718 4

Inhalt

Maikäfer, flieg!
Seite 7

Zwei Wochen im Mai
Seite 215

Nachwort
Seite 410

Maikäfer, flieg!

Mein Vater, das Kriegsende, Cohn und ich

Vorbemerkung

*Die Geschichte, die ich erzähle, ist mehr als fünfundzwanzig*Jahre alt. Vor fünfundzwanzig Jahren waren die Kleider anders und die Autos auch. Die Straßen waren anders und das Essen auch. Wir waren anders. Sicher, vor fünfundzwanzig Jahren sangen die kleinen Kinder auch in Wien:*

Maikäfer, flieg!
der Vater ist im Krieg...

Heute singen die kleinen Kinder immer noch:

Maikäfer, flieg!
der Vater ist im Krieg

Nur – die kleinen Kinder damals wußten genau, was sie da sangen. Der Vater war *im Krieg.*

die Mutter ist im Pulverland

Die Mutter war wirklich im Pulverland. Und wir mit ihr.

Pulverland ist abgebrannt

Doch die Maikäfer waren nie schuld, wenn Pulverland abbrannte; auch vor fünfundzwanzig Jahren nicht.

Die Geschichte, die ich hier erzähle, ist eine Pulverlandgeschichte.

---

* *Dieses Buch wurde 1973 erstmals veröffentlicht!*

1.
Das Haus • Die Großmutter
Der Radiokuckuck • Die Hannitante
Silberne Perlenketten vom Himmel

Ich war acht Jahre alt. Ich wohnte in Hernals. Hernals ist ein Bezirk von Wien. Ich wohnte in einem grauen, zweistöckigen Haus. Im Parterre, die letzte Tür. Hinter dem Haus war ein Hof. Mit Abfallkübeln, mit einer Klopfstange und einem Hackstock*. Und hinten im Hof, an der Klofenstermauer, stand ein Zwetschkenbaum. Aber Zwetschken waren nie auf ihm.

Unter unserem Haus war ein Keller. Der größte und beste Keller im ganzen Häuserblock. Gute Keller waren wichtig. Gute Keller waren wichtiger als schöne Wohnzimmer und vornehme Schlafzimmer. Wegen der Bomben. Es war Krieg. Es war schon lange Krieg. Ich konnte mich überhaupt nicht daran erinnern, daß einmal kein Krieg gewesen war. Ich war den Krieg gewohnt und die Bomben auch. Die Bomben kamen oft. Einmal habe ich die Bomben gesehen. Ich war bei meiner Großmutter. Die wohnte auch in unserem Haus. Im Parterre, die erste Tür. Die Großmutter war schwerhörig. Ich saß mit der Großmutter in der Küche. Die Großmutter schälte Erdäpfel und schimpfte auf die Erdäpfel und auf den Krieg. Sie sagte, vor dem Krieg hätte sie der Gemüsefrau solche drecki-

* Diese Geschichte spielt in Wien. Notwendige Dialektformen, vor allem in der wörtlichen Rede, dürften dem Leser verständlich genug sein, so daß Worterklärungen nicht notwendig sind. Namen oder Begriffe aus der Zeit vor und nach 1945, die jungen Lesern nicht immer geläufig sein können, erklärt jedes Lexikon.

gen, fleckigen Erdäpfel an den Kopf geschmissen. Die Großmutter zitterte vor Wut über die schwarzfleckigen Erdäpfel. Die Großmutter zitterte oft vor Wut. Sie war eine wilde Frau.

Neben der Großmutter, auf der Küchenkredenz, stand das Radio. Das Radio war ein Volksempfänger, ein kleiner schwarzer Kasten mit einem einzigen, roten Knopf. Der war zum Anstellen, Abstellen, zum Leiserdrehen und zum Lauterdrehen. Der Volksempfänger spielte Marschmusik, dann hörte die Marschmusik auf, eine Stimme sagte: »Achtung, Achtung! Feindliche Kampfverbände im Anflug auf Stein am Anger!«

Nachher war keine Marschmusik mehr. Die Großmutter schimpfte weiter auf die Erdäpfel und den Krieg; jetzt auch auf den Blockwart. Sie war ja schwerhörig. Sie hatte die Durchsage im Radio nicht verstanden. Ich sagte: »Großmutter, die Flieger kommen.« Ich sagte es nicht sehr laut. Ich sagte es so, daß es die Großmutter nicht hörte. Wenn die Flieger erst in Stein am Anger waren, war es nämlich noch gar nicht sicher, ob sie nach Wien flogen. Sie konnten noch woandershin abbiegen. Ich wollte nicht umsonst in den Keller laufen. Die Großmutter rannte immer schon in den Keller, wenn die Flugzeuge in Stein am Anger waren. Sonst, wenn meine Mutter oder meine Schwester oder mein Großvater zu Hause waren und ihr sagten, daß die Flieger kommen.

Die Flieger bogen nicht ab. Kreischend kam es jetzt aus dem Volksempfänger: »Kuk kuk kuk kuk kuk kuk…«

Das war das Zeichen, daß die Bombenflugzeuge auf Wien zuflogen. Ich ging zum Fenster. Auf der Gasse lief die Hannitante. Die Hannitante war eine alte Frau. Sie wohnte drei Häuser weiter, und der Krieg und die Bomben hatten sie verrückt gemacht. Unter dem einen Arm trug die Hannitante ein hölzernes Klappstockerl, unter dem anderen Arm trug sie eine zusammengerollte karierte Decke. Die Hannitante lief und rief dabei: »Der Kuckuck schreit! Leut, der Kuckuck schreit!«

So rannte sie bei jedem Bombenangriff um den Häuserblock, immer wieder rund um den Häuserblock. Sie wollte einen sicheren Keller finden. Aber kein Keller war ihr sicher genug. Sie rannte keuchend, zitternd, kuckuck schreiend, bis der Bombenangriff vorüber war. Dann ging sie nach Hause, klappte gleich hinter der Wohnungstür das Klappstockerl auf, setzte sich, legte die karierte Decke auf die Knie und wartete, bis der Radiokuckuck wieder zu schreien anfing. Die Hannitante lief also am Küchenfenster der Großmutter vorbei, und gleich darauf begannen die Sirenen zu heulen. Die Sirenen waren auf den Häuserdächern und heulten scheußlich. Das Sirenengeheul hieß: Die Flieger sind da!

Meine Großmutter war gerade dabei, die wenigen guten Erdäpfel mit dem Riesenhaufen aus Schalen, verfaulten Stükken und schwarzen Brocken zu vergleichen. Nun verfluchte sie nicht mehr die Gemüsefrau und den Blockwart, sondern den Gauleiter, das Schwein, und den Hitler, den Wahnsinnigen, der uns das alles eingebrockt hatte.

»Einbrocken tun's einem die sauberen großkopferten Leut, und auslöffeln können's wir, die armen Hund! Mit uns kann ja jeder machen, was er will!« schimpfte die Großmutter. Als die Sirenen zu heulen begannen, hielt die Großmutter an und fragte: »Heulen net die Sirenen?«

Ich sagte: »Nein, nein!«

Ich *mußte* »nein« sagen. Ich konnte mit der Großmutter

nicht in den Keller gehen. Sie war zu wütend, zu zornig. Die Großmutter hätte im Keller weitergeflucht. Auf den Herrn Blockwart, den Hitler, den Goebbels, den Gauleiter und die Gemüsefrau, und das durfte die Großmutter nicht. Die Großmutter hatte schon viel zu oft geschimpft. Und viel zu laut. Das kam davon, weil sie schwerhörig war. Schwerhörige Leute reden oft zu laut. Und die Großmutter grüßte auch nie mit »Heil Hitler«. Unten im Keller aber saß jetzt die Frau Brenner aus dem ersten Stock. Sie grüßte immer mit »Heil Hitler«. Die Frau Brenner hatte schon ein paarmal gesagt, daß solche Frauen wie meine Großmutter bei der Gestapo angezeigt gehören. Weil sie nicht an den Sieg des deutschen Volkes glauben und weil sie den Krieg nicht gewinnen helfen und weil sie gegen den Führer sind.

Ich hatte Angst vor der Frau Brenner. Darum sagte ich nichts von den Sirenen. Die Großmutter stellte die Erdäpfel auf den Gasherd. Sie wurde freundlicher, weil die Gasflamme schön groß und hellblau brannte. Das war seltsam. Das kam davon, weil niemand im ganzen Bezirk kochte. Alle saßen in den Kellern.

Auf der Straße war kein Mensch zu sehen. Nur weit oben, bei der Kalvarienberggasse, lief die Hannitante. Ganz leise hörte ich ihr »Der Kuckuck schreit! Der Kuckuck schreit!«

Ich schaute zum Himmel. Der Himmel war vergißmeinnichtblau. Und dann sah ich die Flieger. Es waren sehr viele. Ein Flugzeug flog an der Spitze. Dann kamen zwei und dahinter drei und dahinter noch viele. Die Flugzeuge waren schön. Sie glitzerten in der Sonne. Dann ließen die Flugzeuge die Bomben fallen. Das hatte ich noch nie gesehen. Sonst war ich ja immer im Keller unten. Im Keller ist das anders. Man sitzt und wartet. Und dann saust es in der Luft, und die Leute ziehen die Köpfe ein, und dann kracht es, und dann ist es wieder still. Und dann sagt einer: »Das war aber nah!«, und die Leute heben die Köpfe wieder und freuen sich, daß die Bombe woanders eingeschlagen hat und daß ihr Haus noch steht, und daß sie am Leben geblieben sind.

Aber jetzt sah ich die Bomben. Die Flugzeuge ließen so viele Bomben so schnell hintereinander aus ihren Bäuchen, daß es aussah, als hinge aus jedem Flugzeug eine dunkelgraue, glänzende Perlenkette. Und dann zerrissen die Perlenketten, die Bomben zischten herunter. Sie waren sehr laut. Sie waren lauter als alles, was ich bisher gehört hatte. Sie waren auch für die Großmutter laut genug. Die Großmutter packte mich und wollte mich vom Fenster wegziehen. Sie schrie: »G'schwind, renn! In den Keller! G'schwind!«

Ich konnte nicht laufen. Ich konnte mich nicht bewegen. Ich hielt mich ans Fensterbrett geklammert. Die Großmutter zerrte mich vom Fensterbrett weg. Sie schleppte mich durch die Küche, über den Gang, zur Kellertür. Die Bomben fielen noch immer. Der Lärm wurde noch größer. Der Lärm drückte gegen den Kopf. Er sauste in den Ohren. Er brannte in der Nase. Er machte den Hals ganz eng. Die Großmutter stieß mich die Kellerstiege hinunter. Sie stolperte hinter mir her, sie fiel auf mich. Wir rutschten zusammen über die ausgetretenen Kellerstufen. Hinter uns krachte die Kellertür ins Schloß.

Wir saßen auf der untersten Kellerstufe. Das Kellerlicht war ausgegangen. Es war finster. Ich lehnte an der Großmutter. Die Großmutter zitterte. Die Großmutter schluchzte. Über uns sauste und krachte es. Die Kellertür schwang auf und fiel wieder zu und ging wieder auf und krachte wieder ins Schloß.

Plötzlich war es still. Die Großmutter hört zu schluchzen und zu zittern auf. Mein Kopf lag auf ihrer dicken, weichen Brust. Die Großmutter streichelte mich. Sie murmelte: »Aber sie fliegen doch schon fort! Sie fliegen doch schon fort!«

Dann heulte die Entwarnungssirene. Die Entwarnungssirene hatte einen angenehmen, sanften, langgezogenen Klang. Hinten, am Ende vom Kellergang, wurde es hell. Das war die große Taschenlampe vom Hausvertrauensmann. Ich hörte seine Stimme: »Leut! Bewahrt s' Ruhe! Ich geh nachschauen! Nur keine Panik nicht, bitt' schön!«

Die Großmutter und ich stiegen mit dem Hausvertrauensmann die Kellerstiege hinauf. Unser Haus war ganz geblieben. Nur ein paar Fensterscheiben waren zerbrochen. Vom großen Luftdruck, den die Bomben erzeugten, wenn sie herunterfallen. Wir gingen auf die Straße. Aus anderen Haustoren kamen auch Leute.

Oben, bei der Kalvarienberggasse, war eine große Staubwolke. Und unten, beim Gürtel, fehlte das große Haus und das kleine Haus daneben.

Der Mann von der Hannitante kam zu uns. »Habt s' die Hanni gesehen?« fragte er. Er war sehr grau und sehr müde im Gesicht. Er sagte: »Ich such die Hanni schon die ganze Zeit!«

Wir hatten die Hannitante nicht gesehen. Und wir sahen sie auch nie mehr. Sie lag oben, bei der Kalvarienberggasse, unter einem Schutthaufen. Ihr Mann grub sie aus. Hätte sie nicht das Klappstockerl unter dem einen Arm und die karierte Decke unter dem anderen Arm gehabt, hätte ihr Mann sie gar nicht erkannt, weil ihr Kopf fehlte.

Doch das wußten wir jetzt ja noch nicht.

Der Hausvertrauensmann riet dem Mann von der Hannitante: »Gehn S' runter zum Pezzlpark-Bunker! Schaun S' dort nach. Vielleicht ist sie im Bunker drin!«

Der Mann von der Hannitante schüttelte den Kopf. »Die ist nicht im Bunker drin! Die war noch nie nicht im Bunker drin! Die geht in keinen Bunker hinein!«

Dann ging der Mann von der Hannitante weg. Meine Großmutter schaute ihm nach. Ich merkte, wie sie wieder zu zittern anfing. Und plötzlich brüllte sie: »Scheißhitler! Heil Hitler! Scheißhitler!«

»Ich bitt' Sie, ich bitt' Sie«, sagte der Hausvertrauensmann, »seien Sie doch um Himmels willen still, Sie reden sich ja noch um Ihr Leben!«

Doch die Großmutter war nicht still. Sie brüllte weiter. In einem fort. Wie eine Schallplatte, wo die Nadel in einer Rille steckenbleibt: »Scheißhitler, Heil Hitler, Scheißhitler, Heil Hitler, Scheißhitler!«

Der Hausvertrauensmann zog die Großmutter ins Haus hinein. Ich half ihm dabei, schob die Großmutter hinten an, boxte sie verzweifelt ins Hinterteil.

Langsam beruhigte sich die Großmutter. Sie lehnte jetzt an der Wand im Gang. Sie murmelte: »Die Erdäpfel! Meine Erdäpfel stehen ja noch immer auf dem Herd! Die Erdäpfel werden mir angebrannt sein!«

Die Großmutter lief in ihre Küche. Ich lief hinter ihr her. Die Erdäpfel waren nicht angebrannt. Das Gas war ausgegangen. Eine Bombe hatte irgendwo die Gasleitung zerschlagen.

2.
Der Großvater • Die Taschen Die Kaffeehausbesitzerin Der Schleichhändler • Das Zitronenzuckerl

In der Wohnung der Großmutter wohnte auch der Großvater. Den Großvater mochte ich sehr. Er war lang und dünn. Er hatte einen weißen Schnurrbart, veilchenblaue Augen, einen Mittelscheitel und Haare in den Ohren. Er konnte sehr lustig sein und Geschichten erzählen, wenn die Großmutter nicht dabei war. Vor der Großmutter hatte der Großvater Angst. Der Großvater hatte überhaupt oft Angst. Er hatte Angst, wenn er zum Finanzamt gehen mußte, er hatte Angst, wenn ihn ein Polizist anschaute, und er hatte Angst, wenn er im Radio den englischen Sender suchte – den er übrigens nie fand. Vor der Großmutter hatte der Großvater aber die größte Angst. Ich dachte immer, der Großvater hat die Großmutter nur geheiratet, weil er sich vor ihr gefürchtet hat. Sie hat ihn sicher wild angeschaut und gesagt: »Lepold! Du heiratest mich!« Und der Großvater hat dann wahrscheinlich aus lauter Angst »ja, Juli, ja, ja, Juli!« gesagt.

Vielleicht war es auch ganz anders, und der Großvater hat die Großmutter einmal sehr geliebt. Und sie ihn auch. Als ich ein Kind war, war davon aber nichts zu bemerken. Nie sagte die Großmutter etwas Freundliches zum Großvater. Dauernd hieß es: »Lepold, du mußt gehen! Lepold, du mußt die Kohlen aus dem Keller holen! Lepold, mach das Fenster zu! Lepold, dreh das Licht ab! Lepold, gib mir die Zeitung! Lepold, hör zu! Lepold, gib mir Geld!«

Der Großvater sagte auf alles: »Ja, ja, Juli! Ja, ja, Juli!«

Der Großvater hieß eigentlich Leopold, und die Großmutter hieß Julia.

Der Großvater hatte einen sonderbaren Beruf.

Er war Uhrenfurniturenhändler. Uhrenfurnituren sind die kleinen Räder und Schrauben und Federn, die in den Uhren drinnen sind. Der Großvater hatte aber kein Geschäft mit einer Ladentür und einem Schild darüber. Er hatte alle seine Uhrenfurnituren in zwei Kästen im Kabinett, hinter der Küche der Großmutter. Manchmal kam ein Uhrmacher zu ihm in die Wohnung und kaufte eine Feder oder ein Rad oder ein Sackerl Schrauben.

Doch meistens ging der Großvater mit seinen Uhrenfurnituren in die Uhrmachergeschäfte. Die Großmutter nannte das: »Er geht mit der Taschen!«

Jeden Wochentag, nach dem Frühstück, packte sich der Großvater die dicke, schwarze Tasche voll und machte sich auf den Weg. Am Abend, wenn er wiederkam, zog er sich die schwarzen Schnürschuhe und die schwarzen Socken aus, rieb seine langen, dünnen Zehen und murmelte: »Verdammt, verdammt noch einmal, heut' bin ich aber wieder was zusammen gerennt! Und verkauft hab ich einen Schmarrn! Sind ja nur mehr die alten, zittrigen, kurzsichtigen Uhrmacher da! Alle anderen sind beim Militär!«

Dann holte der Großvater die weiße Blechschüssel aus der Küche, füllte sie mit Wasser, schob sie unter den Zimmertisch, krempelte die gestreiften Hosenbeine hoch, setzte sich zum Tisch und stellte die Füße ins Wasser und zitterte, weil das Wasser kalt war. Die Großmutter erlaubte ihm kein warmes Wasser für sein Fußbad. Sie hielt nichts von Fußbädern.

Dann brachte die Großmutter das Nachtmahl. Dill-Erdäpfel am Montag, eingebrannte Erdäpfel am Dienstag, Erdäpfelschmarrn mit Rüben am Mittwoch, am Donnerstag Erdäpfelpüree, am Freitag Erdäpfelgulasch und am Samstag Erdäpfelpuffer. Den Erdäpfel-Speiseplan hielt die Großmutter streng ein. Nur einmal hat sie sich geirrt. Da hat sie am Dienstag Erdäpfelpuffer gemacht. Da war sie so aufgeregt, weil sie in der Lotterie dreißig Mark gewonnen hat, und gleich darauf ist sie ganz wütend geworden, weil sie gemerkt hat, daß sie sich für die dreißig Mark nichts kaufen hat können. Die Großmutter ist zur Lottoannahmestelle zurückgerannt und hat der Lottofrau die dreißig Mark auf den Tisch geschmissen und hat geschrien: »Da haben S'! Stecken S' Ihnen die Papierl da auf den Hut! Man kriegt ja einen Dreck drum! Ich pfeif auf ihr blödes Geld! Spieln S' lieber Fleischmarken aus, damit man was hat.«

Ich stand an der Tür von der Lottoannahmestelle und hab mich furchtbar für die Großmutter geniert.

Der Großvater jammerte viel über seine armen Füße und die nutzlose Herumrennerei mit der Tasche. Der Großmutter tat er nicht leid – der Großmutter tat niemand leid –, aber sie glaubte ihm. Dabei war der Großvater ein Schwindler. Er lief gar nicht soviel herum. Ich wußte das ganz genau, denn manchmal, wenn die Schule ausfiel, nahm mich der Großvater mit.

Mit dem Großvater und der Taschen gehen, war schön. Zuerst gingen wir ins Kaffeehaus. Der Großvater kannte eine Kaffeehausbesitzerin, die hatte ein winziges, rotplüschenes Kaffeehaus, und sie liebte den Großvater. Sie servierte echten Bohnenkaffee und oft auch Nußstrudel mit Rosinen. Im Kaffeehaus war ein alter, dicker Hund. Er hatte keine Zähne mehr, und auf einem Bein war er gelähmt.

Die Kaffeehausbesitzerin hatte einen Mann, der war anscheinend genauso wild wie meine Großmutter. Die Kaffeehausbesitzerin erzählte uns oft von ihrem Mann. Hinterher sagte sie immer: »Es ist ja eine Sünde, wenn man es ausspricht, aber von mir aus könnte der Krieg ewig dauern! So habe ich wenigstens meine Ruhe vor dem Kerl!« Der Kaffeehausbesitzer war nämlich in Rußland als Soldat.

Nach dem Kaffeehausbesuch gingen der Großvater und ich einen Uhrmacher besuchen. Ich durfte mir aussuchen, wohin wir gingen. Am liebsten war mir der kleine Herr Mauritz. Der war nur knapp einen Meter groß. Er lief hinter dem Ladentisch auf einer hölzernen Treppe herum. So konnte er über das Pult sehen.

Zu dem Mann, der die uralten Uhren reparierte, ging ich auch gern. Sein Laden, über dem »Uhren-Atelier« stand, war voll mit Spieluhren, Standuhren und Pendeluhren. Immer spielte irgendwo eine Klimpermelodie oder schlug eine Pendeluhr die falsche Stunde. Der Mann, der die uralten Uhren reparierte, brauchte vom Großvater keine Uhrenfurnituren. Er reparierte nämlich schon lange keine Uhren mehr. Er war Schleichhändler geworden. Schleichhändler war ein gefährlicher Beruf. Man wurde eingesperrt und kam ins Konzentrationslager, wenn die Polizei dahinterkam. Der Mann mit den uralten Uhren war immer sehr freundlich zu mir. Betrat ich mit dem Großvater den Laden, sagte er zuerst: »Habe die ganz spezielle Ehre, Herr Göth!« (Mein Großvater hieß außer Leopold auch noch Göth.) Dann sagte er: »Aha, aha, heute ist unsere liebe Zuckerpuppe auch wieder einmal da!«

Die Zuckerpuppe war ich. Der Mann mit den uralten Uhren führte mich in sein finsteres Hinterzimmer. Er öffnete einen Schrank und holte eine Schachtel heraus. In der Schachtel war ein riesiger Brocken aus weichen, verklebten Zitronenzukkerln. Ich kletzelte mühselig ein Stück von dem Zitronengatsch und bemühte mich, nicht zu gierig zu sein. Manchmal erwischte ich einen ordentlichen Klumpen, einen so großen, daß ich kaum daran lutschen konnte, weil mein Mund so voll davon war.

Jedesmal, wenn ich mit dem Großvater den Laden verließ, nahm ich mir fest vor: »Heute lutsche ich nicht alles auf! Heute lasse ich ein Stück Zitronengatsch für den Berger Schurli über!«

Der Berger Schurli wohnte in unserem Haus, im zweiten Stock, und war mein bester Freund. Trotzdem habe ich ihm nie ein Stück vom Zitronengatsch gebracht.

Meine Mutter konnte den Mann mit dem »Uhren-Atelier« nicht leiden. Denn einmal, da hatte meine Mutter eine Menge Geld bekommen. Von einer alten Tante, die gestorben war. Da ist meine Mutter am Abend, nach Geschäftsschluß, zu dem Mann mit den uralten Uhren gegangen. Dem hat sie das viele Geld gegeben, und er hat ihr dafür drei Kilo Bauchspeck und vier Kilo Zucker besorgt. Meine Mutter hatte gedacht, daß sie mindestens ein halbes Schwein für das viele Geld bekommen würde. Aber der Mann mit den uralten Uhren hat sie ausgelacht und gesagt, daß in solchen Zeiten wie der unseren Geld überhaupt nichts wert ist. Wenn man ein halbes Schwein will, hat er erklärt, dann muß man dafür ein Klavier oder fünf Wintermäntel hergeben. Fünf Wintermäntel hatten wir nicht, aber wir hatten ein Klavier. Meine Schwester und ich mußten jeden

Tag darauf üben, und einmal in der Woche mußten wir zu einer Frau Kriegelstein gehen und ihr vorspielen, was wir geübt hatten. Die Frau Kriegelstein saß neben uns auf einem Stuhl und zählte: »Eins, zwei, drei, eins, zwei, drei, eins, zwei, drei!« Und dann seufzte sie tief. Ich glaube, sie hielt uns für sehr unbegabt.

Meine Schwester und ich hätten das Klavier gern gegen ein halbes Schwein umgetauscht. Sogar gegen drei Eier. Doch meine Mutter wollte davon nichts wissen. Sie wurde wütend, wenn wir davon sprachen. So wütend, wie sonst nur die Großmutter wurde. Meine Mutter hatte nämlich vier Jahre lang für das Klavier gespart, und es machte sie so wütend, daß sie vier Jahre lang für drei Eier oder ein halbes Schwein gespart haben sollte. Das konnte sie nicht begreifen.

3.
Der zerschossene Vater
Der Brenner-Hund · Das Puppenhaus
Der Mauerstaub · Der Riß in der Decke

Im Jahr neunzehnhundertfünfundvierzig kam der Frühling sehr früh. Das war gut, weil wir kein Holz und keine Kohlen mehr zum Heizen hatten. Viel besser war noch, daß im März mein Vater von der Front kam.

Mein Vater lag nun in Wien in einem Lazarett. Vorher war er in Deutschland in einem Lazarett gewesen und noch vorher in einem Lazarett in Polen. Und noch davor in Rußland in einem

Eisenbahnzug, irgendwo auf den Schienen, ohne Lokomotive. Mit dreißig anderen Soldaten in einem offenen Güterwaggon und darüber russische Tiefflieger. Mein Vater hatte zerschossene Beine, und überall auf seinem Körper eiterten Granatsplitter aus dem Fleisch. Doch er konnte mühselig herumhumpeln, und er bekam jeden Morgen im Spital einen Urlaubsschein und durfte zu uns nach Hause kommen und bis zum Abend bei uns bleiben.

Daß mein Vater nun in Wien im Lazarett lag, war weder Zufall noch Glück. Das hatte mein Onkel, der Bruder meiner Mutter, erreicht. Der war ein großer SS-Nazi, in Berlin im Führerhauptquartier. Und daß mein Vater jeden Tag einen Urlaubsschein bekam, war auch kein Zufall. Unter den Uhrenfurnituren vom Großvater, ganz unten in der letzten Lade vom Schrank, waren noch etliche Uhren gewesen, Armbanduhren und Wecker und eine Küchenuhr. Der Großvater hatte sie wie einen Schatz gehütet. Nun bekam sie der Unteroffizier in der Schreibstube vom Lazarett. Der schrieb dafür die vielen Urlaubsscheine aus.

Die Russen waren nicht mehr weit von Wien weg. Wo sie waren, wußte niemand genau. Jeden zweiten Tag fiel die Schule aus. Wegen der Bombenangriffe in der Nacht. Das war aber ganz gleich, weil wir sowieso nicht lernen konnten. In unserer Schule waren jetzt auch die Schüler von zwei anderen Volksschulen, die zerbombt worden waren.

Die Frau Brenner grüßte noch immer mit Heil Hitler, und die Frau Sula, die bei der Frau Brenner einmal in der Woche die Fenster putzte, sagte, daß sich die Frau Brenner eine Menge Gift besorgt habe. Wenn die Russen kämen, würde die Frau Brenner sich selber und den Herrn Brenner und die Brenner-

Hedi und den Brenner-Hund vergiften. Mir tat der Brenner-Hund leid.

Dann kam ein Tag, da heulten um fünf Uhr am Morgen die Luftschutzsirenen auf den Dächern. Um sieben heulten sie wieder, und um acht heulten sie auch. Zu Mittag konnte nur noch eine Sirene heulen. Die anderen Sirenen lagen auf den Schutthaufen unter Dachziegeln und Mauerbrocken und zerschlagenen Türen und zerbrochenen Fenstern und umgefallenen Schornsteinen. Mein Vater sagte, daß wir trotzdem Glück haben, weil die Amerikaner keine Brandbomben herunterwerfen.

Wir saßen seit zehn Stunden im Keller. Wir waren hungrig. Doch niemand getraute sich, aus den Wohnungen Essen zu holen. Niemand wagte den Keller zu verlassen. Im Keller war kein Klo. Die Leute hockten sich in die Kellerwinkel. Der Berger Schurli sang: »Drunt' in Stein am Anger steht ein Kampfverband, ein langer, rechts keine Jäger, links keine Flak, doch wir schießen alle ab!«

Die Frau Brenner empörte sich darüber und jammerte wieder einmal ihr »Wenn-das-der-Führer*-Wüßte«, und die Frau Berger, die Mutter vom Schurli, schaute die Frau Brenner an und sagte langsam: »Wissen Sie, was mich Ihr Führer kann? Ihr Führer kann mich am Arsch lecken!«

Die anderen Kellerhocker nickten zustimmend.

Als die Bombe in unser Haus einschlug, sauste und krachte und wackelte es auch nicht mehr als vor einer Stunde, als das Nachbarhaus kaputtgegangen war. Doch der ganze Keller war voll Mauerstaub, und der Verputz fiel von den Wänden und ein

* »Führer« – Adolf Hitler

paar Ziegelsteine hinterher. Dem Herrn Benedikt fiel ein Ziegelstein auf den Kopf. Der Herr Benedikt bekam große Angst. Er wollte aus dem Keller. Er schlug wild um sich. Er boxte alle, die ihm im Weg waren, zur Seite. Er trat mich in den Bauch. Das tat weh.

Unsere Nachbarin brüllte: »Wir sind verschüttet! Wir sind lebendig begraben! Wir kommen da nie mehr heraus!«

Das war aber nicht wahr. Wir waren nicht verschüttet. Die Kellertür war aus den Angeln gerissen und lag zerbrochen auf der Kellertreppe, und darauf lagen die gußeiserne Bassena* und die Hausleiter und der Vogelkäfig der Hausmeisterin (ohne Vogel) und Ziegel und Schutt. Doch das war leicht wegzuräumen.

Unser Haus sah aus wie ein trauriges Puppenhaus. Die eine Hälfte war eingestürzt, und die andere Hälfte stand hilflos und sehr allein mit offenen, halben Zimmern. Das Stiegenhaus war auch weg.

Die Frau Benedikt konnte nicht begreifen, daß im zweiten Stock, an die rosa Zimmerwand gedrückt, ihr Kleiderschrank lehnte und daß ihr niemand den dicken Mantel aus dem Schrank holen wollte. Ich kroch über den großen Schutthaufen. Das war verboten. Wegen der Einsturzgefahr. Doch niemand kümmerte sich um mich. Im Schutt lagen viele Sachen, die ich kannte. Die Pendeluhr von Herrn Benedikt, unser grüner Küchenvorhang, die große braune Gurgelwasserflasche unserer Nachbarin und ein Teil vom roten Samtsofa der Frau Brenner. Ich fand ein Puppenwagenrad und war mir nicht sicher, ob es zu meinem Puppenwagen gehörte. Und ich

* Bassena – Wasserbecken im Hausflur.

fand eine große weiße Schachtel. Darin lagen zwischen Holzwolle zwölf bunte, glitzernde Christbaumkugeln. Keine einzige Kugel war zerbrochen. Ich stocherte im Ziegelstaub, zerbröselte Mauer zwischen den Fingern, riß Holzsplitter von Balken, zog Schilfrohrstücke aus Verputzbrocken und tupfte vorsichtig mit dem Zeigefinger auf Glassplitter.

Der Haushaufen, auf dem ich saß, war ungefähr fünf Meter hoch. Vorher war das Haus vierzehn Meter hoch gewesen. Ich dachte daran, eine Stange zu suchen, eine fünf Meter lange Stange. Ungefähr fünf Meter unter mir mußte mein Bett sein. Oder saß ich über der Küche?

Ich hatte Durst. Mauerstaub macht durstig. Er klebt an den Lippen, an der Zunge, im Hals. Ich kletterte vom Haushaufen.

Die Wohnung der Großmutter war in dem Teil des Hauses, der stehengeblieben war. Die halbe Küche fehlte, das Zimmer war ganz. Quer über die Zimmerdecke ging ein tiefer Riß. Meine Schwester wollte nicht in das Zimmer gehen. Sie hatte Angst vor dem Riß. Der Großvater blieb mit ihr in der halben Küche. Ich ging mit der Großmutter in das Zimmer. Die Großmutter hob zerbrochene Blumentöpfe auf, brach Glasscherben aus den Fensterrahmen, wischte Mauerstaub von den Möbeln. Ich hockte mich auf das Ehebett. Das Ehebett war staubig. Ich betrachtete den Riß in der Zimmerdecke.

Meine Mutter ging zur Kartenstelle, um einen »Bombenschein« zu holen. Ein Bombenschein war wichtig. Dafür bekam man eine Wolldecke, ein neues Kleid und angeblich auch Schuhe mit Ledersohlen. Aber nur, wenn man einen Totalschaden nachweisen konnte.

Mein Vater humpelte ins Lazarett. Er mußte um fünf Uhr dort sein. Er humpelte noch mehr als sonst. Beim Schuttwegräumen waren ihm etliche Mauerbrocken auf die eitrigen Beine gefallen. Die Großmutter steckte den Kopf durch die zerbrochene Fensterscheibe und schaute meinem Vater nach. Sie murmelte – und weil sie so schwerhörig war, murmelte sie sehr laut: »Armer Bua, armer Bua, armer Bua ...« Und dann brüllte sie los: »Ihr Bagage! Ihr Hunde! Ihr Verbrecher! Was habt's denn mit mein Buam g'macht! Ihr Verbrecher!«

Der Großvater kam aus der halben Küche herein und zog die Großmutter vom Fenster weg. »Juli, Juli«, sagte er, »Juli, hör doch auf, der Blockwart geht um den Häuserblock!«

Die Großmutter warf sich quer über den Zimmertisch. Sie schlug mit den Fäusten auf die Tischplatte. Ihre Füße zappelten in der Luft. Sie schrie weiter: »Verbrecher, Verbrecher ...«

Der Großvater versuchte, ihr den Mund zuzuhalten. Die Großmutter biß ihn in die Hand. Der Großvater brüllte: »Auweh!« Die Großmutter wurde still. Sie schrie nicht mehr, sie trommelte auch nicht mehr. Und die Füße zappelten nicht mehr. Sie blieb auf der Tischplatte liegen und weinte. Der Großvater zog ihr die Brille von der Nase. Er holte sein Taschentuch aus der Hosentasche und gab es der Großmutter.

Meine Mutter kam von der Kartenstelle zurück. Sie brachte die Bombenscheine und zwei Decken. Schuhe und Kleider gab es nicht mehr. Ich starrte noch immer auf den Riß. Langsam wurde es dunkel. Ich konnte den Riß nicht mehr gut sehen. Aber ich mußte den Riß unbedingt sehen. Ich rief: »Es ist zu finster! Macht Licht! Sonst wird der Riß breiter! Sonst fällt uns alles auf den Kopf!«

Meine Mutter sagte, daß die elektrischen Leitungen kaputt sind und die Petroleumlampen auch und daß wir keine Kerzen haben. Die Großmutter fand aber doch einen Kerzenstummel. Sie zündete den Stummel an. Die Flamme flackerte, weil keine Fensterscheiben in den Fenstern waren und der Wind durch das Zimmer blies. Die Großmutter stieg mit dem flackernden Kerzenstummel in der Hand auf den Tisch. Sie hielt die Kerze hoch. Der Riß in der Decke war nicht breiter geworden. Ich schlief ein.

4.
Die Frau von Braun
Die Villa der Frau von Braun · Das Angebot

Am nächsten Morgen kam die Frau von Braun. Ich erwachte im Ehebett der Großmutter. Neben mir lag meine Schwester. Sie schlief noch. Sie stöhnte im Schlaf. Ihre Stirn und ihre Nase waren voll Staub.

Die Frau von Braun stand rothakennäsig, plüschbemäntelt im Zimmer der Großmutter.

Ob ihre Wohnung auch ausgebombt sei, fragte der Großvater. Die Frau von Braun schüttelte empört den Kopf. Das hieß: Also, erlauben Sie! Eine Frau von Braun hat mit solchen Sachen nichts zu schaffen!

Die Frau von Braun setzte sich vor mich auf das Ehebett. Ich rückte weg. Die Frau von Braun klopfte mit ihrem silbernen Spazierstock ein paarmal auf den Boden. Mauerstaub wirbelte hoch. Die Großmutter kam mit dem Staubfetzen und wischte. Die Frau von Braun verkündete: »Ich habe draußen in Neuwaldegg meine Sommervilla!« Das hätte sie nicht zu sagen brauchen. Das wußte jeder bei uns in der Gegend. Die Frau von Braun kannte man. Sie war uralt und reich und vornehm. Und ein Nazi war sie auch.

Nun waren aber die Russen nicht mehr weit weg von Wien, und die Amerikaner schmissen die vielen Bomben. Ein Nazi zu sein war jetzt gar nicht mehr so leicht. Die alte Frau von Braun war zu der Überzeugung gelangt, daß Führer und Vaterland sie hier in Wien nicht mehr brauchten. Sie wollte auf ihren Bauernhof nach Tirol fahren. (Leute wie die Frau von Braun haben immer einen Bauernhof, auf den sie sich zurückziehen können.)

Auf dem Bauernhof in Tirol war es friedlich. Dort gab es keine Russen und auch keine Bomben.

Doch die Frau von Braun hatte um ihre Neuwaldegger Sommervilla Angst. Man läßt nicht gern eine so große, schöne Villa allein; besonders nicht in so schlechten Zeiten. Weil es doch in Wien, wie die Frau von Braun erklärte, soviel Gesindel gab. Die Frau von Braun brauchte also dringend jemanden, der auf ihre Sommervilla aufpaßte, während sie in Tirol war. Sie machte uns den Vorschlag, ihre Villa zu hüten.

Meine Großmutter verstand nicht, was die Frau von Braun sprach. »Was will sie denn? Was sagt sie denn?« fragte sie.

Der Großvater brüllte der Großmutter ins Ohr, was die Frau von Braun wollte. Meine Großmutter wehrte ab. Sie schaute auf den Riß in der Decke. »Der hält noch lange!« erklärte sie. »Länger als das ganze tausendjährige Hitlerreich!«

Mein Großvater seufzte. Er wäre sicher gern gegangen. Die Großmutter schaute ihn wild an. Der Großvater beschloß, auch in dem Zimmer mit Riß bleiben zu wollen. Er sagte zur

Frau von Braun: »Leider, gnädige Frau, die Juli will nicht, wir können nicht!«

Meine Mutter hatte kein Zimmer mehr, nicht einmal eines mit Riß in der Decke. Sie nahm das Angebot der Frau von Braun an. Sie bedankte sich sogar bei der Frau von Braun.

Die Frau von Braun trug uns auf, die Biedermeiermöbel in der Villa nicht zu berühren, die Teppiche aufgerollt zu lassen, die Fensterläden zu waschen, die Beete im Garten zu gießen, den Parkettboden nicht zu zerkratzen und die Haustür und die Gartentür stets versperrt zu halten. Meine Mutter versprach das alles, und ich bekam eine große Wut darüber, daß meine Mutter so untertänig vor der alten, rothakennäsigen Schachtel stand und »jawohl, Frau von Braun, natürlich, Frau von Braun, aber das ist doch selbstverständlich, Frau von Braun« sagte.

Dann überreichte die Braun meiner Mutter die Schlüssel für die Villa, erklärte, welches der Schlüssel zum großen Tor und welches der Schlüssel zum kleinen Tor ist, sagte »Heil Hitler«, klopfte noch ein paarmal mit dem silbernen Spazierstock auf den Boden und stieg dann über Ziegelsteine, halbe Klomuscheln und Fensterrahmen. Auf der Straße wartete ein Wehrmachtsauto auf sie.

Das Wehrmachtsauto fuhr ab. Die Großmutter schaute dem Auto nach. Diesmal brüllte sie nichts hinterher. Sie hatte in den letzten Tagen zuviel gebrüllt. Sie war müde.

5.
Die Als • Die Bombenverschwendung
Die Brüste im Salzfaß
Der falsche Urlaubsschein

Am Nachmittag machten wir uns auf den Weg. Meine Mutter, meine Schwester und ich. Wir gingen nach Neuwaldegg. Die Straßenbahn fuhr nicht, seit Wochen nicht mehr. Wir gingen die Straßenbahnschienen entlang. Ich zählte die Bombentrichter in der Straße. Auf der Alszeile gab es besonders schöne Bombenlöcher. Dort fließt nämlich unterirdisch die Als, in einem gemauerten Gewölbe. Die Bomben hatten die dicke Straßendecke durchschlagen.

Ich stand mit meiner Schwester am Rand eines Bombentrichters. Meine Mutter hielt uns an der Schulter fest. Wir starrten hinunter ins schwarze Wasser. In die Als münden alle Kanäle der Gegend. Die Als stank bis zu uns herauf.

Wir sahen etwas vorbeischwimmen.

Meine Mutter behauptete, es sei eine Ratte. Dann kam ein Blockwart mit einer Hakenkreuzbinde am Arm. Er sagte, am Rande von Bombentrichtern stehen ist gefährlich! Wir mußten weitergehen. Meine Mutter rief dem Blockwart nach: »Gibt es noch irgend etwas, was heutzutage nicht gefährlich ist, Herr Blockwart?«

Der Blockwart gab ihr keine Antwort, drehte sich nicht einmal um. Unsere Schuhe hatten Holzsohlen. Schuhe mit Ledersohlen gab es schon lange nicht mehr. In Schuhen mit Holzsohlen kann man schlecht laufen. Die Füße brennen und stechen; man bekommt Blasen. Bei der Endstation der Straßenbahnlinie setzten wir uns auf eine Parkbank. Ich zog meine Schuhe aus und stellte die heißen Füße auf den kalten Erdboden. Das war angenehm. Im Schuh meiner Schwester war irgendwo ein Nagel, der stach. Meine Mutter versuchte, den Nagel herauszuziehen.

Bei der Endstation von der Straßenbahn war es still und friedlich. Hier gab es keine Fabriken und keine großen Wohnblocks. Hier gab es keine Bombenruinen. Hier gab es nur hübsche Villen in großen Gärten. Keine einzige Villa war zerstört. Ich fragte: »Warum schmeißen die Amerikaner keine Bomben auf Neuwaldegg?«

Meine Mutter sagte: »Weil das Bombenverschwendung wäre. Da könnten sie mit einer Bombe höchstens vier Leute umbringen!«

»Und wenn die Bomben in die Gärten fallen«, erklärte mir meine Schwester, »dann geht höchstens ein Birnbaum kaputt. Dazu sind die Bomben viel zu teuer, verstehst du?«

Ich verstand es und freute mich sehr, in einer Gegend zu sein, die für Bomben zu teuer war.

Ich zog gerade meine Holzschuhe wieder an, da sah ich einen Mann auf der Straße humpeln. Der Mann trug eine graue Soldatenuniform. Er sah so aus wie mein Vater. Ich rief: »Der Vati kommt uns nach!«

Meine Mutter war müde. Sie lehnte mit geschlossenen Augen auf der Bank. Sie machte die Augen nicht auf. Sie sagte: »Der Vati ist im Lazarett. Der kann heute nicht kommen. Dem werden heute ein paar Granatsplitter aus dem linken Bein geholt. Vielleicht kommt er uns morgen oder übermorgen besuchen!«

Der Mann in der grauen Soldatenuniform war nun schon

sehr nahe. Es war mein Vater. Er setzte sich zu uns auf die Bank. Er klemmte seinen Krückstock zwischen die Knie, legte den Kopf auf den Stockknauf, seufzte tief und sagte: »Für mich ist der Krieg aus!«

Wir starrten meinen Vater an. Mein Vater lächelte und fuhr fort: »Heute in der Früh war im Lazarett alles durcheinander. Es ist der Befehl gekommen, daß das ganze Lazarett nach Deutschland evakuiert werden muß. Weil die Russen schon so nahe sind. Alle müssen weg. Sogar die Frischoperierten!«

»Und du«, fragte meine Mutter, »und du, du mußt nicht weg? Wieso mußt du nicht weg?«

»Ich bin abgehauen«, erklärte mein Vater, »aus dem Zug heraus. Die Lok hat schon gepfiffen. In dem Durcheinander hat es niemand bemerkt. Die sind herumgerannt wie die Hühner und hatten alle eine Scheißangst!«

Ich saß ganz still. Ich versuchte, keine Angst zu haben. Aber ich war ja kein Trottel. Ich wußte genau: Ein Soldat, so krank und verwundet und zerschossen er auch ist, ist trotzdem noch immer ein Soldat. Der kann nicht tun, was er will. Der muß tun, was ihm befohlen wird. Ein Soldat, der statt im Zug nach Deutschland auf einer Parkbank in Neuwaldegg sitzt, ist ein Deserteur. Deserteure werden erschossen. In letzter Zeit sogar ohne Gerichtsverfahren, ohne Prozeß. Einfach erschossen.

»Gehn wir weiter«, sagte meine Mutter. Sie hatte es plötzlich eilig. Wir standen auf. Der Nagel im Schuh meiner Schwester stach noch immer. Auf meiner Fußsohle war eine dicke Wasserblase. Ich spürte, wie sie zerplatzte.

»Es ist nicht mehr weit«, sagte meine Schwester. Ich gab ihr die Hand.

Wir begegneten kaum Leuten. Manchmal sahen wir jemanden hinter einem Gartenzaun. Die Fensterläden der meisten Villen waren geschlossen.

»Die sind alle in den Westen«, meinte meine Mutter, »die haben vor den Russen Angst!«

»Die Russen schneiden den Frauen die Busen ab und erschießen die Kinder und rauben die Häuser aus und zünden alles an, und alle verbrennen«, sagte meine Schwester.

»Woher hast du denn den Blödsinn?« fragte mein Vater.

Meine Schwester zuckte mit den Schultern. »Das sagen sie alle in der Schule. Die Turnlehrerin und die Kinder und die Frau Brenner, und beim BDM* sagen sie es auch.«

Ich rief: »Mir hat es der Berger Schurli gesagt. Dem hat sein Onkel erzählt, daß die Russen die Frauen zerstückeln, und dann schmeißen sie sie in Fässer und salzen sie ein!«

»Wieso salzen sie sie denn ein?« erkundigte sich meine Schwester. Ich hatte auch keine Ahnung, warum die Russen die Leute angeblich einsalzen.

Bei der Kreuzung Atariastraße – Neuwaldegger Straße stand ein offenes Wehrmachtsauto. Zwei Soldaten von der Streife lehnten dort an der Motorhaube. Es waren zwei dünne, sehr junge Soldaten.

»Und was tun wir jetzt?« fragte meine Mutter leise.

»Weitergehen, schön brav weitergehen«, sagte mein Vater.

Meine Schwester hielt mich noch immer an der Hand. Ihre Finger waren heiß und feucht. Sie hielt meine Hand sehr fest.

---

* BDM (Bund Deutscher Mädel) – Nationalsozialistische Jugendorganisation

Je näher wir den Soldaten kamen, um so fester hielt sie meine Hand.

Nun waren wir beim Wehrmachtsauto. Einer der Soldaten stellte sich uns in den Weg. Er verlangte von meinem Vater die Ausweispapiere. Mein Vater holte sein Soldbuch aus der Rocktasche. Die Soldaten studierten das Soldbuch. Dann reichte ihnen mein Vater einen Zettel. Die Soldaten schauten auf den Zettel, schauten den Zettel lange und genau an, nickten, gaben meinem Vater den Zettel zurück, salutierten und traten zur Seite.

Wir gingen weiter. Drei Häuser weiter. Bis zum Gartentor Nummer achtundfünfzig. Meine Mutter holte den Schlüsselbund, den ihr die Frau von Braun gegeben hatte, aus der Tasche. Sie versuchte, das Gartentor aufzusperren, doch der Schlüssel zitterte in ihrer Hand. Mein Vater nahm den Schlüssel und sperrte auf.

Im großen, eisenverschnörkelten Gartentor öffnete sich eine kleine Tür. Bevor ich in den Garten trat, schaute ich die Straße hinunter. Die zwei dünnen, sehr jungen Soldaten lehnten wieder am Wehrmachtsauto. Einer zündete sich gerade eine Zigarette an.

»Wieso hat dich die Streife durchgelassen?« fragte meine Mutter. Wir gingen über einen breiten Kiesweg auf die große, hellgelb verputzte Villa zu.

Mein Vater holte den Zettel, den er den Soldaten gezeigt hatte, aus der Tasche. »Das ist ein Urlaubsschein«, grinste er, »und morgen stelle ich mir wieder einen neuen Urlaubsschein aus!« Er klopfte auf seine Uniformjacke. Dorthin, wo auf der Innenseite die Brusttasche war. »Alles da«, sagte er, »eine ganze Schreibstube! Urlaubsscheine, Stempel, alles da!«

»Woher hast du denn das alles?« wollte meine Mutter wissen.

»Na ja, geschenkt hat es mir niemand. Ist halt so herumgekugelt in der Schreibstube. Und der kluge Mann sorgt vor!«

Meine Mutter seufzte. »Glaubst du, daß du damit durchkommst?«

Mein Vater gab keine Antwort.

»Wenn die Russen nicht bald kommen«, sagte meine Mutter, »dann schnappen dich die Deutschen!«

»Wann kommen denn die Russen?« fragte meine Schwester. Meine Mutter zuckte mit den Schultern.

»Die Russen kommen bald«, sagte mein Vater, »sehr bald!«

6.
Die verschiedenen Salons • Die Onkel Die Zwerge • Die Lusthäuser Die Venus von Braun

Die Villa der Frau von Braun war sehr groß und sehr gelb. Die Fensterläden waren braun. Das Dach war grau. Das Haus hatte eine runde Terrasse und eine viereckige Terrasse und einen schmalen, langen Balkon und einen kurzen, breiten. Es hatte drei Erker und ein kleines Türmchen und ein großes Türmchen. Zwei Fahnenstangen hatte es auch.

Ich hatte noch nie so ein Haus gesehen. Die größte Wohnung, die ich kannte, war die von der Margit Koch. Die hatte ein Wohnzimmer, ein Schlafzimmer, eine Küche, ein Speisezimmer und ein Kinderzimmer. Doch im Haus der Frau von Braun gab es die merkwürdigsten Zimmer. Da war ein riesiges Zimmer nur für Bücher. Überall an den Wänden waren Bücher. Bücher mit dicken dunkelbraunen Lederrücken und goldenen Buchstaben darauf.

Und ein Zimmer gab es, das hatte fünf Fenster. Meine Mutter nannte es: Salon. Das Wort »Salon« kannte ich. Es stand über der Eingangstür zur Schneiderei von Herrn Hampasek. *Schneidersalon* Otto Hampasek stand dort, und über dem längst zugesperrten Eisgeschäft vom Herrn Tonio Peregrini stand: *Italienischer Eissalon.*

Aber der Salon bei der Frau von Braun war zu überhaupt nichts gut. Sessel standen darin, die hatten alle unförmige, graue Leinenüberzüge. Sogar von der Zimmerdecke hing ein Riesending in einem grauen Leinenüberzug. Angeblich war darunter ein glitzernder, gläserner Kronleuchter. Und die Leinenüberzüge waren gegen den Staub. Wir durften sie nicht wegnehmen. Weil das nicht unser Haus ist, sagte meine Mutter.

Dann gab es noch eine Menge Zimmer, die keine Wohnzimmer, keine Schlafzimmer, keine Speisezimmer und schon gar keine Kinderzimmer waren. Im Parterre, im ersten Stock, unter dem Dach. Und überall standen die grauleinenen Ungeheuer, und in den Ecken lagen aufgerollte Teppiche. Am Abend, wenn es finster wurde, war es unheimlich, durch die Zimmer zu gehen.

Zwischen den Zimmern waren große, gläserne Flügeltüren. Wenn sich meine Schwester in die Mitte eines Zimmers stellte und mit aller Kraft auf die Parkettbodenbretter stampfte, dann sprangen die gläsernen Flügeltüren von selber auf.

Gerne gingen wir auch ins Onkel-Zimmer. Das Onkel-Zimmer hieß angeblich »Musikzimmer«.

Das einzige Möbelstück im Onkel-Zimmer war ein riesiges Klavier mit zwei Klavierhockern. An den Wänden hingen Ölbilder. Nicht nur nebeneinander, auch übereinander und untereinander. Und in den Ecken lehnten auch noch welche. Auf jedes Ölbild war ein Mann gemalt. Im Onkel-Zimmer spielten meine Schwester und ich das »An-welchen-Onkel-denke-ich-Spiel«. Ich setzte mich auf einen Klavierhocker, drehte mich im Kreis und suchte mir dabei unauffällig einen ölgemalten Onkel aus.

Meine Schwester setzte sich auf den anderen Klavierhocker und versuchte zu erraten, an welchen Ölbildonkel ich dachte.

»Hat er vielleicht ganz hellblaue Glotzaugen?« fragte sie. Ich nickte mit dem Kopf.

»Hat er vielleicht sehr große, abstehende Ohren?« fragte sie. Ich nickte mit dem Kopf.

»Hat er auch einen Bart?« fragte sie. Ich nickte wieder.

»Ist der Bart in zwei Spitzbärte geteilt?« Ich schüttelte den Kopf.

Wenn sie dann endlich rief: »Du meinst den linken Onkel in der obersten Reihe auf der rechten Wand beim Fenster?«, dann hieb ich mit allen zehn Fingern in die Klaviertasten, so laut, daß die Onkel an den Wänden zitterten und wackelten.

Das »An-welchen-Onkel-denke-ich-Spiel« war kein leichtes Spiel. Die Onkel sahen sich sehr ähnlich. Sie hatten alle hellblaue Glotzaugen und einen Bart und abstehende Ohren und eine Halbglatze.

Der Garten der Frau von Braun war nicht weniger merkwürdig. Da gab es Bäume und Sträucher, die wir noch nie gesehen hatten. Ein Baum schaute aus wie ein Tannenbaum. Aber er hatte winzig kleine hellgelbe Blüten. Also konnte er doch kein Tannenbaum sein. In einem großen Beet stand eine nackte steinerne Frau ohne Arme und ohne Nase.

»Arme hat sie absichtlich keine«, behauptete meine Mutter, »aber die Nase ist abgebrochen, die hat sie schon gehabt.«

Hinter dem Haus war eine Wiese. Durch die Wiese floß ein kleiner seichter Bach. Meine Mutter sagte, das sei die Als. Aber ich glaubte ihr nicht. Ich hatte doch die Als gesehen. Durch die Bombenlöcher auf der Alszeile. Dort war die Als tief und schwarz, und sie hatte gestunken, und eine Ratte war darin geschwommen.

Im Garten waren auch zwei Lusthäuser. Ein kleines und ein großes. Sie waren zugesperrt. Wir hatten keinen Schlüssel dazu. Trotzdem stritt ich mit meiner Schwester immer um die Lusthäuser. Sie behauptete nämlich, das große Lusthaus sei das ihre. Weil sie älter sei. Das stünde ihr zu.

Um die Gartenzwerge stritten wir auch. Die Frau von Braun hatte dreizehn Gartenzwerge. Die waren auf die verschiedenen Beete verteilt. Meine Schwester schleppte die Gartenzwerge auf die Wiese hinter das Haus. Wir spielten mit ihnen Vater-Mutter-Kind. Meine Schwester war der Vater, ich war die Mutter, und die Gartenzwerge waren die Kinder. Wir wollten aber nicht dreizehn Kinder haben, sondern nur drei, und wir konnten uns nie darüber einig werden, welche von den Gartenzwergen die besten Kinder abgaben. Der mit dem

Schubkarren oder der mit den Blumenkörberl in den Händen oder der mit dem Korb auf dem Rücken oder der mit der Laterne oder der mit der Schaufel. Einig waren wir uns nur darüber, daß wir den Gartenzwerg mit dem Schleifstein nicht brauchen konnten. Ein Kind, das dauernd Messer schleift, ist langweilig.

Mein Vater blieb immer im Haus. Es sollte ihn ja niemand sehen. Er lag meistens im Bücherzimmer auf dem Teppich. Er hatte den Teppich trotz Verbot aufgerollt und las in den dicken, alten Büchern. Manchmal las er mir eine Stelle vor, wenn sie ihm besonders gut gefiel. Ich verstand überhaupt nichts, aber ich nickte begeistert. Meine Vater machte uns auch aus Papier kleine Schifferln. Er riß dazu die Seiten aus einem Buch, das er im Schreibtisch der Frau von Braun gefunden hatte. Auf dem Buchdeckel war ein großes schwarzes Hakenkreuz. Im Buch waren Führer-Reden abgedruckt.

Manchmal stiegen wir mit meinem Vater auf den Dachboden, kletterten aus einem Dachfenster und legten uns auf dem Dach in die Sonne. Dort konnte mein Vater nicht gesehen werden. Unser Haus war viel höher als die anderen Häuser rundherum.

Ich erzählte meinem Vater immer, was ich im Garten und im Haus entdeckt hatte. Ich erzählte ihm von der steinernen Frau ohne Arme und ohne Nase und vom Tannenbaum mit den hellgelben Blüten und von dem winzigen Bach, der die Als sein sollte. Meinem Vater glaubte ich, daß der Bach tatsächlich die Als war. Mein Vater taufte die steinerne Frau »Venus von Braun«. Auch für die merkwürdigen Bäume fand er hübsche Namen. »Indonesischer Sauerkirschenbaum« nannten wir den einen, »Mühlviertel-Zitter-Plunderich« einen anderen.

Meine Mutter war oft weg. Bis zum Milchgeschäft mußte sie eine halbe Stunde laufen. Bis zum Fleischhauer eine dreiviertel Stunde. Und beim Bäcker mußte sie eine Stunde anstehen.

Wenn sie wiederkam, hatte sie dann einen viertel Liter Milch und zehn Dekagramm graue, klebrige Wurst und einen halben Laib brösliges, graugelbes Brot. Das Brot ließ sich nicht schneiden. Man mußte Brocken herunterreißen. Die Wurst schmeckte nach Mehl und ranzigem Schmalz und stank. Die Milch war hellblau und durchsichtig.

Ein paarmal ging meine Mutter auch zu Fuß bis in die Stadt hinein. Sie lief mit unserem Bombenschein kreuz und quer durch Wien, um ein Geschäft zu finden, in dem es noch Unterhosen und Schuhe gab. Sie fand keines.

Wir brauchten aber unbedingt ein paar Sachen zum Anziehen. Im Haus hatten wir zwar einige Handtücher und Geschirrtücher und Bettzeug gefunden, aber keine Hemden und Unterhosen. Auch keine Zahnbürsten und keine Seife. Und Kleider und Schuhe schon gar nicht. Vor allem aber: Mein Vater brauchte eine Jacke, ein Hemd und eine Hose. Er konnte doch die Russen nicht in der deutschen Soldatenuniform begrüßen!

Meine Mutter ging noch einmal zu Fuß in die Stadt. Sie ging zu allen Freunden und Bekannten unserer Familie. Zu denen, die nicht ausgebombt waren. Sie kam mit einem großen Packen Kleider zurück. Schuhe waren auch dabei. Und gleich fünf Hosen für meinen Vater.

»Männerhosen«, sagte meine Mutter, »Männerhosen hätte ich noch ein Dutzend haben können!«

Und dann erzählte sie uns, wie scheußlich und traurig es

gewesen sei, wie die Tante Hermi alle Hosen und Jacken vom Onkel Toni aus dem Schrank gerissen und geschluchzt hatte: »Nimm's, nimm's, er braucht's ja nicht mehr. Eine Leich' braucht keinen Esterhazy-Anzug!«

Meine Mutter hatte die Hosen vom Onkel Toni aber trotzdem nicht genommen, weil der Onkel Toni klein und dick gewesen war. Die Hosen hätten meinem Vater überhaupt nicht gepaßt. Die Nachbarin von der Tante Hermi hatte auch einen totgeschossenen Mann. Der war groß und dünn gewesen. Von der Nachbarin bekam meine Mutter die Hosen für meinen Vater.

Mir brachte meine Mutter ein Paar wunderschöne Lederschuhe mit, rot mit weißen Schnürbändern. Leider waren mir die Schuhe zu klein. Mein Vater schnitt vorn in die Schuhe ein Loch. Da konnte ich die große Zehe durchstecken. So paßten die Schuhe. Und ein Kleid bekam ich auch. Es war mir zu lang und zu weit. Außerdem hatte es ein scheußliches Rosenmuster. Ich weigerte mich, das Kleid anzuziehen. Es nützte nichts, sie steckten mich mit Gewalt in das entsetzliche Ding, und meine Schwester lachte und sagte: »Du schaust aus wie eine geblümte Steppdecke!«

7.
Die Tauschgeschäfte • Die Zaunrunde: Der Forstrat • Der Engel Der Herr Wawra • Der Herr Goldmann

Zweimal in der Woche kam uns der Großvater besuchen. Er brauchte drei Stunden, bis er bei uns war. Er konnte nicht mehr so schnell laufen.

Der Großvater brachte uns immer etwas mit, was er aus den Schutthaufen ausgegraben hatte. Er brachte die merkwürdigsten Dinge: eine Kinderbadewanne, zwei rot-weiß getupfte Schalen, einen Schöpflöffel, ein wollenes Schultertuch, einen Rasierapparat, eine Schere, eine Flasche Parfüm, einen alten Rock und einen bombensplitterzerlöcherten Pullover. Meine Mutter ribbelte das Schultertuch und den zerlöcherten Pullover auf. Sie wollte uns Westen daraus stricken. Doch sie hatte keine Stricknadeln. Sie durchsuchte das ganze Haus nach Stricknadeln. Sie schimpfte: »Verdammt noch einmal! Alles haben sie hier! Kronleuchter und Ölgemälde und Schäferhunde aus Porzellan! Aber keine einzige Stricknadel!«

Dann nahm sie die Kinderbadewanne und ging fort. Nach einer Stunde kam sie zufrieden zurück – mit Stricknadeln. Sie hatte irgendwo die Badewanne gegen Stricknadeln eingetauscht.

Jeden Tag flogen Flugzeuge über unser Haus. Doch wir hatten keine Angst vor ihnen. Die Flugzeuge flogen in die Stadt. Bei uns warfen sie keine Bomben herunter.

Der Großvater erzählte uns, daß jetzt auch in der Stadt weniger Bomben fielen. Weil schon alles zerstört war. Er erzählte uns, daß in unserem alten Häuserblock kein einziges Haus mehr stand und daß alle Leute, die noch lebten, im Pezzlpark im Bunker wohnten. Nur die Großmutter und er waren noch in der Ruine, in dem Zimmer mit Riß in der Dekke. Die Großmutter hatte die Fensterscheibe mit Pappe zugenagelt. Doch wenn der Wind blies, war das ganze Zimmer voll Mauerstaub, und die Großmutter wischte und putzte den ganzen Tag. Sie hatten natürlich auch kein elektrisches Licht mehr und kein Gas zum Kochen, und das Wasser mußte der Großvater vom Pezzlpark-Bunker in einem Kübel holen.

Jeden Morgen machte ich meine »Zaunrunde«. Ich fing beim großen Gartentor an. Der Zaun zur Straße hin war hoch. Er war aus dicken, schwarzen Eisenstäben. Die sahen wie Lanzen aus, und zwischen den Lanzen waren noch eiserne Blumen und eiserne Kringel und eiserne Schnörkel. Die eisernen Lanzen steckten in einer kniehohen, roten Ziegelmauer. Ganz oben an den Lanzenspitzen waren drei Reihen rostiger Stacheldraht. Es war ein gewaltiger Zaun. Hinter dem Zaun, auf der Gartenseite, war eine dichte Buchsbaumhecke. Ich zwängte mich durch die Hecke, dann kletterte ich auf den eisernen Kringeln und Schnörkeln den Zaun hinauf, bis zu den Lanzenspitzen. Dort hielt ich Ausschau. Auf der anderen Straßenseite war ein Haus, da wohnte niemand mehr. Die Besitzer waren nach dem Westen geflohen. Ich hatte mir vorgenommen, dieses Haus zu erforschen. Da war nämlich – das konnte man von den Lanzenspitzen aus deutlich sehen – ein halboffenes Kellerfenster. Dort wollte ich einsteigen. Ich hatte alles genau geplant. Ich mußte nur noch darauf warten, daß der alte Forstrat, der daneben in einer Villa wohnte, mit seinen zwei Doggen spazierenging.

Ich spähte also von den Lanzenspitzen quer über die Straße. Das Kellerfenster war halb offen. Der Forstrat saß auf seiner Terrasse und frühstückte. Er hatte ein weiches Ei. Die Doggenviecher lagen neben ihm. Ich wartete, ob nicht doch vielleicht die Forsträtin kommen und den Forstrat zum Spazierengehen holen würde. Die Forsträtin kam nicht. Die Doggen gähnten.

Ich hangelte mich die eisernen Lanzen entlang. Vorsichtig, damit ich mir nicht eine rostige Stacheldrahtspitze in die Haut stach. Schaute aus nach Katzen, Soldaten, Wehrmachtsautos und nach dem ersten Russen.

Dann war der Lanzenzaun zu Ende. Ich kletterte herunter, zwängte mich durch die Buchsbaumhecke und stand vor dem Zaun zum Nachbargarten. Das war ein gewöhnlicher Drahtzaun. Dort erwartete mich der »Engel«. Der Engel war ein Mädchen, ungefähr so groß wie ich, aber sonst ganz anders. Der Engel hatte blonde Stoppellocken und eine Seidenschleife am Kopf. Jeden Tag eine andere Schleife. Der Engel trug auch jeden Tag ein anderes Kleid. Aus Samt oder aus geblümtem Stoff oder mit Kreuzstichen bestickt. »Engel« nannte ich das Mädchen deshalb, weil es wirklich Engel hieß: Susanna Maria Engel.

Ich schaute zuerst einmal den Engel an, stellte fest, daß das Kleid diesmal aus karierter Seide war und die Schleife ebenfalls, schnitt ein Gesicht und machte: »Bääääh!« Dabei streckte ich die Zunge raus. Dann ging ich langsam den Drahtzaun entlang. Der Engel ging auf der anderen Seite des Zauns neben mir. Meistens schob der Engel einen roten Puppenwagen vor sich her. Im Puppenwagen war eine schwarze Katze, die hatte ein Puppenkleid an und eine Babymütze auf dem

Kopf. Das mochte die Katze nicht. Sie miaute, schlug Purzelbäume und wollte aus dem Wagen springen. Der Engel drückte sie aber wieder in den Wagen, deckte sie mit einer rosa Seidensteppdecke zu und säuselte: »Nicht doch, Liebling! Brav sein, Liebling! Heia-heia!«

Ich sagte: »Ich habe zu Hause einen viel schöneren Puppenwagen!«

Der Engel hob die Augenbrauen, lächelte. »Wo hast du ihn denn? Zeig ihn mir doch, den schönen Puppenwagen!«

»Ich zeig ihn dir aber nicht!« sagte ich.

»Weil du gar keinen hast!«

»Ich hab einen!« brüllte ich.

»Gar keinen hast du! Gar nichts hast du! Nichts! Überhaupt nichts!«

Der Engel sagte das sehr bestimmt und sehr langsam und drückte das arme Katzenvieh wieder in den Puppenwagen.

»Laß die Katze los, du blöde Gurke«, rief ich.

»Ist doch meine Katze! Geht doch dich nichts an«, sagte der Engel und fügte hinzu: »Und in der Küche drinnen habe ich noch zwei Meerschweinchen und einen Kanarienvogel und eine weiße Maus. Und mein Onkel hat vier Hunde!«

»Hab ich auch!« schrie ich.

Der Engel schüttelte den Kopf. Dann waren wir am Ende des Zaunes. Ich machte noch einmal »bääh« und ließ den Engel stehen.

»Pfui«, sagte der Engel hinter mir her.

Ich lief über die Wiese, neben dem kleinen Bach, bis zum anderen Nachbargarten. Dort war ein großes Loch im Drahtzaun. Man konnte durchsteigen. Ich stieg durch. Der Mann, der jeden Vormittag im Nachbargarten arbeitete, hatte mir das erlaubt. Der Mann hieß Wawra. Er war der Hausmeister von der Nachbarvilla. Er wohnte ganz allein dort. Die Leute, denen das Haus gehörte, waren fortgefahren. »Ab nach Westen«, sagte Herr Wawra.

»Haben sie vor den Russen Angst gehabt?« fragte ich.

Der Wawra nickte. »Hach! Die haben vor den Russen Angst und vor den Amis und vor den Franzosen! Die haben vor allen Leuten Angst!« Dann schaute Herr Wawra versonnen in den blauen Himmel und erklärte mir: »Die haben auch allen Grund dazu!« Er zeigte auf das Haus. »Das haben sie dem alten Goldmann weggenommen. Dem Jakob Goldmann senior. Und die Zuckerfabrik haben sie ihm auch gestohlen! Alles, was sie haben, haben sie den Juden weggenommen!« Herr Wawra lachte. »Und jetzt, wo sie merken, daß ihr Hitler den Krieg verliert, jetzt haben sie eine Scheißangst, daß die Juden zurückkommen und ihnen den verdammten Nazischädel einschlagen!«

Ich sagte – und dabei zitterte meine Stimme ein bißchen, weil meine Mutter mir streng verboten hatte, mit fremden Leuten darüber zu reden –, ich sagte: »Herr Wawra, die Juden, die kommen nicht wieder. Die hat der Hitler alle eingesperrt, ins Konzentrationslager! Die werden alle umgebracht! Alle!«

»Kind! Kind! Halt doch den Mund!« flüsterte Herr Wawra. »Red doch nicht so! So was sollen Kinder gar nicht wissen!«

»Ich weiß es aber«, erklärte ich, »weil ich einen Onkel habe, der ist bei der SS ein ganz Hoher, im Führerhauptquartier. Einmal hat er mit meiner Mutti über die Juden gestritten, und da hat er gesagt, die Juden, die gehen im Konzentrationslager alle durch den Rauchfang! Pfffttt, hat er gemacht, als er das gesagt hat!«

»Schöne Onkel hast du, pfui Deibel«, murmelte Herr Wawra. Dann holte er einen Apfel aus der Hosentasche und schenkte ihn mir. Ich bedankte mich, ging zum Zaunloch.

Der Wawra kam mir nach. Er sagte: »Der Herr Goldmann kommt trotzdem zurück! Wirst schon sehn, Kind, wirst schon sehn!«

Nach dem Besuch beim Wawra ging ich noch einmal zum Gartentor, nachschauen, ob der Forstrat nicht vielleicht doch spazierengegangen war.

Der Forstrat dachte nicht daran. Er spielte mit seinen Hunden »Hölzchen-werfen-Hölzchen-bringen«.

8.
Die Besitzer • Die Rache

Einmal schaukelte ich auf dem großen Gartentor. Ich hielt mich an den Eisenstäben fest und sprang mit beiden Beinen ab. Das Tor schwang auf, sauste mit mir bis zum Zaun, schlug an die eisernen Lanzen, schwang zurück, klirrte ins Schloß. Ich stieß mich wieder ab. Die Tür sprang auf. Sauste mit mir bis zum Zaun. Da kam ein Auto gefahren und hielt vor unserem Garten. Autos sah man selten. Privatautos schon gar nicht. Das war aber ein Privatauto. Ein schwarzer Mercedes. Aus dem Auto kletterten ein Bub und ein Mädchen. Das Mädchen war etwas älter als ich. Der Bub war ziemlich klein, ungefähr sechs oder sieben Jahre alt. Die beiden starrten mich an. Ich schaukelte ganz wild. Der Lanzenzaun wackelte. Der Kies knirschte unter dem Tor. Der Bub sagte: »He du, hör auf, du machst doch unser Tor ganz kaputt!«

Ich ließ das Gartentor los, fiel hin, das Tor schlug mir gegen den Schädel.

Der Bub betrachtete mich interessiert. »Hast du dir weh getan?« fragte er.

Ich gab ihm keine Antwort. Ich stand auf und putzte mir den Dreck von den Knien.

Aus dem Auto stieg eine Frau. Sie war hübsch und hatte schöne Kleider an. Dann stieg ein Mann aus dem Auto. Er ging zum Kofferraum und holte zwei Koffer und ein paar Schachteln heraus. Er stellte sie auf den Gehsteig, sagte »Heil Hitler«, stieg ins Auto und fuhr davon.

Die Frau nahm in jede Hand einen Koffer und ging in den Garten. Das Mädchen packte zwei Schachteln und der Bub nahm eine. Sie liefen hinter der Frau her. Auf dem Gehsteig stand noch ein Karton. Ich hob ihn hoch und ging den dreien nach.

Der Bub drehte sich um und fragte mich: »Du, wo sind denn unsere Gartenzwerge?»

Ich gab ihm keine Antwort.

Der Bub rief: »Mama, unsere Gartenzwerge sind weg, alle sind weg!«

Die Frau sagte: »Gerald, reg dich nicht auf. Es ist noch viel mehr weg als ein paar Gartenzwerge!«

Dann lächelte sie mich an. Sie hatte ein lustiges Gesicht.

Ich sagte: »Den Zwergen ist gar nichts passiert. Die sind alle auf der Wiese hinter dem Haus!«

Die Frau war die Schwiegertochter der Frau von Braun. Und die Kinder waren die Enkelkinder der Frau von Braun. Sie hießen Hildegard und Gerald. Eigentlich hätten die drei nach Tirol zu ihrer Großmutter fahren sollen, zur alten Frau von Braun. Aber es fuhr kein Zug mehr. Und das Auto, das sie hätte hinbringen sollen, das gab es auch nicht mehr. Und die junge Frau von Braun hatte auch gar keine Lust, zu ihrer Schwiegermutter zu fahren. Ihr Mann, der Sohn von der alten Braun, war tot. Die junge Frau von Braun hatte eine Wohnung in der Stadt. Doch ins Nebenhaus war eine Bombe gefallen. Die Wohnung hatte keine Fensterscheiben und keine Lampen mehr, und überall in den Möbeln steckten Bombensplitter.

Deshalb hatte die junge Frau von Braun beschlossen, in die Villa der Schwiegermutter zu ziehen.

Die junge Frau von Braun war in Ordnung. Sie verstand auch die Sache mit meinem Vater. Sie sagte, sie hätte ihren Mann auch gerne versteckt. Aber der habe das nicht gewollt. Der habe geglaubt, es gäbe nichts Schöneres und Gescheiteres, als eine Hitleruniform anzuhaben und in ein deutsches Flugzeug zu steigen und auf englische Flugzeuge zu schießen. Und nun sei er tot. Und schuld daran, meinte die Frau von Braun, schuld daran sei der alte Drachen. Damit war die alte Frau von Braun gemeint. Denn die hatte ihrem Sohn nichts Klügeres beigebracht.

Die junge Frau von Braun war also in Ordnung. Die Kinder gefielen mir weniger. Die sagten dauernd: »unser Garten« und »unser Haus« und »unsere Bäume«. Und zu den Onkeln im Onkel-Zimmer sagten sie: »unser Großvater« und »unser Onkel Friedrich«. Sie durften auch die leinenen Schonbezüge von den Sesseln nehmen und die Teppiche aufrollen. Und zu den zwei Lusthäusern im Garten hatten sie die Schlüssel.

Am nächsten Morgen machte ich die Zaunrunde. Am Drahtzaun wartete wieder einmal der Engel mit dem Puppenwagen. Heute hatte er ein besonders prächtiges Samtkleid an und eine fliederfarbene Schleife am Kopf, und die Stoppellokken glänzten frisch gewaschen. Meine Haare waren schon lange nicht mehr gewaschen worden, weil wir keine Seife hatten. Ich machte: »Bääh!«

Da stand plötzlich Gerald neben mir und machte auch »bääh« zum Engel.

Der Engel zupfte an seinen Stoppellocken. Er lächelte und säuselte: »Grüß dich, Gerald! Wo warst du denn so lange! Wohnst du jetzt hier? Mußt du jetzt mit der da«, der Engel zeigte auf mich, »mit der da zusammenwohnen?«

Gerald machte noch einmal: »Bääh!«

Der Engel zeigte weiter auf mich und sagte: »Die da sagt immer, sie hat einen Puppenwagen, aber sie hat gar keinen!«

Gerald rief: »Klar hat sie einen! Ich hab ihn doch gesehen! Er steht im Salon, aber er ist so kostbar, daß wir ihn nicht in den Garten hinausfahren dürfen. Er ist nämlich rundherum mit Diamanten und Perlen besetzt!«

Der Engel starrte uns an und drückte dabei wieder einmal die schwarze Katze in den Puppenwagen.

»Laß die Katze raus!« sagte Gerald.

»Laß die Katze raus!« brüllte ich.

»Ist doch meine Katze«, sagte der Engel.

Dann stand Hildegard neben uns und meine Schwester auch, und plötzlich waren wir über den Drahtzaun geklettert.

Wir warfen den Puppenwagen um und zogen der Katze das Puppenkleid aus. Die Katze kratzte uns. Wahrscheinlich hatten wir ihr weh getan. Aber das Puppenkleid war sehr eng. Es war schwer herunterzubekommen. Endlich war die Katze nackt und sauste davon. Sie hinkte auf einem Bein.

Der Engel stand neben uns. Er heulte und schluchzte: »Pfui, pfui, ihr seid ja so gemein, so gemein seid ihr, das ist doch meine Katze, die gehört mir, das ist doch mein Puppenwagen! Ist mein Puppenwagen!«

Gerald hob den Puppenwagen hoch und schmiß ihn mit aller Kraft in die Ribiselstauden* neben dem Drahtzaun. Die rosa Steppdecke und das rosa Spitzenkissen kugelten aus dem Wagen. Gerald sprang auf die rosa Steppdecke und trampelte darauf herum. Er brüllte: »Ist doch deine Katze! Ist doch dein Puppenwagen! Ist doch deine Steppdecke!«

Der Engel rannte davon, zum Haus.

Wir warfen Tannenzapfen und Steine hinter ihm her und schrien: »Blöde Gurken! Depates Mensch! Lackaff schiacher! Renn, renn zu! Sag's doch der Mama!«

Dann kletterten wir wieder über den Zaun und liefen ins Haus. Wir hatten vor der Engel-Mutter, dem Erzengel, Angst. Wir schlichen ins Onkel-Zimmer. Meine Schwester erklärte den Braun-Kindern das Onkel-Spiel.

Die Enkelkinder der Frau von Braun waren auch in Ordnung.

---

* Ribisel – Johannisbeere

9.
Die Angst des Herrn Forstrat
Die kaputten Fensterscheiben
Der Hirschbraten und das Rehgulasch

Am Nachmittag verließen der Forstrat und die Forsträtin ihre Villa. Doch nicht nur zu einem Spaziergang. Ein Auto war gekommen. Sie luden Koffer und Kisten in das Auto. Sie packten auch Koffer auf das Autodach und banden sie mit Stricken fest. Die Forsträtin schnüffelte in ein Taschentuch. Wir standen beim Gartentor und schauten neugierig zu. Als der Forstrat alle Koffer und Kisten und Kartons verstaut hatte, kam er zu uns. Er sagte zu Gerald: »Bitte, hole deine Frau Mama!«

Gerald rief in den Garten hinein: »Mama, Mama, der Forstrat will was!«

Die Frau von Braun kam. Der Forstrat verneigte sich, sprach: »Frau von Braun, ich komme mich verabschieden!« Er schluckte. »Meine beiden treuen Freunde, die Hunde, habe ich erschossen, ihnen den Gnadenschuß gegeben!« Er zeigte auf das Auto: »Unsere Habe ist gepackt! Das, was wir unbedingt zum Weiterleben brauchen!« Er flüsterte: »Es ist nämlich alles aus! Total aus! Keiner kann sie mehr aufhalten!« Und dann flüsterte er ganz leise: »Ich habe die sichere Information, daß die Russen bereits in Purkersdorf sind!« Der Forstrat reichte der Frau von Braun die Hand. Er rief: »Gnädigste, fliehen Sie mit Ihren Kindern. Die Russen sind furchtbar!«

»Alles ist furchtbar, lieber Herr Forstrat«, sagte die Frau von Braun.

Der Forstrat schüttelte den Kopf, ging zum Auto zurück. Das Auto fuhr ab. Die Forsträtin winkte schluchzend.

Wir konnten in das Haus gegenüber einsteigen!

Gerald und Hildegard liefen zuerst über die Straße, kletterten über den Zaun. Weit und breit war niemand zu sehen. Ich lief über die Straße. Ich blieb am Zaun hängen. Zerriß mir das geblümte Steppdeckenkleid, fiel hinter dem Zaun in die Ribiselstauden, kroch auf allen vieren zu Hildegard und Gerald.

Wir warteten auf meine Schwester. Meine Schwester stand noch immer bei unserem Gartentor. Der alte Wawra redete mit ihr. Endlich ging der Wawra in seinen Garten. Meine Schwester galoppierte über die Straße, sprang über den Zaun, plumpste zu uns herunter.

»Der Wawra hat mir einen Apfel geschenkt«, sagte sie. Sie holte den Apfel aus der Rocktasche und biß hinein. Dann gab sie ihn mir. Ich biß auch ein Stück ab und gab ihn an Gerald weiter.

So fraßen wir zu viert den Apfel auf und gaben dabei genau acht, daß nur ja keiner einen zu großen Bissen nahm, dann krochen wir zum Kellerfenster.

Das Kellerfenster war offen. Aber es war zu klein zum Hineinkriechen. Außerdem ging es vom Kellerfenster mindestens drei Meter tief in den Keller hinunter.

Wir krochen um das Haus herum zur Hinterseite. Dort war eine Glasveranda. Wir kletterten auf den Birnbaum neben der Glasveranda und stiegen auf das Verandadach. Vom Verandadach konnte man auf einen Balkon springen, wenn man geschickt war. Gerald sprang auf den Balkon, doch die Balkontür war auch versperrt. Gerald schaute durch die Glasscheiben der Tür. »Innen an der Tür steckt der Schlüssel«, sagte er.

Am Balkon stand ein Blumentopf mit einer verwelkten Blumenstaude. Gerald nahm ihn in die Hand.

»Er will die Scheiben einschlagen«, stellte meine Schwester fest. Hildegard rief: »Nein, nein, Gerald, das darf man nicht!«

Meine Schwester erklärte: »In Wien, drinnen in der Stadt, sind alle Fensterscheiben zerschlagen.«

Ich nickte. Gerald hob den Blumentopf und warf ihn auf die Glasscheibe. Das Glas zersprang, der Blumentopf fiel ins Zimmer. Gerald griff vorsichtig durch das Loch in der Scheibe, sperrte die Tür auf und verschwand im Haus.

Wir warteten. Das Verandadach knackte und krachte unter uns. Gerald tauchte beim Fenster über der Glasveranda auf, grinste, winkte, öffnete das Fenster. Wir kletterten durch das Fenster ins Haus hinein.

Im Haus war es kalt. Es roch nach verfaulten Kartoffeln. Wir gingen durch die Zimmer und waren enttäuscht. Da war auch ein Onkel-Zimmer mit einem Klavier. Ein paar Tanten hingen zwischen den Onkeln. Ein Bücherzimmer gab es auch. Und im Salon waren keine Leinenüberzüge auf den Sesseln. Wir stiegen die Treppen ins Parterre hinunter. Da war die Küche. Auf dem Küchentisch lag ein verschimmelter Laib Brot.

»Gehn wir lieber wieder nach Haus, hier ist nichts«, sagte meine Schwester.

In der Küche stand ein großer, sehr breiter Schrank. Hildegard machte den Schrank auf. Wir standen starr vor dem Schrank und glotzten hinein. So etwas hatten wir überhaupt noch nicht gesehen. Da standen Einsiedegläser mit Kirschkompott und Marillenkompott und Gläser, in denen schimmerte es hellbraun und dunkelbraun. Auf den geblümten Etiketten stand:

Hirschbraten – Gärtnerinnenart, 1944 und *Rehragout – Esterhazy, 1943* und *Landleberstreichwurst (Gänseleberein-lage)*. Und Gläser mit Fisolen waren da und Gläser mit Paradeisern*.

»Menschenskind«, flüsterte Hildegard, »Menschenskind!«

»Die haben gelebt!« murmelte ich.

Auf dem Küchentisch lag eine große karierte Tischdecke. Hildegard warf den verschimmelten Brotlaib vom Tisch. Ich zog die Tischdecke vom Tisch. Wir legten die Tischdecke auf den Boden und räumten Einsiedegläser darauf, so viele nur drauf gingen. Dann verknoteten wir die Tischtuchzipfel. Das Bündel war schwer. Doch meine Schwester und Hildegard zusammen konnten es gerade noch schleppen. Gerald fand eine alte Einkaufstasche. Er füllte sie bis oben mit Leberstreichwurstgläsern. »Kinder, Kinder«, stöhnte er, »Leberwurst, Leberwurst, hoffentlich ist kein Majoran dran. Ohne Majoran hab ich sie noch lieber!«

Ich holte mir eine Quasteldecke aus dem Speisezimmer, stapelte Hirsch und Reh darauf, verknotete die Enden der Decke. Wir stiegen durchs Küchenfenster, hoben mühsam, sehr mühsam unsere Beute aus dem Fenster und zogen das Küchenfenster zu.

Es war unmöglich, mit unseren Bündeln über den Gartenzaun zu kommen.

---

* Fisolen – Gartenbohnen. Paradeiser – Tomaten

»Lassen wir das Zeug halt hier«, sagte Hildegard verzagt, »es gehört ja sowieso nicht uns!«

»Meine Leberwurst soll ich hierlassen? Bist du blöd geworden?« Gerald tippte sich an die Stirn.

Ich schlich zur Gartentür. Auf der Außenseite hatte die Gartentür einen runden Messingknauf. Auf der Innenseite hatte sie eine Klinke aus Eisen. Ich drückte auf die Klinke. Die Tür ging auf.

»Mehr Glück als Verstand nennt man so was«, flüsterte meine Schwester.

Ich schaute vorsichtig die Straße hinauf und hinunter. Niemand war in der Nähe. »Los!« rief ich.

Und dann rannten wir über die Straße. Schleppten die Riesenbündel hinter uns her. Die Gläser schlugen aneinander. Die Gläser klirrten.

Wir hatten unseren Garten erreicht, schmissen das Tor hinter uns zu, zogen den Pack über den Kiesweg, keuchten die vier Stufen zur Haustür hoch. Unsere Arme zitterten. Wir hatten noch nie etwas so Schweres geschleppt.

Meine Mutter stand mit der Frau von Braun hinter der Haustür.

»Wo wart ihr denn so lange?« fragte meine Mutter.

»Was habt ihr denn da?« fragte die Frau von Braun.

Wir zogen unsere Beute ins Vorhaus. Knoteten die Deckenzipfel auf. Gerald kippte die Einkaufstasche. Die Leberwurstgläser rollten über den Boden.

Es blieb wohl nichts anderes übrig, als die Wahrheit zu sagen. Also sagte ich: »Das haben wir gestohlen.«

Meine Mutter und die Frau von Braun starrten mich an. Mir wurde unbehaglich. Ich bekam Angst um meine Einsiedegläser. Die würden doch nicht vielleicht sagen, daß wir alles wieder zurücktragen sollten?

»In den kleinen Gläsern ist Leberwurst drin«, rief Gerald, »lauter Leberwurst mit Gänseleberstücken!«

Meine Mutter und die Frau von Braun hörten auf, mich anzustarren. Jetzt starrten sie auf die Einsiedegläser. Und dann knieten sie sich auf den Boden und nahmen die Gläser in die Hände. Eines nach dem anderen.

»Hirschbraten – Gärtnerinnenart, 1944«, sagte meine Mutter.

»Leberwurst mit Zunge, Leberwurst mit Speck«, flüsterte die Frau von Braun.

Hildegard zeigte zur Straßenseite. Sie sagte: »Wir haben es aus dem Leinfellner-Haus geholt, aus dem Küchenschrank. Die Leinfellner sind ja weg!«

Da begann die Frau von Braun zu lachen, und meine Mutter lachte mit, und dabei kugelten ihnen Tränen über die Wangen.

»Leberwurst mit Zunge, Herr Leinfellner, Heil Hitler, Herr Leinfellner«, rief die Frau von Braun. Sie hob ein Hirschbratenglas hoch und sagte: »Durchhalten müssen wir bis zum Endsieg, hat er immer gesagt, der Herr Leinfellner! Ja, ja, beim Hirschbraten läßt sich gut durchhalten, Herr Leinfellner!«

Meine Mutter kniete auf der Quasteldecke. Sie hatte zu lachen aufgehört. Sie betrachtete ein Zwei-Liter-Einsiedeglas mit Rindsschnitzel. »Schnitzel in Madeira-Soße, Jahrgang 1944«, sagte sie. Sie schüttelte den Kopf. »Und wir haben Erdäpfel gefressen, Erdäpfel und nichts als Erdäpfel!«

10.
Die Uniform • Die SS-Männer
Die gestohlenen Zigaretten

Zu Mittag marschierten deutsche Soldaten durch die Straße am Garten vorbei. Sie kamen aus dem Wienerwald. Sie marschierten in Richtung Stadt. Hinterher fuhren ein paar Wehrmachtsautos.

Ich stand mit Hildegard am Lanzenzaun. Wir warteten, ob noch Autos, ob noch Soldaten kämen. Es kamen keine mehr.

Der Herr Wawra lehnte ein paar Schritte weiter an seinem Gartentor. Er sagte: »Kinder, das waren die letzten! Jetzt sind alle weg! Jetzt ist der verdammte Krieg aber aus!«

Hildegard rief: »Im Radio hat einer gesagt, wir werden Wien verteidigen, bis zum letzten Atemzug. Bis zum letzten Atemzug, Herr Wawra!« Der alte Wawra war stur. Er schüttelte den Kopf. »Sind doch alle weg, alle weg«, sagte er immer wieder.

Meine Mutter sagte zu meinem Vater: »Es ist Zeit, daß wir deine Uniform verbrennen und das Soldbuch. Die Russen dürfen das Zeug nicht finden!«

Mein Vater humpelte im Salon auf und ab. Hin und her. Er versuchte immer wieder, im Radio Nachrichten zu hören. Das Radio krachte und pfiff. Das Radio war uralt. War das Radio kaputt? Oder gab es keine Rundfunkstation mehr? Wir wußten es nicht.

Mein Vater wollte seine Uniform nicht verbrennen. Er sagte: »Wenn die Deutschen zurückkommen und mich finden, und ich habe kein Soldbuch mehr und keine Uniform, dann hängen sie mich doch gleich an den nächsten Baum!«

»Wenn die Deutschen noch einmal kommen und dich finden, dann hängen sie dich sowieso auf«, sagte meine Mutter, »mit oder ohne Soldbuch, das ist ihnen dann Wurscht!«

Aber die Uniform verbrannte sie nicht.

Ich schaute aus dem Fenster. Vor unserem Gartentor stand ein Auto. Vier Männer in SS-Uniform kamen über den Kiesweg auf das Haus zu.

Mein Vater ging ins Bücherzimmer. Er ging langsam. So, als ob er keine Angst hätte. Die Frau von Braun schloß die Tür hinter ihm ab. Sie lehnte sich an die Tür, flüsterte zu meiner Mutter: »Vielleicht hat ihn jemand angezeigt, der Erzengel oder der Herr Wawra?« Ich wollte sagen, daß der Herr Wawra auf gar keinen Fall meinen Vater angezeigt hatte, da klopfte es an der Haustür. Meine Mutter zog den Schlüssel von der Bücherzimmertür und steckte ihn in ihre Schürzentasche. Dann ging sie die Haustür öffnen.

Die Frau von Braun zischte uns zu: »Ihr haltet den Mund! Was sie auch sagen und was sie auch fragen, ihr haltet den Mund, verstanden?« Wir nickten.

Die SS-Soldaten waren nicht gekommen, um meinen Vater zu holen. Sie kamen mit einer Blechdose voll Butterschmalz und einem Sack voll Kartoffeln. Sie baten meine Mutter, ihnen Bratkartoffeln zu machen. Sie holten sogar Holz aus dem Schuppen, damit meine Mutter im Herd Feuer machen konnte. Die Frau von Braun zischelte wieder: »Mundhalten! Verstanden!«

Die vier SSler saßen beim Küchentisch. Meine Mutter briet einen Riesenberg Kartoffeln. Das Butterschmalz schäumte in der Pfanne. Schäumte über. Tropfte auf die heiße Herdplatte. Stank entsetzlich. Die SSler aßen und erzählten. Erzählten, daß Wien nun doch nicht verteidigt werde.

»Wien ist sozusagen schon gefallen«, erklärte der eine.

Der andere sagte, er sei aus Schlesien. Dort seien die Russen schon lange. Und bevor die Russen gekommen waren, da hatte seine Frau an jede Hand ein Kind genommen und war über alle Berge. Er sagte, wir werden schon sehen, was uns blüht, wenn wir hierbleiben. Er machte uns sogar das Angebot, uns in die Stadt mitzunehmen, damit wir in einem der großen Bunker Unterschlupf finden können. Meine Mutter lehnte ab.

Zwischen den Ratschlägen versuchten die SS-Männer, sich mit uns Kindern zu unterhalten. Sie fragten uns nach unserem Namen und wie alt wir sind und noch eine Menge mehr. Sie hielten uns für besonders blöde Kinder. Wir saßen nämlich dicht beieinander am Tisch, fraßen die übriggebliebenen Kartoffeln und gaben keine Antwort. Sprachen kein Wort. Glotzten nur. Starrten auf das Wachstischtuch, starrten auf die SS-Männer.

»Total verschreckt!« sagte der eine.

»Völlig kaputt!« sagte der andere.

»Da sind meine Rabauken schon 'ne ganz andere Sorte«, sagte der mit der Frau, die über alle Berge war. »Meine Rabauken, die kann keiner, die sind nicht unterzukriegen!« Er war sehr stolz.

»Na, Mädchen, sag doch was«, lockte einer und strich mir über die Haare.

Erstens war es mir verboten zu reden. Und zweitens begann mir die Sache Spaß zu machen! Ich glotzte den SSler stur an.

Die Frau von Braun versuchte, ihr Redeverbot aufzuheben. »Aber Kind, sag doch dem Herrn, wie du heißt, du kannst doch dem Herrn ruhig sagen...«

Da konnte sie lange warten! Ich sagte es nicht. Glotzte. Meine Schwester glotzte auch. Hildegard glotzte. Gerald glotzte.

Den SS-Männern wurde unser Anblick ungemütlich. Sie fühlten sich nicht wohl. Sie beschlossen aufzubrechen. Sie mußten heute noch bis nach Salzburg. Und sie wußten nicht, auf welchen Straßen man noch fahren konnte, welche Brücken noch nicht gesprengt waren. Sie schlüpften in die Mäntel. Sie hakten die Ledergürtel zu. Sie verabschiedeten sich von der Frau von Braun und von meiner Mutter. »Na, Kinder, grüßt schön«, sagte meine Mutter zu uns.

Wir blieben sitzen, stopften Kartoffeln in den Mund. Ich versuchte zu schielen. Der mit der Frau über alle Berge schaute uns traurig an. Dann gingen sie. Wir liefen zum Fenster, drückten die Nasen an die Scheiben.

Die SS-Männer stiegen ins Auto.

Ich holte den Bücherzimmerschlüssel aus der Schürzentasche meiner Mutter und lief ins Bücherzimmer zu meinem Vater. Ich griff in die Rocktasche und in den Halsausschnitt des Steppdeckenkleides. Holte zwei Schachteln Zigaretten heraus, eine ganz volle und eine halb volle.

Man kann nämlich oben glotzen und unten Zigaretten vom Tisch stehlen. Ich war stolz auf mich. Hildegard und Gerald bewunderten mich auch, aber meine Schwester sagte: »Das war gemein von dir! Man stiehlt nicht!«

»Wieso denn?« erkundigte ich mich. »Die Einsiedegläser mit den Hirschen hast du ja auch mit gestohlen!«

»Das war nicht richtig gestohlen«, behauptete meine Schwester, »weil die Leinfellner ja gar nicht mehr hier sind, die sind ja geflohen! Aber die Soldaten, die haben dir Bratkartoffeln geschenkt und waren freundlich zu uns, und da ist es gemein, wenn man ihnen was stiehlt!« Sie schaute meinen Vater an. »Das ist doch gemein, Vati, oder?«

Mein Vater lag auf dem Teppich. Zigarettenrauch kräuselte aus seiner Nase, schwebte durch das Zimmer. Mein Vater grinste. »Natürlich ist das gemein, liebe Tochter!« sagte er.

»Na, da siehst du es!« Meine Schwester bohrte mir ihren Zeigefinger in den Bauch. »Der Vati sagt auch, daß das sehr gemein ist!«

Mein Vater zog an der Zigarette. Zog tief. Er hatte schon lange keine ordentliche Zigarette gehabt. Seit Tagen rauchte er selbstgedrehte Zigaretten. Den Tabak dazu hatte meine Mutter vom Herrn Zimmer, einem Nachbarn, bekommen – eingetauscht gegen eine der geschenkten Männerhosen. Der Tabak vom Herrn Zimmer war feucht und zog schlecht.

Mein Vater murmelte: »Es ist gemein, Zigaretten zu stehlen. Es ist sehr gemein, gestohlene Zigaretten zu rauchen. Aber es ist noch gemeiner, Zigaretten zu besitzen, wenn andere Leute keine mehr haben!«

»Na, da siehst du es!« sagte ich zu meiner Schwester und bohrte ihr meinen Zeigefinger in den Bauch.

Mein Vater bat mich, die Haarklammer vom Schreibtisch zu holen. Die brauchte er, weil er keine Zigarettenspitze hatte. Ich brachte die Haarklammer. Er klemmte den kurzen, glühenden Zigarettenstummel in die Haarklammer. So konnte er die Zigarette bis auf ein winziges Endchen aufrauchen, ohne sich dabei die Finger zu verbrennen.

Dann rief uns meine Mutter zum Nachtmahl. Sie sagte: »Jetzt feiern wir den Abzug der letzten SS aus Wien!«

Es gab Bratkartoffeln und Hirsch nach Gärtnerinnenart und Marillenkompott.

11.
Die Stalinorgel • Völkischer Beobachter
Die Mäuse • Die Puppe ohne Kopf

Nach dem Feiertagsnachtmahl schleppten meine Mutter und die Frau von Braun Matratzen und Decken und Polster in den Keller. Mein Vater trug die Gläser mit den Hirschen und Rehen und Marillen hinterher. Er stapelte sie hinter der Kellerstiege auf. Auch unsere kümmerlichen Kleider und Wäschefetzen trugen sie in den Keller. Sie hatten beschlossen, daß wir diese Nacht im Keller schlafen sollten.

Ich war dagegen. Ich wollte nicht in den Keller, auf gar keinen Fall. Das war kein sicherer Keller, es war ein lächerlicher Keller. Er war unter der runden und unter der viereckigen Terrasse. Das war ein Kartoffel-Karotten-Keller und kein Kriegskeller. So einen Keller haut schon eine viertel Bombe kaputt. Außerdem hatte ich von Kellern genug, auch von den sicheren. Ich war schon viel zu oft und viel zu lange in Kellern gewesen. Keller stinken. Keller sind kalt. Keller sind scheußlich. »Nein!« schrie ich. »Geht nur, geht nur in das saublöde Kellerloch, ich bleibe oben!«

Es nutzte mir nichts. Ich mußte in den Keller. Meine Mutter

versuchte, mich zu beruhigen. Sie sagte: »Schau, reg dich nicht auf. Es geht doch jetzt gar nicht um Bomben. Bomben schmeißen sie wahrscheinlich keine herunter. Aber vielleicht schießen die Russen heute nacht.«

»Womit werden sie denn schießen?« fragte meine Schwester.

»Mit Kanonen oder Maschinengewehren, was weiß denn ich, mit was die schießen!« Meine Mutter zuckte mit den Schultern.

Gerald rief: »Vielleicht haben sie sogar eine Stalinorgel mitgeschleppt!«

»Gott soll uns davor bewahren, mal den Teufel nicht an die Wand«, sagte meine Mutter.

Die Stalinorgel war nämlich das Schrecklichste. Sie war unvorstellbar. Ganz genau wußte niemand, wie das Ding aussah. Angeblich war es eine Riesenkanone. Mit mehr als hundert Kanonenrohren vorn dran. Aus denen kamen fürchterliche Kugeln. Kugeln, angeblich gefüllt mit Nägeln und Eisenstükken und rostigem Draht. Kugeln, die alles klein schossen und zerfetzten und verbrannten.

Sie schickten uns also in den Keller. Die Matratzen waren hart. Vom Erdboden kam es feucht und kalt durch die Matratzen. Die Decken waren dünn, kratzten, fühlten sich auch bald feucht und kalt an.

Der Keller war mit Zeitungen, mit »Völkischen Beobachtern«*, tapeziert. Genauso wie unser Keller in Hernals. Und es roch auch genauso.

Die Kellertür hatten sie offengelassen, und auf die Keller-

* »Völkischer Beobachter« – Tageszeitung der NSDAP seit 1923

stiege hatten sie eine brennende Kerze gestellt. Die Kerze flackerte, warf zuckende Schatten auf das Kellergewölbe. Das Licht zitterte über die »Völkischen Beobachter«, und ich versuchte, das Zeitungsblatt über meinem Kopf zu lesen. Doch die Buchstaben waren zu klein. Außerdem waren die Seiten verkehrt aufgeklebt.

Neben mir lag meine Schwester. Sie schlief. Sie schnarchte. Sie hatte Polypen in der Nase. Ich haßte dieses Polypenschnarchen, seit ich denken konnte und manchmal in der Nacht wach lag.

Ich richtete mich auf, schaute auf Gerald. Gerald schlief, den Daumen im Mund. Seine Decke lag neben ihm auf dem Boden. Ich schaute zu Hildegard. Hildegard lag neben mir im Kellerwinkel. Ich konnte ihr Gesicht nicht sehen. So weit reichte das Licht der Kerze nicht. »Schläfst du, Hildegard?« fragte ich.

»Ich fürchte mich!« flüsterte Hildegard.

»Vor den Russen?«

»Vor den Mäusen.«

»Sind hier Mäuse?«

»Weiß ich nicht«, sagte Hildegard, »vor ein paar Jahren, als wir im Sommer hier gewohnt haben, waren sehr viele Mäuse da. Wir haben Fallen aufgestellt. Aber gefangen haben wir keine einzige Maus.«

Ich stand auf und holte die Kerze von der Kellerstiege. Ich stellte sie zwischen unsere Matratzen. Jetzt konnte ich Hildegards Gesicht sehen und eine Hand von ihr. Sie hielt ein sonderbares rosa Ding in der Hand.

»Was hast du da?« fragte ich.

»Das halte ich immer in der Hand, wenn ich einschlafe«,

sagte Hildegard. Sie reichte mir das rosa Ding herüber. Es war ein kleiner Puppenkörper aus rosa Flanell. Als Nabel war ein roter Punkt gestickt.

»Der Kopf ist weg«, sagte ich.

»Ist nicht weg. War nie dran«, flüsterte Hildegard.

Ich betrachtete den rosa Puppenkörper. Das eine Bein war länger und dicker als das andere. Die Arme standen wegweisersteif vom viereckigen Körper ab.

»Ist der selbstgemacht?« erkundigte ich mich.

Hildegard nickte. »Meine Mutti hat ihn gemacht. Weil der Puppenkopf am schwersten zu machen geht, hat sie ihn zum Schluß machen wollen. Aber da ist dann gerade das Telegramm gekommen, daß mein Vati mit dem Flugzeug abgestürzt und tot ist. Da hat sie nicht mehr weiter an der Puppe gearbeitet.«

Ich gab Hildegard das rosa Ding zurück. »Oben im Kasten vom Gaszähler«, sagte ich, »da liegt eine alte zerfetzte rosa Unterhose. Wir könnten ihr morgen einen Kopf daraus machen. Mit Knopfaugen, und von dem Schultertuch, das meine Mama aufgeribbelt hat, sind noch die Fransen da. Die nehmen wir als Haare, die schauen wie richtige Locken aus!«

Hildegard schüttelte den Kopf. »Nein«, erklärte sie, »der bleibt, wie er ist!«

Ich nahm meine Decke und mein Kissen und legte mich zu Hildegard auf die Matratze.

So hatten wir es wärmer.

»Ich habe solche Angst vor den Mäusen«, sagte Hildegard.

»Ich habe einmal furchtbare Angst vor einem Riß in der Decke gehabt«, gab ich zur Antwort.

»Da ist aber kein Riß in der Decke«, murmelte Hildegard.

»Und die Mäuse sind längst verhungert«, sagte ich und blies die Kerze aus.

Meine Mutter kam zur Kellertür. Sie stieg ein paar Stufen herunter. Sie versuchte, leise zu sein, aber die Kellerstufen knarrten. Sie sagte leise zu sich selber: »Na, alle schlafen, alle schlafen.« Dann stieg sie wieder die Stufen hinauf. Die Kellertür schloß sie hinter sich.

»Die sind gut«, sagte ich zu Hildegard, »uns schicken sie in das finstere, kalte Loch hinunter, und sie selber bleiben oben im warmen Bett. Das ist eine Gemeinheit!«

»Aber nein, sie wollen nur, daß uns nichts geschieht«, flüsterte Hildegard.

Ich richtete mich noch einmal auf, wickelte mir die Decke um den Leib, richtete auch Hildegards Decke schön ordentlich, sagte: »Stell dir einmal vor, sie werden oben von den Russen totgeschossen, und wir bleiben übrig!«

»Sei still, sei sofort still«, sagte Hildegard, »ich schlafe schon!«

12.
Kuchen • Die Zwergschule
Der Mann mit der braunen Ledermütze

Als ich aufwachte, fiel Licht durch das Kellerfenster und zeichnete ein schwarzes Gittermuster auf meine Wolldecke. Ich war allein im Keller. Ich sprang auf, lief die Kellerstiege hinauf, rannte zur Küche. Horchte im Laufen, ob ein fremdes Geräusch da war. Waren da Schritte? Redete jemand ausländisch? Schoß jemand? Waren da die Russen?

Russen waren keine da. Mein Großvater war da. Er saß mit den anderen in der Küche. Er hatte einen Kuchen mitgebracht, einen richtigen Kuchen aus Biskuitteig mit Rosinen und Schokoladeglasur. Der Großvater hatte dem Zuckerbäkker Huber seine goldene Taschenuhr gegeben. Dafür hatte der Zuckerbäcker dem Großvater den Kuchen gegeben. Vom Kuchen waren nur mehr drei Stücke übrig. Die gehörten mir. Die anderen hatten ihren Kuchen schon gegessen. Ich mampfte den Kuchen. Schlang. Würgte. Wollte mit dem Kuchen fertig sein, bevor meine Schwester sagen konnte: Bitte, schenk mir noch ein Stück!

Der Großvater glaubte uns nicht, daß die Russen jeden Augenblick kommen konnten. »Ach was«, sagte er lachend, »jeden Tag heißt's doch, sie kommen schon, und da sind sie noch immer nicht!«

Der Großvater hatte nicht nur den Kuchen gebracht. Er hatte auch noch andere Sachen mit. Sachen aus den Schutthaufen. Er grub ja den ganzen Tag im Schutt. Er hatte nichts Besseres zu tun.

Meine Mutter sagte: »Großvater, laß doch die Schuttgraberei bleiben! Es ist zu gefährlich. Das Zeug kann einstürzen.«

Der Großvater nickte und murmelte: »Ja, ja, das Zeug kann einstürzen.« Es schien ihm aber ziemlich gleichgültig zu sein, ob das Zeug einstürzte.

Ich ging mit Hildegard und Gerald auf die Wiese hinter das Haus. Wir schleppten uns mit den Gartenzwergen ab. Stellten sie in Zweierreihen auf. Spielten Schule mit ihnen. Der mit dem Schleifstein war der Blöde in der Klasse. Hildegard war die Lehrerin. Ich übernahm die Stimmen sämtlicher Zwergschüler. Meine Lieblingsrolle war der Blöde mit dem Schleifstein. Hildegard schimpfte. »Du ungezogenes Kind, du, sofort gibst du das Messer her! Ein Messer hat in der Klasse nichts zu suchen!«

Ich antwortete mit Schleifstein-Zwergen-Stimme: »Sie sind blöd, Frau Lehrerin!«

Hildegard wollte eine liebe Lehrerin sein. Sie versuchte, dem Schleifstein-Zwerg gut zuzureden. Ich war dagegen. Ich wollte die Lehrerin böse haben. Sonst war das Spiel zu langweilig.

Gerald spielte nicht mehr mit. Wir hatten ihn als Schulwart eingeteilt, und das gefiel ihm nicht. Er ging zwischen den Gartenzwergen herum und gab ihnen Tritte, warf sie um. Die Nase von einem brach ab. Schneeweißer Gips bröckelte auf die Wiese. Gerald schimpfte und fluchte: »Ich pfeif euch was! Dauernd soll ich der Schulwart sein oder die Hausmeisterin oder das Baby. Ich pfeif euch was, ihr Idioten!« Dann lief er zum Gartenzaun vom Engel, schaute nach dem Engel aus.

Ich stellte die Gartenzwerge wieder auf. Hildegard sammelte die abgeschlagenen Nasenstücke ein. Wir versuchten sie zu einer Nase zusammenzusetzen. Es ging nicht. Zu viel Gips war zerbröckelt. Auf einmal dröhnte es in der Luft. Laut und gefährlich. So wie wir es noch nie gehört hatten, und über den Tannenbäumen beim Wawra-Zaun tauchte ein Flugzeug auf. War plötzlich riesengroß und sehr weit unten. War über uns, war überall, warf einen schrecklich großen Schatten auf die Wiese. Wir standen ganz still.

Jetzt war das Flugzeug über dem Dach vom Erzengel, zog eine Schleife. Kam zurück, flog ganz tief. Stand schief in der Luft. Es war kein großes Flugzeug.

Ich konnte in das Flugzeug hineinsehen. Im Flugzeug saß ein Mann. Nur ein einziger Mann. Er hatte eine braune Ledermütze auf dem Kopf. Das Flugzeug flog zum Wawra-Garten. Kam wieder. Noch tiefer. Noch lauter.

Ich dachte: Im Flugzeug sitzt ein Mann mit einer braunen Ledermütze. Im Flugzeug sitzt ein Mann mit einer braunen Ledermütze. Immer wieder: Im Flugzeug sitzt ein Mann mit einer braunen Ledermütze.

Das dachte ich gegen meine Angst. Es war gut, daran zu denken. Ich hatte vor Flugzeugen Angst. Aber vor Männern mit braunen Ledermützen hatte ich keine Angst. Männer mit braunen Ledermützen hatten mir noch nie etwas getan.

Ich sah Gerald vom Erzengel-Zaun zum Haus laufen. Er lief geduckt. Ich sah, wie Hildegard zum Haus lief. Sie stolperte über einen Gartenzwerg und fiel fast hin.

Ich lief nicht. Ich blieb stehen.

Das Flugzeug kam wieder. Sein Schatten war schon vor ihm bei mir. Die Luft zischte, wenn das Flugzeug vorbeisauste. Unten hatte das Flugzeug Räder.

Angeblich haben alle am Küchenfenster gestanden und gebrüllt, ich soll sofort ins Haus laufen. Ich habe nichts davon gehört. Wahrscheinlich war das Flugzeug zu laut. Dann kam mein Vater aus dem Haus. Lief, humpelte auf mich zu, packte mich am Arm, riß mich hinter sich her ins Haus hinein. Ich stolperte ins Vorhaus.

Mein Vater schlug die Haustür zu. Er schrie: »Bist du denn übergeschnappt! Was stehst du denn da draußen wie eine Blöde herum! Willst du dich totschießen lassen?«

Ich sagte: »Im Flugzeug war ein Mann mit einer braunen Ledermütze!«

Sie verstanden mich nicht. Sie brüllten alle auf mich los: daß in jedem Flugzeug Männer sitzen. Die, die schießen, und die, die Bomben schmeißen. Und hinter jeder Kanone, wo vorn eine Kugel herauskommt, steht ein Mann. Und ob die Männer braune Ledermützen oder grüne Kappen aufhaben, das sei ganz gleich, schrien sie.

Ich sagte nichts mehr. Weil sie so wütend und wild waren. Sogar der Großvater. Aber ich wußte genau, daß sie unrecht hatten.

13.
Der Held • Die Bohnen-Nudel-Schätze
Das Scheißwagerl

Ich setzte mich zum Küchenfenster und tat, als schaute ich in den Garten. Hörte, was der Großvater und der Vater und die Frau von Braun sagten. Meine Mutter redete nicht mit. Sie saß beim großen Herd und schneuzte sich in einem fort und weinte ein bißchen.

Der Großvater knöpfte seinen Mantel zu, setzte seinen Hut auf, sagte: »Es soll schon vorgekommen sein, daß einer aus Angst zum Helden wird. Ich jedenfalls, ich muß zur Juli gehen!«

Der Großvater war ratlos, wußte nicht, was er tun sollte. Der Mann mit der braunen Ledermütze hatte nun auch ihn überzeugt, daß die Russen jeden Augenblick kommen konnten.

»Du kannst jetzt nicht mehr weggehen«, sagte mein Vater, »du mußt hierbleiben, sonst knallen sie dich ab!«

Der Großvater hatte vor dem Heimweg Angst. Er wäre gern dageblieben, doch die Angst vor der Juli war größer. Er erklärte: »Ich kann die Juli nicht allein lassen!«

Mein Vater wurde zornig. »Verdammt noch einmal«, brüllte er, »deine Juli hat einen Schmarrn davon, wenn du in einer Stunde tot bist!«

»Herr Göth, es ist ein Irrsinn, jetzt zwei Stunden durch die Gegend zu marschieren!« Und: »Herr Göth, Sie sind doch kein Held!«

Der Großvater knöpfte seinen Mantel zu, setzte seinen Hut

auf, sagte: »Es soll schon vorgekommen sein, daß einer aus lauter Angst zum Helden wird. Ich jedenfalls, ich muß jetzt zur Juli gehn!«

Der Großvater ging fort. Ich schaute ihm durch das Küchenfenster nach. Sah ihn das Gartentor schließen. Sah ihn hinter den Eisenlanzen verschwinden.

Ich dachte: Jetzt ist der Großvater beim Tor vom Erzengel. Jetzt ist er bei der Atariastraße. Jetzt ist er beim Parteihaus. Jetzt ist er bei der Endstation von der Straßenbahnlinie dreiundvierzig. Jetzt ist er bei den Bombenlöchern auf der Alszeile.

Ich wußte, daß der Großvater nicht so schnell laufen konnte, wie ich denken konnte. Also begann ich noch einmal: Jetzt ist er beim Tor vom Erzengel. Fünf Schritte bis zum gelben Haus.

Dreißig Schritte den Zaun entlang. Eins, zwei, drei...

Schneller, Großvater, schneller!

Jetzt kommt die Glasveranda vom alten Wirtshaus!

Großvater, renn! Bitte, renn!

Ich hörte ein Flugzeug brummen. Nicht sehr nahe. Ziemlich weit weg.

Der Großvater mußte auch schon ziemlich weit weg sein. Ich hoffte, daß in dem Flugzeug mein Mann mit der braunen Ledermütze saß.

Engels Mutter, der Erzengel, kam und meldete, man müsse die Kinder ins Haus sperren, weil Tiefflieger über die Gärten sausten. Über ihrem Garten, da sei einer gewesen, furchtbar, entsetzlich, wir könnten uns gar nicht vorstellen, wie entsetzlich.

Geschenkt! Erzengel, geschenkt! Red nicht weiter! Das

war mein Flieger. Ich kenne ihn besser. Halt den Mund, Erzengel!

Der Erzengel hält nicht den Mund. Meine Mutter hört mit dem Schneuzen auf, erzählt, was mit mir und dem Flieger war.

Mutter, halt doch auch den Mund, bitte schön! Der Großvater ist unterwegs, und der Weg ist lang, Mutter! Ich weiß nicht, ob er noch auf der Alszeile ist oder ob er schon auf der Hernalser Hauptstraße ist. Das ist doch wichtig.

In der Hernalser Hauptstraße stehen große Häuser. Da kann er die Hauswand entlanggehen; vielleicht gibt es doch Flugzeuge, wo einer drin sitzt, der Lust zum Schießen hat.

Meine Mutter hörte zu erzählen auf. Nicht weil ich es mir wünschte, sondern weil der Erzengel nun aufgeregt in der Küche herumflatterte und Aufsehenerregendes mitzuteilen hatte: »... außerdem muß ich noch melden, daß das Lebensmittellager im NSV-Heim offen ist! Die Leute haben das Tor aufgebrochen, eingetreten. Sie sind wie die Wilden. Holen Sachen heraus. Plündern. Ganz furchtbar. Es ist abstoßend. Es ist unerhört. Es ist ...« Der Erzengel kam nicht dazu, seine Empörung weiter auszudrücken.

»Wo ist das NSV-Heim?« fragte meine Mutter.

»Unten bei der Atariastraße, das zweite Haus linker Hand!« sagte die Frau von Braun und schlüpfte in den Mantel.

»Die Kinder kommen mit uns!« entschied meine Mutter.

»Westen anziehen!« rief mein Vater.

Der Erzengel machte runde Augen. Riß den Mund auf. »Wohin gehen Sie denn? Was wollen Sie denn?« Der Erzengel starrte uns an. »Sie werden doch nicht auch?«

»Natürlich werden wir!« sagte meine Mutter.

»Sie wollen tatsächlich?« fragte der Erzengel ungläubig.

»Wir gehen plündern!« rief mein Vater. »Verstehen Sie, werte Dame? Plün-dern!«

Der Erzengel hörte zu starren auf, flatterte aufgeregt, rief: »Warten Sie, warten Sie doch! Ich komme mit!«

Wir liefen die Neuwaldegger Straße hinunter zum NSV-Heim. Der Erzengel hinter uns her. Aus dem Engel-Garten kreischte der Engel, daß er nicht allein bleiben wollte. Brüllte wie am Spieß. Der Erzengel scherte sich nicht darum.

Das große dunkelbraune Tor vom NSV-Heim stand offen. Das Schloß war aus der Tür gebrochen.

Ein Mann kam durch den langen, dunklen Gang zum Tor. Er schleppte zwei blaue Papiersäcke und einen braunen Leinensack. Er sagte: »Hinten im Hof ist das Magazin!«

Das Magazin war ein großer Saal. Früher war es sicher ein Gasthaussaal gewesen, für die Sonntagsspaziergänger. Im Saal waren lauter hölzerne, hohe Regale. Auf den Regalen stapelten sich blaue Säcke und weiße Schachteln und braune Säcke. Und zwischen den Regalen liefen überall Leute. Ich wunderte mich, daß es noch so viele Leute in der Gegend gab. Ich hatte gedacht, wir und die Engeln und der Wawra und der Herr Zimmer seien die letzten. Aber da waren mindestens fünfzig Leute. Und was sie taten, war ziemlich sonderbar. Sie rannten in den Gängen zwischen den Regalen herum. Sie rissen Löcher in die blauen Papiersäcke. Sie warfen die weißen Schachteln von den Brettern. Sie schnitten mit Messern die braunen Stoffsäcke auf, schauten hinein und rannten weiter. Sie luden sich zwei blaue Säcke auf die Schultern, warfen sie wieder ab, packten einen braunen Sack, liefen zum Ausgang, schmissen den braunen Sack wieder in die Ecke und nahmen dafür drei weiße Schachteln. Durch die Löcher, die sie in die Säcke gemacht hatten, rieselten Fleckerln* und Bohnen und Erbsen und Suppennudeln auf den Boden. Und noch eine Menge Sachen, von denen ich nicht wußte, wozu sie gut waren. Da waren Haufen von kleinen, grauen Wuzerln. Die schmeckten sehr salzig, aber gut. Und dünne, dunkelbraune Fäden lagen zwischen den Nudeln und Erbsen. Ich kostete auch davon. Ich merkte, es war geröstete, getrocknete Zwiebel.

Die Bohnen und die Nudeln und die Erbsen und die Fleckerln bedeckten nun schon knöcheltief den Fußboden. Und aus den Säcken rieselte es noch immer. Es knirschte und krachte, wenn man einen Schritt machte. Doch man mußte darauf treten. Der ganze Boden war voll davon. Mir machte das Flekkerl-Erbsen-Nudel-Treten Spaß. Es knirschte so schön.

Mein Vater zog ein Handwagerl ins Magazin. Hinter ihm kam eine dünne, alte Frau. Die dünne, alte Frau zeterte, keifte: »Sie, Kerl, Sie! Was unterstehen Sie sich! Das ist mein Handwagerl. Geben Sie mir sofort mein Handwagerl zurück. Sie können mir doch nicht einfach mein Handwagerl...«

Das Handwagerl kreischte durch die Nudeln. »Sie bekommen Ihr verdammtes Scheißwagerl ja wieder zurück!« brüllte mein Vater. Meine Mutter und die Frau von Braun schichteten blaue Säcke und braune Säcke und weiße Schachteln auf das Handwagerl und zwei große Kanister mit Speiseöl. Bis das Handwagerl voll war.

Mein Vater zog vorn an der Deichsel vom Wagerl. Meine Mutter und die Braun schoben hinten an. Hildegard und ich

* Fleckerl – Speise aus Nudelteig

hielten das blau-braune Sackgebirge auf der einen Seite, meine Schwester und Gerald stützten es auf der anderen Seite.

So kamen wir langsam und mühsam über den Nudelboden. Eine junge Frau wollte uns das Handwagerl streitig machen. Sie sagte, sie sei die Nachbarin von der alten, dünnen Frau, der das Handwagerl gehörte. Sie habe viel mehr Anspruch darauf als wir. Und die alte Frau stand noch immer bei der Magazintür und schrie: »Nix! Nix da! Niemand bekommt mein Wagerl! Niemand! Her damit! Mir gehört's! Mir ganz allein!«

Mein Vater wollte mit dem Handwagerl durch die Magazintür. Die Alte stellte sich in die Tür. Stemmte ihre Arme rechts und links in den Türrahmen. Mein Vater ließ die Deichsel los. Nahm die Alte unter den Achseln, zerrte sie aus der Tür. Die Alte strampelte mit den Beinen. Die Beine hingen in der Luft. Sie schrie: »Bagage! Proleten! Loslassen! Plünderer! Das gehört alles dem NSV! Das darf keiner nehmen! Und mein Handwagerl schon gar nicht!«

Mein Vater trug die strampelnde Alte in den Hof. Setzte sie in ein Blumenbeet, zwischen gelbe und violette Krokusse. Kam zum Handwagerl zurück. Zog wieder an der Deichsel.

Ich kicherte. Wegen der Alten zwischen den Krokussen.

»Da gibt's gar nichts zu lachen!« mahnte meine Mutter.

»Geschieht ihr doch recht, der Geizigen«, sagte meine Schwester.

»Sie kann nichts dafür«, sagte meine Mutter.

Wir kamen nur langsam voran. Das Sackgebirge wackelte. Kippte um. Wir mußten die Säcke und die Kanister wieder aufladen. Wir fuhren durch unser Gartentor. Auf dem Kiesweg wollte das Wagerl nicht mehr. Es verlor ein Rad. Wir trugen das Wagerl ins Haus. Das Rad warfen wir in den Efeu.

14.
Die salzigen Nasenrammeln
Die Beute vom Erzengel
Die Beute vom alten Wawra
Der fremde Lärm

Meine Eltern und die Frau von Braun liefen mit den blau-weiß-braunen Schätzen in den Keller. Zum Kellerversteck. Zu den Einsiedegläsern aus der Leinfellner-Villa. Sie waren aufgeregt. Sie hatten rote Wangen. Sie lachten. Sie hatten Nudeln und Erbsen. Sie hatten Zucker und Zwiebelfäden. Sie hatten Bohnen und Öl. Sie sagten: »Dorthin räumen wir die Bohnensäcke!«

Und: »Unter die Kellerstiege legen wir den Zucker!«

Und: »Die Erbsensäcke schichten wir in der Ecke auf!«

Und das klang so wie: »Wir werden durchkommen!«

»Wir werden es schaffen!«

Ich holte mir graue, salzige Wuzerln aus einer weißen Schachtel. Ich ließ die Wuzerln in meine Schürzentasche rieseln.

»Aber nein!« rief meine Mutter. »Das kannst du so roh nicht essen. Das ist getrocknete Rindssuppe!«

»Ist aber sehr gut so«, sagte ich und lief aus dem Haus, über die Wiese zum alten Wawra.

Der alte Wawra putzte die Gartenwege. Mit einem eisernen Rechen. Das tat er jeden Tag. Obwohl niemand auf den Wegen ging und sie schmutzig machte.

»Seid's ihr mit einem Handwagerl voll Säcken gekommen?« fragte mich der Wawra und lehnte den Rechen an einen Baumstamm. Ich nickte. Ich holte graue Wuzerln aus der Schürzentasche. Hielt sie dem alten Wawra hin. »Getrocknete Rindssuppe«, erklärte ich.

»Rindssuppe ist naß«, sagte er.

»Diese hier ist getrocknet«, sagte ich.

Der Wawra nahm ein graues Wuzerl. Betrachtete es, rieb es zwischen Daumen und Zeigefinger. Der Daumen und der Zeigefinger waren schwielig. Der Wawra murmelte: »Wie ein Nasenrammel!«

»Kosten Sie es! Schmeckt gut«, meinte ich.

Der Wawra wollte nicht kosten. »Nie, nie im Leben«, behauptete er, »trocknet Rindssuppe zu Nasenrammeln ein!«

»Doch, doch, Ehrenwort!« sagte ich. Aber so ganz sicher war ich mir nun auch nicht mehr. Nasenrammeln schmecken ja auch ziemlich salzig. Und gut.

Ich erzählte dem Wawra die Sache mit dem NSV-Heim und den Lebensmittelsäcken.

Der Erzengel störte uns. Er kam laut jammernd die Straße herauf. Der Engel jammerte hinterher. In der einen Hand hatte der Erzengel einen braunen Sack. In der anderen Hand hatte er einen blauen. Aber die Säcke waren leer und flatterten flügelgroß neben dem Erzengel.

Der Wawra und ich gingen auf die Straße. Wir empfingen den Erzengel.

»Ich möchte melden«, keuchte der Erzengel, »daß bereits alles geplündert ist! Alles weg! Nichts mehr da!« Er fuchtelte mit den leeren Säcken vor unseren Gesichtern herum. Ein paar Fleckerln und ein paar Erbsen fielen auf den Gehsteig.

»Aber das Magazin war doch noch so voll«, sagte ich.

»Ja, ja«, schnaubte der Erzengel, »doch dann, also dann, ich wollte dünnere Nudeln, da habe ich die dünneren Nudeln gesucht, und dabei ist mir der Zuckersack zerrissen, und dann hat mir so ein großer Lümmel einfach meinen Bohnensack weggenommen, und dann, und dann, die Menschen sind ja so gemein, und dann ...«

Der Erzengel hörte zu reden auf. Die gelben Haare hingen dünn und glatt vom Kopf. Der Erzengel verzog den Mund. Zuerst wurde der Mund ganz breit und dann ganz rund. Der Erzengel schaute uns mit offenem Mund an. Tränen liefen über seine Wangen.

»Was war denn dann?« fragte der alte Wawra.

Der Erzengel machte wieder einen normalen Mund. Er sagte: »Dann waren auf einmal alle Leute weg und alle Säcke und Schachteln auch. Und kein einziger Kanister war mehr da. Nur der Fußboden, der Fußboden ist voll mit dem Zeug. Nudeln und Erbsen und Zucker und so! Knöcheltief!«

»Wieso der Fußboden?« Der Wawra begriff es nicht.

Ich erzählte ihm von den Leuten, wie sie Löcher in die Säcke gemacht hatten und wie die Sachen dann aus den Löchern gerieselt waren. »So eine Schweinerei!« rief der Wawra.

Der Erzengel sagte: »Aber ich mußte doch auch Löcher in die Säcke machen! Auf den Säcken waren ja keine Etiketten und keine Aufschrift. Und ich wollte doch dünnere Nudeln!«

»Sie Kuh, Sie dumme Kuh, Sie!« sagte der alte Wawra. Er ging in seinen Garten zurück.

Der Erzengel machte beleidigt kehrt, lief zu seinem Haus. Die Säcke hielt er noch immer fest.

Der alte Wawra kam mit dem Schubkarren und einer Schaufel aus dem Gartentor gefahren. Er murmelte: »Erbsen,

Bohnen, lauter Essen! Auf dem Fußboden! Das geht nicht! Das darf man nicht! Ich hole die Sachen!«

Ich wollte mit dem Wawra ins NSV-Heim gehen. Doch meine Mutter schaute gerade aus dem Küchenfenster. Sie ließ mich nicht fort. Ich kletterte auf den Lanzenzaun. Schaute dem Wawra nach. Sah ihn im NSV-Heim verschwinden.

Es dauerte lange, bis der Wawra wiederkam. Er schob den Karren mühsam die Straße herauf. Er war randvoll. Auf den Nudeln glitzerte Kristallzucker, um die Erbsen ringelten Zwiebelfäden. Der Wawra fuhr zu seinem kleinen Lusthaus und kippte den Karreninhalt ins Lusthaus. Dann fuhr er wieder zum NSV-Heim zurück, holte eine neue Fuhre.

Der alte Wawra ist mindestens neunmal hin- und hergefahren. Das ganze Lusthaus war schon voll. Endlich hörte er mit der Fahrerei auf. Er war zu müde. »Dabei ist noch immer alles voll, unten im NSV-Heim«, sagte er.

Ich kroch durch den Zaun zum Lusthaus, betrachtete die vermischten Schätze. Ich ließ das Vermischte durch die Finger rieseln. »Das können Sie nie im Leben kochen«, sagte ich, »weil es nach Zucker schmecken wird, und das wird nicht gut schmecken. Und dann brauchen die Nudeln nur zwanzig Minuten, bis sie weich sind, und die Bohnen brauchen stundenlang!«

Der alte Wawra setzte sich auf die Gartenbank vor dem Lusthaus. Er holte mehrere Papierknäuel aus der Rocktasche und strich die Papierchen glatt. »Red doch nicht immer so neunmal g'scheit«, sagte er, »hilf mir lieber sortieren!«

Der alte Wawra legte die Papierchen neben sich auf die Gartenbank. Dann bat er mich, eine Schaufel voll Vermischtes aus dem Lusthaus zu holen.

Ich brachte die Schaufel voll Vermischtes und schüttete es dem Wawra in den Schoß.

Und dann sortierten wir: auf ein Papier die Nudeln. Auf ein zweites die Zwiebelfäden. Auf ein Papier die Erbsen. Auf ein Papier die Bohnen.

Ich deutete zum Lusthaus. »Da brauchen wir hundert Jahre, bis wir damit fertig sind!«

»So lange leb ich nicht mehr«, sagte der Wawra, »und du auch nicht!«

Unser Nudelhäufchen war das größte, das Erbsenhäufchen das kleinste.

»Ich könnte Ihnen einen vollen Sack aus unserem Keller bringen«, schlug ich vor. Aber ich war mir nicht sicher, ob meine Mutter einen Sack hergeben würde.

»Ich brauch keinen vollen Sack«, sagte der Wawra, »ich bin alt. Alte Leute essen nicht viel!«

Es wehte ein leichter Frühlingswind. Er wehte uns die Zwiebelfäden von der Gartenbank. Ich suchte sie. Klaubte sie vom Kiesweg. Ich holte eine neue Schaufel mit Vermischtem. Die Hose vom alten Wawra war voll Kristallzucker.

Gerald kam zum Zaun. »Komm rüber«, rief er.

»Ich muß sortieren«, erklärte ich.

»Geh schon rüber«, sagte der Wawra. »Ich komm allein gut zurecht!«

Ich schüttelte den Kopf, hockte mich wieder zum Wawra und sortierte.

»Die guten ins Töpfchen, die schlechten ins Kröpfchen«, spottete Gerald und ging weg.

Ich hockte lange und sortierte. Meine Füße schliefen ein. Es prickelte in den Zehen und stach in den Fersen. Gleich mußte

Mittag sein. Auf einmal hörte der alte Wawra zu sortieren auf. Er lauschte. »Ich höre etwas«, sagte er. Ich hörte nichts.

»Doch, doch«, sagte der Wawra. Er schüttete das Vermischte aus seinem Schoß auf ein Papier. Er klopfte den Zukkerstaub von den Hosenbeinen. Wir gingen zum Gartentor.

Jetzt hörte ich auch etwas. Es war ein merkwürdiges Geräusch – dumpf, leise, verworren, aus verschiedenen Geräuschen zusammengesetzt.

»Pferde«, sagte der alte Wawra, «und Wagen!« Und dann: »Das sind die Russen!«

Wochenlang hatte ich auf die Russen gehofft. Wegen meinem Vater und wegen der Nazis und weil sich endlich etwas ändern sollte. Nun kamen die Russen! Ich spürte mein Herz klopfen. Aber es klopfte nicht in der Brust, sondern im Hals. Das dumpfe, verworrene Geräusch, das immer näher kam, war schuld daran. Jetzt hörte man schon Stimmen aus dem Geräusch heraus. Und dann wurde aus dem Geräusch Lärm. Ungewohnter Lärm. Fremder Lärm. Und dann bogen sie oben, von der Höhenstraße her, in unsere Straße ein. Die Pferde, die Wagen, darauf die Russen. Ich konnte noch nichts deutlich erkennen. Sah nur, daß es ein langer Pferde-Russen-Wagen-Zug war. Ich hörte an dem Lärm, daß der Zug noch weit hinter der Kurve weiterging. Die Pferde, die Wagen, die Russen – alle waren gelbgrau.

Mir fiel die Frau vom SSler ein, die, die mit ihren Kindern über alle Berge war. Und daß die Russen den Frauen angeblich die Brüste abschneiden, das fiel mir auch ein. Und an die zerstückelten, eingesalzenen Frauen mußte ich denken. Ich sah den Forstrat vor mir, wie er sagte: »Die Russen sind fürchterlich!«

Der alte Wawra beugte sich zu mir und sagte: »Ich brauche Ata oder Imi!«

Wozu brauchte denn der alte Wawra jetzt Ata oder Imi?

»Oder habt ihr wenigstens ein Stück Kernseife?« fragte der alte Wawra.

Ich starrte den Russen entgegen. »Wozu brauchen Sie denn Kernseife?«

»Ich gehe nämlich jetzt das Schlafzimmer putzen. Alles soll glänzen und sauber sein!« Er zeigte auf den immer näher kommenden Russenzug. Er sagte dicht an meinem Ohr, und es dröhnte in meinem Ohr: »Jetzt kommen die Russen, und dahinter, da kommt der Herr Goldmann! Der alte Herr Goldmann! Ich muß sein Bett überziehen und den Boden scheuern. Er wird müde sein!«

Ich dachte: Die Russen kommen, und der alte Wawra ist verrückt geworden! Ich dachte: Die Russen kommen, und der alte Wawra schaut aus wie die Hannitante. Ich dachte: Die Russen kommen, und die Hannitante hat keinen Kopf mehr. Der liegt im Schutthaufen bei der Kalvarienberggasse.

Ich schrie: »Wir haben keine Kernseife!«

Dann rannte ich zu unserer Gartentür.

Meine Mutter kam mir entgegen. »Wo bleibst du denn?« brüllte sie. Sie packte mich an der Hand, lief mit mir zum Haus. Sie rief: »Die Russen kommen!«

»Ja«, sagte ich, »mit Pferden und Wagen. Sie sind schon in die Straße eingebogen!«

»Wenn du noch einmal davonrennst, wenn gerade die Russen kommen«, brüllte meine Mutter, »dann kannst du etwas erleben!«

15.
Die weißen Leintücher
Die vergessene Uniform
Die klein-großen Onkel
Die siebzehnmal drei Schläge an der Tür
Die Blonden und die Braunen

Meine Mutter wollte mich ins Haus ziehen. Ich begann zu brüllen. Ich hielt mich an der Türklinke fest. Sie versuchte, meine Finger von der Klinke zu lösen, und keuchte, daß ich total übergeschnappt sei und daß das auch kein Wunder sei, daß ich aber trotzdem in den Keller hinuntergehen müsse. Sonst würden mich die Russen schnappen. Mein Vater kam, riß meine Finger von der Türklinke, hob mich hoch und trug mich zur Kellertür. Ich strampelte wütend und brüllte weiter. Ich wußte nicht genau, warum ich brüllte. Es hatte etwas mit meiner Kellerangst zu tun und etwas mit dem alten Wawra, der noch immer vor seiner Gartentür stand und auf den Herrn Goldmann wartete.

Mein Vater ließ mich los. Ich hatte ihm beim Herumstrampeln gegen seine kranken, eitrigen Schienbeine getreten. Ich rutschte zu Boden. Ich hörte zu brüllen auf.

Meine Mutter sagte: »Na gut, gehst halt nicht in den Keller runter. Aber im Haus mußt du bleiben!« Sie schob den großen Riegel vor die Haustür.

Ich nickte.

Hildegard, Gerald, meine Schwester und die Frau von Braun waren im Keller unten. Meine Schwester rief aus dem

Keller: »Mutti, Vati, kommt! Kommt runter!« Ihre Stimme war voll Angst.

Mein Vater humpelte in den Keller. Ich ging mit meiner Mutter in den Salon. Wir schauten auf die Straße. Auf der Straße fuhren Wagen, graugelbe, hölzerne, von Pferden gezogene Wagen. Die Pferde waren klein und grau. Auf den Wagen saßen Soldaten. Sie hatten schmutziggelbe Uniformen an. So weit ich schauen konnte, waren überall auf der Straße Wagen und Pferde und Soldaten.

Aus einem Fenster vom Haus des Herrn Zimmer hing ein weißes Leintuch. Und aus dem Erzengel-Haus hing auch ein weißes Leintuch und flatterte im Wind.

Meine Mutter erklärte mir die weißen Leintücher. Sie sagte: »Sie ergeben sich. Wenn man eine weiße Fahne zum Fenster hinaushängt, hat man sich ergeben!«

»Warum ergeben sie sich?« fragte ich.

»Weil sie Angst haben, vor den Russen!«

»Warum ergeben wir uns nicht?« fragte ich.

»Wir haben kein weißes Leintuch!« sagte meine Mutter.

Das war nicht wahr. Die Frau von Braun hatte etliche weiße Leintücher im Schrank.

»Ergeben sich der Erzengel und der Zimmer gerne?« fragte ich. Meine Mutter zuckte mit den Schultern, sagte: »Die ergeben sich immer. Vor sieben Jahren haben sie sich dem Hitler und den Nazis ergeben. Jetzt ergeben sie sich den Russen, und wenn nächstes Jahr wieder andere kommen, werden sie sich wieder ergeben!«

Ich fragte: »Wie viele Russen kommen denn?« Und: »Können sie Deutsch reden?« Und: »Werden sie uns etwas tun?«

Meine Mutter starrte auf den Russen-Pferde-Wagen-Zug.

Sie gab mir keine Antwort. Plötzlich fuhr sie erschrocken zusammen und rief: »Du, Christel! Die Uniform! Dem Vati seine Uniform! Die dürfen sie auf keinen Fall finden! Renn g'schwind! Hol die Uniform! Bring sie mir in die Küche!«

Ich lief in unser Zimmer. Ich legte mich vor meinem Bett auf den Bauch. Der Karton mit der Uniform war ganz hinten an der Wand. Ich zog den großen braunen Karton unter dem Bett hervor. Um den Karton war eine feste Schnur. Der Knoten in der Schnur war nicht aufzulösen. Ich riß die Schnur vom Paket. Die Schnur schnitt mir in die Finger. Ich nahm den Deckel vom Karton. Ich warf die alten Zeitungen, lauter »Völkische Beobachter«, die oben im Karton lagen, hinaus. Darunter waren die Uniform, die Hose, die Jacke, die Kappe und der Ledergürtel. Ich packte die Sachen. Der Gürtel fiel zu Boden. Die eiserne Schnalle mit dem Hakenkreuz schlug klimpernd auf.

Ich bückte mich, hob den Gürtel auf, preßte das Uniformbündel auf meinen Bauch und lief mit dem grün-grauen Bündel durchs Zimmer, aus dem Zimmer, durchs nächste Zimmer, aus dem nächsten Zimmer, in den Salon.

Von der Straße her hörte ich den Lärm der Wagen, von den Pferden, von den fremden Stimmen. Einzelne Worte konnte ich klar und deutlich hören.

Der Himmel vor dem Fenster war blau. Das Sonnenlicht fiel durch die schmutzigen Fensterscheiben auf den Parkettboden und auf die aufgerollten Teppiche und auf die leinenüberzogenen Sesselungeheuer. Die Tür zum Onkelzimmer war offen. Etliche Onkel glotzten. Aus der Küche rief meine Mutter: »Christel, so komm doch! Komm doch schon, bitte!«

Die Stimme meiner Mutter klang sehr weit weg und sehr

leise. Und die Tür zum Vorhaus schien auf einmal sehr weit weg zu sein.

Ich starrte auf den zusammengerollten Teppich zu meinen Füßen. Die Teppichrolle war unheimlich lang. Ich würde ewig brauchen, bis ich in der Küche war.

Ich ging langsam die Teppichrolle entlang. Alles sah aus wie durch den Operngucker betrachtet, wenn man auf der falschen Seite hineinschaut. Der leinenüberzogene Kronleuchter hing schief. Die Staubkörner wirbelten im Sonnenlicht. Die Bilder im Onkelzimmer wurden auf einmal so groß wie Schränke und dann so klein wie Spielkarten und dann wieder so groß wie Schränke.

Ich stand still. Ich konnte mich nicht rühren.

Meine Mutter erschien in der Salontür. Sie war klein wie ein Stehaufmännchen in einem Vogelkäfig. Sie lief auf mich zu und wurde dabei immer größer, wurde riesengroß. Sie riß mir das Uniformbündel aus der Hand und rannte in die Küche zurück. Bei der Salontür war sie wieder winzig klein.

Ich weiß nicht, wie lange ich so stand und den Onkeln und den Staubkörnern und dem Kronleuchter und der Teppichrolle zuschaute. Plötzlich klopfte es laut an die Haustür, und eine tiefe Stimme rief fremde, unverständliche Worte.

Ich ging durch den Salon auf das Vorhaus zu. Der Salon war wieder normal groß. Die Onkel glotzten im richtigen Format. Der Kronleuchter hing schnurgerade.

Ich kam zur Küchentür. Meine Mutter stand am Herd. Sie hielt einen Schürhaken in der Hand und murmelte: »Verdammt noch einmal, verdammt noch einmal!«

Der Herd qualmte, rauchte und stank. Aus der offenen Herdtür hing ein Uniformhosenbein. Meine Mutter hantierte verzweifelt mit dem Schürhaken, das Hosenbein wollte nicht in den Ofen hinein. Ich hielt den Atem an und zählte die Schläge gegen die Haustür. Bei siebzehnmal drei – nach dreimal klopfen legte der Klopfer nämlich immer eine kurze Pause ein –, nach einundfünfzig Schlägen also kamen mein Vater und die Frau von Braun die Kellertreppe herauf.

»Man muß ihnen öffnen«, flüsterte die Braun, »sie schlagen sonst noch die Tür kaputt!«

Meine Mutter sah meinen Vater im Vorhaus stehen. Sie ließ den Schürhaken fallen, rannte zu ihm und drängte ihn zur Kellertür zurück. Sie zischte: »Bist du wahnsinnig geworden! Verschwind sofort in den Keller hinunter! Das erledigen wir ohne dich! Willst dich gleich in der ersten Minute schnappen lassen? Davon hat kein Schwein was, verstehst?«

Mein Vater schaute ratlos.

Auch die Frau von Braun winkte meinen Vater in den Keller hinunter.

Mein Vater nickte.

Meine Mutter seufzte erleichtert.

Mein Vater war jung und kräftig, trotz der zerschossenen Beine. Das mußte jedem Russen verdächtig vorkommen. Zu dieser Zeit waren alle jungen, kräftigen Männer entweder tot, oder sie waren Soldaten. Und den Russen war es sicher völlig egal, ob mein Vater noch ein deutscher Soldat war oder ob er vor ein paar Wochen aufgehört hatte, Soldat zu sein. Für die Russen war jeder deutsche Soldat ein Feind. Und einen Feind muß man gefangennehmen und nach Sibirien schicken.

Meine Mutter lief in die Küche zurück. Die Küchentür schloß sie hinter sich.

Die Frau von Braun holte tief Atem, versuchte zu lächeln,

sagte zu mir: »Na denn, mach mal auf!«, und ich ging zur Haustür und schob den großen Messingriegel zurück.

Die Tür ging auf. Vor mir standen zwei Männer in gelbgrauen Uniformen. Jeder hatte irgendwo einen hellroten fünfzackigen Stern. Der eine Mann war riesengroß. Mit sehr breiten Schultern. Der andere war auch sehr groß. Aber nicht so breit. Dafür war er viel jünger. Seine Kappe hielt er in der Hand. Er hatte hellbraune Stoppelhaare. Er lächelte.

Der Breitschultrige sagte etwas, was ich nicht verstand. Er betrat das Vorhaus und schaute sich um. Der Breite sagte wieder etwas, was ich nicht verstand. Er schaute zur Kellertür herein, schaute zum Salon, fragte: »Soldat hier? Nix Soldat?«

Die Frau von Braun schüttelte den Kopf. »Nix Soldat, nix Soldat, nix, nix!« erklärte sie entschieden.

Der Breitschultrige öffnete die Küchentür. Die Küche war voll Rauch und Qualm. Aber die Ofentür war geschlossen. Oben auf der Herdplatte jedoch fehlten die gußeisernen Ringe. Die lagen auf dem Fußboden verstreut. Aus der Herdplatte schaute ein großes, grün-graues Bündel mit schwarzverkohlten Flecken. Und gerade in dem Augenblick, wo der Breitschultrige die Küche betrat, stellte meine Mutter den großen Wassertopf auf den grün-grauen Berg und drückte den Topf fest gegen die Herdplatte. Dann drehte sich meine Mutter um. Sie war rot im Gesicht und verschwitzt. Sie schaute den großen Breitschultrigen an und lächelte. Der lachte zurück und sagte: »Nix gut, nix gut!«

Dabei zeigte er auf den Herd. Er ging zum Fenster und öffnete es. Er zeigte auf den sehr blauen Himmel und auf die Sonne und deutete dann nach oben zum Dach.

Meine Mutter nickte und nickte und bestätigte mit vielen Gesten, daß es furchtbar ist, wenn die Sonne auf den Kamin scheint und der Herd deshalb qualmt.

Der Soldat mit den Stoppelhaaren lehnte in der Küchentür und hustete ein bißchen wegen dem Rauch. Ich stellte mich neben ihn und lächelte zu ihm hinauf.

Der Soldat nahm meinen langen, braunen Zopf in die Hand und betrachtete ihn. Dann verdrehte er die Augen, schielte, machte einen spitzen Mund und stöhnte: »Ooooooaaaaaoo-ooo.« Ich kicherte geschmeichelt. Es war klar, er fand mich schön.

Langsam zog der Qualm durch das Küchenfenster ab. Der große, breite Soldat trank ein Glas Wasser.

Meine Schwester und Hildegard kamen die Kellerstiege herauf. An der Kellertür blieben sie stehen. Ich winkte sie gönnerhaft herbei. Sie kamen zögernd in die Küche.

Der Breitschultrige fragte meine Mutter: »Alles deine Kind?«

Meine Mutter schüttelte den Kopf. Hildegard stellte sich dicht neben die Frau von Braun. Die Frau von Braun legte ihren Arm um Hildegards Schultern. Meine Schwester stellte sich zu meiner Mutter. Meine Mutter legte ihren Arm auf die Schultern meiner Schwester. Da ging ich auch zu meiner Mutter und ließ mir einen Arm um die Schulter legen.

Der Breitschultrige war mit unserer Familienvorstellung zufrieden. Er nickte und stellte fest: »Schöne Kind! Viele schöne Kind!«

Dann kam Gerald in die Küche. Er wollte anscheinend auch ein schönes Kind sein. Er lief zu Frau von Braun und ergänzte das Familienfoto.

Der Breitschultrige aber schaute plötzlich sehr böse. Seine Augen waren schmale, schwarze Striche. Sein Kinn war dick und stoppelbärtig. Er zeigte auf Gerald: »Germanski, Germanski!«

Gerald war nämlich der einzige unter uns, der hellblonde Haare hatte und hellblaue Augen und eine sehr weiße Haut.

Die Frau von Braun beteuerte händeringend, daß ihr armer Gerald bei Gott kein Germanski, also kein Deutscher, sondern ein richtiger Österreicher sei. Ein sehr blonder, leider!

Bisher hatte ich mir immer gewünscht, sehr blond und sehr blauäugig zu sein. Alle schönen Knaben und Mädchen in den Lesebüchern, im Kino, auf Plakaten und in der Zeitung waren blond und blauäugig gewesen. Nun war ich froh, über und über braun zu sein. Die Sache mit den »Österreichern« und den »Germanski« verstand ich aber nicht. »Germanski« sagten die Russen zu den Deutschen. Soviel war klar. Warum wir jedoch plötzlich keine Deutschen mehr waren, das begriff ich nicht. Wo ich doch in der Schule mindestens einmal am Tag gehört hatte, daß ich von der Vorsehung dazu auserwählt war, ein deutsches Mädchen zu sein.

Der Breitschultrige trat zu Gerald. Er betrachtete ihn genau. So genau, wie der Herr Benedikt, der ein Briefmarkensammler war, immer seine Briefmarken angeschaut hat. Er griff in Geralds weißblonde Haare, befühlte Geralds Ohrläppchen, strich über Geralds Augenbrauen, und man konnte merken, daß er mit Gerald nicht zufrieden war.

Gerald begann zu weinen. Die Frau von Braun redete ununterbrochen auf den Breitschultrigen ein. Der Soldat verstand sie nicht. Er knurrte böse.

Der mit den Stoppelhaaren lehnte noch immer in der Küchentür. Ich schaute zu ihm. Er lächelte nicht mehr. Er nickte mir zu. Dann ging er zum Breitschultrigen. Die beiden redeten miteinander. Wir verstanden kein Wort. Doch das war sicher: Der mit den Stoppelhaaren war für Gerald, und er versuchte, den anderen zu überreden. Anscheinend gelang es ihm. Der Breitschultrige hörte auf, Gerald zu begutachten. Er schaute noch einmal wild in der Küche herum, dann ging er hinaus, verließ das Haus. Der mit den Stoppelhaaren sagte »Dos widanija« zu uns und ging dem Breitschultrigen nach.

Wir standen ganz still. Wir warteten, bis die beiden am Küchenfenster vorbeikamen, bis sie um die Hausecke verschwunden waren. Dann lief ich zum großen Fenster in dem Salon. Auf der Straße fuhr noch immer die Pferde-Wagen-Soldaten-Kolonne. Ich sah den Breitschultrigen und den Stoppelhaarigen durchs Gartentor gehen, den Zaun entlang gehen und im Erzengel-Tor verschwinden. Ich dachte: Engel, jetzt hat deine Stunde geschlagen! Engel! Weil du nämlich blond bist, da wird dir deine Haarschleife einen Dreck nutzen, Engel, und dein Puppenwagen auch nicht. Der Breitschultrige wird dich umbringen, und der mit den Stoppelhaaren wird dir nicht helfen, denn der ist mein Freund und nicht deiner, der wird nicht für dich reden, Engel!

Ich hüpfte auf der Teppichrolle durch den Salon. Ich hüpfte in die Küche. Dort war nur Gerald. Er stand beim Küchentisch und heulte und drosch mit den Fäusten auf den Tisch und rief in einem fort: »Sauhunde, blöde die! Hundsärsche, verdammte, saublöde, die Hundsärsche, die Sauhunde, blöde die...«

»Wo sind denn die anderen?« fragte ich.

Gerald gab mir keine Antwort. Er heulte und fluchte weiter.

Wahrscheinlich waren die anderen im Keller bei meinem Vater, um ihm Bericht zu erstatten. Ich überlegte, ob ich Gerald trösten sollte. Doch mir fiel nichts ein. Seine Haare waren wirklich unheimlich blond, und seine Augen waren wirklich entsetzlich hellblau. Und seine weiße Haut hatte mir nie sehr gefallen. Ich ging in den Keller.

16.
Der Kronleuchterschießer
Die Vorwürfe an mich
Die Vorwürfe an meinen Vater
Die verschimmelten Zwetschkenbeine

An diesem Tag kamen noch viele Russen zu uns. Wir verriegelten die Haustür nicht mehr. Die Soldaten kamen zu dritt oder zu viert. Sie gingen durchs Haus, öffneten Schränke, zogen Schubladen heraus, rollten Teppiche auf, zogen Vorhänge an den Quastelschnüren auf und zu und auf und zu und schauten in die Töpfe am Herd, in denen nichts drin war außer Bohnen und Nudeln.

Sie hatten alle den Uhrentick. Es war mir unbegreiflich, was sie mit den vielen Uhren wollten. Jeder von ihnen hatte schon an jedem Handgelenk mindestens eine, und trotzdem verlangten sie immer wieder »Uhra, Uhra« und waren sehr traurig, wenn sie keine bekamen.

Sie nahmen auch andere Sachen mit. Aber auf die legten sie anscheinend keinen besonderen Wert, denn etliches von dem

Zeug fanden wir dann im Garten wieder. Sie hatten es schon beim Fortgehen weggeworfen.

An einen Russen kann ich mich besonders gut erinnern. Er kam ganz allein. Er war ein großer, starker Kerl und schielte. Ich stand an der Haustür, als er kam. Ich grüßte ihn freundlich. Ich hatte strengen Befehl von meiner Mutter, alle Soldaten freundlich zu grüßen. Mir machte das nichts aus. Ich grinste und grüßte schon den ganzen Nachmittag wie ein frischlackiertes Zirkuspferd. Zuerst hatte ich immer »Guten Tag« gesagt, nun sagte ich schon »Dos widanija« oder »Strastwuitje«. Und das freute die Soldaten sehr.

Der, an den ich mich besonders gut erinnern kann, der freute sich aber nicht. Er grüßte nicht einmal zurück. Er ging durchs Vorhaus in den Salon. Ich hinter ihm her. Er schaute auf den leinenüberzogenen Kronleuchter. Er schaute sehr lange. Dann nahm er seine Pistole und schoß auf den Kronleuchter. Es knallte laut, und nachher rieselten aus zwei Löchern im Leinenüberzug sehr viel Glasstaub und Glassplitter.

Es war nicht mein Kronleuchter. Es war der Kronleuchter der alten Frau von Braun, und die war ekelhaft, plüschbemäntelt und rothakennäsig. Ich schaute voll Freude dem Glasgeriesel zu. Der Schielende schoß wieder. Dieses Mal zielte er auf die rote, dicke Schnur, an der der Kronleuchter von der Decke hing. Zuerst traf er das mittlere Salonfenster. Dann traf er den Glaskasten mit den Porzellanschäferinnen. Dann traf er die rote Schnur, und das leinenüberzogene Ungeheuer sauste herunter. Der Überzug ging auf. Der Fußboden war voll Glasstaub und gläserner Kinkerlitzchen. Dazwischen kugelten Glühbirnenfassungen und ringelten elektrische Drähte, lagen gebogene Messingteile.

Ich hätte dem Schielenden gern zugelächelt und ihm gezeigt, daß im Nebenzimmer noch so ein Lüsterding war. Aber der Schielende hielt noch immer die Pistole in der Hand, und ich wußte nicht genau, ob er zwischen mir und einem Lüsterding viel Unterschied machte. So blieb ich hinter der Salontür stehen und schaute zu, wie der Schielende über die Glasscherben stieg.

Er ging ins Onkel-Zimmer.

Ich wartete. Hoffte auf weitere Schüsse. Dachte, daß der Onkel-Zimmer-Lüster gleich auf das Klavier sausen werde. Doch es blieb still. Und dann kam der Schielende wieder, krachte durch die Glasscherben, ging an mir vorbei ins Vorhaus. Unter einem Arm trug er den Onkel, der der Großvater von Gerald und Hildegard war. Als der Schielende bei der Haustür war, rief ich: »Dos widanija! Strastwuitje!«

Der Schielende drehte sich um. Die Pistole hielt er noch immer in der Hand.

Ich dachte: Verflucht noch einmal, Schielender! Grins mich an, verdammt noch einmal! Ich bin kein Kronleuchter, und blond bin ich auch nicht! Lächle doch! Meine Augen sind ganz dunkelbraun!

Der Schielende lächelte trotzdem nicht. Aber er steckte die Pistole weg. Er packte den Großvater-Onkel mit beiden Händen und zog ab.

Ich wollte in den Salon gehen, in den Glasscherben herumtreten. Meine Mutter hinderte mich daran. Sie kam und schleppte mich weg. Diesmal nicht in den Keller, sondern auf den oberen Dachboden. Mein Vater hatte seinen Unterschlupf vom Keller aufs Dach verlegt. Das war angeblich sicherer.

Ich kletterte also vor meiner Mutter über die wacklige Leiter und durch das viereckige Loch auf den oberen Dachboden. Dort hockten sie alle. Sie machten mir Vorwürfe. Sie hatten geglaubt, der schielende Russe habe auf mich geschossen.

Mein Vater brüllte, daß ich das blödeste Kind auf der ganzen Welt sei. Er schrie: »Wenn ein Tiefflieger kommt, stehst du auf der Wiese und glotzt. Wenn die Russen einmarschieren, stehst du an der Gartentür und tratschst mit dem alten Wawra-Trottel, und wenn ein wahnsinniger, besoffener Russe kommt und in der Gegend herumknallt, dann stehst du daneben und schaust zu!«

Da bekam ich eine große Wut. Weil ich nicht blöd geglotzt hatte und der alte Wawra kein Trottel war und der Schielende nicht wahnsinnig, und ich schrie: »Ich bin nicht blöd! Du bist blöd! Du hast ja immer auf die Russen gewartet, damit der Krieg zu Ende geht und die Nazis verschwinden. Und jetzt sind die Russen da und die Nazis weg, und der Krieg ist aus!«

Mein Vater gab mir keine Antwort.

Weil ich so wütend war, rief ich noch: »Ich war ja nicht in Rußland! Ich war ja kein deutscher Soldat. Ich habe ja keine Russen totgeschossen, ich nicht! Drum muß ich mich auch nicht auf dem Dachboden verkriechen! Ich nicht!«

Meine Mutter wollte mir eine runterhauen. Doch auf dem Dachboden war es sehr eng. Um mir eine runterzuhauen, hätte sie erst über Hildegard und Gerald steigen müssen. Außerdem sagte mein Vater: »Laß sie in Ruhe! Tu ihr nichts. Sie hat ja recht, sehr recht sogar!«

Ich hockte mich in den hintersten Dachbodenwinkel und war beleidigt.

Eigentlich war ich nicht beleidigt. Ich tat nur so.

In Wirklichkeit schämte ich mich. Weil ich meinem Vater die

totgeschossenen Russen vorgehalten hatte. Das war nicht edel von mir. Ich schloß die Augen.

Die anderen unterhielten sich darüber, wo mein Vater am sichersten sei. Oben auf dem Dachboden oder unten im Keller.

Mein Vater behauptete, nirgendwo sicher zu sein. Und er sagte, er habe das Verstecken endgültig satt. Er werde einfach so wie wir vor den Russen herumgehen und sich als kranker Invalide ausgeben, der wegen seiner eitrigen Beine nicht Soldat hatte werden können.

»Und wenn sie das nicht glauben?« fragte meine Mutter.

Mein Vater wußte keine Antwort darauf. Er stieg aber trotzdem vom Dachboden herunter. Er humpelte an einem Stock aus dem Haus und setzte sich auf die Wiese zum Alsbach neben die Gartenzwerge.

»Der Mann hat den Verstand verloren«, stöhnte die Frau von Braun.

Meine Mutter holte einen Besen, kehrte die Glasscherben im Salon auf, schnitt sich dabei ein paarmal in die Finger und sagte auch: »Der Mann hat den Verstand verloren!«

Der Mann hatte gar nicht den Verstand verloren. Der Mann hatte recht. Am nächsten Morgen nämlich kamen wieder russische Soldaten. Sie mußten für ihren Herrn Major Quartier machen. Unser Haus gefiel ihnen, trotz des fehlenden Kronleuchters. Eine Stunde später zog der Herr Major ein. Und noch eine Menge anderer Soldaten zogen auch in unser Haus. Vor denen hätten wir meinen Vater sowieso nicht immer verstecken können. Der Major betrachtete meinen Vater zuerst sehr argwöhnisch und sagte immer wieder: »Du jung! Du Soldat! Du Soldat waren!«

Mein Vater zeigte dem Herrn Major die kranken Beine. Er krempelte die Hosenbeine hoch und wickelte die alten Geschirrtücher, die er statt eines Verbandes um die Beine hatte, herunter.

Die Beine sahen scheußlich aus. Kein Mensch konnte noch erkennen, ob sie von russischen Granatsplittern zerschossen waren oder ob das Knochentuberkulose oder Lepra oder sonstwas war. Auf den Beinen waren große, rote Beulen. Jede hatte in der Mitte ein kleines, gelbes Loch, das mit Eiter gefüllt war. Und die Haut zwischen den Beulen war dunkelblau und glänzend. Die Beine meines Vaters sahen aus wie verfaulte Zwetschken.

Der Herr Major und seine Soldaten waren zufrieden. Sie glaubten meinem Vater. Der Herr Major schenkte meinem Vater sogar eine Schachtel voll Mullbinden und ein Paket Streupuder. Und ein Soldat brachte meinem Vater ein Stoffsäckchen voll Tee, der sehr komisch roch. Darin sollte mein Vater seine Beine baden.

17.
Die Lusthausküche • Der Koch: Der häßlichste Mensch Der stinkendste Mensch Der verrückteste Mensch Die Stadt Leningrad

Meine Mutter und die Frau von Braun freuten sich sehr über den Major. Einen Major im Haus zu haben, war angeblich gut – wegen der Kronleuchterschießer und der Onkelstehler und der Geraldbetrachter und der Uhrensucher.

Meine Mutter erklärte: »Die gewöhnlichen Soldaten werden sich hüten, im Major seinem Haus Wirbel zu schlagen!«

Der Major war tatsächlich ein guter Fang. Nicht nur, daß er sehr höflich und sehr sauber und sehr schön war. Er hatte auch Tabak und schenkte meinem Vater davon.

Das war gut so.

Wenn mein Vater nämlich keinen Tabak hatte, konnte er sehr grantig und wild werden, fast so wild wie die Großmutter früher.

Der Major wohnte im Schlafzimmer der Frau von Braun. Vor der Schlafzimmertür, die zum Salon hin ging, stand ständig ein junger Soldat und tat irgend etwas an der Uniform vom Herrn Major. Entweder putzte er die Majorsstiefel, oder er bürstete die Majorsjacke, oder er polierte die Majorsknöpfe an der Majorsjacke. Manchmal hockte er auch im Türkensitz vor der Schlafzimmertür und stopfte die Majorssocken. Die Majorssocken waren schwarz. Und der Major wurde sehr böse, wenn der Uniformputzer die schwarzen Socken mit brauner

Wolle stopfte. Die Frau von Braun sagte: »Herr im Himmel! Der Major ist eitel! So ein eitler Mann!«

Sie sagte das aber sehr freundlich. Ich glaube, sie mochte den Major besonders gern. Damals habe ich es nicht bemerkt. Aber wenn ich mich heute daran erinnere, wie die Frau von Braun den Major immer angeschaut hat und wie die Frau von Braun später dann, beim Auszug vom Herrn Major, geheult und der Herr Major der Frau von Braun tröstend auf den Hintern geklopft hat, so ist es sicher: Die beiden waren ineinander verliebt.

Aber das geht mich eigentlich nichts an. Und die Frau von Braun – falls sie noch lebt – würde das heute auch sicher gar nicht mehr wissen wollen.

Gleich nachdem der Major bei uns eingezogen war und meinen Vater inspiziert hatte, inspizierte er den Garten. Er verlangte den Schlüssel zum großen Lusthaus. Er schaute sich im Lusthaus um und ernannte es zur Soldatenküche.

Kurze Zeit später fuhr ein Pferdewagen in unseren Garten. Er fuhr quer durch das Rosenbeet. Die Frau von Braun stöhnte. Sie hatte sich schon sehr auf die ersten Rosen gefreut. Hinten auf dem Pferdewagen war ein großer, schwarzer Herd mit einem riesigen Eisenkessel. Und viele Säcke waren auf dem Wagen. Vorn auf dem Kutschbock aber, da saß einer, der war sonderbar.

Hildegard und meine Schwester kicherten hinter vorgehaltenen Händen. Gerald grinste. Die Frau von Braun sagte: »Du liebes bißchen, das ist aber ein fürchterlicher Gnom!«

Der Mann auf dem Kutschbock war sehr klein. Er hatte einen kugelrunden Bauch, eine Spiegelglatze, dünne Arme, gebogene Beine und schwarze, gekräuselte Haarbüschel hinter den abstehenden Ohren. Er trug eine altmodische Nickelbrille vor den Augen. Er hatte zu wenige, schiefe, verfaulte Zähne im Mund. Seine Haut war gelb und glänzte fett. Er hatte einen Uniformrock an, der aber nicht wie eine Uniform aussah. Einen Revolver oder ein Gewehr hatte er nicht. Der kleine, sonderbare Kutschbockmann hielt mit seinem Fuhrwerk dicht vor dem Lusthaus im Märzenbecherbett. Er kletterte vom Wagen, schaute sich um, schaute uns an, lächelte zaghaft, schüchtern, lächelte schief. Er stand knapp neben mir. Seinen Rock und seine Hose aus grobgewebtem Stoff tupften kleine Dreckklümpchen. Er roch nach Gemüsesuppe und Speck und Tabak und Schweiß. Er roch auch noch anders. Er roch fremd, freundlich fremd. Er schaute mich an. Seine runde Brille schaukelte auf der gebogenen Nase.

Ich schaute ihn auch an. Schaute auf seine fette, glänzende Nase, aus der ein schwarzes Haar hervorlugte. Ich schaute durch seine Brille auf seine Augen.

Die Augen waren hellgrau und winzig klein. Das kam vom Brillenglas.

Ich sagte: »Dos widanija, Kamerad.«

Er nickte mir zu, zwinkerte mit einem Auge. Das winzig kleine runde, hellgraue Auge wurde zu einem winzig kleinen hellgrauen Spalt. Er sagte: »Griß Gott, Frau!« Und zu den anderen sagte er: »Ich werde sein die Koch da hier!« Und dann machte er etwas, das aussah wie ein Knicks.

Meine Schwester meinte nachher, der Koch sei der häßlichste Mensch, den sie je gesehen habe. Hildegard meinte nachher, der Koch sei der stinkendste Mensch, den sie je gerochen habe. Meine Mutter meinte, er sei der verrückteste Mensch, den sie je gehört habe.

Für mich war er jedenfalls der erste häßliche, stinkende, verrückte Mensch, den ich geliebt habe. Ich habe ihn wirklich geliebt, und ich hoffe, er hat es auch gemerkt. Außer mir hat ihn nämlich niemand geliebt, die Russen auch nicht. Die Gutmütigen haben ihn gar nicht angeschaut. Die weniger Gutmütigen haben über ihn gelacht, oder sie haben ihn verspottet. Einmal hat ihm ein betrunkener Feldwebel einen Tritt gegeben, und der Koch ist quer durch seine Lusthausküche geflogen. Bei der Tür ist er liegengeblieben. Seine Brille ist noch weiter geflogen, in den Efeu. Sie war schwer zu finden. Ich suchte eine halbe Stunde nach ihr. Als ich sie endlich hatte, putzte ich sie an meinem Kittel blank und brachte sie dem Koch. Er setzte sie auf, sagte: »Macht nix, macht nix, Frau« und lächelte.

Hinter seinen rosa Regenwurmlippen waren nur vier Zähne zu sehen. Einer oben und drei unten. Sie standen schief und waren grau. Hinter den Zähnen war eine dicke, dunkelrote Zunge. Schön war der Koch wirklich nicht. Ich setzte mich neben ihn auf die Türschwelle, lehnte mich an seinen schmutzigen, nach Suppe riechenden Bauch und sagte: »Macht nix, macht nix!«

Ich saß oft und lange so. Mir gefiel es beim Koch. Auch wenn mich die anderen deswegen für blöd hielten. Ich liebte den Koch, weil er kein Krieg war. Nichts an ihm war Krieg, gar nichts. Er war ein Soldat und hatte kein Gewehr und keine Pistole. Er hatte eine Uniform, aber die war ein Lumpensammlergewand. Er war ein Russe und konnte Deutsch reden. Er war ein Feind und hatte eine sanfte, tiefe Schlafliedstimme. Er war ein Sieger und bekam Tritte, daß er quer durch die Lusthausküche flog. Er hieß Cohn. Er kam aus Leningrad.

Dort war er ein Schneider. Cohn hat mir viel erzählt. Und am Ende hat er immer gesagt: »Macht nix, macht nix, Frau!«

Er hat gesagt: »Bin ich gutes Schneider. Und hab ich noch nie kennen machen neiche Hosen und Jackett. Immer nur flicken! Leute nix haben Geld. Macht nix, macht nix, Frau!«

Er hat gesagt: »Kenn ich schene Frau. Bin schon so lange nix mehr gewesen in Leningrad. Wird geheiraten haben anderer Mann. Macht nix, macht nix, Frau!«

Cohn erzählte viel von Leningrad. Leningrad war sehr weit weg. Cohn holte es her. Ich meinte, Leningrad ganz genau zu kennen: die Frau mit dem grünen Kopftuch, bei der Cohn die Erdäpfel kaufte; den Mann, der sich von Cohn jede Woche einen Knopf annähen ließ; das Haus, in dem Cohn unten im Keller seine Werkstatt hatte, und hinten, neben dem Bügeltisch, war die Wand ganz naß. Ich kannte auch die Familie mit den zwei Söhnen, die an der Universität Medizin studierten, und die, bei denen es einmal in der Woche einen riesigen gebratenen Fisch gab. Ich wußte auch, wie die Tante von Cohn, eine dicke Frau mit zwei Warzen auf der Nase, Gänsespeck räuchert. Nein, nicht räuchert. Sie trocknete ihn an der Luft, auf dem Dachboden.

Ich dachte, ganz Leningrad zu kennen. Doch das war ein Irrtum. Den habe ich erst viel später bemerkt. Ich kannte nur Cohns Leningrad, und das war ein winziges Stück der riesengroßen Stadt.

18.
Der Schimmel
Der betrunkene Vater
Der Budem-chleb-Soldat
Die Engel-Großmutter

Jeden Tag zum Mittagessen gab es Rindssuppe aus den grauen Wuzerln, gekochte Nudeln mit gedörrten Zwiebelfäden darauf und Bohnensalat ohne Essig. Wenn ich deshalb jammerte, wurde meine Mutter böse und schimpfte: »Sei froh, daß du überhaupt etwas zum Fressen hast, andere Leute verhungern jetzt!«

Ich war aber trotzdem nicht froh darüber, weil ich genau wußte: Unten im Kellerversteck sind noch eine Menge Gläser mit Hirsch und Reh und Kompott und Fisolen und Leberwurst. Meine Mutter und die Braun hüteten die Einsiedegläser wie einen Schatz. Das machte Gerald und mich wütend! Schließlich hatten wir das Zeug gestohlen. Wir hatten ein Recht darauf. Nur wir. Sie durften nicht so einfach über unsere Beute verfügen. Sie taten es trotzdem.

Die einzige Möglichkeit, an Rehschlegel – Gärtnerinnenart oder Hirschgulasch 1943 heranzukommen, fand Gerald heraus. Er schlich manchmal in den Keller zum Lebensmittelversteck, holte ein Einsiedeglas heraus und zog dann ein bißchen an der kleinen Gummilasche vom Gummiring zwischen Deckel und Glas. So kam etwas Luft in das Glas, und zwei, drei Tage später war ein zarter Hauch hellgrüner Schimmel oben auf der braunen Soße.

Meine Mutter ging jeden Tag in den Keller und leuchtete mit

einer Kerze die Vorräte ab, ob sich nicht vielleicht eine Maus an den Bohnen-Nudel-Erbsen-Säcken vergriffen hatte. Entdeckte sie dabei den verschimmelten Hirschen oder die grüngetupften Marillen, brachte sie das Glas traurig nach oben. »Schon wieder ein Glas angelaufen«, jammerte sie. »Im Keller ist es zu feucht!«

Wir jammerten mit und zwinkerten uns zu, während meine Mutter vorsichtig den Schimmel von der Soße kratzte; streng bewacht von der Braun, daß sie nur ja nicht zuviel kratzte, kein Fuzerl vom kostbaren Mahl vergeudete.

»Ich bitt' Sie«, sagte die Braun, und man merkte, wie sie schluckte, den Speichel hinunterschluckte, der ihr vor Gier im Mund zusammenlief, »ich bitt' Sie, an ein wenig Schimmel stirbt man nicht!«

Aber die Hirschtage waren rar – eine seltene Abwechslung im endlosen zwiebelbestreuten, ölübergossenen Nudelhaufen.

Manchmal versuchte ich es mit Cohns Küche. Aber sosehr ich Cohn mochte, seine im großen Kessel gekochten Speisen mochte ich nicht. Jeden Vormittag kam ein Soldat auf einem Panjewagen in den Garten gefahren und lud vor der Lusthausküche Lebensmittel ab. Cohn blickte dann kummervoll auf das Zeug, kratzte sich am Hals, dort wo die Bartstoppeln aufhörten und die langen, seidigen Brusthaare begannen, und sagte: »Frau, Frau, was wir heute kochen?«

»Schweinsbraten!« schlug ich vor, wenn unter den Lieferantensachen ein großer Brocken Schweinefleisch war. Wenn der Soldat Kraut brachte, riet ich: »Krautfleisch!«, und wenn er einen Sack Reis brachte: »Reisauflauf!«

Cohn nickte immer begeistert zu meinen Ratschlägen und

fuhr sich mit der dicken, dunkelroten Zunge über die Lippen. »Frau, Frau! Reis mit gezuckert! Und Eier und Zibebe und Apfelstückel!«

Seine Nase zitterte vor Freude, als ob er den Vanillezucker im Reisauflauf schon riechen könnte. Und dann stellte Cohn einen Riesentopf voll Wasser auf seinen schwarzen Kohleherd. Und wenn das Wasser kochte, warf er alles, was der Lieferantensoldat gebracht hatte, in den Topf – ganz gleich, was es war. Außerdem gab er drei Schöpflöffel voll Schmalz und zwei Handvoll grobes, hellrosa Salz und einen Schöpflöffel voll Mehl dazu.

Einmal hat Cohn auch einundvierzig Eier – ich habe genau mitgezählt – in den Topf geschlagen. Da hat das Eiweiß zu schäumen begonnen, und das Suppenzeug ist immer mehr und mehr geworden. Es ist über den Topfrand gelaufen und auf den Herd getropft. Cohn ist verzweifelt um den Ofen herumgaloppiert und hat mit einem langen Holzlöffel im Suppenbrei gestochert. Der Schaum ist immer mehr geworden und ist zischend auf der Herdplatte verdampft. Es hat fürchterlich gestunken.

Ich stand daneben und kicherte: »Macht nix, macht nix!«

Cohn hat eben vom Kochen überhaupt nichts verstanden. Er war ja auch ein Schneider und kein Koch.

»Warum haben sie denn gerade dich zum Koch gemacht?« habe ich ihn gefragt.

Cohn hat auf seine dicken Brillengläser gedeutet: »Auge nix gut zum Schießen!« Cohn hat auf seine plattfüßigen O-Beine gezeigt: »Füßen gar nix gut zum Marschieren!« Dann hat er sich auf die Brust geschlagen und gesagt: »Schneider Cohn gar nix gut für Krieg machen!«

»Macht nix, macht nix!« habe ich geantwortet.

Seit die ersten zwei Russen siebzehnmal dreimal an unsere Haustür geklopft hatten, waren vier Tage vergangen. Nun war unser Haus voll von Russen. Im Lusthaus war Cohn mit der Küche. Im Schlafzimmer der Frau von Braun war der Herr Major. Im Nebenzimmer wohnten sein Uniformputzer und noch ein Soldat, ein rothaariger mit Pusteln im Gesicht. Im ersten Stock war die Feldpolizei. Das waren sechs oder sieben Leute, darunter drei Frauen, drei dicke Frauen mit großen Haarknoten und schwarzen Wollstrümpfen. Sie waren Polizeioffizierinnen. Eine hieß Ludmilla. Sie hatte Löcher in den Wollstrümpfen, aus einem schaute immer eine große Zehe heraus. Ludmilla war die unfreundlichste von allen. Ich ging ihr aus dem Weg.

In der Bibliothek wohnte ein Feldwebel mit vielen Orden. Wenn er betrunken war, sang er laut. Wenn der Uniformputzer an seine Tür schlug, hörte er zu singen auf. Außerdem waren in unserem Haus oft auch Soldaten, die in anderen Villen wohnten. Sie kamen und gingen, wie sie wollten.

Mein Vater hatte es aufgegeben, um mich besorgt zu sein. Er hatte andere Sorgen. Im übrigen war er ständig betrunken. Er konnte nichts dafür. Er mußte trinken, den ganzen Tag und die halbe Nacht. Das kam so: Die Russen hatten doch den Uhrentick. Mein Vater war Uhrmacher. Einer von den Feldpolizisten, der Iwan, brachte meinem Vater Werkzeug zum Uhrenreparieren: einen Drehstuhl, Pinzetten, Zangen, Schraubenzieher, Lupen, Feilen. Er brachte sogar eine große, helle Karbidlampe und einen richtigen Uhrmacherwerktisch. Mein Vater stellte den Werktisch vor das Zimmerfenster – wir hatten jetzt nur mehr ein Zimmer –, und die Karbidlampe hängte er ans Fensterkreuz. Mein Vater saß fast immer dort, hinter einem Uhrengebirge. Russen kamen ins Zimmer, klopften ihm auf die Schulter, warfen Uhren auf den Werktisch, wühlten im Uhrenberg, fanden etwas, was ihnen gefiel, steckten es ein. Mein Vater protestierte nicht mehr. Am ersten Tag hatte er noch versucht, die Uhren der verschiedenen Kundschaften auseinanderzuhalten. Jetzt wußte er aber schon, daß die Kundschaften selber ihre Uhren nicht auseinanderhalten konnten.

Mein Vater saß gebückt, die Lupe ins rechte Auge geklemmt, schaute nur auf, wenn eine Kundschaft ihm auf die Schulter klopfte, ihm die Flasche hinhielt und forderte: »Trink, Kamerad, trink!« Dann trank der Kamerad. Der Kamerad trank alles. Marillenlikör und Rotwein, Weinbrand und Wermut, Birnenschnaps und Slibowitz. Manchmal schwankte der Kamerad auf dem Drehstuhl. Manchmal kugelte dem Kameraden ein Uhrwerk vom Tisch. Dann murmelte der Kamerad: »Scheiße«, und ich holte ihm das Uhrwerk unter dem Tisch hervor. Mein betrunkener Vater gefiel mir.

Und meine Mutter sagte: »Besser *er* sauft das Zeug, als daß es die Russen saufen!« Meine Mutter hatte vor betrunkenen Russen Angst. Betrunkenen Russen wurden schreckliche Dinge nachgesagt. Vielleicht zu Recht, vielleicht zu Unrecht. Wer konnte das schon wissen? Meine Mutter konnte es nicht wissen.

Doch *einen* betrunkenen Russen mochte meine Mutter. Nüchtern, ganz ohne Wein und Schnaps, war er ein gewöhnlicher Soldat. Ziemlich groß, ziemlich breit, ziemlich langweilig. Aber wenn er zu trinken begann und immer weitertrank und nicht aufhörte zu trinken, wurde er sehr traurig. Er erzählte uns dann eine lange Geschichte, die wir nicht verstanden. Nur mein Vater verstand sie; er war ja fünf Jahre lang in Rußland gewesen. Er konnte gut Russisch. Aber er durfte nicht zeigen, daß er Russisch konnte. Denn wer konnte schon Russisch außer deutschen Soldaten?

Der Soldat, den meine Mutter so gern betrunken sah, erzählte also seine lange Geschichte. Dabei weinte er. Zum Schluß schluchzte er: »Budem chleb, budem chleb!«

»Budem chleb« heißt so ungefähr: Brot backen. Der Soldat war Bäcker. Ich wußte von meinem Vater, daß der Soldat in seiner langen Geschichte von dem Dorf erzählte, wo er gelebt hatte. Ich wußte, daß er immer dann zu weinen anfing, wenn er erzählte, wie die deutschen Soldaten seinen Vater totgeprügelt hatten; wegen einer versteckten Sau, die sein Vater nicht hatte hergeben wollen. Manchmal weinte er auch, wenn er von seinen Kindern erzählte. Daß er von den Kindern erzählte, merkte man, denn er zeigte immer, wie groß die Kinder waren. Eines war so groß wie ein Brotwecken, eines war so groß wie unser Tisch, und eines war so groß wie ich. Am meisten aber weinte der Soldat, wenn er »budem chleb« schluchzte.

In dem Augenblick griff meine Mutter ein. Sie klopfte ihm auf die Schulter und sagte auch »budem chleb« und zeigte zur Küchentür. Da stand der Soldat schwankend auf, umarmte meine Mutter und murmelte: »Gutes Frau, gutes, gutes Frau!«

Meine Mutter stützte ihn, führte ihn in die Küche. Sie machte im Herd Feuer. Der Soldat war wieder lustig, lachte, sagte »budem chleb« und trank aus seiner Schnapsflasche. Wenn das Feuer gut brannte, ging er schwankend aus dem Haus zum

Lusthaus. Dort verhandelte er mit Cohn. Wenn es schon Nacht war, rüttelte er so lange an der Lusthaustür, bis Cohn kam und die Tür aufschloß. Dann stritten die beiden. Der Soldat brüllte und schrie. Cohn schüttelte klagend den Kopf und jammerte. Cohn war nie Sieger bei dem Streit, soviel er auch jammerte und sich in der Lusthaustür breitmachte. Der Soldat stieß ihn zur Seite und ging ins Lusthaus. Wenn er wiederkam, trug er einen großen Sack. Er schleppte den Sack zu meiner Mutter in die Küche. Er holte Eier aus dem Sack und Zucker und Mehl und Schmalz. Er erklärte meiner Mutter, daß er nun den herrlichsten Kuchen der Welt backen werde, einen Kuchen, wie ihn nur der Zar einst gegessen habe.

Der Bäckersoldat hat nie einen Zarenkuchen gebacken, sooft er auch gekommen ist. Wenn alle Backzutaten auf dem Küchentisch lagen, hat er glücklich gelächelt und noch einen langen Schluck und noch einen langen Schluck aus seiner Schnapsflasche getrunken. Dann hat er sich an den Küchentisch gesetzt, die Arme auf den Tisch gelegt und den Kopf darauf und ist eingeschlafen. Meine Mutter hat die Lebensmittel weggeräumt, in unser Kellerversteck, zu den Schätzen aus der Leinfellner-Villa. Dabei hat sie immer zufrieden geseufzt. Der Bäckersoldat schlief dann und schnarchte ein paar Stunden lang. Wenn er munter wurde, stolperte er schlaftrunkenblind nach Hause – er wohnte beim Erzengel – und hatte »budem chleb« ganz vergessen.

Der Erzengel übrigens war jetzt recht sonderbar anzuschauen. Sein Gesicht war ständig rußgeschwärzt, und er trug einen bodenlangen Wollkittel, eine zerlöcherte, schmutzige Strickjacke, ein schwarzwollenes Kopftuch und ein graugehäkeltes Schultertuch. Mit so viel Gewand am Leib konnte der Erzengel nicht mehr flattern. Er kroch als dicker, schwarzer Käfer durch den Garten. Die Soldaten nannten den Erzengel »Mamitschku« und tippten sich hinter seinem Rücken an die Stirn. Sie hielten sie für eine verrückte Alte.

Einmal traf ich den Engel am Gartenzaun. Er prunkte nicht mehr mit Haarschleife und Rüschenkleid. Das tat mir wohl. Ich fragte ihn: »Warum rennt denn deine Mutter so saublöd angezogen herum, so irrsinnig komisch?«

Der Engel wippte auf den Fußspitzen, ringelte eine blonde Locke um den Zeigefinger und sagte: »Ich habe keine Mama. Ich habe nie eine Mama gehabt. Ich habe nur eine alte Großmutter!«

Ich starrte den Engel an. Sprachlos.

Der Engel beugte sich dicht zu mir. Sein Mund berührte das Zaungitter. »Wenn du auf Ehrenwort nichts weitersagst«, flüsterte er, »dann sag ich es dir!«

Ich gab bedenkenlos mein Ehrenwort. Der Engel ließ mich schwören, dann erklärte er: »Die Mama hat sich verkleidet, damit ihr die Russen nicht den Busen abschneiden!«

Ich beugte mich auch zum Gitter und flüsterte dem Engel zu: »Aber den alten Weibern geschieht noch was viel Schrecklicheres. Die werden von den Russen zerstückelt und eingesalzen!«

Der Engel rannte davon.

19.
Der Erste Mai • Der wilde Gesang Der sanfte Gesang • Der Fund

Jeden Tag einmal kroch ich durchs Zaunloch in den Wawra-Garten und schlich zum Gartenhaus. Durch die kleinen, verdreckten Fenster schaute ich dem alten Wawra zu, wie er auf einem wackligen Korbsessel sein Vermischtes sortierte. Tag für Tag. Vom Morgen bis zum Abend. Er hatte bereits einen dikken Sack voll Bohnen und einen voll mit gezuckerten Nudeln. Ich hätte gern mit dem alten Wawra geredet, aber der alte Wawra mochte mich nicht mehr. Er mochte niemanden mehr. Und die Russen schon gar nicht. Weil sie ihm den Herrn Goldmann nicht zurückgebracht hatten.

Der alte Wawra schlief auch im Gartenhaus. Manchmal stand er vor der Gartenhaustür und drohte mit der Faust gegen die Villa hin. Dabei fluchte er. Früher hatte er nie geflucht. In der Villa wohnten dreißig oder vierzig Russen. Am Abend sangen sie oft Lieder. Sie sangen wild und laut. Aber nie falsch. Sie waren betrunken. Wenn die Russen in der Wawra-Villa so wild und laut sangen, ließ mich meine Mutter nicht aus dem Haus. Ich ging natürlich trotzdem.

An einem Abend sangen die Russen in der Wawra-Villa besonders laut. Und die Russen im Erzengel-Haus sangen auch. Sie feierten den Ersten Mai. Unser Major war nicht zu Hause. Er war auf der Kommandantur zur Maifeier. Wenn der Major nicht zu Hause war, waren meine Mutter und die Frau von Braun unruhig und nervös. Ich hockte in unserem Zimmer auf meinem Bett. Meine Schwester lag neben mir und las in der

»Osterhasenschule«. Die »Osterhasenschule« war das einzige Kinderbuch, das wir in der Bibliothek zwischen all den dicken, ledernen Büchern gefunden hatten. Ich konnte das Osterhasenzeug schon auswendig, meine Schwester natürlich auch. Trotzdem riß ich ihr das Buch aus der Hand, schrie, das sei meins, klappte es zu und setzte mich drauf.

Meine Schwester nahm das Streit- und Kampfangebot dankbar an. Ihr war auch langweilig. Sie gab mir eine Ohrfeige. Ich riß sie am Zopf. Mein Vater brüllte, er wolle seine verdammte Ruhe haben, wenn schon endlich der Erste Mai sei und die Iwans feierten und er keine Uhren zu reparieren brauchte. Mein Vater brüllte deswegen, weil er keine Zigaretten hatte. Er hatte eine riesengroße Schachtel mit Tabak, aber das Zigarettenpapier war aus. Er stopfte den Zigarettentabak in die Pfeife, doch das schmeckte ihm nicht.

Ich gab meiner Schwester noch einen winzigen Tritt und stand vom Bett auf. Ich ging zur Tür.

»Wohin gehst du?« fragte meine Mutter. Meine Mutter stand vor einer Schüssel mit warmem Wasser und versuchte, ohne Seife und ohne Waschpulver Unterhosen zu waschen.

»Ich gehe aufs Klo«, sagte ich. Das sagte ich meistens, wenn ich mich davonmachte. Ich schloß die Zimmertür hinter mir und lief zur Haustür. Ich kam an der Küche vorbei. In der Küche war die Frau von Braun und erstaunlicherweise auch der vermummte Erzengel samt Engel. Der Erzengel verkündete gerade: »Frau von Braun, ich muß unbedingt hierbleiben, und wenn ich auf dem Fußboden schlafen muß! Heute sind sie besonders arg! Sie feiern den Ersten Mai und betrinken sich!«

Die Haustür war versperrt. Der Schlüssel steckte zwar von

innen, aber der Schlüssel quietschte laut, wenn man aufsperrte. Ich schlich also in den Salon, wieder an der Küchentür vorbei, und hörte den Erzengel sagen: »Sie haben ein ganzes Faß Rotwein ins Haus geschleppt und drei Wasserkannen voll Wodka! Ich flehe Sie an, geben Sie mir Obdach, liebe Frau von Braun! Ihr Haus steht ja unter dem Schutz vom Herrn Major, und der Herr Major ist ein feiner, gebildeter Mensch, der läßt keine Schandtaten zu!«

Ich kletterte aus dem mittleren Salonfenster und sprang in den Efeu. Ich lehnte mich an die Hauswand, hörte das Singen aus der Wawra-Villa, hörte das Brüllen aus dem Erzengel-Haus. Einmal war es sehr laut, dann wieder ziemlich leise. Das kam vom Wind. Die Hausmauer, an der ich lehnte, war kalt. Ich schaute nach Sternen aus. Sah einen. Hielt ihn für die Venus. Die Venus ist der Morgenstern und der Abendstern, fiel mir ein. Das hatte mir der Großvater erklärt. Der Großvater fiel mir ein. Die Mauer, an der ich lehnte, wurde noch viel kälter. Ich hatte wochenlang nicht an den Großvater gedacht. Ich konnte nicht begreifen, wieso ich nicht an den Großvater gedacht hatte. Da war der Mann im Flugzeug gewesen, der Mann mit der braunen Ledermütze. Und der Großvater war nach Hause gegangen, zur Juli, zur Großmutter. Ungefähr bei der Alszeile mußte er gewesen sein, als ich wegen der Nudeln ins NSV-Heim gelaufen bin und aufgehört habe, an den Großvater zu denken. Kann einer davon sterben, daß man aufhört, an ihn zu denken?

Ich ging zu Cohn. Cohn saß bei Kerzenschein in seiner Lusthausküche. Er saß dort in einer langen, grauen Unterhose und einem langärmligen, grauen Unterhemd. Cohn las ein Stück Zeitung. Er legte das Zeitungsblatt weg, als ich die Lusthaustür aufmachte. »Griß Gott, Frau«, sagte er. Er stand auf, ging zum Schrank und holte ein Stück Wurst heraus. »Magst, Frau?« fragte er.

Ich schüttelte den Kopf. Die Wurst hatte zu viele Fettstükke.

»Magst nix? Macht nix!« sagte Cohn und trug die Wurst in den Schrank zurück. Er lauschte auf das Singen und Brüllen. »Viel trinken, viel singen, nix gut, nix gut«, meinte er besorgt.

Ich sagte: »Macht nix, macht nix!«

Cohn setzte sich wieder an den Tisch, schob die Brille auf die Nasenspitze, schob sie wieder zurück, erklärte: »Gutes Mensch trinkt, wird schlechtes Mensch. Weiß nix mehr, was tun!«

Ich betrachtete Cohns Zeitungsstück. Nicht nur die Sprache war fremd, auch die Buchstaben waren anders. Ich zeigte auf eine große fettgedruckte Zeile. »Cohn, was steht da?«

»Steht da«, sagte Cohn, »daß Krieg bald aus ist!«

Ich rief: »Aber der ist doch schon aus!«

»Ist aus hier«, erklärte mir Cohn, »ist noch nicht aus in ganzes Deitschland! Nazis kämpft noch. Schießt noch!« Er riß einen Papierfetzen vom Zeitungsblatt, rollte ihn zu einem schmalen Trichter und füllte ihn mit schwarzem, bröckligem Tabak. Der bröcklige, schwarze Tabak hieß Machorka. Cohn nahm die Kerze und zündete damit die Machorka-Zigarette an.

»Wenn der Krieg jetzt bald ganz aus ist«, fragte ich, »fahrt ihr dann alle wieder nach Rußland zurück?«

Cohn nickte.

»Freust du dich darauf?«

Cohn schaute mich durch die dicken Brillengläser mit winzig kleinen Augen an. Er zog die Schultern hoch. Die Machorka-Zigarette, eingeklemmt in die untere Zahnlücke, hing über die Regenwurmlippe. Glühende Asche fiel auf Cohns Unterhose.

»Ob du dich freust?« fragte ich noch einmal.

»War fünf Jahre nix mehr zu Hause«, murmelte Cohn, »wird viel anderes sein. Viel, viel ganz anderes sein!«

»Warum bist du nicht bei ihnen?« Ich zeigte in Richtung Wawra-Villa, Richtung Maifeier. »Warum singst du nicht? Warum schreist du nicht? Warum trinkst du nicht?«

Cohn drückte mit seiner dicken, roten Zunge den Machorkatschick aus der Zahnlücke. Der Machorkatschick fiel auf den Boden, glimmte ein wenig und erlosch. Cohn seufzte. »Ich nix trink. Ich nix brüll!«

»Aber singen kannst du doch?«

Cohn lächelte. Und dann sang er. Er sang mit leiser, tiefer Schlafliedstimme. Er sang Wörter, die nicht russisch waren. Ich hätte lange so sitzen mögen, um Cohn singen zu hören. Vielleicht bin ich auch lange so sitzengeblieben und habe Cohn singen gehört.

Ich weiß es nicht mehr. Auf einmal jedenfalls ging die Lusthaustür auf, und Gerald kam herein. Gerald sagte: »Mensch, Christel, deine Mama bekommt gleich einen Schreianfall. Sie sucht dich im ganzen Haus.«

»Na und, soll sie doch«, rief ich.

»Komm schon«, drängte Gerald, »es ist gleich elf vorbei«!

Cohn hatte zu singen aufgehört. Drehte sich eine neue Zigarette. »Frau, Frau«, sagte er, »mußt tun, was Mama will!«

Ich stand fluchend auf und trottete hinter Gerald aus der Lusthausküche.

»Warum rennst denn immer zu dem schiachn Gnom?« fragte Gerald.

»Selber schiacha Gnom!«

»Du, der Erzengel hat sich bei uns einquartiert, mit dem Engel, weil sie Angst haben vor den Russen!«

»Weiß ich längst!«

Aus dem Küchenfenster fiel jetzt nur noch ein schwacher Lichtschein. Die anderen Fenster waren dunkel.

Wir gingen auf das große, schwarze Hausviereck zu. Wir gingen auf das kleine, helle Küchenfensterviereck zu. Im Efeu vor dem Küchenfenster lag etwas Dunkles, Großes und schnarchte. Es war unser ordengeschmückter Feldwebel. Der Feldwebel gehörte nicht zu meinen Freunden. Er hatte unfreundliche Augen. Er hatte schmale, verkniffene Lippen. Er wirkte bedrohlich. Nun aber lag er da mit offenem Schnarchmund und geschlossenen Augen und ahnte nicht, daß ich vor ihm stand und grinsend auf ihn hinunterschaute. Er stank nach Schnaps. Er war hilflos. Das machte mir Freude. Ich hätte gern eine Taschenlampe gehabt, um ihn genauer sehen zu können. Außerdem hätte ich ihm gern in den offenen Mund gespuckt. Doch ich hatte Angst, er könnte davon aufwachen.

Gerald zupfte mich am Ärmel. »Komm weg, komm schon«, flüsterte er. Er flüsterte sehr aufgeregt. »Ich hab was, ich hab was gefunden, komm weg hier, ich zeig dir's!«

Gerald zog mich vom Lichtviereck und vom Feldwebel fort. Er hielt etwas in der Hand. »Ich bin drüber gestolpert«, sagte er. »Sie lag neben dem besoffenen Feldwebel!« Gerald hielt die Pistole vom Feldwebel in der Hand.

»Gratuliere«, flüsterte ich ergriffen. Und dann: »Was tun wir denn mit ihr? Wir müssen sie verstecken!«

»Wo?«

»Unterm Efeu!«

»Ne, kommt nicht in Frage«, sagte Gerald, »ich geh dem verdammten Feldwebel nicht mehr in die Nähe. Zum Schluß wacht das Biest noch auf!«

»Vielleicht in dem Schubkarren vom Gartenzwerg?«

Damit war Gerald einverstanden. Wir liefen hinter das Haus auf die Wiese. Es war ziemlich dunkel; wir brauchten lange, bis wir den Schubkarrenzwerg gefunden hatten. Er war umgefallen. Wir stellten ihn wieder auf. Gerald legte die Pistole in den Schubkarren. Ich rupfte Grasbüschel von der Wiese und deckte die Pistole damit zu. Dann schlichen wir zum Haus und kletterten durchs mittlere Salonfenster. Bei der Tür zum Onkelzimmer bewegte sich etwas, dort stand jemand. Ich erschrak fürchterlich.

Ich hätte nicht zu erschrecken brauchen. Es war meine Mutter, die bei der Onkelzimmer-Tür stand. Sie schimpfte nicht einmal sehr. Sie war schon zu müde.

20.
Der kurze Schlaf
Das leere Elternbett • Die Angst
Die Maschinenpistole • Der Feldwebel
Die Ordensabnahme
Die Ordensverleihung

Obwohl Mitternacht längst vorbei sein mußte, schlief ich noch immer nicht. Neben mir, dicht neben mir – denn sie rückte in der Nacht immer nahe an mich heran – knirschte meine Schwester im Schlaf mit den Zähnen. Manchmal schnalzte sie auch mit der Zunge. Hinter mir drehte sich mein Vater fortwährend im Bett herum. Das Bett knarrte. Mein Vater stöhnte. Meine Mutter schnarchte laut. Durch die geschlossenen Fenster drang das Russenfeier-Geplärr. Ich konnte nicht mehr unterscheiden, ob es aus der Wawra-Villa oder vom Erzengel-Haus kam. Ich steckte einen Daumen in den Mund. Er schmeckte nach Gras und Erde. Ich erinnerte mich an die ausgerupften Grasbüschel, an die Pistole. Ich lutschte am Daumen. Er schmeckte bitter. Ich beschloß, eine Bande zu gründen. Eine Bande mit einer echten Pistole. Ich holte mit den Zähnen Erdreste unter dem Daumennagel hervor und schluckte sie. Dann zog ich die Füße hoch und ribbelte mit den Zeigefingern zwischen den Zehen. Bei dieser angenehmen Beschäftigung schlief ich ein.

Ich erwachte, öffnete die Augen und stellte fest, daß es noch dämmrig war. Ich schloß die Augen, drehte mich auf den Bauch, versuchte einzuschlafen, einen Zipfel des schönen, freundlichen Traums wieder zu erwischen. Aber da war Lärm.

Feierten die Russen noch? War das nicht die hohe Kreischstimme vom Erzengel? Ich richtete mich im Bett auf. Schaute mich um. Das breite Bett, in dem mein Vater und meine Mutter schliefen, war leer. Mein Vater und meine Mutter saßen auch nicht am Tisch. Sie waren weg. Meine Schwester hockte im Bett. Sie hatte sich die Decke um die Schultern gelegt und schaute mich verstört an.

»Was ist denn los?« fragte ich.

Meine Schwester glotzte weiter. Sie hatte vier Finger im Mund stecken und biß an den Fingern herum. Ich kroch zu meiner Schwester ins Bett. Ganz dicht zu ihr. Ich fragte noch einmal, was los sei. Meine Schwester wußte es nicht recht. Soldaten seien im Zimmer gewesen, als sie erwachte. Böse Soldaten mit einem Gewehr. Die hätten die Mutti und den Vati aus dem Bett getrieben.

»Wohin?«

Meine Schwester wußte es nicht. Ich fischte nach meinem Kleid. Es lag vor meinem Bett.

»Wohin willst du denn?« fragte meine Schwester.

»Nachschauen gehen«, murmelte ich, »der Lärm kommt aus der Küche.« Ich schlüpfte ins Kleid, merkte, daß ich das Kleid verkehrt anhatte. Die Nähte waren außen. Aber das war gleichgültig. Es war sowieso ein scheußliches Kleid.

Hildegard flüsterte: »Du, ich trau mich jetzt nicht aus dem Zimmer!«

»Ich trau mich nicht hierzubleiben!« gab ich zur Antwort.

Da zog sich meine Schwester auch das Kleid an. Barfuß schlichen wir aus dem Zimmer, durch den Salon, zur Küchentür. Wir zitterten. Nicht nur aus Angst. Es war ziemlich kalt so zeitig am Morgen. Die Küchentür war abgeschlossen. Ich konnte jetzt deutlich hören, daß drinnen in der Küche der Erzengel jammerte. Er jammerte: »Gnade, Gnade ...«

Viel lauter aber als die Erzengelstimme war eine Russenstimme zu hören. Die Russenstimme war sehr böse. Ich beugte mich zum Schlüsselloch. Es war nichts zu sehen als ein gelbgrauer Fleck. Einmal war der gelbgraue Fleck ganz nahe beim Schlüsselloch, dann war er wieder weiter weg. Ich begriff, daß jemand in einer russischen Uniform hinter der Tür stand. Ich wollte wirklich nicht in die Küche hineingehen. Ich war nie ein Held. Ich stand aber plötzlich trotzdem mitten in der Küche, und meine Schwester stolperte hinter mir her. Wieso ich plötzlich in der Küche war, ist mir nicht klar. Entweder habe ich beim Schlüssellochschauen die Türklinke angegriffen und die Tür ist aufgegangen, oder der Soldat hinter der Tür hat meine Schwester und mich gehört und die Tür aufgemacht.

Ich stand da und konnte mich nicht rühren, weil ich mich als Kind nie bewegen konnte, wenn ich große Angst, sehr große Angst hatte.

Ich starrte auf die Maschinenpistole dicht vor mir. Die Maschinenpistole hielt der ordengeschmückte Feldwebel. Er saß am Küchentisch. Auf dem Tisch war eine Weinflasche. Der Feldwebel starrte mich an.

Die Maschinenpistole schwankte hin und her. Für mich stand sie aber ganz still. Sie war das einzige, was stillstand. Alles andere in der Küche drehte sich, drehte sich rund um die Maschinenpistole im Kreis. Der Feldwebel, der Herd, die zwei Soldaten bei der Tür, der Küchentisch, die Weinflasche auf dem Küchentisch, das Fenster und die hellblau gekachelte Wand, an der sie alle standen: mein Vater, die Frau von Braun, meine Mutter, jetzt auch schon meine Schwester, Hildegard, der Erzengel, der Engel, Gerald. Ich hörte genau, was in der Küche geredet, gebrüllt, geflüstert wurde.

»Stell dich zu uns! Komm schon her!« sagte mein Vater.

»Aber wir sind doch unterm Schutz vom Herrn Major!« jammerte der Erzengel.

»Was will er denn?« fragte Hildegard heulend.

Und der Feldwebel brüllte, brüllte: »Alle kaputt! Du kaputt! Du kaputt! Alle kaputt!«

Dann spürte ich eine Hand im Genick. Eine Hand mit vielen Schwielen, eine Reibeisenhand. Ich lehnte mich an die Hand. Ich ließ mein ganzes Gewicht in die Hand fallen.

Der Soldat, zu dem die Hand gehörte, sagte leise, sagte dicht bei mir: »Kommen du, hinstellen bei Mama, nix schreien, still sein, nix schrein.«

Ich erkannte die Stimme. Es war die Stimme vom Major seinem Uniformputzer. Ich kannte die Stimme gut. Wir hatten oft zusammen Wörterbuch gespielt. Er hatte gesagt: »Tschto eto taboje?« Ich hatte gesagt: »Was ist das?« Er hatte gesagt: »Eta krowatj.« Ich hatte gesagt: »Das ist ein Bett!« Er hatte gesagt: »Eta kniga.« Ich hatte gesagt: »Das ist ein Buch!« Er hatte gesagt: »Eta wedra.« Ich hatte gesagt: »Das ist ein Kübel!«

Die Hand, die ich kannte, die Stimme, die ich kannte, führten mich zur hellblauen Kachelwand, stellten mich zu meiner Mutter. Meine Mutter legte eine Hand auf meine Schulter. Das mochte der Feldwebel nicht. Die Maschinenpistole zeigte auf meine Mutter. Meine Mutter nahm den Arm von meiner Schulter. Sie sagte und schaute dabei auf die Maschinenpistole: »Der Idiot hat im Rausch seine Pistole verloren und glaubt, wir haben sie ihm gestohlen.«

»Sie ist im Schubkarren vom Schubkarrenzwerg«, sagte ich in die Maschinenpistole hinein.

Ich hatte anscheinend zu leise gesprochen.

Meine Mutter starrte weiter. Der Feldwebel legte die MP auf den Schoß, quer über die Knie, griff nach der Weinflasche, trank, trank, trank. Ich wünschte mir, daß er ewig trinken, nie aufhören sollte. Ich konnte besser atmen, wenn die MP auf den Feldwebelknien lag, wenn der Feldwebel die Augen geschlossen und den Mund mit der Weinflasche verstopft hatte.

Ich sagte noch einmal zu meiner Mutter: »Sie ist im Schubkarren vom Schubkarrenzwerg!«

»So halt doch den Mund«, zischte meine Mutter.

»Sie ist wirklich dort, Gerald und ich ...«

»Sei sofort still!«

Ich verstand das nicht. Wir hätten doch die Pistole holen und dem betrunkenen Feldwebel zurückgeben können. Dann hätte er sicher Ruhe gegeben. Warum begriff das meine Mutter nicht? Ich mußte es meinem Vater sagen! Mein Vater stand neben meiner Mutter an der Wand. Außerdem wollte ich sowieso lieber neben meinem Vater stehen. Ich schlüpfte hinter meiner Mutter vorbei und drängte mich zwischen meine Mutter und meinen Vater.

Der weintrinkende Feldwebel bemerkte, daß sich an der Wand etwas bewegte. Er stellte die Flasche weg, griff nach der MP und brüllte wieder. Er war sehr betrunken. Nicht nur die Maschinenpistole schwankte. Der Feldwebel schwankte auch. Der Feldwebel schwankte mit seiner MP sogar in Richtung Tür, wo die zwei Soldaten Wache hielten. Die Soldaten duckten sich. Sie hatten Angst. Ich sagte zum Vater: »Die Pistole liegt im Schubkarrenzwerg!«

Auch mein Vater sagte: »Halt den Mund!«

»Aber wenn ich sie hole?«

»Dann erschießt er dich, weil er unbedingt den erschießen will, der ihm die Pistole gestohlen hat!«

Würde mich der Feldwebel erschießen? Ich schaute dem Feldwebel ins Gesicht. Es machte mir Mühe, ins Feldwebelgesicht und nicht auf die Feldwebel-MP zu schauen. Der Feldwebel hatte kein Gesicht mehr. Er hatte Haare, Augen, einen Mund, eine Nase. Er hatte auch Bartstoppeln und abstehende Ohren. Trotzdem wurde kein Gesicht daraus. Es paßte alles nicht mehr zusammen, zerfiel in einzelne Teile, zerbröckelte, ließ sich nicht wieder zusammensetzen. Von so einem Gesicht konnte man nichts wissen, gar nichts wissen. Ich wollte die Pistole doch lieber nicht holen.

Der Feldwebel trank wieder. Die MP legte er auf den Küchentisch. Dann setzte der Feldwebel die Flasche ab und begann zu heulen. Die Tränen liefen über die Bartstoppelwangen zum Kinn und hielten das zerbröckelte, zerfallene Gesicht wieder zusammen. Der Feldwebel hatte wieder ein Gesicht! Der Feldwebel schluchzte. Ich verstand nicht, was er sagte, verstand nur, daß er immer wieder »Stalin« und »Stalin« und »Stalin« sagte.

Mein Vater hat es mir später erklärt. Der Feldwebel schluchzte, daß das Leben keinen Sinn mehr für ihn habe, seit man ihm die Pistole gestohlen habe, und daß er sich vor Stalin so schäme. Stalin würde furchtbar böse werden über den Pistolenverlust. Stalin würde den Feldwebel vor allen Soldaten, mitten in Moskau bei der großen Parade, degradieren. Vom Feldwebel mit den vielen, vielen Orden zum einfachen Soldaten ganz ohne Orden! Und ein Leben ohne Orden war nichts wert, seines nicht und unseres auch nicht. Dann begann der Feldwebel, alle Orden von seiner Brust zu reißen. Nun brüllte und redete er nicht mehr. Er weinte bitterlich. Die Orden lagen auf dem Fußboden, auf dem Tisch, einer baumelte vom Stiefelrand. Der Uniformputzer bei der Küchentür flüsterte erregt, ratlos, ängstlich mit dem anderen Soldaten.

Mein Vater seufzte, murmelte: »Scheiße, verdammte Scheiße!« und ging langsam zum Feldwebel hin. Der Weg war nur drei Schritte weit. Die drei Schritte dauerten sehr lange. Meine Mutter packte mich an der Schulter. Sie hielt sich fest an mir. Ihre Finger gruben sich unter mein Schlüsselbein, hinterließen dort für Wochen vier blaue Flecken. Ich betete zum Feldwebel. Der Feldwebel war jetzt der liebe Gott. Mein Vater schaffte die drei Schritte. Der liebe Gott hielt ihm die MP vor den Bauch, aber er schoß nicht. Mein Vater zog mit einem Fuß einen Küchenstuhl heran, ganz, ganz langsam. Er begann, auf den Feldwebel einzureden. Leise, sanft und russisch. Zwischen all den Worten, die ich nicht verstand, hörte ich immer wieder »Stalin« und »Stalin« und »Stalin«.

Der Liebe-Gott-Feldwebel ließ die Maschinenpistole sinken, stellte sie zwischen die Beine. Mein Vater setzte sich auf den Küchenstuhl, redete dabei ununterbrochen, ohne Pause, bückte sich, redete weiter, hob einen Orden auf, redete, redete, steckte dem Feldwebel den Orden an die Brust. Der Feldwebel schwankte wieder, wehrte ab, wollte den Orden von der Uniformbrust reißen, tat es doch nicht, ließ sich noch einen Orden anstecken und noch einen.

Mein Vater steckte die Orden behutsam auf die Feldwebelbrust. So wie man zarte Glasglöckchen und Silberkugeln auf einen Weihnachtsbaum hängt. Als alle Orden wieder auf der

Feldwebelbrust waren – bis auf einen, der unter dem Küchentisch lag und den weder mein Vater noch der Feldwebel sehen konnten –, legte der Feldwebel seinen Kopf auf die Schulter meines Vaters. Er murmelte: »Kamerad, Kamerad...« und schlief ein.

Mit einer Hand hielt mein Vater den Feldwebel fest, damit er nicht von den Schultern und vom Stuhl kippte. Mit der anderen Hand holte er die MP zwischen den Feldwebelknien hervor. Der Feldwebel zuckte, brummte etwas, wachte aber nicht auf.

Der Uniformputzer bei der Tür knurrte böse. Er wollte nicht, daß mein Vater die Maschinenpistole in der Hand hielt. Maschinenpistolen gehörten nur in Russenhände. Mein Vater hielt dem Uniformputzer die MP hin. Der Uniformputzer kam langsam näher, packte die MP, riß sie meinem Vater aus der Hand. Er knurrte noch immer. Aber richtig böse war er nicht. Er war nur ratlos. Er war meinem Vater nämlich ziemlich dankbar für die Feldwebelberuhigung. Doch mein Vater hatte so lange und so richtig Russisch gesprochen, daß dem Uniformputzer klargeworden war: Dieser Mann ist ein deutscher Soldat, der jahrelang in Rußland gewesen sein mußte. Vielleicht auch in dem Dorf, aus dem der Uniformputzer stammte und von dem es nun gar nichts mehr gab als ein paar Lehmhüttenruinen.

Der Uniformputzer schaute meinen Vater lange an. Dann schaute er den Soldaten bei der Tür an. Der Soldat bei der Tür nickte. Der Uniformputzer nickte auch, grinste und sagte zu meinem Vater: »Du bist Freund!«

Das hatte ich dem Uniformputzer am Tag vorher beim Wörterbuchspiel beigebracht.

Mein Vater zeigte auf die Maschinenpistole, sagte etwas Russisches. Der Uniformputzer zögerte, doch der Soldat bei der Tür rief: »Da, da!«, was »Ja, ja!« heißt, und da sagte der Uniformputzer auch: »Da, da!« und nahm das Magazin aus der MP und steckte die Munition in seine Hosentasche und lehnte die ungeladene MP an den Küchentisch. Dann stemmte er den Feldwebel vom Küchensessel hoch und stellte ihn auf die Beine. Es war, als ob der Feldwebel keinen einzigen Knochen im Leib hätte. Er sank zu einem gelbgrauen Haufen zusammen.

»Scheiße«, murmelte der Uniformputzer. Dieses Wort hatte ich ihm nicht beigebracht. Das hatte er schon gekonnt.

Der Uniformputzer packte den Feldwebelhaufen unter den Armen, und der Soldat von der Tür kam und packte den Feldwebelhaufen bei den Beinen. Sie hoben ihn hoch. Mein Vater nahm die Maschinenpistole und legte sie quer über die Ordensbrust. Die Soldaten schleppten den Feldwebel in die Bibliothek, in sein Bett.

Mein Vater seufzte. Er wischte sich mit einem Taschentuch die Stirn und den Hals. Das Taschentuch wurde feucht. Mein Vater sagte: »Ich gehe auch ins Bett! Schönen, guten Morgen, die lieben Herrschaften!« und humpelte zur Küchentür hinaus.

21.
Der lebende Vater • Der tote Vater
Das Gartenfest • Die hundsgemeine Lüge

Meine Mutter hatte noch immer die Finger tief unter meinem Schlüsselbein. Ich merkte erst jetzt, wie weh das tat. Es dauerte eine Zeitlang, bis alle an der hellblauen Kachelwand begriffen hatten, daß die Gefahr vorüber war. Nur zögernd machte die Frau von Braun einen Schritt von der Wand weg. Der Erzengel begann vorsichtig zu schluchzen.

Meine Mutter ließ endlich meine Schulter los. Sie sagte: »Bring mir einen Sessel, sonst fall ich um. Mir ist ganz schwindlig!«

Meine Schwester brachte den Sessel. Sie zitterte.

»Wo ist denn jetzt aber dem Feldwebel seine Pistole wirklich hingekommen?« fragte Hildegard. Ich hätte ihr am liebsten eine runtergehauen! So blöde Fragen zu stellen!

»Im Schubkarren vom Schubkarrenzwerg liegt sie«, sagte meine Mutter und ließ sich auf den Sessel plumpsen.

»Wieso denn, woher wissen Sie denn das?« fragten die Braun und der Erzengel im Chor.

Meine Mutter gab keine Antwort. Ich glaube, ihr war übel. Bei großen Aufregungen wurde meiner Mutter immer übel.

»Wer hat sie denn in den Schubkarren getan?« forschte die Frau von Braun weiter.

Meine Mutter gab wieder keine Antwort. Aber sie schaute zuerst auf mich und dann auf Gerald. Sie schaute bedeutungsvoll. Die Frau von Braun begriff. Der Erzengel begriff auch.

»Also, das ist doch, das ist doch!« rief die Frau von Braun. Sie wußte anscheinend nicht, was und wie das ist. Dann rief sie: »Gerald! Gerald, komm sofort zu mir her!«

Und der Erzengel kreischte: »Ich habe es ja immer gesagt, diese zwei Kinder, diese zwei sind die wahren Teufel, die wahren Teufel sind sie, bringen einen in Lebensgefahr, so etwas Unerhörtes, das gehört ja entfernt aus der Gesellschaft. In Lebensgefahr wegen dieser zwei Teufel!«

Gerald lief quer durch die Küche, geduckt an der Frau von Braun vorbei, die ihn packen wollte, und sprang zum offenen Küchenfenster hinaus. Ich sprang ihm nach. Wir rannten durch den weichen Efeu, über die Wiese zur Lusthausküche von Cohn. Dort war Sicherheit.

Gerald stieß keuchend hervor: »Der Engel hat sich aus lauter Angst angeschissen, der hat neben mir an der Wand gestanden und hat gestunken wie die Pest!«

Ich kicherte.

»Hast du Angst gehabt?« fragte Gerald.

»Spinnst?« rief ich empört und fügte hinzu: »War mir von vornherein klar, daß mein Vater die Sache schaukelt. Der hat vor gar niemandem Angst und vor dem vertrottelten Feldwebel schon gar nicht!«

Gerald nickte zustimmend.

Ich wußte, wie sehr ich log. Ich beobachtete Gerald, ob er auch wußte, wie sehr ich log.

Die Tür von der Lusthausküche war noch zugesperrt. Wir hockten uns auf die Stufe davor. Die Stufe war aus Stein. Der Stein hatte einen Sprung. Im Sprung wuchsen Grashalme. Gerald zupfte einen Grashalm aus und sagte: »Mein Vater, der hat auch nie, nie eine Angst gehabt, überhaupt nie, er ist immer lachend in das Flugzeug gestiegen und hat sich gefreut. Er hat gesagt, das ist ein ganz wunderbares Gefühl.«

Ich wollte von etwas anderem reden. Ich redete nicht gern über tote Väter. Ich sagte: »Cohn schläft noch. Sollen wir ihn wach klopfen?«

Gerald wollte nichts von Cohn wissen. Er erklärte: »Es könnte doch sein, daß mein Vater wiederkommt. So ein Flugzeug, weißt du, wenn es brennt und abstürzt, da findet man ja gar nichts mehr davon, nur so Bruchteile und Brocken. Und wenn es dann vielleicht ein Irrtum war, und mein Vater ist gar nicht geflogen an dem Tag, sondern ein anderer ist für ihn geflogen, dann ist *der* jetzt tot und mein Vater...«

So etwas Blödes hatte ich schon lange nicht gehört. Ich unterbrach Gerald: »Dann hätte dein Vater geschrieben, daß er noch lebt und gesund ist!«

»Aber er kann doch nicht schreiben, er ist ja über England abgeschossen worden. Die nehmen einen Deutschen doch gleich gefangen, da kann er ja nicht schreiben!«

»Zuerst sagst du, er ist vielleicht gar nicht geflogen, sondern ein anderer für ihn, und jetzt sagst du, er ist doch geflogen und in England gefangen! Was soll denn jetzt stimmen?«

Gerald zuckte mit den Schultern, murmelte: »Er kann doch nicht einfach weg sein! Futsch und weg!«

Mir fiel der Berger Schurli aus unserem zerbombten Haus ein. Der hatte trotz ausgehängter Todesanzeige nicht geglaubt, daß sein Vater tot war, sooft ich es ihm auch erklärt hatte. Da war nichts zu machen. Ich sagte: »Kann alles sein! Vielleicht ist dein Vater zur Untergrundbewegung gegangen und kämpft jetzt gegen die letzten Nazis!«

Das gefiel Gerald. Damit war er einverstanden. Er versprach mir, daß sein Vater später, wenn er von den Widerstandskämpfern zurückgekehrt sei, ein riesengroßes Gartenfest geben werde, mit mehreren Torten und sehr viel Kuchen und Himbeersaft. Mindestens hundert Kinder würden eingeladen, und überall in den Bäumen würden Lampions hängen, und Geralds Vater würde als Attraktion im Handstand quer über die Wiese gehen.

«Und woher wird dein Vater den Himbeersaft und die Torten und die Lampions nehmen?« erkundigte ich mich.

»Ach«, rief Gerald, »das ist leicht für meinen Papa. Weißt du, der hat gute Verbindungen, dem sein Freund ist sogar Gauleiter von Salzburg. Und die Oma, die Mama von Papa, die kennt sogar den Göring und überhaupt alle großen Parteimitglieder, da kriegen wir Lampions genug!«

Ich stand auf, klopfte an die Lusthaustür, wollte Cohn aufwecken, wollte nicht länger mit Gerald über den toten Vater reden. Das war ja nicht auszuhalten: ein Widerstandskämpfer mit Gauleiterfreund, der von Göring Lampions bekommt! Ich sagte zu Gerald: »Ich geh jetzt, mich mit Cohn unterhalten! Und was tust du?«

Gerald sah ein, daß ich ihn nicht länger bei mir haben wollte. Er rupfte noch ein paar Grashalme, steckte einen davon in den Mund, stand auf und ging langsam zum Haus zurück. Ich schaute ihm nach, schaute zum Haus, bemerkte, daß der Erzengel mit dem Engel gerade das Haus verließ. Es war doch nichts mit dem Schutz vom Herrn Major. Der Erzengel und der Engel mußten nicht erst aus unserem Garten und über die Straße gehen, um zu ihrem Haus zu kommen. Ein paar Soldaten hatten vor Tagen den Zaun niedergetreten. Der Erzengel kletterte über das Maschendrahtgewirr. Einer der langen, wollenen Erzengelröcke blieb am Draht hängen. Der Erzengel fiel hin.

Cohn war endlich aufgewacht. Er öffnete die Lusthaustür, schaute verschlafen, schnupperte frische Luft.

Der Erzengel, der sich mehr und mehr in das Maschengitter verwickelte, jammerte. Der Engel stand dabei und jammerte auch und versuchte, den Erzengel und die vielen Wollröcke aus dem Drahtzeug herauszubekommen.

Cohn lauschte, legte den Kopf schief, fragte: »Was ist, Frau, ist was, Frau?«

Dann ging er in die Küche zurück, suchte seine Brille, tappte mit den Händen am Tisch herum, bis er zwischen Tabak und Speck und Zeitungsblättern die Brille fand, setzte die Brille auf und kam wieder zur Tür. Jetzt sah er den vergitterten Erzengel. »Armer Frau, armer Frau!« rief Cohn.

Er lief barfuß, nur mit einer langen, grauen Unterhose bekleidet, zum Erzengel hin. Er versuchte, den Erzengel zu beruhigen: »Komm, komm, Frau, komm, komm«, sagte er immer wieder und begann den Erzengel aus dem Drahtgeflecht zu befreien.

Doch die Kuh von einem Erzengel wollte jetzt gar nicht mehr aus dem Draht heraus. Sie krallte sich fest in dem Maschendraht, zog das Drahtgeflecht über ihren Körper, ihr Gesicht und brüllte: »Nein, nein, neineineinein!«

Cohn schaute verwirrt. Ließ davon ab, den Erzengel auszuwickeln, steckte den Zeigefinger in den Mund, weil der Zeigefinger blutete. Er hatte sich an einem Stück Draht verletzt.

Der Erzengel aber brüllte weiter: »Neineineinein-ein-ein, nichticht-icht-icht, Gnadeadeade-ade, nein!«

Der Engel brüllte auch schon.

Die Frau von Braun kam aus dem Haus gerannt, stürmte über die Wiese auf uns zu. »Frau Engel, Frau Engel, was ist denn, sind Sie verletzt?« Frau von Braun riß dem Erzengel den schützenden Drahtverhau vom Körper und zog den Erzengel hoch.

Nun stand der Erzengel an die Braun gelehnt. Aus dem Gebrüll war ein Gewimmer geworden.

»Was hat sie denn?« fragte mich die Frau von Braun.

Ich schnitt eine Grimasse und sagte: »Übergeschnappt ist sie halt! Wahnsinnig!«

Die Braun fragte mich ununterbrochen, was los sei. Und dann plötzlich streckte der Erzengel die Hand aus, zitternd, zeigte auf Cohn und jammerte: »Dieses-dieses Schwein, dieses, hat mich überfallen, er-er-er wollte mich, dieser Affenmensch, wollte mich vergewaltigen, ich bin hingefallen, und da dachte er, daß ich wehrlos bin!«

Cohn stand da, mit nichts am Leibe als der grauwollenen Unterhose. Er stand gebückt, geduckt, machte sich ganz klein, als wollte er sich in die Unterhose verkriechen. »Ist nix wahr«, murmelte er, »wollt nur Hilfen machen bei Frau!«

»Ha, Hilfe machen!« kreischte der Erzengel. »Angerührt hat er mich, an die Brust hat er mir gegriffen, ganz wild, wie ein wildes Tier, mit gierigen Fingern!«

Cohn schaute entsetzt auf seine Finger. Schüttelte den Kopf.

»Sie sind wirklich übergeschnappt«, erklärte die Braun und trat einen Schritt vom Erzengel weg.

Das brachte den Erzengel, der noch immer an der Braun gelehnt hatte, aus dem Gleichgewicht. Er schwankte, fing sich wieder, raffte und ordnete seine Röcke und zog das Wollkopftuch zurecht, packte den Engel an der Hand. »Komm, Kind«, sagte er, »komm weg von hier, das sind gemeine Menschen, stecken mit dem Pack unter einer Decke!« Dann zischte der Erzengel noch der Braun zu: »Volksverräterin, Sie, Majorsliebchen, pfui!« und lief aus unserem Garten, diesmal zum Gartentor hinaus.

Die Frau von Braun schaute wild, wollte dem Erzengel etwas nachrufen, hatte den Mund schon offen, da betrat der Major den Garten. Er schwankte leicht und sang. Seine Maifeier hatte lange gedauert. Die Frau von Braun schloß den Mund wieder, zupfte sich eine braune Stirnfransenlocke zurecht – das tat sie immer, wenn sie den Major sah – und lief ihm entgegen.

Ich war mit Cohn allein. Cohn sagte: »Komm, Frau, komm, ist Zeit, muß machen Koch, Soldaten will Frühstück haben.«

»Die brauchen heute kein Frühstück«, erklärte ich, »die schlafen ihren Rausch aus. Die werden erst zu Mittag munter!«

Cohn schüttelte den Kopf. »Muß aber trotzdem gehen machen!«

Kein einziger Soldat kam in die Lusthausküche zum Frühstück. Cohn saß beim großen Kaffeekessel, rührte im Ersatzkaffee, der nach Suppenwürfeln roch, und sagte traurig: »Macht nix, macht nix, Frau!« Er meinte nicht den Kaffee, den keiner wollte, sondern die Sache mit dem Erzengel.

Ich hockte neben ihm, tunkte kleine Maisbrotstücke in die Kaffeesuppe, steckte sie in den Mund und kaute langsam. Manchmal sagte ich auch: »Macht nix, macht nix, Frau!«

Doch ich wußte, daß es schon etwas machte, daß es sogar sehr viel machte. Ich wollte Cohn etwas Gutes tun, etwas Freundliches. Alles, was mir einfiel, war: »Macht nix, macht nix, Frau!«

22.
Das Messer im Tisch • Die Ohrfeige Der Fleischkübel Der unterirdische Alsbach

Zu Mittag kam der erste Soldat zum Kaffee. Ich war noch immer bei Cohn. Dachte auch nicht daran, nach Hause zu gehen. Meine Mutter hatte zwar ein paarmal nach mir gerufen, auch meine Schwester hatte gerufen, aber ich wollte nicht ins Haus gehen. Ich war nicht neugierig auf ihre vorwurfsvollen Gesichter und ihre bösen Blicke. Und auf Gerald war ich auch nicht gut zu sprechen, weil er schuld an der ganzen Schweinerei war. Und nun tat er bei seiner und meiner Mutter sicher wieder so, als ob er von *mir* zum Pistolenstehlen verführt worden sei.

Cohn sagte: »Frau, Frau, Mama rufen, gehst nix?«

Ich schüttelte den Kopf.

Cohn sagte: »Frau, Frau, mussen tun, was Mama sagen, Kinder mussen tun, was Mama sagen!«

»So halt doch den Mund«, schrie ich, »mussen tun, mussen tun, mussen tun, bääh!« Und dann sagte ich noch und hieb dabei mit Cohns großem Fleischmesser in den Tisch, daß es in der Tischplatte steckenblieb: »Ich mussen gar nix! Überhaupt nix! Ich tu, was ich will! Und sonst gar nix, verstehst!«

»Ja, ja, Frau«, murmelte Cohn und zog das Messer aus der Tischplatte, »nix schrein brauchen, Frau, Cohn kann Frau gut hören!«

Auch mit Cohn war heute nichts anzufangen. Ich ging in den Garten, traf Gerald. Gerald hatte verheulte Augen. »Sie hat mir ein paar runtergehauen, obwohl deine Mama gesagt hat, sie soll mir doch keine runterhauen!«

»Hat's weh getan?« erkundigte ich mich.

Gerald schüttelte den Kopf. »Weh getan hat's nicht, weil sie ja nicht richtig hauen kann! Aber ich laß mir das nicht mehr gefallen! Ich mag sie nicht mehr! Ich hasse sie! Ich gehe fort!«

»Spinnst?«

»Ne, ich spinn nicht. Ich gehe fort. Ich hab einen Freund. Der wohnt auf der Alserstraße. Zu dem geh ich. Bei dem war ich früher oft. Der hat eine liebe Mutter!«

»Und wie machst denn das? Unten an der Kreuzung steht die Militärpolizei. Glaubst, die sagen: ›Guten Tag, lieber Gerald‹ und lassen dich durch? Die lassen keinen durch. Und dich schon gar nicht!«

»Dann geh ich eben unter der Erde! Basta!«

Ich sagte: »Trottel« und ging weg.

»Und ich geh aber doch und komm nicht wieder, nie, nie, nie!« schrie Gerald hinter mir her.

Den Nachmittag über blieb ich im Garten, beim Wawra-Zaun. Die Russen aus dem Wawra-Haus schlachteten im Garten eine Kuh. Ich schaute ihnen zu, wie sie dem Vieh die Haut abzogen und wie sie dann das Vieh zerteilten. Sie hatten eine

Unmenge von Kübeln voll Blut und Fleisch und Leber und Lunge. Ein Russe winkte mir. Er hatte blutverschmierte Hände. Auch sein Hemd und sogar sein Gesicht waren voller Blutspritzer. Ich kroch durchs Zaunloch in den Wawra-Garten. Der blutverschmierte Russe schenkte mir einen Kübel voll Fleisch. Ein anderer Russe warf noch einen Brocken Leber drauf.

Der Kübel war schwer. Ich konnte ihn nicht tragen. Ich mußte ihn hinter mir herziehen. Ich war froh. Mit einem Kübel voll Fleisch konnte ich mich wieder im Haus blicken lassen. Mit einem Kübel voll Fleisch würde mich niemand vorwurfsvoll anschauen.

Ich hatte recht, man liebte mich wieder. Die Frau von Braun nannte mich »Goldkind«. Meine Mutter lächelte liebevoll. Sogar meine Schwester war freundlich. Und mein Vater ernannte mich zum »Oberhofmeister«. Aber mein Vater – das wußte ich – wäre auch ohne Fleischkübel freundlich zu mir gewesen.

Am Abend bemerkten wir, daß Gerald fehlte. Er kam nicht zum Nachtmahl. Er kam auch nicht später. Die Braun begann zu heulen, und Hildegard begann zu beten. Mein Vater suchte den Garten ab. Der Uniformputzer half ihm dabei.

Ich erzählte ihnen von dem Freund auf der Alserstraße, zu dem Gerald gewollt hatte.

Die Frau von Braun lief zusammen mit dem Major zur Kreuzung, zur Militärstreife. Die Soldaten dort erklärten, keinen kleinen blonden Buben gesehen zu haben. Gerald war nicht bei ihnen gewesen. Und durch die Straßensperre war er auf gar keinen Fall gekommen. Es war schon stockfinster. Der Major entschied, weiteres Suchen sei sinnlos. Man müßte bis zum Morgen warten.

»Aber wo soll er denn sein?« fragte meine Mutter. »Er kann doch nicht vom Erdboden verschwunden sein!«

Da fiel es mir plötzlich ein. »Dann geh ich eben unter der Erde! Basta!« hatte Gerald zu mir gesagt. Unter der Erde? Unter der Erde! Ich wußte, wohin Gerald gegangen war! Er war den Alsbach entlang gegangen. Der Alsbach führte um diese Zeit fast kein Wasser. An der tiefsten Stelle war er nicht einmal zehn Zentimeter tief. Gerald war sicher den Alsbach entlang gegangen, bis zu dem großen, ausbetonierten Loch, wo der Alsbach dann unterirdisch weiterfloß, durch Neuwaldegg und Dornbach, unter der Alszeile, durch Hernals, durch die Alserstraße quer durch Wien bis zum Donaukanal. Wir hatten diesen Weg im Spaß einmal besprochen. Damals hatte ich gesagt: »Weißt du, unterirdisch wird die Als immer breiter, weil andere Bäche dazukommen. Die Als wird dann ganz breit. Wenn man auf der Alserstraße durch die Kanalgitter schaut, sieht man sie unten glitzern und hört sie rauschen!«

Und dann hatte ich Gerald noch vorgelogen, daß ich schon oft durch ein Kanalgitter und über eine Leiter in das Alsbachgewölbe hinuntergestiegen sei und daß da neben dem breiten, glitzernden Fluß ein schöner Gehweg gewesen sei.

Gerald hatte damals gesagt: »Da kann man da unten, unter Wien, ja richtig spazierengehen!«

Ich hatte ihm geantwortet: »Klar, einmal habe ich durch den Kanal meine Freundin besucht. Vor unserem Haus bin ich in den Kanal hinuntergestiegen, und vor ihrem Haus bin ich wieder aus dem Kanal geklettert. War einfach sagenhaft toll!«

Warum, verdammt noch einmal, mußte mir denn der Idiot alles glauben! Jetzt steckte er wahrscheinlich irgendwo im Kanal. Und Ratten gab's da auch. Die hatte ich doch durch die

Bombenlöcher auf der Alszeile gesehen. Und eines war sicher: durch ein Kanalgitter konnte er nicht aus dem Gewölbe heraus. So ein Kanalgitter ist viel zu schwer. Um so ein Kanalgitter hochzustemmen, brauchte man mindestens dreimal soviel Kraft, wie Gerald sie hatte.

»Kind, es ist spät«, sagte meine Mutter, »geh ins Bett!«

»Und wasch dich gefälligst«, keifte meine Schwester, »du stinkst ja nach Dreck!«

Ich wäre gern ins Bett gegangen. Hätte mich sogar lieber gewaschen, als ihnen erzählt, wo Gerald war. Sie würden ja doch wieder mir die Schuld geben, würden schrein, daß ich mit meinen Lügengeschichten das arme Kind durcheinandergebracht habe.

Aber vielleicht irrte ich mich doch! Vielleicht war er gar nicht im Alsgewölbe!

Der einzige Mensch, mit dem ich das besprechen konnte, war mein Vater. Ich mußte es ihm sagen, wenn kein anderer dabei war.

Meine Mutter wusch Geschirr. Meine Schwester stand daneben und wusch sich selber. Mein Vater hockte auf dem breiten Bett und drehte sich eine Zigarette.

Vielleicht mußte meine Schwester noch einmal aufs Klo? Sie traute sich am Abend nie allein aufs Klo. Meine Mutter mußte ihr mit einer Kerze den Weg leuchten und vor der Klotür Wache halten. Das Geschirr war gewaschen. Meine Schwester war gewaschen. Sie mußte nicht. Sie stieg ins Bett. Sie stand wieder auf. Sie mußte doch. Meine Mutter holte die Kerze, die auf dem Tisch stand. Wir hatten jetzt viele Kerzen, Ludmilla, die dicke Feldpolizei-Offizierin, hatte meiner Mutter eine ganze Schachtel Kerzen geschenkt.

»Na, gehn wir«, sagte meine Mutter. Sie öffnete die Zimmertür, schützte die Kerzenflamme mit der hohlen Hand gegen den Luftzug und verschwand. Meine Schwester folgte dicht hinter ihr. Ich sprang vom Bett auf und schloß erst einmal die Zimmertür. Mein Vater hatte die selbstgedrehte Zigarette aufgeraucht. Er war schon im Nachtgewand. Sein Nachtgewand war ein alter, hellgrüner Pullover, gefunden in einem Biedermeierschrank der alten Frau von Braun.

Mein Vater beschäftigte sich mit seinen Beinen. Das war immer der Abschluß seines Tagewerks. Er tupfte mit einem Wattebausch (einem kleinen Wattebausch – man mußte sparsam sein, wer wußte denn, ob der Major wieder Watte schenken würde?), tupfte mit einem kleinen Wattebausch den Eiter von den roten Beulen.

»Wird's besser?« fragte ich.

»Na ja«, murmelte mein Vater, »na ja, ich weiß nicht. Die Granatsplitter«, er zeigte auf zwei rote Beulen, »die Granatsplitter da und da sind schon herausgeeitert, aber ich hab zuwenig Verbandszeug und nichts zum Desinfizieren, kommt ja dauernd Dreck hinein, Dreck und Staub, so was müßte steril sein, immer wieder Dreck.«

Ich schlich zu meinem Bett zurück. Immer wieder Dreck! Im Kanal war noch viel mehr Dreck! Zuviel Dreck für die Beine meines Vaters! Das Betonrohr, in das der Alsbach floß, war an der breitesten Stelle ungefähr eineinhalb Meter hoch. Mein Vater maß einen Meter und fünfundneunzig Zentimeter. Er müßte durch das Rohr kriechen, auf seinen eitrigen Beinen.

Anscheinend hatte ich geseufzt.

»Was hast denn?« fragte mein Vater.

»Nichts!« erklärte ich.

»Machst dir Sorgen um Gerald? Der kommt schon wieder! Wahrscheinlich ist er in den Wald gelaufen. Aber es ist ja warm. Dem passiert schon nichts!« Mein Vater wollte einen Spaß machen. »Höchstens, wenn ein Rudel Wölfe kommt oder ein Bär!«

Ich schüttelte den Kopf. »Nein. Der ist nicht im Wald!«

Mein Vater legte den Wattebausch weg, schaute mich interessiert an. »Weißt du, wo er ist?«

»Ich? Nein, ich weiß gar nichts!«

»Du, sei nicht blöd! Wenn du etwas weißt, dann sag's doch, verstehst du, dann mußt du das sagen!«

»Ich weiß es doch nicht, wieso sollte ich es denn wissen?«

Mein Vater nahm wieder seinen Wattebausch, tupfte Eiter. »Reg dich nicht so auf«, sagte er, »ich hab ja nur gemeint, wenn du . . .«

Meine Mutter und meine Schwester kamen von der Klotour zurück. »Was ist denn? Was habt ihr denn? Was ist denn los?« erkundigte sich meine Schwester. Sie hatte schon immer eine gute Nase für heikle Situationen.

»Gar nichts ist!« fauchte ich.

»Doch! Du schaust so komisch!«

»Ich? Ich schau nicht komisch! Du schaust blöd!«

»Aufhören«, brüllte meine Mutter, »aufhören mit der Streiterei, gebt Ruh und schlaft ein!«

Meine Mutter spuckte auf Daumen und Zeigefinger und drückte den Docht der Klokerze aus. Es zischte. Die Flamme erlosch.

»Hast du dich gewaschen?« erkundigte sich meine Mutter bei mir. Ich zog mir die Decke über das Gesicht.

»Natürlich hat sie sich nicht gewaschen«, keifte meine

Schwester. »Wo hätte sie sich denn gewaschen? In der Schüssel ist kein Wasser drin, und geholt hat sie auch kein Wasser, während wir auf dem Klo waren. Und die Seife ist ganz trokken!« (Wir hatten seit zwei Tagen ein Stück Seife. Die Polizei-Offizierin Ludmilla hatte es meiner Mutter geschenkt. Es roch ziemlich scheußlich nach Rosen und war violettfarben.)

Ich blieb unter der Decke. Wartete alle fälligen Geräusche ab: das Knarren vom Bett meiner Schwester, das Zischen der erlöschenden Flamme von der großen Kerze auf dem Tisch, das Quietschen vom Bett meiner Mutter.

Jetzt war es ganz still. Ich zog die Decke vom Gesicht. Es war stockfinster, kein Mond vor dem Fenster, keine Sterne. Ich horchte. Schliefen alle? Nein, irgend jemand im Zimmer schlief nicht. Ein Schlafgeräusch fehlte. War mein Vater noch wach? Ich richtete mich im Bett auf.

»Vati?« flüsterte ich. Und noch einmal: »Vati?«

»Pscht, gib Ruh, pscht!« sagte meine Mutter.

Ich legte mich wieder hin, versuchte, mir vorzustellen, wie ich Gerald aus dem Kanal befreite. Wie ich mit einer Laterne in das Alsgewölbe eindrang. Wie ich »Gerald, Gerald« rief und immer weiter vordrang. Das Gewölbe wurde sehr breit, der Alsbach ein riesiger See. Meine Laterne warf glitzernde Lichter auf das lackschwarze Wasser. Von den Gewölbewänden hallte als Echo ein vielfaches »Geraldgeraldgerald« wieder. Ratten schwammen im lackschwarzen Wasser. Ich war sehr mutig. Ich schwenkte meine Laterne. Entsetzliche Schatten zischten über das Wasser. Die Ratten tauchten erschrocken unter. Ich ging weiter. Das Gewölbe wurde immer breiter und das Wasser immer mehr. Brodelnd und schäumend kam es von allen Seiten auf mich zu. Ich hatte keine Angst. Ich ging mit meiner Laterne durch das lackschwarze Wasser. Ich hatte hohe Gummistiefel an und dicke Asbesthandschuhe mit Stulpen bis unter die Achseln. Ich fand Gerald am anderen Ufer des Sees. Er wimmerte. Er weinte. Ich hob ihn hoch und trug ihn zurück. Ich hatte keine Gummistiefel. Ich hatte keine Asbesthandschuhe mit Stulpen bis unter die Achseln. Ich hatte nicht einmal eine Laterne. Ich wickelte mir die Decke fest um den Leib und schlief ein.

Es war ganz zeitig am Morgen, es war dämmrig grau, als mich mein Vater weckte. Er fragte flüsternd: »Willst mitkommen? Ich gehe den Gerald suchen!« Ich stand auf, zog mich an. Ich fror.

»Sei leise«, flüsterte mein Vater.

Die anderen schliefen noch. Ich konnte meine Jacke nicht finden. Ich zog den grünen Nachtpullover meines Vaters über das Steppdeckenkleid. Wir schlichen aus dem Zimmer.

»Gehn wir zwei allein?« fragte ich.

Mein Vater nickte.

»Wie spät ist es denn?«

»Grade vier vorüber«, sagte mein Vater.

Vor der Haustür zündete sich mein Vater eine Zigarette an. »Wo suchen wir denn?« fragte er mich.

Er fragte in einem Ton, als ob er ganz sicher sei, daß ich es wüßte.

»Im Alsbachgewölbe«, gab ich zur Antwort.

»Ausgezeichnete Idee von dir«, sagte mein Vater.

Ich gab ihm die Hand. Wir gingen über die Wiese zum Alsbach hinunter. Das Gras war naß. Ich hatte keine Strümpfe an. Auf meinen Beinen waren Tautropfen.

»Wir werden eine Laterne brauchen«, sagte ich.

»Gerald hat auch keine Laterne gehabt«, sagte mein Vater.

»Aber im Kanal ist es ja stockfinster!«

»Kennst du dich so gut aus im Kanal?« fragte mein Vater.

»Nein.«

»Warst schon einmal drinnen im Kanal?«

»Nein.«

»Na, dann red nicht«, murmelte mein Vater.

Wir gingen im Alsbachbett.

»Gut, daß es schon lange nicht mehr geregnet hat«, sagte mein Vater, »sonst müßten wir schwimmen.«

Der Alsbach war ungefähr so breit wie ein dicker Baumstamm und höchstens zehn Zentimeter tief. Mein Vater ging auf der einen Seite, ich ging auf der anderen Seite vom Wasser. Mein Vater sagte: »Im Betonrohr ist es gar nicht so finster, nur die ersten paar Meter. Dann ist oben ein Kanalgitter neben dem anderen. Da kommt genug Licht durch.«

»Aber weiter unten«, sagte ich, »weiter unten, unter der Neuwaldeggerstraße, da muß es doch unheimlich finster sein, da ist nur bei jedem dritten Haus ein Kanalgitter.«

Wir waren schon am Erzengel-Haus vorbei, am nächsten Haus vorbei, ungefähr hinter dem NSV-Heim. Mein Vater sagte: »Ob es unter der Neuwaldeggerstraße finster ist, das ist völlig Wurscht, weil man so weit gar nicht gehen kann. Bei der Atariastraße geht ein Eisengitter quer durch das Betonrohr.«

»Warum?«

»Erstens, damit die Blätter und der Dreck hängenbleiben,

und zweitens, damit man nicht weitergehen kann. Sonst könnte ja jeder mir nichts, dir nichts in den Kanal hineinspazieren!«

»Wieso weißt du denn das?«

Mein Vater lachte. »Ich hab als Bub viel in der Gegend hier gespielt. Wir sind immer zu Fuß von Hernals hergewandert. Und ich wollte immer in den Kanal hinein. Ich hab mir vorgestellt, es müßte ungeheuer aufregend sein, im Alsgewölbe bis nach Hause zu gehen und vor unserem Haus aus dem Kanal herauszuklettern. Blöd, was?«

Wir mußten nicht ins Betonrohr kriechen, wir mußten nicht ins Alsgewölbe einsteigen. Gerald lag vor dem Betonrohr, vor einer großen Brennesselstaude, und schlief. Er lag zusammengerollt, die Knie unter dem Kinn, die Arme um die Beine geschlungen. Sein Kopf lag auf einem Stoffbündel. Das Stoffbündel war die Quasteldecke aus dem Speisezimmer vom Leinfellner-Haus. Ich erkannte sie sofort. Das Stoffbündel hatte eine sonderbare Form. Ich stieß mit der Schuhspitze dagegen. Es klirrte. Ein kleines Leberwurstglas rollte auf die Steine im Alsbachbett, kugelte ins Wasser. Ich holte das Leberwurstglas aus dem Wasser heraus.

Gerald wachte auf. Er war sofort munter, ganz munter. Er starrte uns an. Mein Vater lachte. Gerald sah sehr komisch aus. Er war dreckig im Gesicht, dunkelgraubraun. Nur um die Augen herum waren weiße Ringe. Und die Nasenspitze war rosa. Gerald schien zu frieren. Er klapperte mit den Zähnen.

Mein Vater zog die Jacke aus und legte sie Gerald um die Schultern. Mein Vater betrachtete das Quasteldeckenbündel, schüttelte den Kopf, fragte Gerald: »Menschenskind, hast kein weicheres Kopfkissen gefunden als das Glaslbinkel?«

Gerald schaute bös, weil mein Vater gelacht hatte. Er murmelte: »Klar, ich bin ja nicht blöd, aber ich hab wegen der Ratten drauf geschlafen, damit sie mir den Proviant nicht stehlen!« Er stand auf. Ein hellbrauner Fladen lag dort, wo er gelegen hatte.

Es war einer von Cohns Maisbrotlaiben.

»Schade«, sagte Gerald und hob den platt geschlafenen Brotlaib auf. Er wandte sich meinem Vater zu: »Kann man den noch essen?«

Mein Vater schüttelte den Kopf.

Gerald seufzte.

»Macht nichts«, sagte mein Vater, »Hauptsache, wir haben dich gefunden!«

»Ich geh aber nicht mit euch nach Hause«, erklärte Gerald. Er beutelte die Jacke von seinen Schultern und sagte: »Ich geh jetzt in den Kanal. Ich geh zu meinem Freund!«

»Gerald«, sagte ich, »man kann nicht durch den Kanal gehen, bei der Atariastraße unten ist ein Gitter, da kommt man nicht durch!«

Mein Vater nickte zustimmend. »Man kann überhaupt nicht im Kanal herumgehen«, sagte er.

Gerald schaute mich an. »Aber du hast doch...«

»Ich hab nur Spaß gemacht«, unterbrach ich ihn.

Gerald starrte mich an. »Das war kein Spaß. So ist kein Spaß. Du hast mich, du hast mich«, Gerald wollte auf mich losgehen, »du hast mich hundsgemein belogen!«

Mein Vater hielt Gerald fest.

Gerald brüllte: »Sie hat gelogen. Sie hat gesagt, es geht. Sie hat mich auf die Idee gebracht. Sie hat gesagt, sie ist schon oft... So eine hundsgemeine, so eine blöde Sau!«

Gerald begann vor Wut zu heulen, weil er auf mich losschlagen wollte und nicht konnte. Mein Vater hielt ihn sehr fest.

Gerald brüllte weiter: »Sie schickt mich hinein in den Dreck, in das stinkerte, scheußliche, raschelnde Zeug. Und finster war's und grauslich. Zum Angsthaben war's!« Er zeigte mit der einen Hand, mit der, die mein Vater nicht festhielt, zum Betonrohr: »Viecher waren drin. Und ganz naß ist es. Und gar kein Gehweg war da, und ich hab ihr geglaubt und mir gedacht, morgen in der Früh werd ich den Gehweg schon finden!«

Ich schrie: »Ich hab dich nicht hineingeschickt, ich hab dich wirklich nicht hineingeschickt!«

»Aber gelogen hast du!«

Ich schluckte ein paarmal, dann sagte ich: »Ja, ja! Gut! Ich habe gelogen. Gelogen, gelogengelogengelogen-logen-logen! Bist du jetzt zufrieden?«

Gerald war zufrieden. Mein Vater konnte ihn loslassen.

Mein Vater hob Geralds Jacke auf und das Bündel mit den Leberwurstgläsern. »Na, gehn wir«, sagte er, »führen wir den verlorenen Sohn nach Hause!«

Nach Hause gehen wollte Gerald noch immer nicht.

»Warum nicht?« erkundigte sich mein Vater.

Gerald kratzte mit seiner Schuhspitze im Schotter, murmelte: »Es ist so blöd, so saublöd!« Er scharrte wild, kleine Steinchen spritzten weg. »Wenn man davonrennt, dann kann man doch nicht wiederkommen.«

»Klar kann man!« Mein Vater scharrte auch Steinchen. »Muß man sogar. Warten ja alle auf dich!«

»Und dann glotzen sie so blöd«, maulte Gerald.

»Sie werden nicht glotzen«, beruhigte mein Vater. »Sie werden sicher nicht glotzen!«

»Ehrenwort?«

»Ehrenwort!«

Natürlich glotzten sie. Sehr sogar. Der erste, der uns begegnete, war Cohn. Er jubelte laut, als er Gerald sah. Ich glaube, er pries auch irgendeine Madonna von irgendwo, aber in der Aufregung pries er sie in seiner eigenen Sprache. Ich konnte ihn nicht verstehen. Bei Cohns Jubelgeschrei kamen die anderen in den Garten. Sie waren schon angezogen. Wahrscheinlich wollten sie gerade Gerald suchen gehen. Die Braun stürmte auf Gerald los. Sie umarmte ihn, küßte ihn. Bald war sie genauso schmutzig wie Gerald.

Der Major war auch da. Er riß Gerald von der Braun los, packte ihn, setzte ihn auf seine Schultern und tanzte im Kreis herum. Gerald hielt sich an den Majorshaaren fest. Der Major begann zu singen, laut und lustig. Cohn sang mit. Der Uniformputzer kam aus dem Haus. Er sang auch mit. Der Major hockte sich auf den Boden. Gerald saß noch immer auf seinen Schultern. Der Major begann Krakowiak zu tanzen: Die Ellbogen waagrecht vom Körper gestreckt, die Fäuste unter dem Kinn geballt, hüpfte er in der Hocke von einem Bein auf das andere. Das Bein, mit dem er gerade nicht hüpfte, streckte er steif nach vorn.

Es war herrlich! Ich war begeistert und sehr neidisch auf Gerald. Mir zu Ehren hatte noch niemand so einen Zirkus veranstaltet.

Endlich war der Major so erschöpft, daß er umkippte und sich ins Gras legte. Gerald kippte mit um und kugelte vom Major.

»Komm, Gerald«, rief die Braun, »ich muß dich waschen!«

»Zuerst einmal brauch ich was zu essen«, sagte Gerald und rollte sich über die Wiese dem Haus zu.

Ich brauchte auch etwas zu essen. Aber ich wollte nicht unbedingt dabeisein, wenn sie Gerald feierten und wuschen und liebevoll fütterten. Ich ging zur Lusthausküche. Cohns Kaffee war fertig. Ich fuhr mit einer Blechtasse in den großen Kaffeetopf, füllte die Tasse, suchte nach der Kondensmilchdose, tropfte Kondensmilch in den Kaffee, gezuckerte Kondensmilch, und rührte um. Dann setzte ich mich mit der Blechtasse auf die Türstufe.

23.
Die Erinnerungen an den Großvater an die Großmutter • an den Sprung Das Pferd • Der Einfall Die Geschichten für Cohn

Die Tage vergingen, einer nach dem anderen, alle gleich sonnig, alle gleich anders als das ganz gewöhnliche Leben. Einmal hatten wir Seife, einmal hatten wir keine. Einmal schrien betrunkene Russen, einmal lächelten sie freundlich. Immer hatten wir Nudeln mit Zwiebeln und Bohnen. Selten hatten wir Hirsch.

Manchmal stahl Gerald ein Leberwurstglas aus dem Keller und gab mir davon die Hälfte ab.

Der Major war schön. Der Feldwebel trank. Der Budemchleb-Soldat hatte noch immer keinen Zarenkuchen gebakken. Ludmilla mit dem großen Loch vor der großen Zehe war zur Freundin meiner Mutter geworden. Mein Vater reparierte Uhren und trank Schnaps mit Iwan. Daß er Russisch konnte, fiel nicht mehr auf. Jetzt konnten alle ein bißchen Russisch und alle ein bißchen Deutsch sprechen. Unsere Welt reichte von der Straßensperre bei der Atariastraße bis zur Straßensperre bei der Höhenstraße. Es war eine Welt von einem Quadratkilometer. Das war mir auf einmal nicht mehr genug. Ich wollte mehr. Ich brauchte auch mehr, weil ich immer öfter an den Großvater denken mußte. Auch an die Großmutter. Ich liebte den Großvater. (Die Großmutter wahrscheinlich auch, doch da war ich mir nicht so sicher.) Wenn einer tot ist, den man liebt, ist das schon zum Aushalten. Aber man muß doch zumindest wissen, ob einer, den man liebt, tot ist oder ob er lebt. Ich versuchte, nach dem Großvater zu fragen. Ich fragte meine Mutter. Ich fragte meinen Vater, fragte die Braun. Sie sagten: »Aber freilich, aber natürlich lebt der Großvater noch!« Sie sagten es genauso wie: »Aber freilich, aber natürlich gibt es ein Christkind!«

Ich hörte auf, sie zu fragen. Ich hatte gemerkt: Meine Mutter glaubte ans Christkind. Mein Vater glaubte nicht ans Christkind. Und der Braun war es gleich, ob mein Großvater noch lebte.

Da blieb wieder nur Cohn, Cohn, mit dem man alles bereden konnte, dem nichts gleich war. Er wußte Bescheid, Cohn wußte Bescheid darüber, wo in der Stadt Kämpfe gewesen waren, wo es gebrannt hatte, wo viel geschossen worden war. Cohn sagte, und das tat gut: »Frau, Frau, wo Großvater leben, nix arge Krieg, nix arge Feuer, nix viel kaputt von unseren Soldaten!« Cohn sagte, und das tat gar nicht gut: »Frau, Frau, kann sein, sie haben starken Hunger. Nix haben zu essen, gar nix. Viel Leut nix haben zu essen, haben arg Hunger!«

Ich erzählte viel vom Großvater und der Großmutter. Er war der einzige, der das hören wollte. Cohn gefiel die Großmutter besonders gut. »Gutes Frau, gutes Frau«, erklärte er.

Ich erzählte ihm, wie bös und wie wild die Großmutter werden konnte, und übertrieb dabei gewaltig. Doch Cohn war nicht davon abzubringen, daß die Großmutter »ein gutes Frau« war. Immer wollte ich vom Großvater erzählen, und immer wollte Cohn von der Großmutter hören. Ihm gefiel sogar der ewige Erdäpfelspeiseplan der Großmutter, und daß die Großmutter dem armen Großvater nie warmes Wasser fürs Fußbad bewilligte, störte ihn gar nicht. »Gutes Frauen sind so!« behauptete er.

»Du tätest schon schaun«, rief ich, »wenn sie dich so wild anschaut!«

Cohn lächelte, sagte, so einen Blick sei er gewöhnt. Seine Mutter, die habe auch so einen Blick gehabt und war trotzdem »sehr gutes Frau, was Besseres gar nix geben«!

Cohn machte sich Sorgen um den Riß in der Zimmerdecke der Großmutter. Cohn sagte: »Frau, Frau! Kann sein Sprung in Mauer hundert Jahre, und nix gehen kaputt. Aber darf Sprung nicht breiter sein wie so!« Cohn zeigte drei Finger breit. »Sonst machen Haus tschinbumm!«

Wie breit war der Sprung in der Zimmerdecke? Ich hatte ihn mindestens fünf Finger breit in Erinnerung.

Die Lusthausküche war dicht an den Erzengel-Garten gebaut. Zwischen der hinteren Wand und dem Zaun war ungefähr einen Meter breit Wiese gewesen; früher, bevor die Russen kamen. Jetzt war der Zaun auch hier niedergetreten. Halb im Erzengel-Garten und halb in unserem Garten stand der Panjewagen, mit dem Cohn gekommen war. Das Pferd, das dazugehörte, stand bei den anderen Pferden, unten bei der Kommandantur, in einem Stall.

Cohn ging sein Pferd jeden Tag besuchen. Er brachte ihm Zuckerbrocken und Karotten. Aus dem Gemüsekorb, den der Lieferantensoldat brachte, suchte er immer die schönsten Karotten für das Pferd heraus. Manchmal, wenn er sein Pferd streichelte und bürstete und ihm den Schweif kämmte und auf das Pferd leise einredete, bekam ich eine große Wut. Es kam mir nämlich so vor, als ob Cohn das Pferd lieber mochte als mich.

Einmal, als ich mit Cohn beim Pferd stand – Cohn kämmte die Mähne, und ich kitzelte das Pferd an der Nase –, da sagte Cohn: »Arme Pfertal! Arme Viech, schon nix mehr gelaufen seit wochenlang. Nix gut für Pfertal. Pfertal soll rennen. Pfertal is nix zum Stehnbleiben in Zimmer da!«

Der Stall nämlich, in dem die Russenpferde standen, war der Speisesaal von einem großen, vornehmen Restaurant. Vornehm schaute es allerdings hier gar nicht mehr aus. Die Soldaten hatten die Parkettbodenbretter herausgerissen. Die Wände waren bekritzelt und beschmiert, die Eingangstür fehlte, und das Türloch war mit einer Spitzhacke breiter gemacht worden – damit die Pferde leichter ein und aus gehen konnten.

Als Cohn das vom »armen Pfertal« und vom »nix gut zum Stehnbleiben in Zimmer« sagte, da hatte ich plötzlich einen Einfall. Cohn wird mich mit seinem Wagen und seinem armen

Pfertal zum Großvater in die Stadt fahren! Ja, das muß er tun!

Als ich Cohn erklärte, was er tun müßte, lachte er und sagte: »Gut, Frau, sehr gut, Frau, ich kutschieren, Pfertal trab, trab.« Cohn schnalzte mit der Zunge.

Als Cohn aber merkte, daß ich es ernst meinte, hörte er zu lachen auf. Er hörte auch auf, das Pferd zu kämmen, er sagte: »Frau, Frau, mussen gescheit sein. So was geht nix. Geht gar nix!« Er bohrte mir den Zeigefinger in die Brust. »Du nix dürfen!« Er bohrte sich den Zeigefinger in die Brust. »Ich nix dürfen!«

»Wieso darfst du nicht?« Daß ich nicht durfte, das sah ich ein.

»Weil Cohn ganz, ganz kleines Soldat!« Er zeigte mit dem schmutzigen Zeigefinger und dem dreckigen Daumen eine Spanne von etwa einem Zentimeter. »So kleines Soldat gar nix dürfen. Dürfen nur machen Befehle. Dürfen nur machen, was gesagt werden. Basta!«

»Laß dir das doch nicht gefallen! Mach, was du willst!«

Cohn schüttelte den Kopf.

»Du bist feig!« rief ich.

Cohn lächelte. Sein oberer, grauer, schiefer Zahn teilte die Regenwurmunterlippe genau in die Hälfte.

»Jawohl, feig bist du!«

Cohn fragte: »Was ist – feig? Kenn ich nicht Wort, was heißt feig!«

»Feig ist, feig ist ...« Ja, was war feig? Das war schwierig. »Feig ist«, begann ich noch einmal, »wenn man nicht mutig ist, nicht tapfer ist!« Cohn schaute mich verständnislos an. »Feig ist man, wenn man kein Held ist!« sagte ich.

Jetzt begriff Cohn. Er nickte erfreut. »Gut, gut, Frau«, sagte er, »Cohn ist feig, ist sehr feig!« Er schob die Unterlippe über den oberen Zahn und legte den Kopf schief, und der Kopf lag fast auf der Schulter. »Kenn ich viel Held, kenn ich viel totes Held«, sagte er, »aber Cohn lebt!«

Ich ließ nicht locker. Jeden Tag, morgens, mittags, abends und zwischendurch auch noch ein paarmal, bat ich Cohn, mit mir zum Großvater zu fahren. Ich erzählte Cohn die schönsten Geschichten von der Großmutter. Genauso, wie er sie haben wollte. Weil ich nicht so viele Geschichten von der Großmutter wußte, erfand ich welche. Die gefielen Cohn besonders gut. In meinen Geschichten wurde die Großmutter von Tag zu Tag größer und dicker und wilder. Sie packte die Frau Brenner, weil die Frau Brenner »Heil Hitler« sagte, und setzte die Frau Brenner in den großen Mistkübel im Hof. Sie sang mit tiefer Stimme wunderbare Lieder, und einmal tanzte sie sogar auf dem Küchentisch. Außerdem ließ ich sie duftende Schmalzkrapfen backen. Und immer, wenn sie vorher gerade ganz wild gebrüllt hatte, ließ ich sie hinterher ganz sanft lächeln. Dann flüsterte Cohn nämlich: »Wie mein Mama, ganz wie mein Mama!«

Cohns Mama zuliebe stattete ich die Großmutter auch mit einem weißen Haarknoten aus. Dabei war meine Großmutter sehr stolz darauf, nur ein paar weiße Haare zu haben. Alle anderen Haare der Großmutter waren schwarz und dauergewellt. Es gefiel Cohn auch viel besser, wenn meine Großmutter viele Kinder und noch mehr Enkelkinder hatte. Ein Sohn und zwei Enkeltöchter, das war nichts für Cohn. Ich tat ihm den Gefallen. Die Großmutter bekam sieben Kinder und sechsunddreißig Enkel.

»Sechsunddreißig?« Cohn vergewisserte sich. »Zehn und zehn und zehn und sechs?«

Ich sah ein, daß ich zu sehr übertrieben hatte. »Zwanzig«, sagte ich. Damit war Cohn einverstanden.

24.
Der Feldwebel
Der Schuß und noch einer
Der Kampf meiner Schwester

Dann kam ein Tag – ich hielt ihn zuerst für einen Unglückstag, dann für einen Glückstag –, an dem wurde ich durch Geschrei geweckt. Das mochte ich nicht. Geschrei und Gebrüll am Morgen hatten nichts Gutes zu bedeuten.

Der Feldwebel brüllte. Iwan, der Feldpolizist, schrie. Ludmilla kreischte dazwischen. Wahrscheinlich hatte der Feldwebel wieder einmal die ganze Nacht gesoffen und ging nun Iwan auf die Nerven, und Ludmilla versuchte, den Streit zu schlichten.

Ich stieg aus dem Bett. Das Bett meiner Schwester war leer. Meine Schwester lag im breiten Bett zwischen meiner Mutter und meinem Vater, ließ sich streicheln und beruhigende Worte zuflüstern – wegen dem Russengeschrei.

Ein Fenster war offen. Ich setzte mich auf das Fensterbrett. Unter mir war die viereckige Terrasse. Das Geschrei kam aus dem Zimmer hinter der Terrassentür. Es war das Zimmer von Iwan und Ludmilla. Ich beugte mich vor. Die Terrassentür ging auf. Ludmilla lief auf die Terrasse. Sie sah komisch aus. Sonst hatte sie einen großen, braunen Haarknoten im Genick. Jetzt waren ihre Haare offen und hingen bis zu den Hüften. Eine schweinsrosa seidene Unterwäschegarnitur war das einzige Kleidungsstück von Ludmilla. Unter der schweinsrosa Seide wackelten ein ungeheures Busengebirge und ein noch größeres Hinterteil. Ludmilla trat von einem nackten Fuß auf den anderen. Anscheinend war der Terrassenboden kalt. Sie starrte durch die Terrassentür ins Zimmer.

Dann kam Iwan auf die Terrasse. Er hatte überhaupt nichts an. Er war ganz nackt. Das gefiel mir. Noch besser gefiel mir, daß der nackte Iwan den Feldwebel vor sich herstieß. Der Feldwebel war angezogen. Und betrunken war er. Er war so betrunken, daß er nicht stehen konnte. Iwan hielt ihn am Kragen fest. Iwan gab ihm mit dem Fuß einen Tritt ins Hinterteil. Der Feldwebel fiel hin. Iwan zog den Feldwebel am Kragen hoch. Der Feldwebel stand schwankend. Iwan gab ihm wieder einen Tritt. Der Feldwebel stolperte einen Schritt vor und fiel wieder hin. Iwan zog ihn wieder hoch, trat ihn, ließ ihn hinfallen, zog ihn hoch.

So trat Iwan den Feldwebel quer über die Terrasse. Bei den vier Steinstufen, die in den Garten hinunterführten, bekam der Feldwebel einen besonders starken Tritt. Er stürzte die Stufen hinunter und blieb im Efeu liegen. Ludmilla schrie ihm irgend etwas Unfreundliches zu. Sie drohte ihm auch mit der Faust. Ihr Busengebirge wackelte fürchterlich dabei. Iwan spuckte in Richtung Feldwebel, dann gingen die beiden in ihr Zimmer zurück. Ich hörte, wie sie die Terrassentür versperrten. Drehten den Schlüssel zweimal im Schloß um.

Meine Familie erkundigte sich vom breiten Bett her, was

unten los sei. Ich erstattete Bericht. Sie kamen zum Fenster, um den Feldwebel im Efeu zu betrachten.

»Hat er sich den Hals gebrochen? Ist er tot?« fragte Hildegard.

»Leider nicht«, murmelte meine Mutter.

Der Feldwebel bewegte sich nämlich gerade. Er versuchte aufzustehen. Er konnte nicht. Er kroch auf allen vieren durch den Efeu. Dort, wo der Efeu aufhörte, stand eine kleine steinerne Bank. Der Feldwebel zog sich an der Bank hoch, lag zuerst mit dem Bauch auf der Bank, drehte sich um, saß auf der Bank.

»Jetzt schläft er gleich ein«, sagte mein Vater. Mein Vater irrte sich. Der Feldwebel schlief nicht ein, der Feldwebel stand auf. »Geht der Krawall jetzt von vorn los?« schimpfte meine Mutter. »Kann das Luder nie Ruhe geben?«

»Er geht weg!« sagte meine Schwester erleichtert.

Der Feldwebel schwankte den Kiesweg entlang. Er torkelte gegen den Birnbaum, umarmte den Birnbaum, ließ den Birnbaum los, hatte plötzlich eine Pistole in der Hand. Eine neue Pistole. Seine alte, die aus dem Schubkarren, lag unter der Matratze meines Vaters. Er hatte sie aus dem Schubkarren geholt.

Der Feldwebel stieß sich vom Birnbaum ab, die Pistole in der Hand, torkelte weiter.

»Gehn wir vom Fenster weg!« sagte meine Mutter.

»Da trifft er nicht her!« sagte mein Vater.

Ich blieb am Fenster stehen. Ich wollte sehen, wie der Feldwebel zum Gartentor hinauswankte. Aber der Feldwebel ging nicht zum Gartentor. Wo ging der Feldwebel hin?

Das durfte nicht sein! Das war gemein! Cohn hatte ihm doch

gar nichts getan! Was wollte er denn von Cohn? Warum kam er denn immer näher zur Lusthausküche?

Ich packte meinen Vater am Arm. »Will er zu Cohn?« fragte ich.

Mein Vater nickte. »Das schaut ihm ähnlich, dem feigen Arschloch, dem!«

Der Feldwebel stand vor der Lusthausküche, trat mit einem Fuß gegen die Tür. Er brüllte. Die Tür war eine dünne Tür mit einem ovalen Glasfenster in der oberen Hälfte.

Der Feldwebel trat die Tür ein. In der Tür war ein großes Loch, aber nicht so groß, daß der Feldwebel durchkriechen konnte. Der Feldwebel schoß. Er schoß zweimal, schoß auf das Türschloß. Die Tür ging auf. Der Feldwebel verschwand in der Lusthausküche.

»Das kann ich nicht anschaun, das halt ich nicht aus«, sagte meine Mutter. Sie ging vom Fenster weg, setzte sich an den Tisch. Ich ging ihr nach und stellte mich neben sie. Auch mitten im Zimmer war das Brüllen vom Feldwebel zu hören.

Von Cohn war nichts zu hören.

Dann krachte ein Schuß. Und dann noch einer. Meine Mutter hielt sich die Ohren zu.

Mein Vater sagte: »Ein Schuß ist zum Fenster hinaus!«

»Und der zweite?« fragte ich. Ich war erstaunt, daß ich überhaupt reden konnte.

Mein Vater wußte nicht, wohin der zweite Schuß gegangen war. Der Feldwebel brüllte nicht mehr. Es war ganz still im Garten. Meine Mutter nahm die Hände von den Ohren. »Was ist?«

»Es rührt sich nichts!« sagte mein Vater.

»Gar nichts?«

»Gar nichts.«

Ich begann zu weinen. Ich konnte nicht anders.

»Sei doch still«, sagte meine Mutter. »Dir geschieht ja nichts. Der Feldwebel kommt nicht hierher!«

»Cohn«, schluchzte ich, »Cohn!« Mehr konnte ich nicht sagen, immer nur »Cohn« und »Cohn«.

Meine Mutter schaute mich an. Sie hatte einen Daumen im Mund und biß am Daumennagel. Dann sagte sie: »Du hast recht!«

Meine Mutter stand vom Tisch auf und ging zur Zimmertür. Sie sprach, nicht zu mir, auch nicht zu meinem Vater oder zu meiner Schwester, sie sprach zu sich selber: »Alles feige Schweine! Alle! Tun, als hätten sie nichts gehört. Haben Angst, die Herren! Hat wohl Stoppeln in den Ohren, der schöne Helden-Major!«

Mein Vater rief: »Was willst du denn! Sei nicht blöd! Du kannst doch nicht hingehen. Der Idiot knallt dich ab. Sei nicht verrückt!«

Meine Mutter hielt die Türklinke in der Hand. Sie sah nicht so aus, als ob sie Angst hätte. Ich hatte keine Angst um sie. Sie sollte etwas für Cohn tun!

Mein Vater rief: »Wenn er ihn erschossen hat, kannst du auch nichts mehr ändern! Und zwei Schuß hat er auf alle Fälle noch!«

Meine Mutter war schon aus dem Zimmer.

Mein Vater wollte hinter meiner Mutter her, aber meine Schwester hielt ihn fest, klammerte sich an ihn, kreischte: »Nicht, geh nicht weg! Laß mich nicht allein! Bleib hier! Bleib da, nicht!«

Mit einer Hand hielt sich meine Schwester am Pullover des

Vaters fest, mit der anderen Hand hielt sie sich an ihrem Bett fest. Mein Vater versuchte trotzdem, aus dem Zimmer zu kommen. Er zog meine Schwester samt dem Bett ein Stück hinter sich her. Dann verkeilte sich das Bett zwischen dem breiten Bett und dem Tisch.

»Verflucht, laß doch los!« sagte mein Vater.

Meine Schwester ließ das Bett los und krallte sich mit der zweiten Hand in den Pullover. Ich war erstaunt, wie weit und wie lang ein alter, grüner Pullover werden kann. Ich war auch erstaunt darüber, wie kräftig meine Schwester war. Doch ganz genau konnte ich den Kampf zwischen meinem Vater und der Schwester nicht sehen, denn ich stand im Nebenzimmer bei der Tür zum Treppenhaus, und viel mehr noch als der Kampf meiner Schwester interessierte mich, was meine Mutter tat.

Meine Mutter nämlich dachte gar nicht daran, einsam und heldenhaft dumm zum Lusthaus zu gehen und den Feldwebel zu besiegen und nach Cohn zu schauen. Meine Mutter war ins Parterre hinuntergegangen und weckte nun den Major auf und den Uniformputzer und den Rothaarigen, und an Iwans Tür klopfte sie auch. Und dabei schimpfte sie gewaltig. Sie schimpfte deutsch und dazwischen russisch. Und tschechisch schimpfte sie auch. Das konnte sie von unserer böhmischen Hausmeisterin aus der Geblergasse.

Sie schimpfte – alles deutsch übersetzt und ziemlich gekürzt – ungefähr folgendes: »Na, ihr Helden, ihr herrlichen Sieger, ihr Feiglinge, ihr! Was stellt ihr euch denn schlafend, ihr Arschlöcher! Habt ihr so eine Angst vor einem besoffenen Feldwebel! Schämt euch! Verkriechen sich alle! Verkriechen sich vor einem Idioten, der in der Gegend herumknallt! Und was mit dem armen Koch geschehen ist, ist euch wohl ganz

Wurscht! Feiglinge! Und wenn der Koch verblutet, dann seid ihr schuld, daß ihr es wißt. Laßt ihn ruhig sterben, ihr Arschlöcher!«

Je mehr meine Mutter schimpfte, desto lauter wurde sie. Jetzt brüllte sie schon. Sie brüllte sich heiser. Ihr Gebrüll drang auch bis zu meinem Vater und meiner Schwester. Meine Schwester ließ endlich den Pullover los. Der Pullover schlug Wellen. Hinten, dort wo meine Schwester gezerrt und gezogen hatte, reichte er meinem Vater fast bis zu den Kniekehlen, und zwei große Löcher hatte der Pullover bekommen.

Ich lief die Treppe hinunter. Ich stellte mich in den Winkel bei der Kellerstiege.

Meine Mutter brüllte noch immer. Sie war schon ganz heiser. Schön langsam kamen sie aus den Zimmern heraus. Zuerst der Uniformputzer. Er lächelte schief. Meine Mutter schaute ihn wild an. Dann kamen Iwan und Ludmilla, dann die anderen. Der Major kam zum Schluß.

Sie waren alle nicht böse auf meine Mutter. Trotz der vielen Flüche und Schimpfwörter, die meine Mutter gebrüllt hatte. Ich glaube, sie schämten sich vor meiner Mutter. Ich merkte, sie waren nur bereit, zum Lusthaus zu gehen, weil sie sich vor meiner Mutter schämten. Vielleicht schämten sie sich auch voreinander. Für Cohn jedenfalls hätten sie keinen Finger gerührt.

Der Major sprach mit den anderen, erklärte ihnen etwas, fuchtelte mit den Armen in der Luft, gab Anweisungen, tat, als müßte er eine riesige Schlacht vorbereiten. Dann nahm jeder seine Pistole in die Hand (Iwan mußte die seine erst holen). Der Major voran, dahinter, dicht aneinandergedrängt, die anderen, verließen sie das Haus.

Ich lief in den Salon zum mittleren Fenster. Von dort aus war der Garten mit der Lusthausküche gut zu überblicken.

Nun bogen sie ums Hauseck. Der Major winkte den anderen. Er ging langsam den Kiesweg entlang, bis dorthin, wo die Fliederbüsche aufhörten. Dort stellte er sich hinter den Birnbaum, an den sich vor kurzer Zeit der Feldwebel geklammert hatte. Die anderen blieben bei der Hausecke stehen.

Der Major schrie zur Lusthausküche hinüber. Er schrie so etwas Ähnliches wie: «Komm heraus, komm sofort heraus, du Hund! Und laß die Pistole fallen!« In der Lusthausküche rührte sich nichts.

Der Major duckte sich, sprang geduckt vom Birnbaum hinter die japanische Tanne und brüllte wieder. Er war jetzt dem Lusthaus um einen Meter näher, aber noch immer zehn Meter davon entfernt.

Die anderen schlichen von der Hausecke zu den Fliederbüschen, lauerten dort mit gezogenen Pistolen.

In der Lusthausküche rührte sich nichts.

Das konnte noch ewig dauern, bis der Major so von Baum zu Baum gesprungen war. Und was würde er die letzten vier Meter machen? Da war nämlich kein Baum mehr, nur ein Märzenbecherbeet.

Sie ließen sich Zeit. Sie ließen sich viel zu lange Zeit. Sie konnten sich ja auch Zeit lassen. Sie hatten viel Zeit, den Feldwebel zu fangen. Was mit Cohn war, war ihnen ja gleichgültig. Sie mochten Cohn nicht. Sie liebten ihn nicht. Ich liebte Cohn!

Ich ging vom Fenster weg, ging durch den Salon, durch das Vorhaus zum Haus hinaus. Niemand sah mich. Niemand scherte sich um mich. Die einen starrten auf die Lusthausküche, die anderen im Haus starrten auf die, die auf die Lusthausküche starrten.

Ich lief über die Wiese zum Alsbachbett, lief im Alsbach mitten im Wasser, das war mir jetzt ganz gleich, bis in den Erzengel-Garten. Ich kroch durch die Ribiselstauden, über den niedergetretenen Zaun, dort, wo früher der Engel immer mit dem Puppenwagen spazierengegangen war, kroch auf allen vieren weiter bis hinter Cohns Panjewagen und unter dem Panjewagen durch zur hinteren Wand der Lusthausküche. Dort war nämlich ein kleines Fenster. Ich wollte mich vorsichtig aufrichten und zum kleinen Fenster hineinschauen. Ich wollte aber doch wieder nicht. Ich hatte Angst, drinnen einen toten Cohn liegen zu sehen.

Ich richtete mich auf – und erschrak.

Nicht vom Lusthausfenster her, nein, hinter mir, knapp hinter mir sagte Cohn: »Frau, Frau, pscht, Frau, komm! Bist du es, Frau?«

Cohn hockte auf seinem Panjewagen. Er hockte dort in der grauen Unterhose, eine Gänsehaut zwischen den Seidenhaaren auf der Brust. Er flüsterte: »Bin raus bei Fenster, wie Idiot hat kaputtgemacht Tür!«

Ich kletterte zu Cohn auf den Wagen. »Ist dir kalt?« fragte ich.

»Macht nix, macht nix, Frau.« Cohn lächelte. »Kann dich nix sehen«, sagte er, »nur helles Flecken!«

Cohn hatte keine Brille auf.

»Augenglas drin auf Bett«, erklärte er mir.

Von drüben, über den niedergetretenen Zaun, über die Ribiselstauden, über die Lusthausküche kam die Stimme vom Major. Er versuchte, den Feldwebel aus der Lusthausküche zu locken. Der Major war jetzt sicher schon drei Meter näher an der Lusthausküche.

»Wird der Feldwebel schießen?« fragte ich Cohn.

Cohn wiegte bedächtig den Kopf hin und her. »Kann man nix sagen, weiß man nix!«

25.
Eintopf überall • Der Abtransport
Die Brille • Die bösen Wörter
Der Einfall • Die Halsweh-Bauchweh-Lügen
Die unbekannten Schutthaufen

Der Feldwebel schoß nicht. Iwan gab das Entwarnungssignal. Iwan hatte die Majors-Methode zu lange gedauert, er war mit entsicherter Pistole quer durch das Märzenbecherbeet galoppiert. Als er die Lusthaustür erreicht hatte und durch die zerbrochene Tür schaute, begann er zu lachen. Er winkte den anderen und konnte sich gar nicht beruhigen.

Ich kletterte vom Panjewagen und zog mich am hinteren Fenster der Lusthausküche hoch. Es war wirklich zum Lachen! Der Feldwebel lag auf dem steinernen, rot-weiß karierten Fußboden. Er schlief und war über und über voll Nudeln und Karottenscheiben und Kohlblättern und Bohnen. Seine Uniform war naß-fett-dunkel. Neben dem schlafenden Feldwebel lag Cohns umgestürzter Suppeneintopf-Kessel, und auf dem Feldwebelbauch lag Cohns großer Holzlöffel.

Iwan tappte vorsichtig durch die fette, glitzernde Eintopfpfütze. Er bückte sich und holte den Feldwebelrevolver aus der Suppensoße, schüttelte die Nudeln und Bohnen vom Revolver und steckte ihn in die Tasche. Dann hob er einen Fuß, holte aus, holte weit aus und gab dem Feldwebel einen Tritt. Iwans Stiefel traf den Feldwebel in die Rippen. Der Feldwebel stöhnte, machte die Augen auf, schaute, sah nichts, begriff nichts, wischte mit einer Hand Fettsuppe und Bohnen aus den Augen, von den Wangen, begriff noch immer nichts, fluchte, stand auf, rutschte aus, fiel hin, versuchte wieder einzuschlafen.

Nun kam der Uniformputzer in die Küche. Er packte den Feldwebel an einem Arm. Iwan packte den Feldwebel an einem Bein. Sie schleppten ihn aus der Küche. Ich sah, wie der Kopf vom Feldwebel über den Steinboden schleifte, die Nase durch den Eintopf fuhr, die Stirn gegen die Türstufe schlug.

Iwan lachte. Der Uniformputzer lachte auch. Sie schleppten den Feldwebel weiter. Der Feldwebelkopf hing nach unten in den Kies. Sand und Staub und kleine Steine blieben am fettnassen Gesicht kleben. Dazwischen war Blut. Sie schleppten den Feldwebel zur Kommandantur in den Arrest.

»Schade«, sagte ich nachher zu Cohn, »schade, daß du das nicht gesehen hast.«

»Nix is schad, was ich nix hab gesehn!« antwortete Cohn.

Ich versuchte, Cohn den Suppenfeldwebel zu schildern.

Cohn schüttelte den Kopf. »War nix soviel Gemüse in Suppen, wie du sagen, das war auf Serge.«

Serge, so hieß der Feldwebel.

»Tut er dir vielleicht auch noch leid?« fragte ich.

Cohn wußte nicht, ob ihm der Feldwebel leid tat. Cohn bat mich, seine Brille zu holen.

Ich suchte die Brille. Sie war nicht im Bett. Sie war unter dem Tisch. Ein Brillenbügel war verbogen. Ein Glas war zersprungen. Es hatte drei Sprünge, und dort, wo sich die drei Sprünge trafen, war ein kleines Loch im Glas. Der Feldwebel oder Iwan mußte auf die Brille getreten sein.

Diesmal sagte Cohn nicht »macht nix, macht nix, Frau«. Er versuchte, den Bügel geradezubiegen. Dabei brach der Bügel in der Mitte durch. Anklagend, fast weinend, hielt mir Cohn die Brille hin.

»Macht nix, macht nix«, sagte ich.

»Macht schon was, sehr was!« erregte sich Cohn. »Glas hin, Stangl hin, geht nix zum Sehen!«

Es ging dann doch. Cohn klebte sich mit einem Stück Leukoplast den abgebrochenen Brillenbügel auf die Wange. So hielt die Brille. Den Vormittag über lief Cohn jammernd und fluchend mit einer Hand vor dem zerbrochenen Brillenglas herum.

»Tu die Hand weg«, sagte ich, »das Auge tut dir doch nicht weh!«

»Was sagen, nix weh! Freilich nix weh! Aber mit offenes Aug ich nix seh! Auch nix auf anderes Hälften nix seh!«

Der Uniformputzer versuchte Cohn beizubringen, wie man ein Auge offenhält und das andere zukneift.

Cohn übte es eine Stunde, aber er schaffte es nicht. Dann wurde es ihm zu blöde.

Er holte sich noch ein Stück Leukoplast von Ludmilla und klebte sich damit das Auge hinter dem zerbrochenen Glas zu. Ich fand ihn herrlich so. Der Engel allerdings bekam einen Schreikrampf, als der zugeklebte Cohn plötzlich hinter einer Ribiselstaude auftauchte.

Am Nachmittag wollte ich mich mit Cohn unterhalten. Es gelang mir nicht. Cohn ging mir aus dem Weg. Mindestens zehnmal fragte ich ihn: »Du, Cohn, du brauchst doch jetzt eine neue Brille, oder?« Cohn grunzte nur und gab keine Antwort.

Am Nachmittag wusch Cohn seine Socken und sein Hemd. Ich war verstört. Socken und Hemd hatte Cohn noch nie gewaschen. Ich zeigte allen die nassen Wäschestücke auf der Leine im Lusthausküchenfenster, doch niemand interessierte sich dafür. Sie begriffen nicht, daß Cohn etwas ganz Besonderes vorhaben mußte, wenn er Socken wusch. Und falls sie es doch begriffen, war es ihnen gleichgültig.

Am Abend entdeckte ich, daß Cohn in der Lusthausküche hockte und mit stinkendem Salmiakwasser und einer Bürste an seiner Uniformjacke herumfummelte.

Ich setzte mich zu ihm.

»Wie geht's, Frau, geht's?« fragte er. Aber warum er seine Socken gewaschen hatte und gerade seine Jacke bürstete, sagte er nicht. Wütend ging ich ins Bett. Ich schimpfte vor mich hin und murmelte: »Ich scheiß auf einen Freund, der mit mir bös ist, nur weil seine Augengläser hin sind!«

Mein Vater behauptete, daß Cohn gar nicht böse auf mich sei.

»Aber er sagt mir doch verdammt nicht, warum er Socken wäscht!«

»Na und«, erklärte meine Mutter, »was geht es denn dich an, warum er Socken wäscht?«

»Mich geht aber verdammt alles was an!«

»Na klar, na klar«, höhnte meine Schwester, »sie geht alles was an, natürlich!«

Ich warf ihr die »Osterhasenschule« an den Kopf. Sie brüllte, ihr Nasenbein sei gebrochen.

»Einen Arsch ist dein Nasenbein gebrochen!«

Meine Mutter begann zu schreien, daß ich mir sofort, aber sofort! diese ordinären Ausdrücke abgewöhnen müsse, weil ich sonst nicht besser sei als ein ganz, ganz ordinärer Bierkutscher.

»Alle sagen Arsch und Scheiße«, rief ich.

»Ich nicht«, sagte meine Schwester.

»Nein, du nicht, du Arsch«, schrie ich.

Und dann schrie ich weiter »Arsch, Arsch, Arsch«, so lange, bis mir meine Mutter eine Ohrfeige gab. Dann schüttelte ich mein Kissen zurecht, schluchzte ein bißchen, obwohl die Ohrfeige nicht weh getan und nur ein Haarbüschel gestreift hatte, wickelte mir die Decke um den Bauch und schloß die Augen.

Mit Genugtuung hörte ich, daß mein Vater mich verteidigte und meiner Mutter erklärte, daß wirklich alle im Haus »Scheiße« sagten, sogar sie selbst, wenn der Ofen qualmte oder der Feldwebel zu laut brüllte. Dann hörte ich noch, wie meine Mutter erklärte: »Egal! Sie muß sich das abgewöhnen. Die Zeiten, die werden langsam wieder normal werden, und wenn dann die Schule anfängt, kann sie doch nicht so reden!«

»Dann wird sie schon aufhören damit!« murmelte mein Vater. Ich schwor mir, nie damit aufzuhören und nie mehr in die Schule zu gehen und alles dazu zu tun, daß die Zeiten nicht mehr normal würden.

Ich beschloß, nie mehr normale Zeiten zu wollen.

Als ich munter wurde und mit geschlossenen Augen die morgendlichen Geräusche sortierte, waren da etliche unbekannte, ungewohnte dabei. Zwischen dem Amselgezwitscher und Ludmillas Gekeife und Geralds Pfeifversuchen schnaubte etwas und trampelte. Ich lief zum Fenster – und wußte, warum Cohn Socken gewaschen und seine Jacke gebürstet hatte.

Cohn kam über den Kiesweg: rasiert, gewaschen, gekämmt und frisch verklebt. Und hinter ihm kam sein Pferd. Cohn führte es an der Lusthausküche vorbei zum Panjewagen.

Cohn wollte wegfahren!

Ich schlüpfte in das Steppdeckenkleid, zog in der Eile die Unterhose meiner Schwester an. Die Unterhose baumelte, weil sie zu groß war, ekelhaft zwischen den Beinen.

Cohn spannte das Pferd vor den Wagen, als ich bei ihm ankam. »Cohn, wo fährst du hin?« fragte ich.

»Fahr ich in Stadt hinein«, seufzte Cohn. Er holte aus der Uniformtasche einen Zettel. Darauf war etwas in fremden Buchstaben geschrieben.

»Muß ich in Lazarett«, sagte er und klopfte auf den Zettel. »Krieg ich gemacht in Lazarett neues Augenglas für wieder schauen können!«

Der Schuft! Nun war mir klar, warum er gestern nicht mit mir reden wollte. Weil er gestern schon ganz genau gewußt hatte, daß er heute in die Stadt fahren würde, und weil er ebenso genau gewußt hatte, daß ich da unbedingt mitfahren wollte. Und darum schüttelte er auch jetzt schon den Kopf, obwohl ich noch gar nichts gesagt hatte, und jammerte: »Frau, Frau, geht nix, nix zu machen, will nix, darf nix, is nix gut!«

»Aber meine Großmutter?« rief ich. »Cohn, meine Großmutter! Du magst meine Großmutter doch auch so gern. Ich muß doch zur Großmutter!«

Cohn flüsterte: »Werden schon schaun auf Großmutter. Dein Papa haben geschrieben Weg für mich!«

Cohn holte einen Zettel aus der Hosentasche. Darauf war eine Skizze von Hernals: die Hernalser Hauptstraße und die Kalvarienberggasse und ein roter Punkt, dort, wo unser altes Haus war.

Cohn zeigte auf den Panjewagen. Hinten auf dem Wagen lagen ein paar alte Decken. »Drunter is Sack für Großmutter. Hat dein Mama vollgepackt, mit Essensachen für Großmutter, wenn Großmutter noch da sind, was aber sicher sind, daß noch da sind!«

Cohn fütterte das Pferd mit einer Karotte.

»Ich will mitfahren!« erklärte ich.

Cohn schüttelte stur den Kopf. »Niemand mitfahren, niemand mitnehmen dürfen!« Und dann tröstend: »Abend ich wiederkommen, bring Grüß von das Großmutter und das Großvater und bring neues Augenglas!«

Die Karotte war verfüttert. Cohn lief zum Haus. Er brauchte von Iwan noch einen Stempel auf das Papier mit den fremden Buchstaben.

Als Cohn um die Ecke verschwunden war, kletterte ich hinten auf den Wagen. Ich hob die Decken vom Essenssack, schaute in den Sack. Nudelpakete waren drin und eine Flasche Öl und Bohnen, und zwei Leberwurstgläser sah ich auch. Ich legte mich neben den Sack und zog die Decken über mich. Ich wartete. Die Decken waren kratzig und staubig. Sie rochen nach Hund und kitzelten in der Nase.

Ich hörte den Kies auf dem Weg knirschen, dachte, Cohn käme, und hielt die Luft an, aber es war Gerald. Er kam zum Wagen, rief dabei in den Engel-Garten: »Engel, Bengel, blöder Tulpenstengel, bäh!« Dann hob er die Decke und fragte: »Was tust du denn da?«

Ich hatte bis jetzt nicht recht gewußt, was ich da tat. Eigentlich hatte ich nur darauf gewartet, daß Cohn kam, mich entdeckte und vom Wagen jagte. Doch nun sagte ich: »Verschwind, deck mich zu, Cohn darf mich nicht bemerken!«

Gerald kletterte auf den Wagen und stopfte die Decken um mich herum. »Cohn kommt«, flüsterte er plötzlich, und ich hörte ihn auf die Erde springen.

Cohn kam näher. Der Wagen machte einen Ruck, fuhr nach hinten, Cohn rief: »Hoijoooo« und: »Brrrr«, der Wagen rumpelte, wackelte, etwas Hartes aus dem Sack plumpste mir gegen den Kopf. Anscheinend fuhr Cohn mit zwei Rädern im weichen Tulpenbeet und mit zwei Rädern auf dem Kiesweg. Dann war er ganz auf dem Kiesweg. Der Wagen hielt, nachdem Cohn wieder »brrr« gerufen hatte. »Ich mach Ihnen das große Tor auf«, hörte ich Gerald rufen. Das große Tor quietschte. Ich stupste die Decken von meiner Nase, damit ich besser atmen konnte.

Cohn bog in die Straße ein. Jetzt rumpelte nichts mehr. Ich merkte, daß wir bei der Kommandantur waren, denn der Soldat von der Straßensperre rief Cohn etwas zu und lachte, und Cohn lachte auch und rief etwas zurück.

Lange wollte ich nicht mehr unter dem stickigen Zeug bleiben. Ich vergrößerte mein Atemloch zu einem Guckloch. Wir waren schon bei der Endstation der Straßenbahn. Ich beschloß, bis zur Hernalser Hauptstraße unter der Decke zu bleiben. Dann würde Cohn sicher nicht mehr umkehren und mich zurückbringen.

Es dauerte verflucht lange. In meiner Erinnerung war der Weg viel kürzer. Endlich sah ich über mir grüne Zweige. Das waren die Alleebäume auf der Hernalser Hauptstraße. Ich steckte den Kopf aus dem Deckenberg. Sagte zögernd: »Cohn« und noch einmal: »Cohn!« Cohn hörte mich nicht. Er saß vorn und sang leise. Ich kroch aus den Decken. Cohn drehte sich um. Er starrte mich an.

Ich versuchte, unschuldig zu lächeln. »Cohn, ich bin hinten auf dem Wagen eingeschlafen, und als ich wieder aufgewacht bin, bist du schon gefahren.« Ich kroch nach vorn, setzte mich auf den Kutschbock neben Cohn. »Laß mich einmal!« Ich wollte nach den Zügeln greifen.

»Nix, Frau, nix«, schimpfte Cohn. »Du mir machst Ärger, viel, viel Ärger! Was soll ich machen mit dich? Sag?«

»Du bringst mich zum Großvater und zur Großmutter. Und am Abend holst du mich, mit den neuen Augengläsern.«

»Und wenn Großmutter nix dasein?«

»Ach, die ist sicher da.« Ich schaute auf die zerschossenen Häuser neben der Straße. »Einkaufen kann sie ja nicht gehen, und arbeiten kann der Großvater auch nicht gehen.«

»Wenn aber gar nix mehr dasein?«

»Cohn«, sagte ich und packte ihn am Ärmel, ganz fest am Ärmel, »Cohn, du hast doch immer gesagt, daß sie sicher nicht tot sind, du hast es mir versprochen!«

Cohn machte eine Kummerfaltenstirn und zuckte mit den Schultern. »Versprochen ich hab? Hab ich doch nix versprochen!«

Und dann: »Kann doch nix versprechen, daß Leuten leben. Hab gewunschen, verstehst du, gewunschen!« Und nach einer Weile: »Na, Frau, werden ja bald sehen können!« Mehr sagte

Cohn nicht, und ich hatte auch keine Lust, noch etwas zu sagen.

Zweimal wurde Cohn von einer Feldpolizeistreife angehalten und mußte sein Papier mit Iwans Stempel herzeigen. Und jedesmal zeigte er auf sein kaputtes Brillenglas, und dann zeigte er auf mich und erklärte den Soldaten etwas, und dann lachten die Soldaten zuerst über das kaputte Brillenglas, und dann streichelten sie mir über den Kopf. »Was redet ihr denn über mich?« fragte ich.

Cohn schaute mich grantig an. »Frau, muß ich Lügen machen über dich! Muß ich sagen, du bist ganz sehr krankes Kind mit viel Halsweh und Bauchweh und mußt auch ins Lazarett.«

»Aha«, grinste ich.

»Nix aha, Frau! Brauchst nix lachen, is gar nix lustig. Papa und Mama zu Hause haben Angst, viel Angst um Frau und suchen dummes Frau überall!«

Cohn holte die Zeichnung von meinem Vater aus der Hosentasche. Er zeigte auf die Linie, neben der »Kalvarienberggasse« stand. »Frau, wo sein das? Du mir zeigen, wo ich müssen wegfahren von großer Straßen?«

Ja, wo war das? Das sah alles sehr viel anders aus als früher. An Bombenlöcher zwischen den Häusern war ich gewöhnt, doch jetzt gab es mehr Löcher als Häuser. Ich kannte mich nicht recht aus. Unter dem Viadukt der Vorortbahn waren wir schon durch. Vielleicht waren wir bei der Wattgasse? An der Ecke Hauptstraße – Wattgasse war immer ein Möbelgeschäft gewesen, mit roten Schildern über den Auslagen und gelben Buchstaben auf den roten Schildern. Und daneben war ein Geschäft gewesen mit einem blauen Rollbalken und einem weißen Schwan darauf. Hier aber sah ich weder ein rotes Schild noch einen weißen Schwan. Hier war nur ein riesiger Schutthaufen.

26.
Der heile Bürgermeister
Das Badewannenloch
Das Schwere auf den Füßen • Das Klavier
Das Puppenhaus

»Na, Frau, wo is?«

Überall, so weit ich schauen konnte, waren riesige Schutthaufen, dazwischen Ruinen und hin und wieder ein Haus, das ganz geblieben war. Dann sah ich die Kirche. Wir waren schon richtig. »Fahr nur weiter, fahr nur weiter«, sagte ich.

Früher hatte man von hier aus nur die oberste Spitze des Kirchturms gesehen, grau und winzig klein und mit einem goldenen Kreuz, das manchmal in der Sonne glitzerte. Jetzt sah man den ganzen Kirchturm und sogar ein Stück vom Dach der Kirche. Und daß das Dach ein riesiges Loch hatte, das sah man auch.

Cohn fuhr weiter. Manchmal wurde das Weiterfahren schwierig; denn auch in der Straße waren Bombenlöcher, und Cohns Pferd mochte keine Bombenlöcher. Es wollte an den Bombenlöchern nicht vorbei. Cohn mußte jedesmal absteigen, das Pferd streicheln und am Bombenloch vorbeiführen.

Wir kamen zum Elterleinplatz. Ich erkannte ihn genau, weil

die Rettungsinsel mit den drei Fliederbüschen und dem gipsernen Bürgermeister heil geblieben war. Sonst war nichts heil geblieben. Gar nichts.

»Jetzt mußt du irgendwo links abbiegen«, erklärte ich.

Cohn nickte, aber links abbiegen ging nicht. Links war nur ein riesiger gelbbrauner Schutthaufen und viel Staub, der in der Sonne glitzerte und bis zu uns her in der Nase kitzelte, in den Augen brannte und am Gaumen klebte.

Ein Mann kroch in dem Schutthaufen herum. Er suchte nach guten Ziegelsteinen und schichtete sie auf einen Haufen. Als er uns sah, lief er davon, lief so schnell davon, daß er einen guten Ziegelstein, den er gerade blank geputzt hatte, wegwarf.

»Mann, Mann«, rief Cohn, »nix rennen, bleiben, sagen!«

Der Mann scherte sich nicht um uns. Er stolperte über Schutt und Balken, wirbelte bei jedem Schritt Staub hoch.

»Mann, Mann!« Cohn winkte mit dem Zettel, sprang vom Wagen.

»Laß den Trottel«, sagte ich, »ich kenn mich schon aus!«

Cohn hörte nicht auf mich. Er kletterte auf den Schutthaufen und lief hinter dem Mann her, versank knietief im Schutt. Fetter, gelber Staub wirbelte hoch.

»Cohn, komm zurück!«

Ich wollte Cohn zurückholen und sprang vom Wagen, kletterte auf den Schuttberg. Es ging ungefähr fünf Meter steil bergauf. Man mußte vorsichtig gehen. Einmal war etwas Festes, Hartes unter den Füßen, dann wieder etwas Weiches, das nachgab, einsank, rutschte.

Ich stand auf einer Küchenkredenz, einer weißgestrichenen Küchenkredenz. Mit einem Fuß auf der Eßzeuglade, mit einem Fuß auf der Brotlade. Und unter der Küchenkredenz krachte es. Plötzlich war vor mir, vor der Küchenkredenz, ein Loch, ein Loch, so lang und so breit wie eine Badewanne, nur viel, viel tiefer. Und in das Loch rutschten, polterten, fielen von allen Seiten Ziegelbrocken, Holzstücke, Mörtel und Steine. Ich stand, starrte in das Loch, sah, wie es sich langsam füllte, spürte, wie es unter meinen Füßen, unter der Küchenkredenz auch zu rutschen begann, sprang zurück und sprang auf das eine Ende eines dicken Holzbalkens. Das andere Ende des dicken Holzbalkens, das unter dem Schutt begraben lag, kam krachend aus dem Dreck heraus. Mein Ende sank tief, immer tiefer in den Schutt hinein.

»Cohn!« brüllte ich.

Ich saß auf dem Balken und steckte bis zur Brust im Schutt. Die Arme hatte ich frei. Mit den Händen versuchte ich, den Schutt wegzuschaufeln. Ich schaufelte wie verrückt, aber kaum hatte ich ein Stück von mir ausgegraben, rutschte eine neue Portion Dreck nach. Ich wurde müde. Ich hörte auf, nach Cohn zu brüllen. Plötzlich kam eine Riesenportion Schutt: Ziegelbrocken, Glasscherben, Holzstücke, Steine, Schilfrohr und ein handtellergroßes Stück Verputz – hellblau mit einer rosa Rose darauf – und eine grüne Kachel und eine Ofentür. Das Zeug rutschte auf mich zu, rutschte immer schneller, rutschte über mich, schmeckte entsetzlich nach Keller und Bomben und Krieg. Aber der Krieg war doch aus! Am blauen Himmel über mir war kein einziges Flugzeug zu sehen, kein einziges Flugzeug zu hören.

Die rosa Rose auf hellblauem Grund schlug mir gegen den Kopf. Schilfrohrfetzen kratzten über das Gesicht. Der Himmel war noch immer blau.

»Frau, Frau, wo bist du?« Cohns Stimme klang heiser, verzweifelt und sehr weit weg. Cohns Stimme ging mich nichts mehr an. Es lohnte nicht zu antworten. Das Zeug über mir tat nicht mehr weh. Harte Brocken fielen auf mich und fühlten sich watteweich an. Es war schon alles in Ordnung. Nur, daß kein Flugzeug da war, dem eine silberne Perlenkette aus dem Bauch hing, das war doch sehr sonderbar. Ich schloß die Augen.

Cohn zog mich aus dem Schutthaufen heraus, und ich schrie laut, denn irgend etwas lag quer über meinen Beinen, etwas Schweres, Stechendes. Cohn sollte mich liegenlassen, dann tat das Schwere, Stechende nicht weh! Cohn ließ mich nicht liegen.

Ich dachte: Er reißt mir die Beine ab. Die Beine werden im Schutt bleiben! Sie blieben nicht im Schutt. Cohn schleppte mich über den Schutthaufen, jammerte, schimpfte. Ich hing über Cohns Schulter. Manchmal baumelten meine Füße in der Luft, manchmal schlugen sie gegen Balken und Mauer. Die zerbrochene Brille hing schief von Cohns Wange. Seine salmiakwassergeputzte Uniform war voll Staub.

Cohn legte mich auf den Wagen. Ich lag auf dem Rücken, schaute in den Himmel. Die Bombenruinen zwischen den Schutthaufen liefen im Kreis rund um mich herum, liefen immer schneller, sausten vorbei, fielen auf mich.

»Frau, wo tut's weh?«

Es tat nirgends weh.

Cohn glaubte es nicht. Er bewegte jedes Gelenk an meinem Körper. »Tut's weh?« fragte er und bog meine Beine in den Knien ab, klopfte auf meinen Rippen herum, zupfte an meinen Fingern. »Tut's weh?« fragte er und tupfte an meinen Hals.

»Es kitzelt«, sagte ich.

Cohn seufzte, wischte sich Dreck von der Stirn, murmelte: »Frau, Frau, viel Glick, sehr viel Glick haben!«

Ich setzte mich auf. Mein Kopf tat weh. Aber die Bombenruinen standen still. »Jetzt bist du wieder ganz dreckig«, sagte ich.

»Macht nix, macht nix, Frau«, sagte Cohn und beklopfte seine Hosenbeine. Staub wirbelte hoch.

Dann putzten wir gemeinsam die halbe Brille. Wir spuckten darauf. Wir rieben, bis das Glas blank war. Doch das Leukoplast hielt nicht mehr. Es war voll Staub und Dreck. Cohn war ratlos.

Meine Zöpfe waren mit braunen Schuhbändern zugebunden. Ich zog die Schuhbänder von den Zöpfen und knotete sie zusammen. Ich knüpfte das eine Ende an die Brille und wikkelte das Band um Cohns Kopf, verknüpfte es. »Siehst was?« fragte ich.

»Seh nix!« sagte Cohn.

»Wirklich nicht?«

»Na ja«, murmelte Cohn, »geht schon, geht schon!«

Wir fuhren die Straße weiter. Wir bogen nach links ein. »Is hier?« fragte Cohn. Nein, hier war es nicht.

»Frau, Frau«, rief Cohn, »schau da! Wie sagt man?«

»Klavier!« sagte ich.

Da war eine Bombenruine, und oben, irgendwo oben, hing zwischen Balken und Dachteilen und Fensterstöcken ein schwarzes Piano. Verkehrt herum, mit den Tasten nach unten, den Pedalen nach oben. »Klavier«, wiederholte Cohn. »Klavier! Sehr schöne Klavier!«

Ich war beruhigt. Cohn sah also doch etwas. Wir bogen

wieder um eine Straßenecke. Und da stand die Puppenhausruine, unser altes Haus.

»Wir sind da«, sagte ich. Cohn nickte. Das Pferd blieb stehen. Cohn kletterte vom Wagen, holte den Sack mit den Lebensmitteln herunter. »Na, komm, Frau!« sagte er. »Komm schon!«

27.
Die vernagelte Tür
Die falsche Großmutter
Die grauen Socken • Das Zeug
Die anderen

Wir gingen zur Puppenhausruine. Die Zimmerfenster der Großmutter waren mit Holzbrettern vernagelt. Das war ein gutes Zeichen.

Tote Leute nageln nicht.

Die Zimmertür der Großmutter war auch vernagelt, und zur Zimmertür hin führte so etwas Ähnliches wie ein Weg, ein schmaler, festgetretener Streifen Erde.

Cohn grinste zufrieden.

Ich lief den Weg entlang. Das letzte Stück vom Weg ging durch Großmutters Küche. Eine Küchenwand stand noch, mit dem Gasherd und den hellblauen Kacheln dahinter. Und an den hellblauen Kacheln hingen der gestreifte Topflappen und der Gasanzünder. Die vernagelte Tür war versperrt.

»Sie ist doch nicht zu Hause«, sagte ich verzagt. Früher

nämlich war die Wohnungstür der Großeltern nie versperrt gewesen.

Cohn klopfte gegen die vernagelte Tür. Hinter der Tür raschelte es. Cohn klopfte weiter, und ich klopfte mit.

»Wer ist denn da?« Das war die Stimme vom Großvater.

»Ich!« schrie ich und rüttelte an der Türklinke.

»Die Juli hat gesagt, daß da ein russischer Soldat kommt«, sagte der Großvater, während er von innen die Tür aufsperrte.

»Das ist der Cohn«, erklärte ich zum Schlüsselloch hinein, »der hat mich hergebracht!«

Endlich hatte der Großvater die Tür offen. Es dauerte so lange, weil die Tür klemmte. Und die Tür klemmte, weil sich die Hausmauern gesenkt hatten.

Ich fiel dem Großvater um den Hals, und der Großvater fragte mich unheimlich viel auf einmal. Wo die anderen seien, und wie es ihnen ginge, und wieso ich allein da sei und noch eine Menge mehr.

Ich sagte, daß es allen sehr gutginge, und drückte mich eng an den Großvater und spürte, wie mich seine Ohr-Haarbüschel an den Wangen kitzelten.

Cohn stand bei der Zimmertür und grinste und wackelte mit dem Kopf und starrte in das finstere Zimmer.

Ich ließ den Großvater los. »Wo ist denn die Großmutter?« fragte ich.

Der Großvater deutete ins Zimmer hinein. »Dahinten wo hockt sie! Sie fürchtet sich vor dem Soldaten da!« Der Großvater zeigte auf Cohn.

Die Großmutter fürchtete sich! Das war neu! Die Großmutter hatte sich doch nie gefürchtet. Ich ging in das Zimmer hinein. Die Großmutter kam auf mich zu. Sie sah ganz anders aus, als ich sie in Erinnerung hatte. Sie war viel kleiner und viel dünner, und ihre Hände zitterten. Sie streichelte mit ihren zittrigen Händen über mein Gesicht. Sie drückte mich an ihren Busen und schluchzte, schluchzte stoßweise und murmelte dabei: »Daß du mir wieder da bist, daß du mir wieder da bist!«

Mir war das unangenehm. Vor allem wegen Cohn. Ich hatte ihm doch von einer ganz anderen Großmutter erzählt. Von einer großen, wilden, dicken Großmutter. Die Großmutter da aber, die war klein und ziemlich mager und gar nicht wild.

»Warum heulst du denn?« fragte ich.

»Daß ich das noch erlebt hab, daß ich das noch erlebt hab«, schluchzte die Großmutter und tastete wieder zitternd nach mir.

»Sie hat die Nerven verloren«, sagte der Großvater.

»Ich müssen weiterfahren«, erklärte Cohn, »schauen um Augengläser.« Er verbeugte sich vor dem Großvater. »Kommen wieder mit Augengläser und holen Frau!«

Der Großvater verbeugte sich vor Cohn.

Die Großmutter stand daneben und zitterte und verstand überhaupt nichts. Sie war noch schwerhöriger geworden. »Was will er denn? Was will er denn bei uns? Wir haben ja selber nichts, gar nichts!« sagte sie zum Großvater, wiederholte immer wieder: »Was will er denn? Wir haben ja selber nichts, gar nichts!«

Cohn versicherte: »Ich nix wollen. Nur bringen und holen Frau!«

»Nichts will er«, brüllte der Großvater der Großmutter ins Ohr. Die Großmutter verstand wieder nicht.

Cohn drehte sich um, ging durch die halbe Küche, ging den zwei Fuß breiten Weg entlang.

»Er geht fort«, sagte die Großmutter. Sie war erleichtert und zitterte weniger. Dann sagte sie: »Russen-Sau!«

Ich lief Cohn nach, erreichte ihn dort, wo früher einmal die Haustür gewesen war. »Cohn, bitte, beeil dich, hol mich bald!«

»Frau, Frau«, murmelte Cohn, »beeil mich ja schon.«

Er blieb stehen und schaute mich durch das verschmierte, an den Kopf gebundene Brillenglas an. »War das Großmutter?«

Ich schaute auf den Schutthaufen. Am liebsten hätte ich gesagt: Die Großmutter ist tot. Die Großmutter liegt unter dem Schutt.

Und so sehr gelogen wäre das gar nicht gewesen. Meine Großmutter gab es wirklich nicht mehr. Sicher, so wild und so groß und so herrlich, wie ich sie Cohn geschildert hatte, war die Großmutter nie gewesen, aber so klein und so zittrig und so jämmerlich wie die Alte, die da in der Puppenküche stand, war meine Großmutter auch nicht.

»Macht nix, macht nix«, sagte Cohn. »Ich holen Frau schnell, sehr schnell!«

Cohn holte mich nicht schnell.

Ich saß den ganzen Tag im Zimmer der Großmutter. Die Großmutter fragte mich etwas. Ich gab dem Großvater Antwort, und der Großvater brüllte der Großmutter die Antwort ins Ohr, ins linke Ohr, auf dem rechten Ohr war sie völlig taub.

Im Zimmer war es dunkel. Durch die vernagelten Fenster drang nur wenig Licht. Die Großmutter hatte einen Wäschekorb voll Socken. Alle Socken waren dunkelgrau, mit zwei grünen Streifen oben am Rand. Deutsche Armeesocken aus dem Wehrmachtslager am »Gürtel«. Die hatte der Großvater einmal gebracht.

Die Großmutter hockte sich dicht an ein Fenster, dort wo eine Ritze zwischen den Brettern war. Sie schnitt die grünen Ränder von den Socken und versuchte, den Rand neu abzuketteln. Das ging schlecht, weil sie zitterte.

»Warum tut sie das?« fragte ich den Großvater.

»Damit niemand merkt, daß es deutsche Armeesocken sind.«

»Warum soll das niemand merken?«

»Sonst sieht man, daß sie gestohlen sind!«

Gestohlen? Wenn einer Militärsocken aus einem Lager von einem Militär nahm, das es gar nicht mehr gab, dann hatte er gestohlen? »Wem würden denn die Socken jetzt gehören?« fragte ich.

Der Großvater wußte es nicht.

Die Großmutter, mit den Augen dicht an der Fensterritze, jammerte: »Der Lepold, der Lepold! Der Brenner hat Petroleum gebracht, und der Simon Schmalz und die anderen Mehl... Und er bringt Socken, nichts als Socken. Zu nichts ist er gut.«

»Dummes Luder, du«, sagte der Großvater.

»Was?« fragte die Großmutter und hielt ihm das linke Ohr hin.

»Dummes Luder, du«, sagte der Großvater.

»Was sagst du?« fragte die Großmutter.

»Es ist gleich acht Uhr«, brüllte der Großvater ins linke Ohr.

»Ja, ja«, sagte die Großmutter. Sie warf einen Socken in den Wäschekorb und machte Nachtmahl. Sie holte eine alte Konservenbüchse aus dem Schrank und stellte sie auf den Tisch. Die Konservenbüchse war leer. Sie hatte keinen Deckel. Unten am Rand waren drei Löcher, jedes so groß wie ein Markstück. Die Großmutter steckte dünne, kleine Holzspäne in die Markstück-Löcher. Auf die Konservendose stellte sie einen Topf.

Zu mir sagte sie: »Gute Suppe!«

Zum Großvater sagte sie: »Zünd an!«

Der Großvater holte eine Schachtel Streichhölzer aus der Tasche. »Unsere letzten«, erklärte er. Er rieb ein Zündholz an der Reibfläche, schützte die Flamme mit einer Hand, fuhr ins Markstück-Loch. Das Zündholz ging aus. Die Holzspäne brannten nicht.

»Er kann ja alles besser«, keifte die Großmutter, »ich zittere ja zu stark, ich darf ja nicht. Immer er, er kann es ja besser!«

Ich hatte immer eine Schachtel Streichhölzer in der Tasche vom Steppdeckenkleid. Diesmal hatte ich sogar zwei. Ich gab sie dem Großvater.

Der Großvater steckte sie ein.

»Ich will auch eine! Eine gib mir!« rief die Großmutter. »Gib sofort eine her!«

Der Großvater hielt die Streichholzschachteln fest umklammert. Die Großmutter packte meine Hand. »Eine gehört doch mir, sag ihm doch, daß eine mir gehört!«

Ich wußte nicht, was ich tun sollte. Großeltern, die um Zünder streiten, waren mir neu.

Der Großvater warf eine Zündholzschachtel quer über den

Tisch. Die Schachtel flitzte über das Wachsleinentischtuch und fiel zu Boden.

Die Großmutter bückte sich, kroch auf allen vieren der Schachtel nach.

Im Zimmer war es dunkel. Auf dem Fußboden war es noch dunkler.

»Da sind sie!« keuchte die Großmutter. Sie erhob sich vom Fußboden, steckte zitternd die Schachtel ein und sagte voll Triumph: »Die gehören mir allein. Davon bekommst du kein einziges!«

Ich merkte, daß mir die Tränen über die Wangen liefen. Ganz genau wußte ich nicht, warum ich heulte. Ganz genau wußte ich nur, daß ich mir Cohn herbeiwünschte.

Cohn kam nicht.

Der Großvater zündete die Späne hinter den Markstück-Löchern an. Die Großmutter rührte im kleinen Topf. Aus dem Topf stank es. »Warum heizt ihr nicht den großen Ofen ein?« fragte ich.

»Der Kamin ist kaputt, verlegt, verschüttet«, erklärte mir der Großvater.

»Was sagst du?« fragte die Großmutter.

Der Großvater gab ihr keine Antwort.

Das Zeug aus dem kleinen Topf war ungenießbar. Graue Klumpen schwammen da in einer grauen Soße. Aber der Teller, in den mir die Großmutter das Zeug füllte, war der Vergißmeinnicht-Teller, mein Lieblingsteller! Und der Löffel mit dem Holzgriff war auch noch da. Ich steckte den Löffel, den leeren Löffel in den Mund. Er schmeckte wie früher. Er schmeckte nach Eisen, nach Salz. Er schmeckte bitter. Er schmeckte rauh.

»Magst du nicht essen?« fragte der Großvater.

Ich schüttelte den Kopf. Der Großvater zog meinen Teller zu sich herüber.

Die Großmutter starrte ihn giftig an. »Immer er, immer er«, murmelte sie.

Nun war es nicht nur im Zimmer dunkel. Auch draußen war es dunkel. Ich ging mit dem Großvater in die Puppenküche. Wir setzten uns auf den Boden.

»Gibt es noch andere?« fragte ich.

»Die wohnen drüben im Cerny-Haus«, sagte der Großvater.

Im Cerny-Haus hatten früher eine Menge Nazis gewohnt. Die waren geflüchtet. Das Cerny-Haus war heil geblieben. Die Nazi-Wohnungen standen leer.

»Und die Brenner?«

»Die Brenner wohnen auch im Cerny-Haus!«

»Ich hab geglaubt, die bringen sich um, wenn die Russen kommen?«

»Wollten sie ja.«

»Und warum haben sie nicht? Haben sie kein Gift gehabt?«

»Gift haben sie schon gehabt. Zuerst haben sie den Hund umgebracht.«

»Und dann?«

»Und dann haben sie gesehen, wie sich der Hund mit dem Sterben plagt, und da haben sie eine Scheißangst bekommen.«

»Ist er gestorben?«

»Wer?«

»Der Hund.«

»Natürlich ist der Hund gestorben, aber die Brenner, die leben noch!«

Es war stockfinster. Cohn war noch immer nicht da. Von weitem hörte man russische Stimmen. Cohn? – Nein, nicht Cohn. Zwei Stimmen. Sicher jemand von der Militärpolizei.

Die Stimmen kamen näher, gingen am Schutthaufen vorbei. Eine Stimme lachte. Eine Stimme redete.

Der Großvater hielt mir den Mund zu. Warum er das tat, war mir nicht klar.

Die Stimmen wurden leiser. Die Stimmen waren weg. Der Großvater zog die Hand von meinem Mund.

»Die Russen«, sagte ich, »die Russen tun selten etwas Böses.«

Der Großvater nickte.

»Nur gerade soviel wie die anderen auch. Die meisten sind sehr freundlich.«

Der Großvater nickte.

»Ich mag sie. Und den Cohn besonders!«

Der Großvater nickte.

»Und warum sollen sie uns nicht hören?«

»Weil ich Angst habe«, sagte der Großvater.

Angst! Angst! Alle hatten sie Angst!

»Du wirst bei uns schlafen müssen«, sagte der Großvater, »dieser Soldat kommt nicht wieder!«

»Dieser Soldat!« Ich wurde wütend. »Sag nicht so: dieser Soldat! Das ist Cohn. Das ist mein Freund, mein bester.«

»Reg dich nicht auf«, murmelte der Großvater.

Wir schauten ein bißchen in den Himmel. Es war nichts zu sehen. Kein Mond, keine Sterne, keine Wolken.

»Manchmal fliegen Flugzeuge«, sagte der Großvater.

»Bei uns auch«, sagte ich.

»Amerikanische auch«, sagte der Großvater.

»Bei uns nicht«, sagte ich.

»Wie willst du denn das wissen?« fragte der Großvater.

»Ich weiß es«, behauptete ich.

»Vielleicht haben wir Glück«, sagte der Großvater, »und die Russen ziehen ab und die Amerikaner kommen.«

»Ich will keine Amerikaner!«

Der Großvater schwieg.

Ich begriff, daß Cohn heute nicht mehr kommen würde. Es war doch stockfinster. Nirgendwo brannte eine Straßenbeleuchtung. Kein einziges Fenster von den paar Fenstern, die es noch gab, war hell. Cohn konnte den Weg gar nicht finden.

Der Großvater stand auf. Ich auch. Der Großvater zündete ein Streichholz an. Wir tappten durch die Puppenhausküche. Bei der Zimmertür erlosch das Streichholz; der Großvater zündete ein neues an.

Das Zündholz warf einen flackernden Schatten auf das Ehebett. Auf der einen Seite lag die Großmutter. Ihr Mund stand offen. Sie schlief. Sie sah grauslich aus, weil ihr die Zähne fehlten. Sie tat jeden Abend das falsche Gebiß heraus.

»Laß bitte die Zähne im Mund«, sagte ich zum Großvater.

Wir zogen die Schuhe aus. Wir setzten uns auf das Bett. Das Zündholz war ausgegangen.

»Willst du auf ihrer Seite oder auf meiner Seite schlafen?« erkundigte sich der Großvater.

Ich wollte in der Mitte, doch das ging nicht, weil nur zwei Decken da waren. Ich kroch zum Großvater unter die Decke.

Bald schlief auch der Großvater. Es war ganz still. Niemand schnarchte. Niemand schnaufte. Nur manchmal raschelte etwas vor der Zimmertür, oder es knackte in der Decke über uns. Mir fiel der Riß in der Zimmerdecke ein. Was war mit dem Riß? Den ganzen Tag über hatte ich den Riß vergessen. Im Zimmer war es immer so dunkel gewesen, daß ich ihn nicht gesehen hatte.

Vielleicht kam Cohn doch noch. Darum hatte ich das Steppdeckenkleid anbehalten. Ich schlief gern auf dem Bauch. Die Knöpfe vom Steppdeckenkleid drückten mich. Ich drehte mich auf den Rücken. Ich stieß an den Großvater.

»Schlaf doch«, murmelte der Großvater.

Ich schlief.

28.
Die zuckenden Lider
Das sturste Kind
Die Polizeisperre • Der Troß

Als ich munter wurde, war es bereits hell im Zimmer. Die vernagelten Fenster waren offen. Vor einem der offenen Fenster stand mein Vater. Er stand mit dem Rücken zu mir. Das war gut so. Ich schloß die Augen wieder.

»Ich hab ja nicht gewußt, daß ihr nicht wißt, daß sie bei mir ist«, hörte ich den Großvater sagen.

»Hätte dir auch nichts genützt!« sagte mein Vater.

»Ich hätte sie nach Hause gebracht.«

»Du? Durch die Polizeisperre?«

»Ja«, sagte der Großvater. Anscheinend glaubte er es wirklich. Mein Vater kam zum Bett. Ich hörte die Schritte auf dem quietschenden Fußboden. Er tupfte mit einem Finger auf meine Schulter. »Steh auf«, sagte er.

Ich rührte mich nicht.

»Du schläfst nicht mehr«, sagte mein Vater und tupfte stärker. »Deine Augenlider zucken!«

Ich versuchte, unter den geschlossenen Lidern die Augäpfel nach oben zu drehen. Gerald hatte behauptet, man muß die Augen ganz nach oben drehen, so wie wenn man ins Hirn hineinschauen will, dann zucken die Lider nicht! Geralds Rezept wirkte nicht. Meine Augen zuckten weiter.

Mein Vater sagte, ich solle nicht so ein Theater machen, und die Großmutter, anscheinend noch immer neben mir im Bett und anscheinend immer noch ohne Zähne, weil sie beim Reden so zischte, jammerte: »So laßt's doch das Hascherl ausschlafen. Laßt es doch liegen, wenn's so müde ist.«

»Ich muß wieder weg«, brüllte mein Vater.

»Was ist?« fragte die Großmutter.

»Weg muß er!« schrie der Großvater.

»Ach so«, sagte die Großmutter, »ach so.«

Bei dem Gebrüll wäre sogar die Großmutter munter geworden. Ich setzte mich auf.

»Zieh dich an«, sagte mein Vater.

»Ich bin angezogen.«

»Die Schuhe!«

Ich stieg aus dem Bett, bückte mich. Da standen die Schuhe. Ich blieb gebückt, tat, als suche ich die Schuhe.

»Zieh schon die Schuhe an«, rief mein Vater.

Ich zog die Schuhe an und erklärte, daß ich mich frisieren müsse und waschen und daß ich Hunger hätte.

»Los, komm schon«, sagte mein Vater. »Sag auf Wiederschaun und komm!«

Mein Vater packte mich an der Hand, zog. Ich zog dagegen. Mein Vater ließ meine Hand los. Ich fiel auf das Bett.

Mein Vater beugte sich über mich. »Du bist das sturste, blödeste Kind, das ich kenne«, erklärte er.

»Cohn kommt mich holen«, sagte ich.

»Cohn kommt dich nicht holen.«

Das klang so, daß ich wußte – es stimmt! Ich stand auf, sagte: »Auf Wiedersehn!«

Der Großvater küßte mich auf die Wange; die Großmutter drückte mich an den Zitterbusen. Ich machte mich los. Mein Vater wurde auch an den Zitterbusen gedrückt. Er machte sich auch los. Wir gingen aus dem Zimmer.

Der Großvater schloß die vernagelten Fenster.

Wir gingen die Geblergasse stadtauswärts. Wir gingen schnell. Ich gab meinem Vater die Hand.

»Renn doch nicht so«, keuchte ich, »ich krieg Seitenstechen.«

Mein Vater blieb stehen. Er holte eine Zigarette aus der Tasche, steckte sie in den Mund, zündete sie an. Ich wollte mich auf den Randstein setzen. »Geht nicht«, erklärte mein Vater und zog mich hoch. Ich gab ihm wieder die Hand; wir liefen weiter. Ziemlich weit draußen, bei der Vorortbahn, wollte ich wieder sitzen.

»Ich bin müd«, schluchzte ich.

»Ich auch«, sagte mein Vater. »Lauf jetzt weiter. Zu Hause kannst du schlafen, soviel du willst. Wir haben nicht mehr viel

Zeit. Wir müssen in spätestens einer halben Stunde bei der Straßensperre an der Endstation sein!«

Wieso mußten wir in einer halben Stunde bei der Straßensperre an der Endstation sein?

»Weil die Posten wechseln.«

Was ging es uns an, ob die Posten wechselten?

»Ich hab einen Schrieb vom Major, daß ich durch die Sperre kann, daß man mich durchläßt!«

Na eben! Was regte er sich dann so auf?

»Aber der Schrieb ist doch einen Scheißdreck wert. Der Major darf doch gar nicht bestimmen, ob ein Zivilist da durchdarf!«

Wieso war mein Vater dann durchgekommen?

»Weil ein Besoffener und ein gutmütiger Trottel bei der Sperre waren!«

Na, dann war ja alles in Ordnung!

»Aber ich kann mich nicht drauf verlassen, daß die nächste Partie auch besoffen und gutmütig ist! Und wenn sie nicht besoffen und gutmütig sind, dann lassen sie uns nicht durch, und wir können hierbleiben!«

Nun hatte ich es eilig. Ich hatte kein Seitenstechen mehr, und müde war ich auch nicht mehr. Ich rannte los. Mein Vater rannte, humpelte, keuchte neben mir.

»Bist bös?« fragte ich.

»Nein!« sagte mein Vater.

»Und die Mutti?«

»Weiß nicht. Die wird auch froh sein, wenn sie dich wiederhat!«

»Wieso habt ihr denn gewußt, wo ich bin?«

»Von Gerald!«

»Hat er es gleich gesagt?«

»Nein, erst am Abend.«

»Wieso ist Cohn mich nicht holen gekommen?«

»Weil er eingesperrt ist!«

Ich blieb stehen.

»Komm«, sagte mein Vater.

Ich ging nicht weiter. Cohn war eingesperrt! »Wegen mir?« fragte ich. »Wegen mir? Das geht nicht. Er kann nichts dafür. Er hat nichts gewußt. Das muß man dem Major sagen, daß er nichts gewußt hat.«

Mein Vater sagte, das sei alles nicht so einfach. Und wenn ich schön brav weiterrenne, wird er mir alles genau erklären. Alles, was er weiß. Er wußte aber auch nur soviel wie der Iwan, der gestern abend wegen Cohn einen Anruf bekommen hatte.

Ich rannte also weiter, und mein Vater erzählte: »Ganz sicher ist nur eines, der Cohn hat neue Brillengläser bekommen, und jetzt hockt er im Arrest, weil sie ihn für einen Deserteur halten!«

»Das ist er doch nicht!« schrie ich.

»Sicher ist auch noch«, erklärte mein Vater, »daß Cohn vom Lazarett weggefahren ist und daß der Wagen dann einen Achsenbruch hatte. Statt das zu melden, hat der Cohn das Pferd ausgespannt und ist mit dem Pferd weiter!«

»Geritten?« fragte ich.

Mein Vater wußte es nicht. Mein Vater wußte nur, daß sich Cohn anscheinend verirrte und daß ihn dann eine Militärstreife aufgegriffen hatte. Und jetzt hielt man ihn für einen Deserteur.

»Er wollte mich holen«, sagte ich. »Er wollte mich nach

Hause bringen. Nur deswegen hat er den Wagen stehengelassen. Das muß man denen sagen!«

»Das wird ihm auch nichts nützen.«

»Was kann ich denn für Cohn tun?«

»Nichts!«

»Aber ich bin ja schuld!«

»Red nicht so blöd«, sagte mein Vater. »Ob du schuld bist oder nicht, hat einen Dreck damit zu tun, ob du einem helfen kannst oder nicht. Kapiert?«

»Was geschieht ihm denn jetzt?«

Mein Vater zuckte mit den Schultern.

»Schießen sie ihn tot?«

Mein Vater sagte, daß sie ihn nicht totschießen. Weil ja kein Krieg mehr war. Da sind, sagte mein Vater, die Urteile nicht mehr so streng.

»Seh ich ihn dann wieder?«

Mein Vater sagte, wahrscheinlich würde ich Cohn nicht wiedersehen. Und die anderen, den Major und den Feldwebel und den Uniformputzer und die Ludmilla und den Iwan und die anderen alle, die würde ich auch nicht mehr lange sehen, die müßten in den nächsten Tagen fort.

»Ist der Krieg jetzt ganz aus? Gehen alle Soldaten weg?«

Nein, alle Soldaten gingen nicht weg. Doch die Kampftruppen würden jetzt abgelöst. Jetzt käme der Troß. Troß war ein scheußliches Wort. Ich wollte keinen Troß.

29.
Die lustige Emmi • Der Gutmütige
Die Papahelfer • Die Buchhalter
Der Erziehungskampf

Mein Vater wollte auch keinen Troß. Niemand, erklärte mein Vater, hätte Freude am Troß. Ich kam nicht zum Fragen, was der Troß eigentlich sei; denn an der nächsten Ecke war die Polizeisperre. Mein Vater sagte: »Du gehst jetzt schön neben mir, und falls ich dir einen Stoß gebe, dann rennst du, rennst du so schnell, wie du kannst, verstanden?«

»Wohin?«

»Die Neuwaldegger Straße hinaus! Du rennst bis zur anderen Militärsperre, bis zur Atariastraße. Dort wartest du auf mich. Iwan hat heute Wachdienst. Er weiß alles.«

»Und wann kommst du?«

»So schnell ich kann. Ich weiß das noch nicht. Vielleicht geht ohnehin alles in Ordnung. Dann brauch ich dir gar keinen Stoß zu geben, und du brauchst nicht zu rennen!«

Die Militärpolizeisperre war ein kleines Wirtshaus bei der Haltestelle, mit einer grünen Tür und einem Fenster. *Zur lustigen Emmi* stand über der Tür.

Und über dem Fenster hing ein rundes, grünes Schild mit der Aufschrift: *Hauerweine.*

Hinter dem Fenster war kein Vorhang mehr. In der Wirtsstube standen keine Sessel mehr und auch keine Tische. Nur die große, braune Theke war noch da und ein Feldbett mit einer grauen Decke darauf.

Vor der Wirtshaustür sollten eigentlich zwei Russen stehen

und Wache halten. Damit niemand vorbeiging, der nicht vorbeigehen sollte. Die Wachsoldaten hatten nicht nur auf die Zivilisten aufzupassen, sondern auch auf die russischen Soldaten. Die durften auch nicht an der Sperre vorbei in die Stadt hinein, wenn sie keinen dreimal abgestempelten, zweimal unterschriebenen Befehl dazu hatten. Vor der Wirtshaustür stand kein Soldat.

Wir waren ungefähr zehn Meter von der Wirtshaustür entfernt.

»Laufen wir beide, ganz schnell«, schlug ich vor. »Ich mag nämlich nicht allein.«

»Und wenn sie beim Fenster sitzen und herausschauen?« fragte mein Vater.

»Ducken wir uns und kriechen am Boden!«

»Blödsinn«, zischte mein Vater, »ich spiel hier nicht Indianer!«

Mein Vater blieb stehen. Es war sehr still. Ich schaute auf die Straßenbahnschienen, sah, daß zwischen Pflastersteinen und Eisen kleine Grashalme herauswuchsen. Schaute auf das Kanalgitter und sah, daß zwei rot-schwarz gefleckte Baumwanzen, eine an die andere geklebt, darüberkrochen.

Ein Soldat kam aus der Wirtshaustür, schaute in den blauen Himmel. Er hatte kein Gewehr um und war auch nicht betrunken. Also war es der Gutmütige. Er erkannte meinen Vater, winkte, grinste. Mein Vater grinste auch. Dann schaute der Gutmütige wieder in den Himmel. Tat, als sehe er uns gar nicht. Wir gingen auf ihn zu, gingen vorbei. Er schaute in die Luft.

Hinter dem offenen Wirtshausfenster lehnte der Betrunkene. Sein Kopf lag auf der Fensterbank. Er schlief. Nein, er schlief nicht! Wir waren drei Schritte am Wirtshausfenster vorüber, da brüllte der Betrunkene hinter uns: »Stoj!«

Mein Vater gab mir einen Stoß, noch einen.

Ich rannte los.

Ich rannte, rannte so schnell wie noch nie. Die Neuwaldegger Straße war lang. Die Neuwaldegger Straße wollte nicht aufhören. So lang konnte die Neuwaldegger Straße doch gar nicht sein!

Lattenzaun, Stangenzaun, Lanzenzaun, Gitterzaun, Mauer, Lattenzaun, Stangenzaun, Mauer... Asphaltboden, Lehmboden, Katzenkopfpflaster, Lehmboden, Asphaltboden... Jasminbuschen, Fliederbuschen, Silbertannen, Buchsbaum, Jasminbuschen, Silbertannen, Buchsbaum... Emailschild Nummer 20, Blechschild Nummer 28, Pappschild Nummer 36, Emailschild Nummer 44... Mauer, Pflastersteine, Silbertannen, Blechschild Nummer 52, Emailschild: *Atariastraße* und Iwan an der Haustür. Iwan lacht, Iwan streckt die Arme aus, Iwan ruft: »Schatz ist wieder da, ist wieder da!« Iwan hebt mich hoch, wirft mich in die Luft, fängt mich wieder auf, wiegt mich hin und her wie ein Baby.

Ich strampelte. Iwan ließ mich los, stellte mich auf die Bank vor der Kommandantur. Ich erzählte ihm, was unten bei der anderen Polizeisperre geschehen war, wie der Gutmütige in die Luft geschaut hatte und der Betrunkene trotzdem aufgewacht war.

»Und was dann?« Iwan rieb seine große Nase zwischen Daumen und Zeigefinger. Andere Soldaten waren aus der Kommandantur gekommen, schauten neugierig. »Und was dann?«

Ich sagte: »Dann bin ich gerannt, ganz schnell gerannt!«

Iwan fand das ungeheuer lustig. Die anderen fanden es auch ungeheuer lustig. Sie lachten laut. Iwan fragte mich noch dreimal: »Und was dann?«, und ich mußte noch dreimal sagen: »Dann bin ich gerannt, ganz schnell gerannt!« Und jedesmal lachten die Soldaten und Iwan.

Von oben, vom Engel-Haus her, kam Lärm. Da sangen viele Russen. Aus den anderen Häusern sangen auch Russen. Überall sangen Russen. Vor lauter Aufregung hatte ich das vorher nicht bemerkt. Sogar der Feldwebel, der ordengeschmückte Feldwebel, der wegen der Lusthausküchenschießerei noch immer im Arrest saß, sang zum Arrestfenster hinaus. Er sang unentwegt etwas, das klang wie: »Wetscherni swon, wetscherni swon ...«

Meine Soldaten lachten weiter.

Ich bekam eine verzweifelte Wut. »Ihr seid alle besoffen!« rief ich.

Sie lachten und nickten zustimmend.

»Ihr seid alle Arschlöcher!« schrie ich.

Sie lachten und nickten wieder zustimmend.

Iwan hob mich noch einmal hoch.

»Nix schimpf, Schatz«, murmelte er, »nix schimpf.« Er hielt mich mit einer Hand an die Brust gedrückt, mit der anderen Hand zeigte er auf das Engel-Haus, auf die Kommandantur, auf das Leinfellner-Haus, zeigte auf alle Häuser, wo Russen wohnten. »Nix schimpf, alle großes Feier, Feier für Abschiednehmen, alle müssen weg, viel weg, weit weg, viel Abschied!«

Iwan schwankte. Ich schwankte in seinem Arm mit. Nun begann Iwan auch noch zu singen. Verdammt noch einmal. Sang drauflos, als wäre alles in Ordnung, als hätte ich keinen

Vater, der bei einem betrunkenen russischen Polizisten an der Sperre war.

Ich drosch Iwan mit der Faust auf den Kopf, so fest ich konnte.

Ihn schien das nicht zu stören, er sang weiter, und die anderen Soldaten sangen mit.

»Hilf doch dem Vati!« brüllte ich ihm ins Ohr. Das hätte sogar die Großmutter verstanden. Iwan sang.

Ich drosch weiter, immer mit der Faust auf Iwans Kopf. Ich schrie auch weiter. Ich schrie: »Iwan, verdammt noch einmal, hilf ihm doch!« Endlich drang mein Geschrei durch Iwans Schnapsohren in Iwans Schnapshirn.

Er hörte zu singen auf. »Wem helfen?« fragte er.

«Meinem Vati!«

»Wem?«

»Dem Vati!«

Iwan stand still. Ich rutschte aus seinen Armen, von seiner Brust über den Bauch zu Boden. Iwan schaute mich verständnislos an. Was hatte er denn, verflucht noch einmal, warum fragte er denn so blöd, warum tat er denn nichts?

»Was ist V-a-t-i?« fragte Iwan.

Herr im Himmel! Was ist Vati! Ich brüllte: »Vati, Papa, Vati ist Papa! Du sollst Papa helfen!«

Iwans Gesicht strahlte vor Freude. Er kapierte. »Papa helfen«, er lachte, »da-da, Papa helfen!« Er wollte dem Papa helfen. Die anderen Soldaten auch. Alle wollten sie Papa helfen. Niemand wollte hierbleiben. Niemand wollte die Kommandantur bewachen. Da entdeckten sie einen jungen Soldaten, einen, der nicht viel Schnaps vertragen konnte. Er lehnte an der Hausmauer vom Nachbarhaus, schlief im Stehen, schnarchte mit hängendem Kopf und baumelnden Armen.

Die Mütze lag vor ihm auf dem Boden.

Sie weckten ihn auf, redeten auf ihn ein, beutelten ihn und ernannten ihn zum Kommandanturbewacher. Der neue Kommandanturbewacher stolperte, schaute grüngrau verschlafen hoch, zog den Kopf tief zwischen die Schultern, blinzelte in die Sonne, zog den Kopf noch tiefer zwischen die Schultern und ging in die Wachstube.

Iwan brüllte hinter ihm her.

Der neue Kommandanturbewacher kehrte um und holte sein Gewehr, das an der Hausmauer lehnte.

Unter denen, die Papa helfen wollten, war einer, der hatte den Schlüssel zum Streifenwagen. Zuerst sagte er »njet«, dann gab er ihn doch her. Der Streifenwagen war ein offener Wagen, so wie ein Jeep. Ich glaube, es war sogar ein echter, amerikanischer Jeep, mit einem Russenstern auf der Kühlerhaube natürlich. Iwan setzte sich hinter das Lenkrad. Die anderen Soldaten kletterten in den Wagen. Ich saß eingeklemmt zwischen ihnen. Es waren mindestens, außer Iwan, acht Soldaten.

Wir fuhren die Neuwaldegger Straße hinunter. Einmal waren wir auf der rechten Straßenseite, einmal waren wir auf der linken. Doch das machte nichts aus. Außer uns war ja niemand auf der Straße. Einmal streiften wir um ein Haar links eine Mauer und dann rechts einen Baumstamm.

Den Soldaten gefiel das. Unten, bei der Kurve vor der Endstation, machte Iwan irgend etwas falsch. Der Wagen wurde langsamer, blieb stehen, machte einen Ruck, blieb wieder stehen, machte noch einen Ruck und stand dann ganz still.

Iwan startete wieder und wieder, vielleicht zehnmal, und murmelte dabei: »Scheiße, sehr große Scheiße!«

Da das ganze Fluchen nichts half, kletterten wir aus dem Auto, ließen es einfach mitten auf der Straße stehen und gingen zu Fuß weiter. Voran Iwan und ich, dahinter die anderen Soldaten. Sie riefen alle im Chor: »Papa helfen, Papa helfen!«

In der Wachstube stand der Gutmütige vor der Tür und rauchte eine Zigarette. Der Betrunkene saß am Tisch und fuchtelte mit den Armen, und daneben standen die zwei Wachablösesoldaten und waren ganz gewiß nicht betrunken. Der eine hielt ein Papier in der Hand, und der andere hielt meinen Vater am Arm gepackt. Mein Vater redete russisch-deutsch-russisch, redete vom Major, zeigte mit dem Arm, den er frei hatte, immer wieder auf das Papier und sagte mindestens zehnmal in einem Atemzug: »Major.«

Die Papahelfer, Iwan wieder voran, traten in die Wachstube.

Ich blieb draußen stehen und schaute zum Fenster hinein.

Iwan stand zwischen den Wachablösesoldaten und meinem Vater. Mein Vater hatte jetzt beide Arme frei; denn der Wachablösesoldat hielt jetzt Iwans Arm fest, zeigte auf das Papier und erklärte Iwan, daß das Papier vom Major einen Dreck wert sei, weil das den Major einen Dreck anginge und die Bestimmungen ganz andere seien.

Iwan schaute interessiert auf das Papier, studierte das Papier. Die Soldaten drängten nach. Jeder wollte das Papier sehen. Jeder griff nach dem Papier. Der Wachablösesoldat weigerte sich, das Papier aus der Hand zu geben. Iwan forderte das Papier. Iwan war zwar nicht zuständig bei der Angelegenheit, aber irgendwie war Iwan beim Militär ein höherer Soldat als der Wachablösesoldat. Darum ließ sich der Wachablösesoldat das Papier dann doch von Iwan aus der Hand ziehen. Iwan verknüllte das Papier und steckte die kleine Papierkugel in die Hosentasche und erklärte dabei, daß das Papier wirklich überhaupt nichts wert sei und er es deshalb gar nicht mehr sehen wolle. Der Betrunkene protestierte, der Wachablösesoldat protestierte, und der andere Wachablösesoldat schimpfte auch. Die Papahelfer umdrängten das Ganze, fragten dumm, was denn da überhaupt los sei, und drängten dabei meinen Vater immer mehr von den Wachablösesoldaten weg, drängten so lange, bis mein Vater aus dem ganzen Russenwirrwarr draußen war, drängten ihn zur Tür, deuteten ihm, er solle davonrennen. Doch in der Tür stand der Gutmütige mit einem Gewehr.

Mein Vater schaute den Gutmütigen an, zögerte, wagte sich nicht am Gutmütigen vorbei. Die hinterste Reihe der Papahelfer wurde ungeduldig, machte meinem Vater Zeichen, deutete mit dem Kopf zur Tür hin. Der Gutmütige starrte auf die Zimmerdecke, auf die Lampe aus hellblauem Glas mit den rosa Lilien. Mein Vater rannte aus dem Militärpolizeiwirtshaus.

Ich sprang vom Fensterbrett und rannte hinterher und wunderte mich, wie schnell ein Mensch mit kaputtgeschossenen, eitrigen Beinen rennen kann, wenn er muß.

Ungefähr bei Nummer dreißig, hinter der Straßenbiegung, hörten wir zu laufen auf. Weil das Militärwirtshaus nicht mehr zu sehen war und weil mein Vater erklärte, nun sei es unauffälliger, langsam zu gehen. Wir gingen langsam, mein Vater keuchte, humpelte, schwitzte. Es war schon Mittag. Die Sonne brannte. Niemand war auf der Straße.

Mein Vater wischte sich den Schweiß von der Stirn. »Das ist ja noch gutgegangen«, sagte er, »der verdammte Trottel wollte mich abholen lassen, von der Kommandantur in der Stadt!«

Ich fragte: »Was hätten die mit dir gemacht?«

»Wenn sie freundlich gewesen wären, hätten sie mich morgen nach Hause geschickt. Wenn sie unfreundlich gewesen wären, hätten sie mich nach Sibirien geschickt!« Mein Vater lachte. »Also jetzt, jetzt glaub ich ja ganz sicher, daß sie freundlich gewesen wären, aber zuerst, da drinnen«, er zeigte nach hinten, »da war ich mir nicht so sicher!«

Der neue Kommandanturbewacher hatte anscheinend keinen Spaß an seiner Ernennung. Als wir bei der Atariastraße vorbeikamen, lehnte er wieder an der Hauswand in der Sonne und schlief. Wir störten ihn nicht.

Im Engel-Haus sang niemand mehr. Und von oben, vom Leinfellner-Haus, hörte man nur noch eine Stimme. Auch in den anderen Häusern war es ruhig.

»Die sind müde«, sagte mein Vater.

»Es ist doch erst Mittag«, sagte ich.

»Sie feiern schon lange. Gestern nachmittag haben sie angefangen.«

Ich fragte, ob die Russen wirklich weggehen. Mein Vater erklärte mir, daß nur unsere Russen weggingen und andere dafür kämen. Das sei immer so. Zuerst kämen die Kampftruppen, dann der Troß. Und was war der Troß? Keine Kampftruppen. Und warum war der Troß schlechter?

»Der Troß ist nicht schlechter«, sagte mein Vater, »aber die Kampftruppen sind besser. Die Kampftruppen sind wichtiger.

Darum bekommen sie mehr zu essen und mehr zu trinken und haben mehr Geld und dürfen mehr! Verstehst du?«

Das verstand ich.

»Und wenn einer«, fuhr mein Vater fort, »mehr hat und mehr darf, dann ist er auch freundlicher zu den anderen Leuten!«

Das verstand ich auch.

»Die Kampftruppen haben uns Sachen zum Essen gegeben, weil sie genug hatten. Der Troß wird aber gar nicht genug haben, der wird Essen von uns wollen!«

»Wieso weißt du den Unterschied so genau?« fragte ich.

»Na, ich war doch lange genug in Rußland!«

»Hast du dort so viele russische Soldaten kennengelernt?«

»Russische nicht.« Mein Vater lachte. Es klang nicht freundlich. »Aber deutsche!« Dann fügte er hinzu: »Und da ist kein Unterschied, gar keiner.«

Vielleicht hatte er recht. Wahrscheinlich hatte er recht. Wir waren beim Lanzenzaun und gingen durchs Gartentor. Ich fragte: »So einen wie den Feldwebel gibt es auch?«

Mein Vater verstand nicht, was ich meinte.

Ich sagte: »Der Brenner, der Brenner zum Beispiel, der ist doch ein Mordsnazi, aber der bedroht doch nicht zehn Leute mit der MP, weil er besoffen ist.«

»Der Scheiß-Feldwebel«, sagte mein Vater, »wenn der in Wladiwostok oder in sonst einem Nest sitzt und Buchhalter dort ist, dann bedroht er auch niemanden.«

»Du meinst, der Brenner...«

Mein Vater unterbrach mich. »Ich mein überhaupt nicht: der Brenner! Ich meine alle. Ach was, ich meine gar nichts, und außerdem kannst du das nicht verstehen, weil du es nicht erlebt hast.«

Blödsinn! Ich erlebte doch gerade die Russen.

»Die Deutschen, die Deutschen in Rußland meine ich!« Mein Vater machte die Haustür auf. »Ist nur ein Glück«, sagte er, »daß die russischen Soldaten so wenig Urlaub haben und so wenig Briefe bekommen. Wenn da manche wüßten, wie es bei ihnen zu Hause ausschaut, wie es da zugegangen ist...«

»Was wär dann?«

»Sei froh, daß es nicht so ist!«

Meine Mutter kam aus der Küche, sagte Gott sei Dank! und fragte meinen Vater, ob's schwierig war. Mich schaute sie nicht an.

»Na«, rief mein Vater, »da hast du deinen Liebling wieder!«

Meine Mutter schaute mich böse an.

»Geh, geh«, sagte mein Vater lachend, »nicht schon wieder Erziehungsgrundsätze. Sei froh, daß wir da sind, und gib Ruh!«

Meine Mutter seufzte, fragte mich: »Hast du Hunger?« Ja, ich hatte Hunger, gewaltigen Hunger. Ich ging mit ihr in die Küche. Sie hatte frisches Russenbrot und Dosenbutter und Marillenmarmelade. Und Tee hatte sie auch.

Meine Mutter setzte sich neben mich. Ich merkte, wie sie mit sich kämpfte. Sie wollte böse auf mich sein, weil Mütter böse sein sollen, wenn Kinder davonlaufen. Aber ich war die einzige hier, die ihr etwas über den Großvater und die Großmutter erzählen konnte, die wußte, wie es den beiden ging. Wenn sie mich ausschimpfte, mir eine Predigt hielt, dann erfuhr sie nichts.

Ich fragte, gehörig leise, gehörig demütig, so wie es sich für ein zerknirschtes Kind gehört: »Soll ich dir was vom Großvater erzählen und von der Großmutter?«

Meine Mutter beendete den Erziehungskampf in ihrer Seele und sagte: »Ja, bitte, erzähl schon!«

Ich erzählte viel, erzählte lang, und wenn ich nicht immer bei der Wahrheit geblieben bin, so nur deshalb, damit es meine Mutter lustig und freundlich fand.

30.
Die Kleiderkartons
Die Lusthausküche – immer wieder
Der Bohnentopf • Die Botschaft
Die Schnapsgesichter
Die häßlichen Sachen

»Wann müßt ihr weg?« fragte ich Ludmilla.

»Wann fährst du fort?« fragte ich den Uniformputzer.

»Wie lange bleibst du noch?« fragte ich Iwan.

Sie wußten es nicht.

Irgendwann. Morgen früh oder heute abend oder übermorgen.

Oder erst nächste Woche vielleicht.

Ich fragte die Frau von Braun. Die mußte mehr wissen. Die war doch so oft mit dem Major zusammen. Die Braun bekam jedesmal, wenn sie vom Abzug unserer Russen sprach, Tränen-Glitzer-Augen.

Gerald murmelte dann: »Ziege!« und ging aus dem Zimmer.

Drei Tage vergingen. Nichts geschah. Ludmillas Wäsche-Kleider-Kartons standen verschnürt im Vorhaus und warteten auf Abtransport. Iwan trank mit meinem Vater siebenmal am Tag den allerallerletzten Bruderschnaps. Der Budem-chleb-Soldat kam noch einmal Zarenkuchen backen und brachte diesmal sogar getrocknete Zwetschken. Der Major hockte in der Küche und sang. Es klang wie »cerniodschikrasniodschi«, und er schnitzte mit dem besten Messer meines Vaters eine kleine Holzpuppe. Die Holzpuppe brauchte Haare. Der Major wollte ganz besondere Haare für die Puppe. Wir verstanden nicht, welche Haare er meinte. Wir verstanden nur, daß wir solche Haare ganz sicher im Haus haben mußten. Der Major suchte. Endlich fand er die Haare. Hinter der eisernen Tür an den Hauptrohren der Wasserleitung. – Hanf hatte er gewollt, und den zupfte er nun von den Leitungsrohren. Die Leitungsrohre waren mit Hanf abgedichtet.

Die Frau von Braun war ganz gerührt darüber. Meine Mutter nicht. Sie hatte Angst, daß die Rohre nun tropfen würden. Ich hatte eine Wut, weil der Major die Puppe für Hildegard schnitzte. Als Andenken. »Kannst sie haben, wenn er weg ist«, sagte die Hildegard.

»Ich will sie gar nicht«, erklärte ich. Ich wollte die Puppe wirklich nicht.

Die Puppe war nicht besonders herrlich. Es störte mich nur, daß sich der Major nicht für mich plagte.

Der alte Wawra war krank. Er lag im Gartenhaus und schnaufte und röchelte und hustete. Meine Mutter brachte ihm zu Mittag Suppe, und die Braun brachte ihm am Abend Nudeln. Meistens aß der Wawra die Nudeln und die Suppe nicht.

Der Erzengel kam sich erkundigen, wo man nun eigentlich Leute begrabe, ob das schon wieder funktioniere mit der Leichenbestattung und so.

»Sterben funktioniert immer«, erklärte meine Mutter.

Der Erzengel lief übrigens noch als Großmutter herum. Angeblich trank er zuviel Rotwein. Der Engel war verdreckt, viel verdreckter als wir. Und eigentlich war er jetzt ziemlich freundlich. Doch wir waren Feinde. Daran läßt sich nichts ändern, egal wie freundlich der Engel war.

Gerald erzählte mir von seinem neuen Plan. Er wollte im Wald aus Laub und Ästen eine Hütte bauen. Ich versprach, ihm zu helfen. Ich half ihm aber nicht. Ich saß meistens in der Lusthausküche. Ich wartete nicht, daß Cohn zurückkam. Ich dachte nicht einmal viel an ihn. Ich saß nur gern da herum – auf Cohns Bett, in Cohns Decke gewickelt, schaute durch das offene Fenster, sah Gerald herumhüpfen, sah Ludmilla Strümpfe waschen, sah meine Schwester mit Hildegard flüstern, hörte den Erzengel keifen, hörte den Major lachen, hörte Iwan schreien. Manchmal hörte ich auch meine Mutter nach mir rufen. Wenn jemand zu mir in die Lusthausküche kam, wurde ich böse. Ich beschloß, in die Lusthausküche zu ziehen. Meine Mutter war dagegen. Erstens überhaupt, und zweitens erklärte sie: »Das zahlt sich nicht mehr aus. Wir bleiben nicht mehr lange da!«

Ich schrie herum, daß ich sehr wohl ganz allein wohnen könnte und daß ich mir in Cohns Kochtopf viel bessere Sachen kochen würde, als ich bei meiner Mutter fressen müßte. Und in Cohns Bett würde ich auch viel besser schlafen, weil ich dort das Zähneknirschen und Schnarchen meiner Schwester nicht hören müßte. So mitten in meiner Schreierei wurde mir auf einmal klar, was meine Mutter gesagt hatte. Das zahlt sich nicht aus, hatte sie gesagt, weil wir nicht mehr lange hierbleiben. Was sollte das heißen? So ein Blödsinn! So ein lausiger Blödsinn! »Ich bleibe immer hier!« sagte ich.

»Kaufst du der alten Braun die Villa ab?« fragte meine Mutter.

»Nein«, rief ich, »ich kauf gar nichts, weil ich kein Geld hab. Aber die kann uns doch nicht da hinauswerfen, die ist doch gar nicht mehr hier. Das gehört doch jetzt uns, und dem Gerald und der Hildegard und der jungen Braun natürlich auch!«

»Schön wär's!« sagte meine Mutter.

»Die alte Braun kommt wieder«, sagte mein Vater.

»Und wenn sie tot ist?« fragte meine Schwester.

»Dann erbt irgendwer die Villa.« Mein Vater grinste. »Aber das sind garantiert nicht wir!«

»Wenn der Major und Iwan am Haustor stehen und ›njet‹ sagen, dann dürfen die Leute, die das Haus geerbt haben, nicht herein!«

»Du bist blöd, so saublöd«, kicherte meine Schwester.

Ich ging zur Frau von Braun. Sie war in der Küche, hatte einen großen Topf mit Wasser. Unten im Topf waren braune Bohnen, oben schwammen runzlige Bohnen. Die Braun erklärte mir, die runzligen Bohnen seien die schlechten, und die schlechten würden von Tag zu Tag mehr. Vor einem Monat waren da oben im Wasser höchstens drei Bohnen geschwommen, und jetzt waren es schon zehn, und im nächsten Monat würden es sicher zwanzig sein.

Ich zeigte Interesse an den Bohnen, fischte eine runzlige aus dem Topf, quetschte die Haut herunter, zog den Keim ab und zerbröselte den Rest.

»Lebt die alte Braun noch?« fragte ich und bröselte.

»Sicher«, meinte die junge Braun, »so eine wird über hundert, so eine ist zäh!«

Also keine Erben! »Wird die Alte wieder hierherkommen und da wohnen?«

Die junge Braun zuckte mit den Schultern.

»Meine Mutter hat gesagt, wir werden bald ausziehen!« Ich wartete, wartete auf Entrüstung, auf: »Aber nein, das geht nicht«, auf: »Ihr müßt hierbleiben«, auf: »Kommt nicht in Frage!«

Die Braun nickte. »Ja, ich weiß.«

»Ich mag nicht«, murmelte ich.

»Was magst nicht?«

»Ausziehen!«

»Ist ja noch nicht morgen«, tröstete die Braun, »kann noch lange dauern.« Sie schaute mich an, schaute dann in den Bohnentopf, glotzte in den Bohnentopf, als wäre da drin was ganz Ungewöhnliches zu entdecken.

Sie entdeckte aber das Ungewöhnliche nicht, schaute mich wieder an, sagte: »Morgen ziehen sie ab, in der Früh. Grad hab ich's erfahren.«

»Blöd«, erklärte ich und: »Vielleicht verschieben sie's wieder.«

»Diesmal nicht, diesmal sicher nicht«, sagte die Braun in den Bohnentopf hinein.

»Vielleicht kommt er Sie dann besuchen.«

Die Braun zuckte zusammen, starrte mich an. »Wer soll mich besuchen kommen?«

Blöde Gans! Wer denn schon? Was starrte sie denn so dumm?

»Wer?« Ihre Stimme war schrill.

Ich hätte sagen können: Der Major natürlich! Ich sagte: »Ach, niemand!« und ging aus der Küche, ging zu Iwan.

»Morgen bist du nicht mehr da«, sagte ich zu Iwan.

Iwan nickte.

»Wo kommst hin?« fragte ich Ludmilla.

»Deitschland, Scheiß-Deitschland«, sagte Ludmilla.

Ich erkundigte mich, ob sie heute abend wieder Abschied feiern würden. Nein, sie hatten ja schon gefeiert. Zweimal feiern wurde nicht erlaubt. Außerdem müßten sie morgen schon um vier Uhr in der Früh weg.

»Nix kann aufstehen mit Brummschädel«, lachte Iwan.

Ich fragte Iwan, ob er in Deutschland dann wieder mit Cohn zusammensein werde. Iwan glaubte schon, daß Cohn in Deutschland wieder bei ihnen sein werde.

»Laß ihn grüßen von mir.«

»Was sagst?« fragte Iwan. Der Satz war ihm zu schwierig, so etwas verstand er nicht.

»Sag dem Cohn, sag dem Cohn ...«

»Was sollen sagen Cohn?«

Ja, was sollen sagen Cohn? »Nichts!« rief ich.

Iwan schaute ratlos, fragte noch einmal: »Ich sollen Cohn sagen, sagen nichts?«

Ich nickte. Ludmilla grinste.

Iwan feierte dann doch noch einmal Abschied. Ich lag schon im Bett, als er mit einer Schnapsflasche und einer Weinflasche zu uns ins Zimmer kam. Meine Mutter und meine Schwester waren auch im Bett. Mein Vater saß beim Werktisch und reparierte Uhren. Er sollte bis zum Russenabmarsch noch vier Stück reparieren.

Iwan kam auf Zehenspitzen ins Zimmer. Aber das konnte er nicht gut. Iwan flüsterte – und auch das konnte er nicht gut – quer durchs Zimmer: »Kamerad, Kamerad, letztes Schnaps trinken miteinander.«

»Ich muß noch arbeiten, Iwan«, sagte mein Vater.

»Scheiß auf Arbeit, viel zuviel Arbeit, viel Arbeit nix gut, komm, Kamerad!«

Mein Vater stand auf, deckte das Geschirrtuch über den Werktisch und ging mit Iwan aus dem Zimmer. Sie gingen auf einen letzten Schnaps in Ludmillas Zimmer. Eine Zeitlang lag ich noch wach und hörte ihre Stimmen. Dann schlief ich ein.

Mitten in der Nacht wurde ich munter. Ich hörte noch immer die Stimmen von Iwan und meinem Vater. Diesmal nicht aus Ludmillas Zimmer, sondern aus dem Onkel-Zimmer. Ich stieg aus dem Bett, schlich zur Zimmertür, warf dabei irgend etwas Leichtes um, es krachte, schepperte, meine Mutter fuhr im Bett hoch.

Ich stand still. Sah sie mich? Sie sah mich nicht. Sie legte sich wieder hin. Das Bett knarrte. »Versoffene Bagage«, murmelte meine Mutter. Sie dachte, die Stimmen aus dem Onkel-Zimmer hätten sie aufgeweckt. Ich wartete, bis das Bett zu quietschen aufhörte, bis der Atem meiner Mutter gleichmäßig schnaubte, dann schlich ich quer durch den Salon zur Tür vom Onkel-Zimmer.

Die Tür stand einen Spalt weit offen. Iwan und mein Vater hockten auf dem Boden. Neben ihnen stand eine Petroleumlampe, und die Schnapsflasche stand auch da.

Die Schnapsflasche war fast leer.

Iwan und mein Vater hatten sehr betrunkene Gesichter. Sehr betrunkene Gesichter haben zu viele Falten, die Augen sind zu klein, der Mund zu offen. An sehr betrunkenen Gesichtern ist alles in Unordnung, nichts stimmt. Zu langsam, viel zu langsam sind betrunkene Gesichter.

Ich ging von der Tür weg, mußte husten, hustete laut. Wußte, daß sehr betrunkene Ohren lange brauchen, bis mein Husten bei ihnen war.

Warum ich dann auf den Dachboden hinaufstieg, weiß ich nicht. Ich machte das Dachfenster auf, schaute hinaus, sah unten bei der Atariastraße Licht. Viel mehr Licht als sonst in der Nacht. Drei riesige Lastwagen standen dort mit aufgeblendeten Scheinwerfern und beleuchteten den Platz vor der Kommandantur. Auf dem Platz standen Panjewagen, und die Pferde waren schon vor die Wagen gespannt. Soldaten beluden die Panjewagen. Ich entdeckte, daß überall auf der Straße Panjewagen standen. Vor unserem Zaun, vor dem Engelgitter, vor der Wawra-Villa, vor dem Leinfellner-Haus.

Ich machte das Dachfenster zu, kletterte vom Dachboden herunter und schlich in mein Bett. Aus dem Onkel-Zimmer kam ein Lichtschimmer. Ich mußte ziemlich lange auf dem Dachboden gestanden haben, denn draußen wurde es schon dämmrig.

Ich hatte um vier Uhr aufstehen wollen, hatte sehen wollen, wie unsere Russen wegfuhren. Es war Mittag, als ich erwachte. Mein Vater saß im Bett und hielt sich den Kopf. Ich brachte ihm einen Krug Wasser. Das brauchte er nach den letzten, allerletzten Schnäpsen.

Ich ging durchs Haus, fand einen Socken von Iwan, einen

mit Loch und schwarzer, schmutzharter Sohle. Ich fand einen Zettel mit fremden Buchstaben und eine Hanfschnur mit einem Knopf. Vom Fensterkreuz baumelte ein Büstenhalter aus rosa Spitze. Das Gummi hinten war zerdehnt, die Schließe rostig. Büstenhalter ohne Ludmilla, Brief ohne Uniformputzer, Socken ohne Iwan.

Überall lagen Sachen herum, im Garten ein Lederriemen, eine Menageschale, beim Zaun ein Unterhemd, auf der Straße eine Flasche, beim Engel-Zaun eine Blechtonne.

Sachen ohne Leute dazu sind häßlich.

Ich ging aus dem Garten, gab der Flasche einen Tritt, die Flasche rollte die Straße hinunter, ich lief hinterher. An der Kreuzung fehlte die Straßensperre. Die Tür vom Kommandanturhaus war offen. Ein alter Mann und eine junge Frau räumten Sachen, Russensachen, aus dem Haus. Einen Sessel mit zwei Beinen und Flaschen und Papier und Wäschefetzen und ganz gewöhnlichen Mist.

»Kommt die nächste Kommandantur wieder zu Ihnen?« fragte ich.

»Nein«, sagte der alte Mann, »da kommt keine mehr her!« So viele Russen und so viele Kommandanturen werde es überhaupt nicht mehr geben, sagte er. Und die Straßensperren, die hörten auch auf. Die Verwaltung werde ab jetzt wieder österreichisch, und die Österreicher würden sich doch nicht gegenseitig die Straßen versperren. Die junge Frau und der alte Mann luden den Mist auf einen Handwagen, zogen ihn nach hinten in den Garten, um den Kram zu verbrennen.

Drei Tage später kam der Troß. Der Troß zog in die leerstehenden Villen ein. In Häuser, wo jemand wohnte, zogen die Soldaten nicht ein. Ihre Uniformen waren mehr gelb und weniger grau, ihre roten Sterne glänzten, und gesungen haben sie kein einziges Mal.

Ich wartete, daß einer von ihnen zu uns käme und uns Bohnen und Nudeln und den letzten Hirschbraten wegnähme. Sie kamen nicht.

Mein Vater ging oft in die Stadt hinein. Wenn er zurückkam, redete er von leeren Wohnungen, von zwei Zimmern und drei Zimmern, von Genehmigungen, von Bewilligungen und Beschlagnahmungen. An einem Tag kam er und brachte eine dicke Frau mit. Die dicke Frau hatte ein Pferd mit einem Wagen. Sie fuhr in den Garten. Sie half meiner Mutter, Schachteln und Bündel und Decken und Polster auf den Wagen zu laden. Mir fiel ein, daß wir mit einer Handtasche voll Sachen hergekommen waren.

Ich setzte mich hinten auf den Wagen, zwischen die Decken und die Ölkanister, und lehnte mich an einen blauen Nudelsack. Die Nudeln knirschten.

Meine Mutter saß neben der dicken Frau auf dem Kutschbock. »Na«, rief sie, «los geht's! Schau dir noch einmal alles gut an!«

Ich schloß die Augen.

Zwei Wochen im Mai

Mein Vater, der Rudi, der Hansi
und ich

Vorbemerkung

Die Geschichte, die ich erzähle, ist mehr als dreißig Jahre alt. Zwölf war ich damals, und der große Krieg war seit drei Jahren zu Ende.*

Damals war alles anders. Aber damals hat alles angefangen, was es heute noch gibt.

»Wir treiben den Wiederaufbau voran«, sagten die erwachsenen Leute, die den Krieg überlebt hatten. Und die Kinder, die den Krieg überlebt hatten, mußten sich im großen »Wiederaufbau« zurechtfinden. Mir fiel das nicht leicht.

Den Krieg hatte ich gut gekannt, im Krieg hatte ich mich ausgekannt. Den Frieden mußte ich erst lernen, und ich war keine gute Schülerin im Frieden-Lernen, denn was ich da lernen sollte, hatte so gar nichts mit dem zu tun, was sich mein Kriegs-Kinder-Glaube unter »Frieden« vorgestellt hatte. Und die Erwachsenen waren keine sehr ehrlichen Lehrer. Weil sie das heute oft auch nicht sind, ist meine alte Geschichte vielleicht immer noch passend.

---

* Dieses Buch wurde 1981 erstmals veröffentlicht!

1.
Die Kriegelstein • Die Magistrats-Möbel
Der Rudi mit dem bösen Blick

Die Häuser auf der einen Seite der Hauptstraße gehörten zu Ottakring, die Häuser auf der anderen Straßenseite gehörten zu Hernals. Die Grenze zwischen den beiden Bezirken dachte ich mir genau in der Straßenmitte.

Autos fuhren nur wenige. Man konnte die Straße, genau in der Mitte, entlanggehen. Mit einem Fuß in Ottakring und einem in Hernals.

Ich ging zur Kriegelstein, die Mappe mit dem Notenheft unter dem Arm und das verbitterte Eins-zwei-drei-eins-zwei-drei der Alten schon drohend im Kopf. Ich marschierte mit einem Fuß in Ottakring und einem in Hernals. Der Hernalser Fuß war der Heimatfuß. Ich ging in der Erwartung eines besonderen Gefühls im Heimatfuß. Dieses Gefühl stellte sich nicht ein, aber hinter mir bimmelte die Straßenbahn und scheuchte mich auf den Gehsteig, und der Fahrer brüllte zur Tür hinaus – damals fuhren die Straßenbahnen mit offenen Türen –, daß ich ein total vertrotteltes Kind sei.

Außer mir gab es noch eine, die auch oft in der Mitte der Straße ging. Sie hatte lange graue Haare, ein verknittertes Affengesicht und dünne, krumme Beine. Eine amerikanische Armeejacke trug sie als Mantel. Sie hatte einen braunen hohen Schnürschuh an und einen schwarzen Halbschuh. Der Schnürschuh war sehr klein, der Halbschuh sehr groß. Sie redete mit sich selber und schob einen zerlöcherten Kinderwagen. Manchmal waren leere Flaschen im Kinderwagen, manchmal alte Zeitungen. Meistens war er leer. Ein paarmal hatte ich mit der zu reden versucht, doch die sagte immer nur: »Laß mich in Ruh, ich hab dir nichts getan!«

Als ich merkte, daß die auch auf anderen Straßen in der Mitte ging, ließ ich sie in Ruhe.

Die Kriegelstein wohnte auf der Hauptstraße, auf der Hernalser Seite, in einem Haus, das von den Bomben und vom Krieg kaum beschädigt worden war. Ganz vorsichtig und sehr leise ging ich ins Kriegelstein-Haus hinein und schlich an der Tür der Hausmeisterwohnung vorbei. Der Bub der Hausmeisterin war mein Feind. Er hatte mich schon im Kindergarten nicht leiden mögen, und auf dem Heimweg von der Volksschule hatte er mit mir immer zu raufen angefangen. Er war viel größer und viel kräftiger als ich, und ich hatte keine Ahnung, warum er jedesmal, wenn wir einander begegneten, auf mich losschimpfte und losschlug. Ich hatte ihm nie etwas getan. Eigentlich gefiel er mir sogar, weil er dichte, hellblonde Haare hatte und dunkelblaue Augen mit langen, schwarzen Wimpern.

Durch die offene Haustür sah ich, daß die Hausmeisterin im Hof draußen war und Läuse von den Fisolenranken klaubte. Das beruhigte mich. Wenn seine Mutter in der Nähe war, ging der Hansi nicht auf mich los.

Die Kriegelstein stand oben, im zweiten Stock, vor ihrer Wohnungstür. Die Nachbarin war bei ihr. Die beiden linsten, vom Mauerpfeiler verdeckt, in den Hof hinunter. »Sie hat überhaupt kein Recht nicht auf die Fisolen«, sagte die Nachbarin. »Die Fisolen hat der Haberl im vierundvierziger Jahr gesetzt. Wo der Haberl tot ist, gehören uns die Fisolen jetzt genauso!«

Die Kriegelstein nickte zustimmend, und die Nachbarin wackelte mit den Zähnen. Ich ging ganz dicht an die Nachbarin heran, um die wackelnden Zähne zu sehen. Die Zähne waren gelb und standen vor, und weil die Nachbarin Zahnfleischschwund hatte, waren sie sehr lang und saßen locker. Stieß sie beim Reden mit der Zunge an die Zähne, wackelten die, und der untere linke Zweier kippte total um und stand waagrecht aus dem Kiefer heraus. Die Nachbarin drückte ihn dann mit dem Zeigefinger wieder in die richtige Lage.

»Na, da bist ja endlich!« seufzte die Kriegelstein und schaute mich unfreundlich an. Sie seufzte jedesmal, wenn ich zur »Stunde« kam. Sie packte mich an der Schulter und schob mich zur Wohnungstür hin. Der linke untere Zweier der Nachbarin stand noch immer waagrecht zwischen den Lippen. Ich wollte zuschauen, wie die Nachbarin den Zahn zurechtschob, und blieb zwischen Türschwelle und Tür stehen.

»Na, was ist? Bist gelähmt?« keppelte die Kriegelstein, nahm mich am Arm und zog mich in ihre Küche. »Meinst, deine Mama zahlt mich fürs Umeinanderstehen?«

Die Kriegelstein war widerlich. Sie war alt und teigig dick und hatte dünnfette Haare. Ihr falsches Gebiß hielt nicht ordentlich am Gaumen. Außerdem tropfte ihr dauernd Speichel aus dem Mund, lief ihr übers Kinn und hing als dicker, zittriger Tropfen an der Kinnspitze. Sie roch nach ranziger Butter. Die ganze Klavierstunde über hatte ich den ranzigen Buttergeruch in der Nase, denn die Kriegelstein hockte dicht neben mir am Klavier und murmelte dauernd: eins-zwei-drei-eins-zwei-drei, weil ich den Takt nicht halten konnte.

Beim Zimmerfenster, hinter dem Klavier, halb verdeckt von allerhand Grünzeug in Töpfen, saß der Vater der Kriegelstein bei seiner Staffelei. Er malte Landschaften. Als Malvorlage hatte er Ansichtskarten. Man konnte den vertrockneten, uralten Zwerg sehr glücklich machen, wenn man ihm eine bunte Ansichtskarte mitbrachte. Am liebsten malte der alte Kriegelstein die Alpen.

Jetzt malte er gerade am Großglockner. Mit dünnen, harten Bleistiftstrichen hatte er die Ansichtskarte vom Großglockner in kleine Karos aufgeteilt. Die Leinwand auf der Staffelei war auch in Karos aufgeteilt; in viel größere natürlich. Der alte Kriegelstein nahm immer ein kleines Ansichtskartenkaro genau in Augenschein und übertrug dann mit zittrigen Fingern, was er dort sah, auf ein großes Leinwandkaro. »Sonst stimmen mir ja die Proportionen nicht«, erklärte er mir. »Alle Maler müssen das so machen!«

Ich glaubte ihm nicht, aber ich widersprach ihm nicht. Das hätte mir den Zorn der Kriegelstein eingetragen. Sie hielt ihren Vater für einen großen, gottbegnadeten Künstler. Sie sagte immer: »Er hat seine Bilder, und ich habe meine Musik. Mehr brauchen wir nicht!«

Wenn man den alten Kriegelstein sehr schön bat, bemalte er einem den Notenheftdeckel mit fliegenden Täubchen und zwei Vergißmeinnichtbüscheln. Alle Kriegelsteinschüler, außer mir, hatten derart bemalte Notenhefte.

Ich spielte drei Viertelstunden *La Paloma* und schielte dabei andauernd zum alten Kriegelstein hinüber und sah den Großglockner hochwachsen.

Die Kriegelstein keifte: »Seit drei Wochen hast das auf und kannst es immer noch nicht!«

Als der, der hinter mir zur »Stunde« kam, an der Wohnungstür klopfte, hörte ich mitten im Takt zu spielen auf. Das empörte die Kriegelstein, sie rief: »Das ist die Höhe! So ein Fratz! Ich werde mit deiner Mutter reden müssen!«

Die Kriegelstein redete ohnehin jeden Tag mit meiner Mutter. Sie trafen einander beim Fleischhauer oder am Markt oder in der Trafik. Aber da beschwerte sich die alte Kriegelstein nie über mich, da sagte sie meiner Mutter: »Das Christerl spielt schon recht nett. Sie macht gute Fortschritte.«

Die Kriegelstein war auf jeden Klavierschüler angewiesen. Wenn einer einmal ausblieb, mußte sie am nächsten Tag beim Greißler Schulden machen. Angeblich kosteten die »echten Ölfarben« und die »echte Leinwand«, die der alte Kriegelstein vermalte, so viel Geld.

Der alte Kriegelstein kroch hinter dem Grünzeug hervor und schlurfte in die Küche hinaus, um dem Klavierschüler die Wohnungstür zu öffnen. Ich holte mein »Stundengeld« aus der Musikmappe und legte es auf die Klaviertasten. Die Kriegelstein grapschte nach dem Geld. Ich stand auf, nahm meine Mappe, steckte das Notenheft hinein, sagte »auf Wiedersehen« und rannte, bevor mir die Kriegelstein ein Notenstück zum Üben aufgeben konnte, aus der Wohnung, vorbei am alten Kriegelstein und dem Klavierschüler, der eine Flasche Slibowitz in den Händen hielt. Der, der hinter mir zur Stunde kam, war der Sohn von einem Likörerzeuger und bezahlte die Klavierstunden mit Eierlikör und Wodka-Verschnitt und Cherry-Brandy. Angeblich betrank sich die Kriegelstein jeden Abend. Das behauptete die Nachbarin mit den wackligen Zähnen. Oft, hatte sie meiner Mutter erzählt, habe der alte Kriegelstein sie schon zu Hilfe geholt, weil er zu schwach und zu zittrig sei, um die trunkene, dicke Kriegelstein zu entkleiden und ins Bett zu schaffen.

Beim Wirtshaus, an der Ecke, lehnte der Waschak-Rudi. Der Rudi war der einzige Freund, der mir von früher her geblieben war. Die Freundinnen, die ich in der Volksschule gehabt hatte, gingen jetzt in die Hauptschule und redeten nicht mehr mit mir, weil ich im »Gymnasium« war. Der Schurli, mein bester Freund, war bei den Wiener Sängerknaben. Der kam nur mehr jedes zweite Wochenende nach Hause. Und den Franzi, meinen zweitbesten Freund, konnte ich nicht mehr leiden.

Mit dem Waschak-Rudi mußte man vorsichtig umgehen. Er hatte Tage, wo er den bösen Blick hatte. Da durfte man ihn nicht anreden. Alle sagten, der Rudi sei nicht normal. Der Rudi, sagten sie, sei ein »Rauschkind«, und viele behaupteten auch, daß sein Großvater sein Vater sei. Der Rudi schielte und hatte eine verbogene Nase. Er ging selten in die Schule. Und er hatte immer eine Steinschleuder bei sich.

Ich merkte sofort, daß das ein Tag war, wo der Rudi den bösen Blick hatte. Ich ging trotzdem zu ihm hin. Er hatte eine Lucky Strike im Mund, und als ich bei ihm war, sagte er: »Schleich dich!«

Am Fensterbrett vom Wirtshausfenster lagen die Zigarettenschachtel vom Rudi und sein Feuerzeug. Seine große Schwester hatte einen amerikanischen GI zum Freund, deshalb hatte der Rudi immer amerikanische Zigaretten. Ich lehnte mich an die Hausmauer und legte meine Notenmappe zur Zigarettenschachtel auf das Fensterbrett. Der Rudi schaute die Mappe an. Sie war dunkelrot und aus Kunstleder. *Do Re Mi* und ein Violinschlüssel waren fettgolden in die Mappe geprägt. Meine alte Volksschullehrerin hatte mir die Mappe zum zehnten Geburtstag geschenkt, und noch nie hatte ich mich weniger gern für ein Geschenk bedankt als für diese abscheuliche Mappe.

»Was ist denn das?« fragte der Rudi und zeigte auf die Mappe.

»Die gehört meiner Schwester«, sagte ich. Der Rudi hätte mit keiner geredet, die gerade aus der Klavierstunde kam.

»Zeig her!« Der Rudi machte die Mappe auf und holte das Notenheft heraus. Er schlug es auf und starrte auf die linierten Seiten und auf die zerquetschten Kugeln mit den Stengeln daran. Bös fragte er: »Was soll denn das heißen?«

Ich spürte, daß es falsch war, ihm die Wahrheit zu sagen, und sagte trotzdem: »Das ist *La Paloma*, die Melodie, wie man sie auf dem Klavier spielt.«

»Scheißdreck, blöder!« rief der Rudi, und dann zerriß er das Notenheft in zwei Teile und legte sie zusammen und wollte den dicken Papierbinkel noch einmal zerreißen. Aber dazu hatte er nicht genug Kraft, und das machte ihn noch wütender. Er spuckte die Lucky Strike von den Lippen und warf die Notenheftfetzen auf die Erde und trat darauf und trampelte herum und brüllte: »Du blöde Gurken, verschwind!« Ich nahm die Notenmappe vom Fensterbrett und die Zigarettenschachtel auch und rannte die Gasse hinunter. Knapp vor unserem Haustor traf mich der Stein aus der Steinschleuder am Hinterkopf. Ich lief ins Haus hinein und befühlte die getroffene Stelle mit den Fingern. Als ich merkte, daß meine Finger davon blutig wurden, fing ich zu weinen an. Ich blieb so lange hinter dem Haustor stehen, bis ich ganz sicher war, daß ich nicht mehr weinen mußte, und wieder ein normales Gesicht machen konnte. Daß mir der Rudi einen Stein nachgeschossen hatte, ging zu Hause niemanden etwas an. Meine Mutter wollte ohnehin nicht, daß ich mit dem Rudi redete. Meine Schwester hätte gesagt: »Weil du dich mit dem Volltrottel abgibst!« Und mein Vater hätte behauptet, der Rudi habe mir wegen der gestohlenen Lucky-Strike-Schachtel nachgeschossen. Aber wegen der Zigaretten war das nicht. Da wäre mir der Rudi nachgelaufen und hätte sie mir weggenommen. Er konnte viel schneller laufen als ich. Es war wegen dem Notenheft. An einem Tag, wo er den bösen Blick hatte, hielt er es nicht aus, daß jemand eine Melodie in einem kleinen grauen Heft drin hatte.

Meine Mutter strickte an einem Pullover für mich. Die Wolle war häßlich grau und kratzig hart. Hübsche, weiche Wolle gab es nur im Schleichhandel. Meine Schwester lernte, vor sich hin murmelnd, Lateinvokabeln. Mein Vater saß neben meiner Schwester am Tisch und las die Arbeiter-Zeitung und fragte mich, ohne von der Zeitung hochzuschauen: »Na, wie war's denn bei der Kriegelstein?«

Ich sagte, was ich immer sagte, wenn ich von der Klavierstunde heimkam: »Ich geh nicht mehr hin, ich will nicht mehr Klavierspielen!«

Meine Mutter ließ die Strickerei sinken, schüttelte den Kopf und rief: »Das kommt nicht in Frage, absolut nicht. Sei froh, daß du Klavier lernen darfst! Die Klavierstunden sind fürs Gymnasium notwendig!«

Ich warf die Notenmappe auf den Tisch. »Gar nicht!« schrie ich. »Überhaupt nicht! Das glaubst nur du!«

Meine Mutter strickte wieder. Freundlich verträumt murmelte sie: »Wenn wir mehr Geld hätten, dann müßtet ihr auch reiten lernen und fechten und Ballett tanzen. Das würde alles zu einer guten Erziehung gehören.«

Meine Schwester schaute vom Vokabelheft hoch. »Die Emmi«, sagte sie, »die geht jetzt in die Ballettschule.«

Meine Mutter nickte meiner Schwester zu und seufzte: »Ja, ja, die können sich das leisten. Die haben Geld!« Ich war, was sonst nie vorkam, froh, arm zu sein. Ich setzte mich auf den Schemel neben den Ofen und starrte das Klavier an. Unser Klavier war ein Stutzflügel. Ein sehr kleiner Flügel. Früher, vor der Bombe, hatten wir ein Pianino gehabt, das war an der Wand gestanden und hatte weniger Platz eingenommen als ein Kasten. Der Stutzflügel stand mitten in unserem einzigen Zimmer und hinderte uns am Leben. Im Zimmer waren außerdem: 1 Klappbett, 2 Bettbänke, der Ofen samt Ofenschirm, 1 Schemel, 1 Tisch, 4 Sessel, 2 Polstersessel, 1 Ladenkasten, 1 Nähmaschine, 2 Kleiderschränke und viele Koffer, Schachteln, Kisten und Kartons, teils auf den Schränken, teils unter den Bettbänken und dem Stutzflügel.

Die Möbel waren alle stumpf und abgeschlagen, hundsbraun, mausgrau und kackegelb. Der Stutzflügel glänzte tiefschwarz. Meine Mutter hatte ihm aus Glitzergarn eine schweinsfarbene Zierdecke gehäkelt. Stäbchen-Luftmaschen-Rosen-Blätter-Girlanden und ein posaunender Engel in der Mitte.

Meine Mutter führte wegen dem verdammten Flügel einen Prozeß. Wir hatten ihn, gleich als wir zurück in die alte Wohnung gezogen waren, vom Magistrat gegen eine kleine Miete geborgt. Eigentlich gehörte er einem geflüchteten Nazi. Der Magistrat hatte den Flügel aus einer beschlagnahmten Wohnung genommen. Der Nazi war aber nun irgendwo in der Ferne gestorben, und sein Erbe wollte den Flügel zurückhaben. Meine Mutter war auf dem Standpunkt, daß ihr eigenes, mühselig zusammengespartes Pianino durch die Schuld der Nazis nicht mehr vorhanden war und daß sie daher Anspruch auf den Nazi-Flügel hatte.

Beim Magistrat hätte man gegen eine kleine Miete auch Rundbaukästen und Teppiche und Sitzgarnituren aus Nazi-Wohnungen haben können. Und, wenn man sich rechtzeitig bemüht hätte, sogar eine Nazi-Vierzimmerwohnung mit Bad und Balkon und Vorzimmer. Die Bomben hatten unsere Wohnung zerstört, kein Stockerl, keine Lampe, kein Fenster, keine Tür und kein Bett – nichts war heil geblieben. Mein Vater hatte mit seinen dünnen, langen Uhrmacherfingern die Wände verputzt und die Fußböden neu gelegt. Vom Tandler hatten wir die scheußlichen Möbel. Ich hätte es verstanden, wenn sich meine Mutter Nazi-Möbel und Nazi-Porzellan verschafft hätte oder eine Nazi-Wohnung. Daß sie gerade ein Nazi-Klavier angefordert hatte, verbitterte mich. Daß sie es angeblich besonders zu meinem Nutzen getan hatte, machte mich wütend. Fast jeden Tag kam es zwischen meiner Mutter und mir zum Streit wegen des Klavierspielens. Diese Klavierspielstreite glichen einander zum Wahnsinnigwerden. Ich versuchte es trotzdem immer wieder. Ich sagte: »Mama, ich geh nicht mehr zur Kriegelstein, ich will nicht!«

»Du willst viel nicht.« Meine Mutter strickte weiter am scheußlichen grauen Pullover.

»Aber ich kann auch nicht, ich bin unmusikalisch, es ist schade ums Geld!«

»Irgendwas bleibt schon hängen, die Noten kannst wenigstens.«

»Ich scheiß auf deine Noten, die sind mir Wurscht!«

»Klavierspielen gehört einfach dazu!«

»Wozu denn?«

»Zur Bildung, zur Erziehung –«

»Überhaupt nicht! Niemand braucht das! Gar niemand!«

»Später einmal, da wirst du mir dankbar sein. Wenn du Lehrerin werden willst –«

»Nie im Leben werd ich Lehrerin!«

»Das kannst du jetzt noch nicht wissen. Und was man kann, ist nie umsonst! Man weiß nie, was wird! Und Klavierspielen gehört einfach dazu.«

Es war sinnlos. Sie war unfähig, etwas anderes zu denken als das, was sie sich vor Jahrzehnten zurechtgelegt hatte. Sie war ein Kind gewesen, das gern Klavier gespielt hätte, ein Kind, das gern Lehrerin geworden wäre. Man hatte sie nicht Klavier spielen und nicht Lehrerin werden lassen. Sie wollte eine gute Mutter sein, sie ließ mich Klavier spielen. Aus-Schluß-Ende-der-Debatte! »Und ob du einmal Lehrerin werden willst, kannst du heute noch nicht wissen, dazu bist du zu klein. Lehrerin ist ein schöner Beruf!«

Was immer ich auch vorbrachte, wie immer ich auch fluchte oder argumentierte, nach dreimal Rede und Gegenrede waren wir wieder bei: »– es gehört einfach dazu!«

Mich machte das so rasend, so wütend und so hilflos, daß ich meinte, nicht weiterleben zu können. Das waren keine Selbstmordgedanken, die hatte ich nie. Ich glaubte, die Wut könnte mich töten, Adern, Gefäße, ganze Organe in mir zum Platzen bringen. Und wir stritten ja nicht nur wegen der alten Kriegelstein und dem Klavierspielen. Wir kämpften miteinander wegen der Lehrer, wegen dem Waschak-Rudi, wegen der Unordnung, wegen der Kleidung. Sie wollte mich dazu bringen, ein braves, friedliches, freundliches, nettes Kind zu werden.

Ich wollte sie dazu bringen, mir wenigstens richtig zuzuhören und endlich zu kapieren, was ich meinte. Denn das tat sie nicht. Sie hörte mir gar nicht zu, und sie kapierte nichts. Man konnte sie anschreien und beschimpfen.

»Sei doch nicht frech«, sagte sie bloß. Sie schlug nicht zu, sie entzog kein Taschengeld, sie gab keinen Hausarrest.

»Gib's auf«, sagte mein Vater oft, wenn ich mit ihm allein war. »Du kannst sie nicht ändern!« Mein Vater meinte, ich könnte der Kriegelstein das Stundengeld bringen und dann wieder weggehen. »Der versoffenen Alten macht das gar nichts aus, die ist froh darüber!« Er meinte, ich müßte doch nicht unbedingt mit dem Waschak-Rudi einen Treffpunkt vor unseren Fenstern ausmachen. Und wenn ich über die Lehrer schimpfen wollte, dann könne ich das ja ihm oder der Großmutter mitteilen.

Diese Ratschläge waren sicher gut, aber sie halfen mir nicht. Bei der nächsten Gelegenheit fing ich wieder Streit an. Das Problem war: Ich liebte meine Mutter und hielt sie für dumm und war nicht in der Lage, jemanden zu lieben, der dumm war.

Nach den sinnlosen Streitereien, wenn sich meine Wut ein wenig gelegt hatte und ich wieder ruhig atmen konnte, entzog ich mich der Wirklichkeit. Da war mein Bett, am Tag zu einer Sitzbank hochgeklappt, vierzig mal hundertachtzig Zentimeter rostbraun-grau gemusterte, verbeulte Federkernmatratze, auf die nur ich allein Anspruch hatte. Ich legte mich auf mein Bett. Ich schloß die Augen.

»Na trutz dich nur aus!« sagte meine Mutter dann und strickte emsig weiter.

Meine Träume mußten stark und wild und schön sein, damit

sie zu einer festen Mauer gegen die strickende Mutter wurden. Ich hatte viele Mauer-Träume. Jeden Tag erfand ich neue. Aber ich hatte auch zwei, die träumte ich immer wieder vor mich hin. – Im einen Traum war gerade Kriegsende, unsere Hauptstraße lag friedlich im Sonnenschein. Kein Haus war heil geblieben. Überall waren riesige Schutthaufen. Es roch nach Mauerstaub in meinem Traum und ein bißchen auch nach Feuer, und ich saß oben auf einem russischen Panzer und fuhr die Straße entlang in Richtung Stadt. Im Panzer drinnen waren meine russischen Freunde, der Cohn und der Iwan und der Budem-chleb-Bäcker auch.

Im anderen Traum war ich wunderschön. Ich hatte Blue jeans an, ein geringeltes Baumwollhemd und Tennisschuhe. Seidig blonde Haare hatte ich, mit einer karierten Schleife zu einem Roßschwanz gebunden. Ich stand auf einem samtig grünen Rasen. Im Hintergrund war ein weißes Holzhaus. Dort waren meine Eltern. Meine Eltern waren Amerikaner. Meine Mutter war eine sehr hübsche junge Frau. Die stand oft am Fenster und winkte mir. Mein amerikanischer Vater wusch oft an seinem riesigen dunkelblauen Auto herum. Einmal war er Lehrer an einer Highschool, einmal war er Redakteur der Saturday Evening Post. Aber immer schaute er genauso aus wie mein richtiger Vater.

2.
Der friedliche Rudi • Der todsichere Plan
Die verrückte Russ

Den bösen Blick hatte der Waschak-Rudi höchstens einmal in der Woche. An den anderen Tagen war er gutmütig und friedlich. Ich mochte ihn dann gern. Ich hatte ihn schon immer gern gehabt. Wir waren zusammen im Kindergarten gewesen und in der Volksschule, und schon im Kindergarten war meine Mutter gegen diese Freundschaft gewesen. »Das ist einfach dein ewiger Widerspruchsgeist«, keppelte mich meine Mutter an. »Von klein auf tust du immer justament das, was du nicht tun sollst. Für dich ist der Waschak-Bub doch nur interessant, weil er für alle anständigen Kinder verboten ist!«

Sie sagte auch, und dann freundlicher: »Der grenzdebile Idiot ist doch kein Umgang für dich! So viele nette Kinder aus deiner Klasse würden gern deine Freundinnen sein. Oder warum spielst du nicht mehr mit dem Franzi? Der Franzi ist lieb. Warum mußt du dich mit dem Kretin von deinem Rudi abgeben? Der ist doch weit unter deinem Niveau! Der kann dir doch absolut nichts geben!«

Sie hatte wieder einmal keine Ahnung, was mir der Waschak-Rudi außer Zigaretten und Cadbury-Schokolade und Kaugummi und rot-weiß gestreiften Zuckerln alles noch geben konnte.

Schöner hätte er natürlich sein können. Zum Herzeigen war der Rudi nicht, und ich zeigte ihn auch nicht her. Beim Eislaufen oder im Schwimmbad, wenn ich mit Schulfreundinnen zusammen war, machte ich einen großen Bogen um den Rudi, grüßte ihn nicht einmal und dachte mir für den Fall, daß er zu mir herkommen sollte, irgendeine merkwürdige Erklärung aus. Der Rudi ist aber gottlob nie zu mir gekommen, wenn ich mit anderen zusammen war.

Der Rudi war zum Alleinsein im Hof vom Linealmacher-Haus, hinter der Werkstatt vom Linealmacher.

Der Linealmacher erzeugte hölzerne Reißschienen und Lineale und Dreiecke. Der ganze Hof hinter der Werkstatt war voll mit winzigem Holzabfall. An manchen Stellen war der Abfall zu richtigen Bergen aufgeschüttet.

Der Rudi und ich hockten gern auf den kleinen Holzstükkerln, zwischen den Holzbergen. Niemand störte uns dort. Manchmal kamen Leute und sammelten die Linealstückerln in Säcke ein, dann klingelten sie den Linealmacher aus der Werkstatt heraus. Der Linealmacher war ein großer, dicker Mann, mit roten Haaren und einer Beinprothese. Sein Schnurrbart, seine blaue Pudelmütze, sein kariertes Hemd und seine Schuhe waren immer von einer dicken Schicht Sägemehl bedeckt. Wir nannten ihn den »Holzwurm«.

Der Holzwurm wog die Säcke mit dem Linealabfall auf einer großen Waage hinter dem Haustor ab und verlangte von den Leuten ein paar Schillinge dafür. Der Holzabfall war trocken und hart und heizte gut. Man mußte ihn nicht mehr zerhacken und bekam ihn ohne Lebensmittelkartenabschnitt. Alle Leute der Gegend hätten gern den Holzabfall gehabt, aber der Holzwurm gab ihn nur an Leute ab, die er gut leiden konnte.

Stundenlang saßen der Rudi und ich im hintersten Winkel vom Hof zwischen den Holzbergen und redeten miteinander. Wir redeten von »früher«. »Früher«, das war die Zeit, die wir nicht zusammen verlebt hatten, die Zeit um das Kriegsende herum. Der Rudi und ich hatten als erinnernswerte Zeit nur das Kriegsende. Dutzende Male durfte ich ihm erzählen, wie ich damals in Neuwaldegg in einer großen Villa gewohnt hatte, wie ich elf riesige Zimmer durchschritten hatte, um aufs Klo zu kommen. Und wie ich mit dem russischen Koch quer durch Wien gefahren war, und wie ein Dutzend Russen bei uns mit drei Fässern Wein den Ersten Mai gefeiert hatten, und wie mein Vater dem betrunkenen Feldwebel die Pistole weggenommen hatte, und was die Frau von Braun mit dem Major getrieben hatte.

Außer dem Rudi gab es niemanden, dem ich diese Sachen erzählen durfte. Denen in der Schule schon gar nicht. Die waren alle gegen die Russen. Die hielten jeden, der freundlich von Russen sprach, für einen Kommunisten, und mit Kommunisten wollten sie nichts zu tun haben.

»Und keine Schule und überhaupt keine Schule«, sagte der Rudi immer mit verklärt schielendem Blick, wenn wir von »früher« sprachen. »Und wenn ich meinem Alten was zum Saufen organisiert habe, dann hat er gesoffen und gesoffen und mich in Ruhe gelassen!«

Der Alte vom Rudi war uralt. Ob er nun der Vater oder der Großvater vom Rudi war oder beides zugleich, darüber waren sich die Leute nicht einig. Schneider war der Alte einmal gewesen, sogar eine richtige Schneiderwerkstatt hatte er gehabt, mit einem Ladenschild darüber und einer Auslage. Jetzt schneiderte er nicht mehr. Er war zu alt und zu versoffen. Der Rudi, seine Mutter, der Alte und die Schwester – die mit dem GI – wohnten jetzt in der Schneiderwerkstatt, weil das Haus, wo sie im Krieg gewohnt hatten, von einer Bombe zerstört worden war. Die Werkstatt war ein einziger Raum. So groß wie ein kleines Zimmer. Es gab keine Küche und kein Klo und kein Wasser. Auch kein richtiges Fenster. Nur die Eingangstür mit der kleinen Auslage daneben. Es gab auch keinen Hinterausgang zum Haus hin. Wenn ein Waschak aufs Klo wollte oder Wasser von der Gangbassena* brauchte, mußte er auf die Straße hinaus, um die Ecke herum und beim Haustor hinein.

An warmen Tagen saßen der Alte und die Mutter vom Rudi auf Stockerln vor der Werkstatt. Der Alte hatte meistens eine Flasche Schnaps neben sich stehen und nahm alle paar Minuten einen Schluck. Dann murmelte die Mutter vom Rudi: »Sauf net soviel!« Und der Alte murmelte: »Hab mich gern, du Luder!«

Der Alte hatte eine Rente, doch die reichte bei weitem nicht für den vielen Schnaps, den er brauchte. Auch Schnaps gab es nur im Schleichhandel, und da war er besonders teuer. Den Schnaps für den Alten besorgte die Mutter vom Rudi. Sie ging auf den Strich. Spät in der Nacht erst, sagte meine Mutter. Da kümmerte sie sich dann um die allerletzten Betrunkenen am Gürtel unten. Die waren nicht mehr sehr wählerisch. Vorher, sagte der Rudi, würde seine Mutter kein Geschäft machen. Sie hatte nur ein Auge. Bei einem Bombenangriff war das zweite Auge kaputtgegangen. Der Rudi träumte davon, seiner Mutter zum Geburtstag ein Glasauge zu schenken. Ein blaues. Ich träumte davon, meinem Vater zu Weihnachten weichgepolsterte Spezialschuhe zu schenken. Mein Vater hatte eitrige, zerschossene Beine mit Granatsplittern in der Knochenhaut. »Wasser« hatte er auch in den Beinen, weil sein Herz nicht

* Wasserbecken im Hausflur eines Altbaus, das von mehreren Mietern benutzt wird.

mehr richtig arbeitete. Alle Schuhe taten ihm schrecklich weh. Wir hatten einen Plan, wie wir zu Geld, zu viel mehr Geld noch, als für ein blaues Glasauge und ein Paar gepolsterte Schuhe nötig, kommen konnten.

Auf den Holzabfällen hockend, im Linealmacher-Hof, hatten wir den Einbruch bei der alten Russ bis ins allerletzte Detail geplant.

Die alte Russ war die Hausfrau von unserem Nachbarhaus. Sie besaß aber noch etliche andere Häuser und ein großes Fuhrwerksunternehmen, das sie verpachtet hatte. Und sie handelte mit Sachen, die es offiziell überhaupt nicht gab: Whisky, Erdnußbutter, Nylonstrümpfe, Schnaps, Parfüm, Schinkendosen und Stoff. Sie verdiente sehr viel Geld. Und sie gab nichts aus. Sie aß wie eine Mindestrentnerin ohne Beziehungen, kleidete sich wie eine Klofrau im Dienst und trug ihr Geld auf keine Bank, weil sie Angst vor einem Bankkrach hatte und auch Angst davor, daß man ihr durch ein Bankkonto auf ihre verbotenen Geschäfte kommen könnte.

Der Rudi sagte: »Meine Schwester weiß genau, daß bei der alten Russ ein ganzes Vermögen herumliegt. Die Alte stopft nämlich das Geld in alle Ladeln und Kasteln und unter die Dreckwäsche und hinter die Brotdose und sogar unter das Linoleum!«

Die Schwester vom Rudi war ein paar Wochen lang bei der alten Russ als Putzfrau gewesen. Die alte Russ hatte sie aber dann entlassen. Angeblich, weil sie gestohlen hatte. »Mein Alter«, nur wenn ich mit dem Rudi zusammen war, redete ich von meinem Vater als »Alter« und tat, als ob ich meinen Vater gar nicht besonders gern hätte, »mein Alter, der war einmal bei der Russ oben und hat ihr die Pendeluhr repariert, und da hat er im Uhrkasten ein paar Wanzen gesehen und ein dickes Bündel Geldscheine!«

»Und hat er das Geld genommen?«

»Nein, die Alte ist ja neben ihm gestanden!«

»Scheißdreck, verdammter!«

»Aber wir müssen gut aufpassen, daß wir kein altes Geld erwischen, verstehst? Meine Großmutter hat gesagt, daß die alte Russ sicher noch Geld aus der Nazizeit hat. Und Geld von vor dem Krieg auch noch. Das gilt heute nichts mehr, das ist längst verfallen.«

Ein Versteck für das viele Geld der alten Russ hatten wir auch schon. Im allerhintersten Winkel vom Linealmacher-Hof, fast vergraben in einem Holzhaufen, war eine uralte Hundehütte. Der Rudi hatte auf einem Schutthaufen eine eiserne Handkassa gefunden, eine versperrte, ohne Schlüssel. Weil er gehofft hatte, in der Handkassa Geld zu finden, hatte er dem Weinhüttl, dem Schlosser, einen ganzen Nachmittag lang geholfen, den Keller zu entrümpeln. Dafür hatte ihm der Weinhüttl zwei zur Kassa passende Schlüssel aus einem Riesenhaufen alter Schlüssel herausgesucht.

In der eisernen Handkassa waren leider nur alte Rechnungen und braunverblichene Hochzeitsfotos und ein Reichs-Arbeitsbuch gewesen.

Die Handkassa war nun in der Hundehütte beim Linealmacher. Löchrige, stinkende Fetzen hatten wir über sie gelegt. Den einen Kassaschlüssel hatte der Rudi in der Hosentasche. Der andere war bei mir zu Hause, in der Lade mit den Schulsachen, unter dem Einlagepapier.

Unser Plan war todsicher. Und sehr einfach. Die alte Russ war gierig danach, Buben anzugreifen. Jeder in der Gegend wußte das. Alle Eltern warnten ihre Buben, nur ja der alten Russ aus dem Weg zu gehen. Dabei tat die Alte gar nichts Verbotenes. Vielleicht war sie zu ängstlich, vielleicht auch bloß bescheiden. Es genügte ihr, den Buben über die Wangen zu streicheln und sie unter dem Kinn zu kitzeln und dabei wie ein alter Tauber zu gurren. Schließlich war sie ja ziemlich verrückt.

Sicher war jedenfalls: Geht der Rudi in den Hof vom Russ-Haus und setzt sich auf die Kohlenkiste der Frau Edlinger und baumelt mit den Beinen und pfeift ein bißchen, dann geht oben im ersten Stock bald ein Fenster auf, und die alte Russ ruft mit ihrer Kunsthonigstimme in den Hof hinunter: »Bubi, kannst vielleicht zu mir raufkommen?«

Und dann nickt der Rudi und steigt von der Kohlenkiste und geht in den ersten Stock, zur Russ-Wohnung. Ich habe die ganze Zeit über im Hausflur gewartet und schleiche jetzt leise hinter ihm her. Im ersten Stock, bei der Bassena, bleib ich stehen. Dort verdeckt mich ein Mauerpfeiler, dort kann mich die alte Russ nicht sehen. Der Rudi geht zur Russ hin, die steht in der offenen Tür und fragt: »Bubi, hast vielleicht einen Hunger?« Oder: »Bubi, kannst mir behilflich sein?« Das waren die zwei verschiedenen Gesprächsanfänge, die die alte Russ für solche Gelegenheiten auf Lager hatte.

Der Rudi nickt dann der alten Russ zu und sagt, daß er wirklich einen großen Hunger hat oder daß er alten Frauen wirklich gern hilft. Und dann geht er mit ihr in die Wohnung. Aber er benimmt sich nicht so vertrottelt wie alle anderen Buben vor ihm. Er rennt also nicht kreischend davon, wenn sie ihm über die Wangen streichelt, und wenn ihr dickes, rotes, schwabbeliges Gesicht dem seinen nahe kommt und ihre kleinen schwarzen Knopfaugen wie verrückt zu funkeln beginnen, dann hält der Rudi still.

Er geht mit der Russ aus der Küche in das Zimmer und, wenn es möglich ist, in das nächste Zimmer auch noch. Und außerdem muß er verhindern, daß die alte Russ die Wohnungstür zusperrt.

Für mich ist alles ganz einfach. Ich verlasse meinen Posten hinter dem Mauerpfeiler bei der Bassena und schleiche zur Russ-Tür. Leise drücke ich sie auf, vorsichtig betrete ich die Küche. Ich hole aus allen Ladeln und Kasteln, aus dem Backrohr und aus dem Kamintürl und unter dem Linoleum das viele Geld hervor und stopfe es in den Turnsack, den ich aus meiner Unterhose hervorhole. Falls es dem Rudi gelungen ist, die alte Russ in das hintere Zimmer zu locken, durchsuche ich auch noch das Zimmer neben der Küche. Ist mein Turnsack voll oder finde ich nichts mehr, verlasse ich die Wohnung und pfeife dabei leise wie eine Amsel vor mich hin. Damit der Rudi weiß, daß ich fertig bin. Dann trage ich den Turnsack voll Geld in die Hundehütte und stopfe ihn in die Handkassa und lege die alten Fetzen darüber.

Risiko, versicherten wir uns immer wieder, gäbe es dabei überhaupt keines. Der Rudi tat ja nichts Verbotenes. Dem konnte niemand einen Vorwurf machen, und falls mich jemand hinter dem Mauerpfeiler bei der Bassena ertappte, wollte ich sagen, ich sei auf dem Weg zur Dohnal-Elfi, die wohnte im zweiten Stock und war in meinem Alter. Manchmal besuchte ich sie wirklich. Falls mich jemand mit vollem Turnsack auf dem Rückweg sah, brauchte ich mir gar keine Ausrede einfallen zu lassen. Laufende Kinder mit Turnbeutel sind keine Seltenheit. Und falls mich jemand in der Küche oder im Zimmer der alten Russ entdeckte, was sehr unwahrscheinlich, aber doch möglich sein könnte, dann würde ich einfach einen Heidenkrach schlagen und zu schreien und zu heulen beginnen und sagen, die alte, gottverdammte, gemeine Russ habe den armen Rudi ins Hinterzimmer verschleppt und wolle ihm Gewalt antun und ich versuche gerade, ihn aus ihren gierigen Klauen zu befreien.

Niemand in der ganzen Gegend mochte die alte Russ. Jeder traute ihr alles zu. Dem Rudi allerdings traute man auch alles zu, den mochte auch keiner.

Aber ich war ja dabei.

Herziges, manierliches, wohlbehütetes Schulmädchen! Nicht einmal die Milchfrau, und die war die mißtrauischste Person der Gegend, würde auf die Idee verfallen, daß die kleine »Christerl« die alte Russ ausgeraubt haben könnte. Da waren der Rudi und ich ganz sicher. Außerdem war ich fest überzeugt, daß niemand in der Gegend etwas dagegen hatte, wenn die alte Russ um ihr Geld gebracht wurde. Der Russ ihr Geld war »kein ehrliches Geld«. Mein Großvater sagte das oft.

Wir vereinbarten monatelang Termine für den Russ-Raub. An einem Montag sollte es geschehen, denn an den Montagen war es in unserem Nachbarhaus am ruhigsten. Das Friseurgeschäft im Parterre hatte am Montag geschlossen. Die Bedienerin der Frau Horak kam am Montag auch nicht. Und die alte Edlinger, die Hausmeisterin, die sonst immer hinter der Wohnungstür lauerte und der keiner entging, der ins Haus kam, die war jeden Montagnachmittag im Wannenbad, um ihren dicken Leib zu reinigen.

Aber an einem Montag hatte der Rudi den bösen Blick und kam nicht in den Hof, an einem anderen Montag hatte ich mit der Schule Wandertag, dann waren wieder zwei Arbeiter im Nachbarhaus und reparierten an den Fenstern herum. Oder meine Mutter bestand darauf, daß ich mit ihr zu unserer Bertatante gehen müsse.

Wenn es regnete, konnte der Rudi nicht gut im Hof auf der Edlinger-Kiste sitzen und vor sich hin pfeifen; das wäre den Leuten im Haus aufgefallen.

Dann war die alte Russ über einen Monat lang irgendwo auf dem Land zur Erholung. Beim Arzt war sie auch an irgendeinem Montag. Und manchmal kam am Montag ihr Sohn zu ihr auf Besuch.

Doch ein paarmal, an Montagen, da sah ich von unserem Küchenfenster aus den Rudi im Nachbarhof auf der Kiste. Er pfiff *La Paloma*, baumelte mit den Beinen und schaute ungeduldig zu unserem Fenster her. Da duckte ich mich schnell und verschwand unter dem Fensterbrett.

Einmal wurde der Rudi ungeduldig, verließ den Kistenplatz, kam in unser Haus herüber und stand auf unserem Gang herum und pfiff ganz laut *La Paloma*. Die Frau Simon, unsere Nachbarin, kam auf den Gang und vertrieb ihn. Sie schrie: »Schau, daß du verschwindest! Solche wie dich brauchen wir da nicht!«

Hinterher, als ich den Rudi wieder traf, erklärte ich ihm, daß dieser Montag nicht günstig gewesen sei. Ich sagte: »Ich wärs ja sowieso gekommen, aber ich hab erfahren, daß sie Besuch kriegt! Stell dir nur vor, wir wären bei der Alten drinnen gewesen, und der Besuch hätte an der Tür geklingelt!«

Ob mir der Rudi das glaubte, weiß ich nicht. Er sagte bloß: »Nächsten Montag wird es schon klappen!« Und ich nickte erleichtert.

3.
Die schönen Reklamen
Die häßlichen Kleider • Die Doktorspiele

Über uns, im ersten Stock, wohnte die junge Frau Edlinger mit dem Julius. Der Julius war der Sohn der Hausmeisterin vom Russ-Haus. Der Julius war zum drittenmal verheiratet. Seine erste Frau war bei einem Bombenangriff in einem Bunker verschüttet und tot ausgegraben worden. Seine zweite Frau war vor einem Jahr, und da war sie erst achtzehn gewesen, an Knochentuberkulose gestorben. Die dritte Frau Edlinger hieß Margit und wohnte noch nicht lange über uns. Sie nannte den Julius »Julio-Darling«.

Alle im Haus lachten darüber.

Wenn die Edlinger-Margit am Abend ausgehfertig zurechtgemacht war, sah sie wie eine Filmschauspielerin aus. Wenn sie gegen Mittag verschlafen zu uns herunterkam und bei meinem Vater um eine Morgenzigarette bettelte, schaute sie scheußlich aus. Ihr Gesicht war dann so gelb wie die Haarbüschel, die ihr struppig verfilzt vom Kopf abstanden. Ohne Lidstrich und ohne falsche Wimpern waren ihre Augen winzig klein. Verquollen waren sie außerdem. Und der Lippenstift war bis zur Nase hinauf und zum Kinn hinunter verschmiert. Am meisten schreckten mich aber die fehlenden Augenbrauen. Die hatte sie komplett wegrasiert. Am Abend malte sie dann mit einem schwarzen Stift dünne Bögen über die Augen. Und weil sie untertags kein Korsett trug, war sie zum Mittag um die Mitte herum gut zwanzig Zentimeter dicker als am Abend. Ohne Korsett paßte sie in kein Kleid hinein. Darum kam sie immer in einem schwarzen Unterkleid mit einer Strickjacke darüber zu uns.

Meine Großmutter haßte die Edlinger-Margit. »In meine Wohnung kommt mir die überhaupt nicht hinein«, erklärte sie. Meine Großmutter hielt jede geschminkte Frau mit gefärbten Haaren für unmoralisch. Und für leichtsinnig. Die Edlinger-Margit war weder das eine noch das andere. Am Nachmittag saß sie in ihrer Küche und nähte. Sie war keine Schneiderin, aber sie war sehr geschickt. Wer in der Gegend ein modisches Kleid haben wollte und auch einen Stoff auftrieb, der kam damit zur Edlinger-Margit.

Am Abend ging die Edlinger-Margit als Barfrau in ein Nachtlokal. In der Früh kam sie heim und legte sich schlafen. Sie zahlte die Schulden, die der Julio-Darling in anderen Nachtlokalen machte. Sie sparte emsig, und immer, wenn sie sich so viel erspart hatte, daß es für einen Rundbausekretär gereicht hätte – so ein Kastenungetüm war ihr Lebenstraum –, nahm ihr der Julio-Darling das ersparte Geld weg. Meistens fuhr er mit dem Geld nach Italien und spielte dort, in einem Hotel, für ein paar Tage den wohlhabenden jungen Mann.

»Hau den Julius doch zum Teufel«, sagte meine Mutter immer wieder zur Margit, aber die Margit liebte den Julius. Außer dem Julius liebte sie nur noch den Traum vom Rundbausekretär und amerikanische Illustrierte. Jeden Sonntagnachmittag kam sie mit einem Packen amerikanischer Zeitschriften und einem kleinen Sackerl echten Bohnenkaffee.

Die Zeitungen hatten ihr die Nachtlokalgäste geschenkt. Den Kaffee hatte sie – Löfferl für Löfferl, damit es nicht auffiel – vom Nachtlokalkaffee gestohlen. Meine Mutter liebte die

Sonntagnachmittage mit der Margit. Mit glitzernden Augen hörte sie zu, wenn die Margit von den Nachtlokalgästen erzählte, das waren anscheinend nur Männer, und alle hatten sie sehr viel Geld.

Die Edlinger-Margit bekam von meiner Mutter unser letztes Kuchenstück und die allerletzte Zigarette meines Vaters; auch wenn mein Vater dagegen war. Und wenn es unbedingt sein mußte, borgte meine Mutter ihr auch unser Notgroschengeld aus dem getupften Häferl in der Kredenz.

Mit mir schaute die Margit die amerikanischen Journale durch und wollte die Reklamen von mir übersetzt haben. Dazu reichten meine Englischkenntnisse bei weitem nicht, aber ich erfand einfach Werbesprüche für Sirup und Schinken mit Rosinen und Büstenhalter und Sandalen. Die Edlinger-Margit merkte das nicht.

Reklameseiten, die mir besonders gefielen, riß ich aus den Zeitungen. Ich sammelte sie in einer Mappe, und an besonders langweiligen Abenden schnitt ich die angepriesenen Gegenstände aus. Ich hatte Eisschränke mit offenen Türen, vollgestopft mit Köstlichkeiten. Ich hatte Pakete mit Torten-Instant-Mischungen, geblümte Polstergarnituren, Herrenunterhosen, Zelte, Einfamilienhäuser, Negermamis, Studebakers, Obstschüsseln, Damenmieder, Orangensaftdosen und Küchenmaschinen.

In einem Extrakuvert hob ich »meine Sachen« auf: Jeans, Pullover, Rollschuhe, Schultaschen, Seidenkleider mit Rüschen, Buntstifte, Nagellack, Schuhe und Schmuck. Ich spielte »Was ziehe ich heute an« und durchsuchte mein Kuvert nach Schuhen, die zum geblümten Kleid mit Popomasche paßten. Ich verglich alle meine Papierlippenstifte mit den roten Blümchen im Kleid, damit sich meine Lippen und das Kleid nicht »bissen«.

In Wirklichkeit brauchte ich mir über meine Kleider keine Gedanken zu machen. Im Winter hatte ich zwei karierte Wollkleider gehabt. Eins war aus einem alten Kleid meiner Großmutter genäht, das andere stammte aus einem Caritas-Lager. Die Caritas machte in Amerika Altkleidersammlungen und verteilte das Zeug bei uns im Pfarramt. Jetzt, im Frühling, hatte ich auch zwei Kleider. Eins war wieder von der Caritas. Es war weiß und hatte blaue Streifen, auf denen gelbe Junghühner spazierengingen. Wie eine Kinderzimmertapete schaute der Stoff aus. Das Tapetenkleid war zu kurz und um die Taille zu eng. Ich mochte es trotzdem lieber als das andere Kleid. Das andere Kleid nannte meine Mutter »das Dirndl«. Es hatte Puffärmel und silberne Knöpfe. Zuerst war es dunkelrot. Meine Mutter hatte es aus einem Leintuch geschneidert und mit Stoffarbe rot gefärbt. Die Stoffarbe war nicht gut gewesen. Als wir mit der Schule ins Museum gegangen waren und es auf dem Heimweg zu regnen begonnen hatte, hatten mich alle ausgelacht. Rot hatte es von meinem Kleidersaum getropft, wie Himbeersaft war der Regen über meine Beine gelaufen. Und zu Hause dann, als ich das Kleid wütend ausgezogen hatte, war mein ganzer Körper dunkelrot gewesen. Und die rote Farbe hatte auf der Haut – trotz vielem Waschen – wochenlang angehalten. Das »Dirndl« zog ich nur an, wenn das Tapetenkleid in der Wäsche war.

Die meisten Kinder waren damals genauso häßlich gekleidet wie ich. In meiner Klasse gab es nur drei Mädchen, die viel zum Anziehen hatten. Die Andi hatte reiche Verwandte in Amerika, die schickten Kleiderpakete. Der Vater von der Gerti war

Schneider, der sparte am Stoff, den ihm die Kundschaften brachten. Aus dem, was er eingespart hatte, machte er Blusen und Röcke für die Gerti. Einmal, als wir aus der Schule herauskamen, rannte plötzlich eine Frau auf die Gerti los, packte sie am rot-weiß getupften Blusenärmel und kreischte: »Mir erklärt der Gauner, daß der Stoff nicht für einen Faltenrock reicht, und jetzt hast du eine Bluse aus meinem Stoff! Das zeige ich an!«

Die schönsten Kleider hatte die Eva. Die Eva war meine Sitznachbarin. Nie kam es vor, daß sie zwei Tage hintereinander dasselbe Kleid trug. Als einzige der Klasse hatte sie Dauerwellen. Außer der Schultasche nahm sie auch eine Handtasche in die Schule mit. In der waren Lippenstift, Puderdose und ein Fläschchen mit gelber Flüssigkeit. »Mein O de Toilette«, sagte sie und tupfte sich während der Stunden kleine Tropfen von dem gelben Saft hinter die Ohren und auf den Hals. Das »O de Toilette« verwirrte mich. Meine Mutter hatte mir erklärt, daß »bessere Leute« statt Klo »Toilette« sagen. Ich verstand nicht, warum sich die Eva etwas hinter die Ohren schmierte, was mit Klo zu tun hatte. Ich fragte sie aber nicht. Ich fragte nicht viel. Ich hatte Angst, für dumm gehalten zu werden. Die Eltern der Eva hatten sehr viel Geld, doch irgend etwas stimmte mit dem Geld nicht. »Sie sind doch nur neureich«, sagte die Helene, die vor mir saß, verächtlich.

Ich nickte der Helene zustimmend zu und hatte keine Ahnung, was »neureich« bedeuten sollte. Wenn man »neureich« sein konnte, dann konnte man ja auch »altreich« sein, sagte ich mir. Aber »Altreich« sagte die Frau Brenner, die ein Nazi gewesen war, wenn sie von Deutschland sprach.

Die Eva behauptete immer, ich sei ihre Freundin. Einmal

die Woche, am Donnerstag, war ich bei ihr zu Besuch. So etwas Vornehmes wie das Zimmer der Eva hatte ich bisher nur im Kino gesehen. Und im Wohnzimmer standen Schüsseln mit Orangen und Bananen, und manchmal war eine echte Ananas darunter. Im Vorzimmer stand eine Kiste, die war voll Schokolade und Kuchenkonserven.

Die Mutter der Eva ging jeden Tag ins Kino, manchmal schaute sie sich einen Film dreimal an. Am liebsten waren ihr amerikanische Revuefilme. Da nahm sie Zeichenblock und Bleistift mit, und während die anderen ergriffen dem Gesang von Ginger Rogers lauschten, versuchte sie im Dunklen ein Kleid von Ginger Rogers aufzuzeichnen, damit ihr die Edlinger-Margit so ein Kleid nähen konnte.

Meine Mutter sah es gern, daß ich zur Eva auf Besuch ging. Weil ich dann mit dem Rudi nicht zusammen war, weil ich gute Sachen zu essen bekam, weil mich der Vater der Eva am Abend im Studebaker nach Hause brachte und weil die Eva ein »nettes Mädchen« war.

Die Eva war überhaupt kein nettes Mädchen. Die Eva, kam mir vor, war nicht normal. Gingen wir nach der Schule die Hauptstraße hinunter, erzählte sie mir von ihrem Fritz und ließ mich schwören, alles ganz geheimzuhalten. Der Fritz war ein Cousin der Eva. Er war über dreißig. Eine gewisse Sonja, ebenfalls eine Cousine und schon vierzehn Jahre alt, machte der Eva diesen Fritz streitig.

Zuerst hielt ich die Sache mit dem Fritz für Schwindel. Viele in meiner Klasse erzählten Lügengeschichten über Liebessachen. Aber an einem Donnerstag dann, bei der Eva, sah ich den Fritz. Er war häßlich, klein und O-beinig, er schielte und hatte eine Knopfnase. Ich konnte mir nicht vorstellen, daß irgend jemand um so eine lächerliche Figur Träume von Liebe baute. Von diesem Donnerstag an glaubte ich der Eva.

Wenn wir am Donnerstag nach der Schule zur Eva heimgingen, kaufte sie mir beim Peregrini ein Eis. Sie hatte Gutscheine, immer zehn Stück, erhalten für eine positive Schulnote. Ihre positiven Noten waren mein Verdienst. Sie konnte nicht einmal ordentlich abschreiben. Ich mußte ihr ganze Rechnungen und Sätze auf kleinen Zetteln vorschreiben und zuschieben. Ich hatte also ein Anrecht auf die Eisgutscheine.

Die Eva aß kein Eis, weil sie dick war und schlank werden wollte. Ich war gierig nach Eis. Ich schleckte es nicht, sondern biß große Stücke ab, ich wollte schnell fertig werden, denn manchmal vergaß die Eva ihre Abmagerungskur und nahm mir das Eis weg. Wenn ich es wiederhaben wollte, hielt sie mir vor, daß ich unbescheiden sei und daß das Eis eigentlich ihr gehöre, weil sie es bezahlt habe.

Beim Mittagessen war immer die ganze Familie der Eva versammelt. Der Vater gähnend und im Pyjama, er stand erst zu Mittag auf, er machte seine guten Geschäfte in der Nacht. Die Mutter wohlfrisiert und immer im Seidenkleid und mit leidendem Gesicht. Sie hatte Migräneanfälle. Auf dem Sessel, der der Küchentür am nächsten war, saß die Großmutter. Sie unterbrach das Suppenessen, um die Knödel aus dem Wasser und den Braten aus dem Rohr zu holen. Während die anderen Knödel aßen, holte sie die Vanillesoße vom Dunst, und zum Vanillesoße-Essen kam sie auch nicht, weil sie dann den kleinen Bruder fütterte. Der aß nur, wenn ihm die Großmutter den Löffel zwischen die Lippen zwängte und dabei auf ihn loskeifte.

Wegen der Großmutter fühlte ich mich bei der Eva wohl. Sonst war ich bei »besseren Leuten« verschreckt. Die Helene hatte mir einmal erzählt, daß sich die Gerti, als sie bei der Helene zu Besuch gewesen war, überhaupt nicht gut benommen habe. »Absolut keine Manieren hat die«, hatte die Helene gesagt. »Meine Mutter war entsetzt. Na ja, woher soll sie es auch haben, die kommt ja aus einer richtigen Proletenfamilie!«

Das hatte mir angst gemacht. Ich wollte nicht, daß irgendwer so etwas über mich sagen konnte. Darum ging ich auch nie zur Helene, obwohl sie mich oft einlud.

Aber die Großmutter der Eva glich meiner Großmutter. Sie war genauso dick, und schwerhörig war sie auch. Und wenn es heiß war, lief sie im schweinsrosa Unterkleid herum. Und wenn die Knödel klebrig waren, nahm sie die falschen Zähne aus dem Mund und wischte die Knödelreste mit dem Taschentuch von der Gebißplatte.

»Mama, ich flehe dich an!« rief der Vater von der Eva dann, und die Mutter verdrehte die Augen und murmelte: »Ich bring die Alte noch um!« Doch die Großmutter ließ sich nicht stören. Sie stellte sich – wie meine Großmutter – stocktaub. Brüllte der Vater von der Eva: »Mama, tu sofort die Zähne weg!«, so stopfte die Alte das Gebiß in den Mund und das Taschentuch samt den Knödelbrocken in die Schürzentasche und sagte: »Franzi, tu net immer so, als ob du hinter die grünen Jalousien aufgewachsen wärst!«

Die Großmutter schaute auch dauernd zum Fenster hinaus und in andere Fenster hinein. Daß sie dazu, wenn sie allein war – so wie meine –, einen Operngucker benutzte, dessen war ich mir sicher.

Ich mochte diese Großmutter genausowenig wie meine eigene, aber sie gab mir Sicherheit. Bei Leuten, die so eine Großmutter hatten, kannte ich mich aus. Wenn mich der Vater der Eva am Abend heimfuhr, fett und Camel rauchend im Studebaker sitzend, mit einem dicken Packen Geld in der Sakkotasche, redete ich ohne Scheu mit ihm, weil er der »Franzi« der Großmutter war. So ein »Franzi« konnte nicht zu den besseren Leuten gehören. Vor so einem »Franzi« brauchte ich mich nicht zu schämen.

Ich war gern bei der Eva, aber ich war nicht gern mit der Eva allein. Es war immer das gleiche. Nach dem Mittagessen ging sie mit mir in ihr Zimmer und versperrte die Zimmertür. »Damit uns der Kleine nicht beim Lernen stört«, sagte sie zu ihrer Mutter. Und dann wollte sie Doktor spielen. Dazu kam ich mir zu erwachsen vor. Doktor gespielt hatte ich im Kindergarten. Und die Art von Doktorspielen, die dort verboten gewesen war, die hatte ich mit dem Schurli und dem Franzi im Keller ausprobiert. Doch das war lange her. Daran konnte ich mich fast nicht mehr erinnern. Daß eine, die einen dreißigjährigen Geliebten hat, aufs Doktorspielen versessen ist, verstand ich nicht. Ich versuchte, die Eva abzulenken, redete von der Schule, fragte nach dem Fritz, versuchte sie sogar zum Lernen zu überreden. Es nützte nichts! Sie legte sich auf das Bett, auf die fliederfarbene Quasteldecke, und klagte: »Herr Doktor, es tut im Bauch so weh!« Ich stellte mich blöd, ich fühlte ihr den Puls, ich sagte: »Sie haben eine Sommergrippe, ich verschreibe Ihnen Pulver!« Die Eva wurde ungeduldig. »Du sollst meinen Bauch untersuchen«, sagte sie leise und drohend.

Sie zog ihren Rock hoch und die Unterhose bis zu den Knien herunter. Ich starrte auf den breiten rosa Hüfthalter. So was trugen sonst nur erwachsene Frauen. Kinder hatten schmale Strumpfbandgürtel mit Trägern. Der breite Hüfthalter war an einer Seite mit einer Reihe Hafteln geschlossen. »Mach ihn auf«, flüsterte die Eva.

Ich wollte nicht, tat, als hätte ich die Aufforderung nicht gehört, legte eine Hand auf den glänzend schweinsrosa Stoff, so dicht an der Taille als möglich, und drückte verzweifelt und wütend in den dicken Bauch hinein und fragte: »Tut es da weh?«

Die Eva hakte hurtig alle Hafteln auf und klappte die rosa Stoffplatte vom Bauch und jammerte: »Weiter unten, Herr Doktor, viel weiter unten bitte!«

Ich war kein naives Kind, das sich bei solchen Sachen nicht auskennt. Im Kindergarten hatten wir eine gehabt, die hatte jedem Buben in die Hose gegriffen. Und der Herr Benedikt aus dem zweiten Stock griff der Frau Simon, wenn er ihr im Haus begegnete, immer unter den Rock, und die Frau Simon kreischte dann empört und schrie: »Sau, Sie!« Ich hatte zugeschaut, wie ein russischer Soldat den Erzengel vergewaltigt hatte, und oft gesehen, was die Schwester vom Rudi mit dem GI im Bett alles machte. Ich kannte unanständige Witze, und unanständige Bilder kannte ich auch. Der Trafikant hatte welche in der Lade mit den »offenen Zigaretten«. Aber nichts von dem, was ich je gehört oder gesehen hatte, war mir so unanständig vorgekommen wie die fette, halbnackte Eva auf der Quasteldecke.

Um nichts in der Welt wollte ich sie »weiter unten« angreifen.

Meistens gab die Eva auf, zog sich wieder an und sagte: »Gehn wir Jause essen!«

Manchmal allerdings versuchte sie auch, keuchend und schnaufend, meine Hand nach unten zu drücken. Ein einziges Mal ist ihr das gelungen. Sie war ziemlich kräftig. Sie hat mit beiden Händen meinen Arm gepackt und ist mit dem Unterleib plötzlich nach oben gerutscht. Sie hat die Schenkel gespreizt, und meine Hand ist auf ihren fettem, unbehaarten, feuchten Geschlecht gelegen. Einen winzigen Augenblick hat sie stillgehalten, dann ist sie aufgesprungen und hat mir eine Ohrfeige gegeben und gebrüllt: »Du Schwein, du, was fällt dir ein!« Dann hat sie die Hafteln am Hüfthalter geschlossen und die Unterhose hochgezogen, dabei hat sie weitergeschimpft: »Du bist vielleicht unanständig, so eine Sau! Richtig hurig bist du!« Wie sie fertig angezogen war, ist sie zu ihrem Toilettentisch gegangen, hat sich frisiert, hat mir zugelächelt und gesagt: »Komm, jetzt gehen wir Jause essen!«

Ich hätte gern jemanden gehabt, den ich wegen der Eva um Rat hätte fragen können.

4.
Der gestohlene Zucker
Der dunkelrote Schmerz
Die bucklige Minna
Die Wut der Großmutter

Es war an einem Freitag, und es regnete seit dem frühen Morgen. Nun war es Nachmittag. Ich lag auf meinem Bett und schaute mir die *Lebensmittelaufrufe für die Woche vom 3. bis 9. Mai* in der Zeitung an. Da gab es Normalkartenempfänger und Zusatzkartenempfänger. Ganz genau war da aufgeschrieben, wieviel Gramm Mehl und Brot und Fischkonserven und Schmalz und Zucker und Erdäpfel einem jeden zustanden. Den Lebensmittelkarten nach war ich ein Kind. Meine Schwester eine Jugendliche. Genau verglich ich die Spalte mit den Kinder-Aufrufen und den Jugendlichen-Aufrufen. 1659 Kalorien standen mir als Tagesdurchschnitt zu. Meine Schwester hatte 1913 Kalorien. Sie bekam um ein halbes Kilo Brot pro Woche mehr. 15 Deka Mehl, 4 Deka Schmalz, 1 Deka Gulaschgewürz mehr als ich hatte sie ebenfalls. Dafür stand ihr wesentlich weniger Zucker zu als mir! Meine Wochen-Zuckerration betrug 250 Gramm, die ihre nur 180 Gramm. Dabei tat sie immer doppelt soviel Zucker wie ich ins Teehäferl hinein! Meine Schwester saß am Tisch und löste seit Stunden – am Bleistift kauend – Rechenbeispiele. Die gehörten nicht zur Hausübung, die waren Fleißaufgabe, damit sie auf die nächste Schularbeit auch garantiert ihr übliches »Sehr gut« bekommen würde. Ich streckte ein Bein aus, stieß mit der Fußspitze an den

Sessel, auf dem meine Schwester saß. Der Sessel wackelte, meine Schwester schaute empört hoch.

Ich sagte: »Du frißt mir meinen Zucker weg!«

Meine Schwester schüttelte unwillig den Kopf und rechnete weiter.

Ich gab dem Sessel wieder einen Stoß.

»Laß mich in Ruh!« sagte meine Schwester. Ich wackelte mit der Zeitung in der Luft. »Zehn Deka Topfen krieg ich nächste Woche auch!« sagte ich. »Aber diesmal wirst du mir den nicht wegfressen! Der gehört mir!«

»Du magst doch keinen Topfen«, murmelte meine Schwester.

»Das ist ganz Wurscht!« Ich stieß wieder mit dem Fuß gegen den Sessel. »Aber du bekommst ihn nicht!«

»Das wird die Mutti bestimmen«, sagte meine Schwester. »Das werde ich ganz allein bestimmen, wer meinen Topfen frißt!« rief ich und trat gegen den Sessel, daß er kippte und meine Schwester mit der Brust gegen die Tischkante fiel und laut brüllte.

»Aufhören, sofort aufhören«, sagte mein Vater. »Ich halt das nicht mehr aus!« Mein Vater stand beim Fenster und schaute auf die Straße hinaus. Er hatte Zahnweh. Sein Gesicht war geschwollen, seine linke Wange lächerlich dick, die Oberlippe wulstig, das Auge über der Wange war zu einem schmalen Schlitz geworden.

Meine Schwester hörte zu brüllen auf, setzte sich auf dem Stuhl zurecht und rechnete weiter.

Mein Vater holte das Röhrchen mit den schmerzstillenden Tabletten aus der Hosentasche, schüttelte etliche heraus und steckte sie in den Mund. Dann nahm er die Weinbrandflasche vom Fensterbrett und spülte die Tabletten mit einem großen Schluck Weinbrand hinunter.

Meine Mutter las einen Krimi. Sooft sie eine Seite umblätterte, murmelte sie: »Er wird eine Kiefereiterung bekommen!«

»Warum geht er denn nicht zum Zahnarzt?« fragte meine Schwester ins Rechenheft hinein. »Hat er vorm Zahnarzt Angst?«

Meine Mutter gab keine Antwort. Mein Vater humpelte vom Fenster zur Zimmertür und wieder zurück, machte kehrt und humpelte zur Tür, stöhnte, drehte um und humpelte dem Fenster zu. Meine Mutter blätterte wieder eine Seite um. Diesmal sagte sie: »Einfach lächerlich! Ein erwachsener Mann und so feige!«

Sie quälten meinen Vater! Ich war mir sicher, daß meine Mutter und meine Schwester für meinen Vater noch viel schwerer zu ertragen waren als die Zahnschmerzen. Und ich war mir auch sicher, daß mein Vater längst zum Zahnarzt gegangen wäre, wenn die beiden nicht so saudumm dahergeredet hätten. Sicher war das genauso wie bei mir, wenn mir meine Mutter das Klavierüben befahl. Dann übte ich erst recht nicht! Dann war es mir völlig unmöglich zu üben. Je mehr sie redete, um so unmöglicher wurde es.

»Jetzt schau ich mir das aber nicht mehr länger an!« Meine Mutter legte den Krimi weg. »Du gehst sofort zum Zahnarzt!«

Der Mund meines Vaters war so verschwollen, daß ich kaum verstand, was er sagte. »Zu viele Leute«, hörte ich und: »Uhr vom Weninger.«

»Blödsinn!« rief meine Mutter. »Du rennst doch eh nur auf

und ab! In deinem Zustand kannst keine Uhr reparieren! Das ist doch nur eine Ausrede, weil du dich nicht zum Zahnarzt traust!«

»Leck mich am Arsch!« brüllte mein Vater, und ich hätte heulen mögen über sein lächerlich verzerrtes Brüllgesicht. Er humpelte aus dem Zimmer, durch die Küche, in sein Kabinett und zog krachend die Tür zu.

»Es ist ihm nicht zu helfen«, sagte meine Mutter. Sie nahm den Krimi und suchte nach der Seite, bei der sie zu lesen aufgehört hatte. Meine Schwester radierte eine Rechnung aus, schnaufend und klagend sagte sie: »Und die ganze Flasche Weinbrand hat er getrunken! Er ist ja total betrunken!«

Ich hielt die beiden nicht mehr aus. Ich stand auf und ging in die Küche und stand ratlos vor der Kabinettür und fragte mich, ob mein Vater meinen Trost haben wollte.

Die Tür zum Kabinett war eine Schiebetür. Mein Vater hatte sie aus alten Brettern zusammengeflickt. Vorsichtig zog ich die Tür einen Spalt auf. Hinter dem Uhrmacherwerktisch, hinter den Schränken und Schränkchen mit den Kartons und Schachteln und Kisteln drauf, auf seinem Bett, lag mein Vater, zusammengekrümmt wie ein Embryo, und wimmerte.

Ich zwängte mich durch den Türspalt. Ich wartete auf ein gemurmeltes: »Verschwind!« Die Tür hatte beim Aufziehen laut gequietscht. Das mußte mein Vater gehört haben. Ich wartete ziemlich lange, und als dann noch immer kein »Verschwind« zu hören war, stieg ich über alte Putzlappen, Werkzeug, Aschenbecher, leere Gläser und Zeitungsblätter zum Bett durch. Der Fußboden war dreckig, die paar freien Wandflecken zwischen den Kasteln und den Schränken und der Plafond waren graubraun verstaubt und vom Zigarettenrauch verfärbt. Die Fensterscheiben waren wie Milchglas so blind. Und überall hingen Spinnweben. Die Werkstatt meines Vaters war eine schäbige Rumpelkammer. Mein Vater hatte meiner Mutter verboten, hier Ordnung zu machen. Er selbst räumte auch nie auf.

In der Rumpelkammer roch es gut. Daß es gut roch, fand nur ich. Alle anderen sagten, es stinke nach Rauch, Benzin und Staub. Das stimmte. Aber sie merkten nicht, daß es auch nach meinem Vater roch, und das war der beste Geruch, den ich kannte. Es war auch der Geruch, den ich am besten kannte. Ich roch meinen Vater überall. Kam ich von der Schule nach Hause und machte die Wohnungstür auf, roch ich, ob er zu Hause war. Betrat ich die Wohnung der Großmutter, wußte ich sofort, ob mein Vater an diesem Tag schon hier gewesen war. Sein Geruch hielt sich in der Großmutter-Wohnung am längsten. Er machte das kalte, blitzsaubere, Schmierseife-stinkende Zimmer warm und freundlich. Es gab nichts auf der Welt, das ich mehr mochte als diesen Vater-Geruch, und niemanden, den ich mehr mochte als meinen Vater. Die Liebe, die ich zu anderen Leuten spürte, hing mit ihrem Verhalten mir gegenüber zusammen. Mein Vater konnte tun, was er wollte; ich liebte ihn. Ich war nicht einmal in der Lage, sein Verhalten zu beurteilen, ich war aber jederzeit bereit, sein Verhalten zu verteidigen.

Ich setzte mich auf den Bettrand. Das Gesicht meines Vaters konnte ich nicht sehen. Von seinem Kopf sah ich nur die schwarzen Haare. Angeblich viel zu lange, viel zu gelockte, glänzende Haare. Und ein Ohr sah ich auch. Niemand außer mir, das wußte ich genau, hätte sich jetzt zu ihm setzen dürfen. Weil ja auch niemand außer mir verstanden hätte, daß er einfach nicht zum Zahnarzt gehen konnte. Es war unmöglich. Wenn mein Vater gesagt hatte, daß es unmöglich war, dann war es unmöglich! Man konnte nichts anderes tun als versuchen, sein Leiden leichter zu machen. Ich hielt das für möglich. Ich hatte es schon an mir ausprobiert. Es war mir gelungen, den Schmerz von einem gequetschten Daumennagel langsam den Daumen hinunterzustreifen, über das Handgelenk zu verteilen und am Ellbogen abzuschütteln.

Der Schmerz meines Vaters hockte hinter seinem Ohr. So behutsam ich konnte, tastete ich mit den Fingerspitzen unter die Ringellocken zum Ohr hin, fühlte die heiße geschwollene Wange, versuchte den Schmerz zu finden, spürte den Schmerz, fuhr mit den Fingerspitzen den Hals hinunter, die Schulter entlang und hoffte, den Schmerz mitzunehmen.

Er sagte nicht: »Geh weg.« Er sagte nicht: »Hör auf.« Auch nicht: »Du tust mir weh.«

Ich legte die Finger wieder zart an die Wange, führte sie den Hals hinunter und strich, mit mehr Druck, die Schulter entlang. Ich hatte meinen Daumennagel auch lange streicheln müssen, bis der Schmerz endlich weggestreichelt war.

Der Schmerz meines Vaters war dunkelrot und hatte schwarze Flecken. Er war so groß und so rund und so hart wie eine große Glasmurmel. Unter meinen Fingern wurde die Schmerzkugel weich, verformte sich, wurde zu einem dicken Tropfen und wanderte von der Wange in den Hals. Mein Vater hörte zu stöhnen auf. Da rief meine Mutter in der Küche draußen: »Christel, Jause essen kommen!«

Der Schmerz schlüpfte mir unter den Fingern weg und sprang in die Wange zurück. Mein Vater stöhnte laut auf und zog sich den Polster über den Kopf.

Meine Mutter war bei der Kabinettür. »Christel, laß ihn!« Sie mochte nicht, wenn ich in der Rumpelkammer war. Die Rumpelkammer war ein »Schandfleck«. Meine Mutter betrat sie nicht mehr, seit ihr mein Vater das Aufräumen verboten hatte.

Ich stieg über die Gläser, Fetzen, Aschenbecher. Ich schlüpfte durch den Türspalt, zog die Tür hinter mir zu und sagte zu meiner Mutter: »Ich will deine Jause nicht, ich geh zur Großmutter!«

Die Großmutter wohnte drei Türen weiter, hinter der ersten Wohnungstür, gleich beim Haustor. Ich sagte immer: Ich geh zur Großmutter. Aber in Wirklichkeit ging ich zum Großvater. Viel früher, als ich noch sehr klein gewesen war, da war ich zur Großmutter gegangen. Damals hatte ich sie sehr gemocht. Jetzt war sie mir zuwider. Jetzt war sie alt und stocktaub, und dauernd jammerte sie und heulte. Und mit jedem fing sie Streit an. Wenn, was selten genug vorkam, auf den Lebensmittelkarten ein Ei-Abschnitt aufgerufen wurde und sie sich das Ei vom Greißler holte, wog sie es zu Hause ab. Hatte das Ei nicht mindestens fünf Deka, trug sie es in den Laden zurück und schlug Krach. Die Minna, ihre kleine, verwachsene Schwester, um fünfzehn Jahre jünger als sie, mußte zum Krachschlagen mitkommen, damit sie der Großmutter hinterher durch das Hörrohr ins Ohr brüllen konnte, was der Greißler zu seiner Entschuldigung vorgebracht hatte. Meistens log dann die Minna und unterschlug der Großmutter die gröbsten Schimpfworte des Greißlers, sonst wäre die Großmutter ja noch einmal Krachschlagen gelaufen.

Einen ganz besonderen Tick hatte die Großmutter mit dem Grüßen. Sie legte Wert auf ein ehrerbietiges »Grüß Gott« von jedermann. Weil sie aber stocktaub war, hörte sie die gemurmelten »Grüß Gott« nicht, und oft keuchte sie hinter jemandem her, packte ihn an der Schulter, beutelte ihn und schimpfte los: »Was verweigern S' mir denn den Gruß? Hab ich Ihnen vielleicht was tan? Schämen S' Ihnen!«

Am schlimmsten aber war, daß sich die Großmutter einmal im Jahr umbrachte. Wenn sie sich vom Großvater schlecht behandelt vorkam, wenn er sie gekränkt hatte, setzte sie sich an den Zimmertisch und schrieb auf einem Doppelbogen Kanzleipapier einen Abschiedsbrief. Mit schrägen, langen Kurrentbuchstaben und sehr vielen Rechtschreibfehlern. »Deine ungeliepte Julia« stand immer als Unterschrift. Eine halbe Stunde bevor der Großvater von der Arbeit heimkam, schloß sie alle Fenster, öffnete die Gashähne vom Rechaud und vom Backrohr und legte sich auf das Ehebett, auf die senfgelbe Tagesdecke mit den braunen Rosen, und schloß die Augen. Kam der Großvater dann nach Hause, machte er schnell alle Gashähne zu und alle Fenster auf und kniete sich vor das Ehebett und brüllte der Großmutter ins Ohr hinein: »Aber Juli, aber Juli, das kannst doch nicht machen!« Und die Großmutter begann am ganzen Körper zu zittern, und sie schluchzte und heulte und kreischte: »Laßt's mich sterben, laßt's mich sterben, ich mag nimmer leben!« Und der Großvater streichelte sie und murmelte dabei: »Hysterisches Luder, so ein hysterisches Luder, das ist ja nicht zum Aushalten!« Er streichelte und murmelte so lange, bis sich die Großmutter beruhigt hatte und kein Gasgeruch mehr im Zimmer war.

Ich ging zur Tür der Großmutter-Wohnung und hoffte, der Großvater möge zu Hause sein. Seit er über sechzig war, arbeitete er am Nachmittag nicht mehr.

Der Großvater war nicht zu Hause. Die Großmutter und die Minna saßen in der Küche auf der Kohlenkiste. Die Kohlenkiste war sehr hoch. Die braunbestrumpften Beinchen der Großmutter und der Minna baumelten in der Luft. Die Großmutter hatte ein rotes Blechhäferl in der Hand. Die Minna ein braunes. Sie tranken den Jausenkaffee. Ich merkte gleich, daß etwas passiert sein mußte, denn die Großmutter zitterte. Sogar ihre baumelnden Beinchen zitterten. Und ihre Hände zitterten so stark, daß der schwarze Ersatzkaffee aus dem Blechhäferl schwappte. Ich ging durch die Küche ins Zimmer hinein. Ich setzte mich in die Fensternische, auf den hölzernen Koffer, in dem die Bettwäsche der Großmutter war. Ich schaute aus dem Fenster. Meistens kam der Großvater von der Straßenbahnhaltestelle her die Gasse hinauf. Ich lauschte zur Küche hin. Das Zittern der Großmutter beunruhigte mich. Nach dem Zittern kam meistens das Krachschlagen. Ich hoffte auf einen Krach außerhalb der Familie, auf einen, der weder meinen Vater noch meine Mutter, noch den Großvater betraf. Ich war mir fast schon gewiß, daß ihre Wut diesmal nicht die Familie betraf, weil die Minna dauernd etwas von einem Hotel am Gürtel redete, in das *sie* gegangen war. Und genau zehn Minuten danach *er*. Ich holte die Arbeiter-Zeitung vom Tisch und las den Fortsetzungsroman.

Plötzlich brüllte die Großmutter: »Ich bring sie um! Ich erschlag die Rote!«

Dann war großer Lärm in der Küche, Porzellan zersplitterte, Blech kreischte, und die Minna jammerte: »Net, Julia, net! Das steht net dafür!«

Ich war verwirrt. Die »Rote« wohnte bei uns im Haus, im zweiten Stock. Die Rote war eine nette, stille Frau mit Sommersprossen und einem dicken, roten Zopf, den sie, dreimal um den Kopf gewickelt, zu einer Krone aufgesteckt trug.

Ich konnte mir nicht vorstellen, was die Großmutter gegen die Rote aufgebracht haben könnte, die Rote hatte der Großmutter gewiß nichts getan. Ich schlich zur Küchentür. Das rote Blechhäferl lag am Boden in einer großen dunklen Kaffeelache. Daneben Scherben von weißem Porzellan. Die Großmutter war bei der Wohnungstür und wollte auf den Gang hinaus. Die Minna hielt sie an den Schürzenbändern zurück und schnaufte: »Julia, bleib da, so bleib doch da!«

Die Großmutter war stärker als die Minna. Sie riß sich los und rannte über den Gang zur Stiege hin und kreischte: »Ich erschlag die Rote! Die Hur', die!«

»Warum?« fragte ich.

Die Minna drehte sich zu mir. Sie war knapp einen Meter und zehn Zentimeter groß, die verwachsenen Schultern reichten bis zu den Ohren. Sie hatte kaum Haare auf dem Kopf. Ihr Kinn und ihre Wangen waren voll verkrustetem Ausschlag. Sie zitterte ein bißchen vor Aufregung, aber irgendwie klang es doch zufrieden, als sie sagte: »Ich hab rausgekriegt, daß er ein Verhältnis mit der Roten hat!«

Vom zweiten Stock her kam Gekreisch und Gebrüll und lautes Türhämmern. Ich hörte unsere Wohnungstür aufgehen und meine Mutter sagen: »Jesus-Maria, was hat sie denn schon wieder?« Und plötzlich war mir klar, daß die Minna immer, wenn sie »er« sagte, meinen Großvater meinte. Ich drängte mich an der Minna vorbei aus der Wohnung.

»Bleib da«, rief die Minna, »das ist nichts für Kinder!«

»Du Gruftspion, du gemeiner«, sagte ich zur Minna, »du böse alte Hexe, du!« Ich hätte am liebsten zu weinen angefangen, ich hätte sie in den Bauch treten mögen, ich hätte sie erwürgen können. Ich rannte zum Haustor, das Haustor war groß und schwer. Außerdem klemmte es. Man brauchte viel Kraft, um es zu öffnen.

Als ich das Haustor hinter mir zugeschlagen hatte, lehnte ich mich an die Hausmauer. Auf der Straße war es ruhig. Vom fürchterlichen Lärm im Haus drinnen war kaum etwas zu hören. Aus der Trafik, schräg gegenüber von unserem Haustor, kam die Frau Berger. Sie lief über die Straße, zu mir her, blieb bei mir stehen und sagte: »Ist das nicht entsetzlich? Ist das nicht furchtbar?«

Ich schaute zu Boden. Ich meinte, sie redete von meiner Großmutter. Daß sie von dem, was die Großmutter gerade tat, gar nichts wissen konnte, fiel mir nicht ein.

»Die alte Edlinger hat gesagt, ihr Kopf war ein einziger Matsch, und gestunken hat's, und tausend Fliegen waren auf ihr!« Ich starrte auf das Katzenkopfpflaster, sah auch die roten Hausschuhe der Frau Berger und dachte: Die redet ja gar nicht von meiner Großmutter, wenn die Großmutter der Roten den Schädel eingeschlagen hat, dann kann die Rote noch nicht stinken, und tausend Fliegen kommen auch nicht so schnell!

Ich hob den Kopf und merkte, daß die Frau Berger zu den Fenstern der Russ-Wohnung hinaufschaute. Sie sagte: »Aber sowieso klar! So eine wie die alte Russ, die zieht ja die Mörder direkt an!«

5.
Das Einhorn-nach-innen
Die Tauben am Russ-Fenster
Der große Verdacht

Es begann wieder zu regnen, und ich stand noch immer vor unserem Haus, an die Mauer gelehnt. Ich starrte auf das bucklige Straßenpflaster und sah den Pflastersteinen zu, wie sie vom Regen dunkelgrau und glänzend wurden. Ich redete mir ein, auf den Großvater zu warten; um ihn vor der Großmutter und ihrer Wut zu warnen. Am Straßenrand, dort wo der Gehsteig begann, wuchs zwischen Pflastersteinen kurzes, gelbgrünes Gras. Und an der Straßenecke, wo eine Bombe in die Straßendecke eingeschlagen hatte, fehlten die Pflastersteine. Der Bombentrichter war mit Schutt und Schotter angefüllt. Ich nahm mir vor, so lange auf den Großvater zu warten, bis aus dem Bombentrichter eine Wasserlache geworden war.

Mein Kleid wurde naß. Von den Stirnfransen fielen Regentropfen auf meine Wimpern. Das war angenehm. Zwischen meinen Zehen, in den alten löchrigen Schuhen, quatschte das Wasser, wenn ich die Zehen bewegte. Das war unangenehm. Dann wurde der Regen so stark, daß das gelbgrüne Gras im Rinnsal unter schmutzigem Wasser ertrank und der Bombentrichter an der Straßenecke nicht mehr zu sehen war. Die ganze Kreuzung war eine riesige Wasserlache. Das kam davon, weil der Kanal an der Ecke verstopft war.

Ich fror. Am ganzen Körper hatte ich Gänsehaut, und ich zitterte so stark, daß meine Zähne aufeinanderschlugen. Aber ich wollte allein sein, weil ich nachdenken wollte. Im Haus drinnen hätte mich niemand nachdenken lassen. Im Haus drinnen war es jetzt sicher noch schrecklicher als in der nassen Kälte hier, auch wenn die Großmutter die Rote am Leben gelassen hatte.

Ich ging zur Kreuzung. Auto war keins zu sehen. Ich lief über die Straße. Knöcheltief war ich im Regenwasser. Ich watete zu der Stelle, wo der Bombentrichter sein mußte. Dort stand das Wasser so hoch, daß es bis zu meinen Waden reichte. Der Hausmeister vom Trafik-Haus kam schimpfend aus dem Haustor und keifte vor sich hin: »Wenn die Hundsgfrieser den Kanal net bald ausräumen, schwimmen wir noch davon!« Er zog seine Schuhe aus und seine zerlöcherten Socken. Er stopfte die Socken in die Schuhe und stellte die Schuhe hinter das Haustor. Er krempelte die Hosenbeine auf und watschelte plattfüßig-bloßfüßig zum Kanalgitter und stocherte mit seinem Krückstock in den Löchern vom Kanalgitter herum.

Sonst, wenn ich nicht gerade nachdenken wollte, schaute ich mir den Hausmeister gerne an, weil er ein Loch im Kopf hatte, einen tiefen, narbenbedeckten Trichter, mitten auf der Stirn. Mein Vater nannte ihn deswegen: das Einhorn-nach-innen. Der Einhorntrichter kam von einem Kopfschuß. Wenn man ganz genau hinsah, merkte man, wie das Hirn des Hausmeisters hinter der Narbenhaut zuckte, und ich fragte mich oft, wofür das babyfaustgroße Stück Hirn, das dem Hausmeister fehlte, zuständig gewesen war und was dem Hausmeister abging, seit er es nicht mehr hatte.

Ein paar Tage nach Kriegsende hatte man dem Hausmeister den Einhorntrichter geschossen. Spät am Abend, an der Ecke, ungefähr dort, wo er jetzt stand und im Kanal stocherte. Er war mit einem Binkel Wolle unterwegs gewesen. Die hatte er aus der Strickerei am Gürtel geholt. Organisiert, nannte man das damals. Oder: arretiert. Oder einfach: geplündert. Ausdrücke für »stehlen« gab es damals sehr viele. Aber wegen dem gestohlenen Wollbinkel hatte niemand auf den Hausmeister geschossen. Die Wolle hatte den, der geschossen hatte, gar nicht interessiert. Die Wolle hatte meine Mutter nachher, als die Leute den Hausmeister weggeschafft hatten, in unsere Wohnung gebracht. Meine Winterfäustlinge und meine Wintermütze waren aus dieser Wolle. Und unsere Nachbarin hatte eine Weste daraus.

»Der, der auf den Hund geschossen hat, der hat genau gewußt, warum!« sagte meine Großmutter oft. Und ihre Stimme klang dabei sehr zufrieden. Der Hausmeister war im Krieg Blockwart gewesen. »Und er hat sich aufgeführt, als wäre er der Quadrathitler in Person«, sagte mein Großvater.

Ich konnte mich noch gut an den Kriegsblockwart erinnern. Kaum, daß es dunkel geworden war, war er in den Gassen herumgeschlichen und hatte Ausschau nach erleuchteten Fenstern ohne heruntergelassene Rollos gehalten. Und wenn er keine entdeckt hatte, hatte er nach Fenstern gesucht, wo zwischen Verdunklungsrollo und Fensterstock ein schmaler Lichtstreifen zu sehen war. Dann ist er ins Haus hinein und hat an der Wohnungstür geklingelt. »Heil Hitler«, hat er mit erhobener Rechten gegrüßt, und den Leuten mit dem Lichtstreifen hat er einen entsetzlich langen Vortrag gehalten, über Verdunklung. Und darüber, daß jeder ein Saboteur ist, der einen Lichtstreifen im Fenster hat. Weil die feindlichen Flieger das Licht sehen und dort ihre Bomben abwerfen. Mit Anzeigen hat er gedroht. Dauernd hat er mit Anzeigen gedroht. Nicht nur bei den Lichtstreifen. Den Kindern hat er gedroht, wenn sie mit »Grüß Gott« statt mit »Heil Hitler« gegrüßt haben. Den Frauen, wenn sie über die miesen Zeiten gejammert haben. Meiner Großmutter hat er auch einmal mit einer Anzeige gedroht, weil sie erklärt hat – mitten im Milchgeschäft –, daß der Krieg nicht mehr zu gewinnen sei.

»Ich bringe Sie vor das Kriegsgericht! Sie werden um einen Kopf kürzer!« hat er meine Großmutter angefaucht. Doch meine Großmutter war nicht so leicht zu erschrecken. Sie hat den Blockwart angebrüllt: »Du fette Sau, du! Halt die Goschen! Die anderen sind an der Front und müssen sich totschießen lassen, und du Kreatur bist daheim und spielst dich als Blockwart auf! Schau, daß du weiterkommst, du Rotzpiepen, du, sonst vergreif ich mich noch an dir!«

Ganz still war es da im Milchgeschäft gewesen. Die Frauen haben zu Boden geschaut, und die Milchfrau hat sich hinter der Budel* gebückt und so getan, als müsse sie etwas auf dem Boden suchen. Der Blockwart ist rot geworden im Gesicht. »Sie werden mir das büßen, das garantier ich Ihnen«, hat er gesagt und ist aus dem Milchgeschäft gelaufen. Die Frauen und die Milchfrau haben meiner Großmutter zu ihrem Mut gratuliert. Sie haben gesagt, es war hoch an der Zeit, daß endlich einmal einer dem Blockwart ordentlich die Meinung ins Gesicht sagt.

Einen Monat lang haben wir zu Hause gezittert und auf eine Vorladung zur Gestapo gewartet. Und die Großmutter hat geheult und gejammert, daß sie unvorsichtig gewesen ist und daß es ihr jetzt leid tut und daß sie doch vielleicht den Blockwart besuchen und ihn von der Anzeige abhalten sollte. Eine

---

* Verkaufstisch

Anzeige bei der Gestapo war ernst zu nehmen. Viele Leute, die man zur Gestapo vorgeladen hatte, waren nicht mehr nach Hause zurückgekommen. Aber dann ist doch keine Vorladung zur Gestapo gekommen. Der Großvater und meine Mutter waren überzeugt, daß die Anzeige vom Blockwart verlorengegangen sein mußte. Daß der Blockwart die Großmutter vielleicht gar nicht angezeigt haben könnte, hat damals niemand geglaubt.

Für mich war der Blockwart-Hausmeister das einzige, winzige Stück Gerechtigkeit weit und breit. Im Krieg nämlich, da hatte ich fest daran geglaubt, daß später einmal, nach dem Krieg, im Frieden, alles ganz anders sein würde. Nicht nur, daß keine Bomben mehr fallen und keine Väter mehr totgeschossen werden. Auch Schinkensemmeln und Schokolade in Massen hatte ich mir für den Frieden erwartet. Und passende Unterhosen und Kleiderstoffe, die mir die Haut am Hals nicht mehr wundscheuerten. Doch vor allem war ich ganz sicher gewesen, daß nach dem Krieg alle Nazis bestraft werden, abgeschafft werden, einfach nicht mehr dasein werden. Nun war der Krieg seit drei Jahren zu Ende, meine Unterhosen waren noch immer viel zu groß und baumelten lästig um die Schenkel herum, meine Kleiderkrägen scheuerten mir den Hals wund, und Schinken gab es nur im Schleichhandel. Und Schleichhandelspreise konnte sich meine Mutter nicht leisten. Auch Schokolade war viel zu teuer für uns. Die gab es nur zu Weihnachten. Und die Nazis, die ich kannte, lebten immer noch und hatten immer noch mehr als wir. Nur der Blockwart war eine Ausnahme. Der hatte einen Einhorntrichter in den Kopf geschossen bekommen, der war Hausmeister geworden und mußte im Kanalgitter stochern und sich ärgern. Manchmal stellte ich mir die anderen Nazis auch mit Einhorntrichtern auf der Stirn vor. Das machte mir großen Spaß.

Doch an diesem Tag, im Regen, an der Kreuzung, interessierte mich nicht einmal der wirkliche Trichter im Hausmeisterkopf. Ich watete am Hausmeister vorbei, zu seinem Haustor hin. Der Hausmeister, fluchend und verbittert mit seinem Krückstock im Kanalgitter stochernd, bemerkte mich nicht. Hätte er gesehen, daß ich in sein Haus hineinging, hätte er mich sofort gefragt, was ich dort zu suchen habe. Er schaute immer darauf, daß kein »fremdes Kind« im Haus war.

Der Dachbodenschlüssel hing an einem Haken im Türstock der Hausmeisterwohnung. Ich nahm ihn vom Haken und schlich die Stiege zum Dachboden hinauf. Ich hätte wahrscheinlich gar nicht so leise und vorsichtig sein müssen, denn der Regen schlug so laut auf die blechernen Fensterbretter, daß meine Schritte sicher nicht zu hören waren. Auch das Quietschen der eisernen Tür ging im Regengeprassel unter.

Auf dem Dachboden war es warm. Ich fror trotzdem. Ich kannte den Dachboden gut. Früher hatte eine Schulfreundin von mir in dem Haus gewohnt. Mit der war ich oft zum Wäscheaufhängen auf dem Dachboden gewesen. Manchmal hatten wir dort auch gespielt, wenn wir ungestört sein wollten. Ich holte mir den alten Strohkoffer aus dem Dachwinkel und schleppte ihn unter eine Fensterluke. Ich zog den alten, grünen, plüschenen, mottenzerfressenen Fensterschützer aus dem Strohkoffer. Ich wickelte ihn um mich herum. Er war kratzig und so voll Staub, daß ich niesen mußte. Aber er wärmte mich. Ich hockte mich auf den Strohkoffer, er knarrte laut unter mir, und versuchte nachzudenken. Gestunken hatte die alte Russ schon. Und Fliegen waren auf ihr gewesen. Dann mußte sie schon lange tot sein. Dann konnte sie auch schon seit letztem Montag tot sein.

Ich stand auf und stieg auf den Strohkoffer. Die kleine Dachbodenluke war völlig verdreckt. Ich machte sie auf. Ich sah die Häuser auf der gegenüberliegenden Straßenseite. Unser Haus und das Russ-Haus. Aber nur die Dächer und die Fenster im zweiten Stock sah ich. Ich zog mich an der Fensterluke hoch – der Fensterschützer rutschte mir dabei von den Schultern – und beugte mich aufs Dach hinaus. Jetzt konnte ich auch die Fenster der Russ-Wohnung gut sehen. Hinter den Fenstern war es dunkel. Auf dem Fensterbrett vom vorderen Russ-Zimmer saß eine Taube, die drückte sich eng an das Fensterglas, um nicht allzu naß zu werden.

Ich fragte mich, ob die alte, tote Russ noch in der Wohnung drinnen war. Ich sagte mir, daß man die Leiche sicher schon abgeholt hatte. Und ich bedauerte, daß mich die wütendkreischende Großmutter davon abgehalten hatte, wahrzunehmen, was im Nachbarhaus vor sich gegangen war. An friedlichen, freundlichen Tagen schaute die Großmutter oft stundenlang zum Fenster hinaus. Da entging ihr nichts. An einem friedlichen, freundlichen Tag wäre der Großmutter weder der Arzt noch das Leichenauto, noch das Polizeiauto entgangen. Da wäre die Großmutter auch gleich Bericht erstatten gekommen. Über den Gang wäre sie gelaufen, unsere Wohnungstür hätte sie aufgerissen, und mit erregt glitzernden Augen hätte sie gerufen: »Im Russ-Haus muß was passiert sein! Schnell, kommt's! Schaut's euch das an!« Und keine Ruhe hätte sie gegeben, bis einer von uns mit ihr in ihrer Wohnung ans Fenster gegangen wäre. Und dem Mann vom Leichenauto oder dem Polizisten vom Polizeiauto hätte sie zugerufen: »Was ist denn passiert? Informieren S' mich doch!« Und wenn sie keine Antwort bekommen hätte, dann wäre sie aus dem Haus raus und zum Russ-Haus hin und hätte den Polizisten oder den Leichenwagenmann am Kragen gepackt und ihn verhört. Da kannte meine Großmutter nichts. Sie war nämlich nicht nur ungeheuer neugierig, sie meinte auch ein Anrecht auf alles Wissenswerte in der Umgebung zu haben. »Schließlich leb ich ja seit sechzig Jahr hier!« sagte sie bei solchen Anlässen. »Schließlich sind die meisten anderen erst viel später hergezogen!«

Ich klappte das Dachbodenfenster wieder zu und sprang vom Strohkoffer. Ich stopfte den Fensterschützer in den Koffer hinein und merkte, daß der staubige alte Fetzen mein nasses Kleid völlig verdreckt hatte. Und meine Haut war auch ganz schmutzig. Dunkelgraue Streifen waren auf meinen Armen, schwarze Flecken auf dem Kleid. Gerade als ich beschlossen hatte, nicht länger auf dem Dachboden zu bleiben, hörte ich Schritte auf der Dachbodenstiege und dann die Stimme vom Hausmeister. Der Hausmeister keppelte vor sich hin: »Da hat schon wieder so eine alte Schrägschrauben die Dachtür nicht zugemacht!« Dann fiel die Dachbodentür ins Schloß, ich hörte, wie der Schlüssel abgezogen wurde, und dann latschte der Hausmeister wieder die Stiege hinunter und schimpfte dabei irgendwas von »alten Trampeln und Schotterhennen«, denen ganz recht geschieht, wenn sie »abgemurkst« werden, weil sie dauernd alle Türen offenlassen und nicht vorsichtig genug sind.

Einen winzigen Augenblick lang hatte ich noch die Hoffnung, die eiserne Tür sei nicht versperrt, bloß eingeklinkt. Ich rannte auf die Tür los und sah ein, daß es ganz gleichgültig war, ob der Hausmeister die Tür nur zugemacht oder versperrt hatte, weil an der Innenseite der Tür keine Türklinke war.

Ich schlug gegen die Tür. Das mußte im Stiegenhaus laut hallen. Aber niemand kam. Das Einhorn-nach-innen war schwerhörig, und die, die im zweiten Stock wohnten und zu Hause waren, scherten sich nicht weiter um den Lärm, den ich machte. Großer Lärm, von Nachbarn erzeugt, war keine Seltenheit. Andauernd wurde irgendwo gehämmert, geklopft, gebohrt und gesägt. Ich schlug gegen die Eisentür, bis mir die Fingerknöchel weh taten. Als mir über einem Knöchel die Haut aufplatzte und ein dicker Blutstropfen heraussickerte, hörte ich zu klopfen auf, ging zum Fenster zurück und stieg wieder auf den Strohkoffer und klappte das Fenster hoch. Es regnete nicht mehr, aber der Himmel war noch sehr dunkelgrau. Ich zog mich am Lukenrand hoch und beugte mich, so weit ich konnte, aus dem Fenster. Der eiserne Lukenrand tat mir an den Rippen weh, aber bis zur Straße sah ich trotzdem nicht. Ich hörte Stimmen von unten. Die Frau Simon, unsere Nachbarin, und der Trafikant redeten miteinander. Über den verstopften Kanal, über die tote alte Russ und über meine Großmutter und ihren Tobsuchtsanfall auch. Sie meinten, man müsse sich jetzt endlich einmal auf dem Magistrat beschweren, sonst würde der Kanal noch ewig nicht repariert werden. Sie lachten und kicherten, weil mein Großvater »in seinem Alter« noch eine Freundin hatte. Sie fanden es besonders hübsch, daß diese Freundin im gleichen Haus wohnte. Und sie jammerten, daß die Zeiten immer schrecklicher und schrecklicher würden, weil man jetzt schon »am hellichten Tag« seiner Haut vor Mördern nicht mehr sicher sei. Der Trafikant sagte: »Die alte Russ, das sag ich Ihnen, die hat so viel Geld gehabt, wie sich unsereiner das gar nicht vorstellen kann. Erst vorige Woche, das weiß ich genau, hat sie einen von ihren Lastwagen gegen echte Dollar verkauft. Und die muß sie noch gehabt haben. Weil auf die Bank hat die Alte ihr Geld nicht getragen. Wegen der Steuer. Und weil sie ja überhaupt eigen war. Ich sag Ihnen, der, der die Alte umgebracht hat, der hat ausgesorgt für sein Leben!«

Die Frau Simon lachte und sagte: »Na, da brauch ich mir für mein Leben ja keine Sorgen machen. Einen echten Dollar find' bei mir keiner!«

Auf dem Fensterbrett vom vorderen Russ-Zimmer hockten jetzt drei Tauben. Ich hätte gar nicht sehr laut um Hilfe rufen müssen, damit mich die beiden gehört hätten. Ich brachte es nicht fertig.

Die Frau Simon sagte zum Trafikanten: »Na, dann auf Wiedersehen, ich muß kochen gehen.«

Der Trafikant sagte: »Laßen S' mir den alten Gauner grüßen und drücken S' ihm meine Hochachtung aus!« Damit meinte er sicher meinen Großvater.

Ich rief: »Bitte! Ich bin am Dach oben! Es ist zugesperrt, ich kann nicht runter!« Ich rief so leise, daß mich weder die Frau Simon noch der Trafikant hörten. Ich versuchte es noch einmal. Es gelang mir wieder nicht, halbwegs laut zu rufen. Und ich hatte keine Ahnung, warum ich es nicht konnte. Heiser war ich nicht. Und Angst vor dem Trafikanten und der Frau Simon hatte ich auch keine.

Der Trafikant ging in die Trafik zurück. Er hatte einen Holzfuß, der schlug laut gegen die Pflastersteine. Ich hörte ein Haustor quietschen und schloß daraus, daß nun auch die Frau Simon in unser Haus hineingegangen war. Dann war auf der

Straße wieder alles ruhig. Ich kroch in den Dachboden zurück, ließ mich auf den Strohkoffer fallen und fing zu weinen an.

Ich redete mir ein, nie mehr vom Dachboden wegzukönnen, hier oben verdursten zu müssen, verhungern, erfrieren zu müssen.

Ich redete mir ein, wegen der versperrten Eisentür zu weinen, aber in Wirklichkeit weinte ich, weil ich plötzlich ganz sicher war, daß der Waschak-Rudi die alte Russ umgebracht hatte. Am letzten Montag um drei Uhr, während ich im Jörgerbad kichernd unter der warmen Brause gehockt war.

Spät am Abend, da war es schon stockfinster, fand mich die Frau Cerny, als sie mit der Taschenlampe heraufkam, um ihre Bettwäsche zu holen. Bettwäsche war damals viel wert. Niemand ließ seine Bettwäsche über Nacht auf dem Dach oben, auch wenn sie noch nicht trocken war. Leicht hätte sie einer aus dem Haus stehlen können. »Wenn's in solchen Zeiten ums Stehlen geht«, sagte meine Großmutter immer, »da leg ich nicht einmal für meinen besten Freund die Hand ins Feuer!«

Als die Frau Cerny das Taschenlampenlicht auf mich richtete, weinte ich schon lange nicht mehr, aber sie sah meinem verdreckten, verschwollenen und verschmierten Gesicht an, daß ich stundenlang geheult hatte. Sie brachte mich die Stiegen hinunter und tröstete mich dabei. Sie führte mich über die Straße und fragte mich, wieso ich denn, um Himmels willen, auf einem fremden Dachboden eingesperrt worden war. Ich gab ihr keine Antwort. Um ihr zu zeigen, daß ich die Antwort weder aus Sturheit noch aus Unhöflichkeit schuldig blieb, fing ich wieder leise zu schluchzen an. Da klopfte mir die Frau Cerny milde und freundlich auf die Schulter und sagte:

»Ist ja schon recht, mußt ja nichts sagen, wennst nicht willst!«

Nur mein Vater war zu Hause. Er stand in der Küche und spülte mit Salbeitee. Seine Wange war nicht mehr so arg verschwollen wie am Nachmittag. Er schaute nicht mehr so lächerlich aus. Meine Mutter und meine Schwester, sagte mein Vater und spuckte dabei schaumigen Salbeitee in die Waschmuschel, seien auf der Suche nach mir. Im Pezzlpark. Und bei den Wölfels. Und sie hätten auch vorgehabt, bei der Ribich-Eva anzurufen. Nur seien leider wieder sämtliche Telefonhütteln in der Gegend außer Betrieb.

Die Frau Cerny setzte sich zu meinem Vater in die Küche, auf die Wäschebank, und erzählte ihm von ihrem ungeheuer eitrigen, lebensbedrohenden Zahn, den man ihr vor ein paar Monaten gezogen hatte. Krumme, schiefe Wurzeln hatte der gehabt, und die hatten sich hinterhältig um eine Wurzel des Nachbarzahns geschlungen. In Schweiß gebadet sei der Dentist gewesen, als er endlich das Monstrum von einem Zahn aus dem Kiefer gerissen hatte.

Ich ging ins Zimmer hinein. Mein Bett war aufgedeckt. Ich zog das verdreckte Kleid aus und die Schuhe. Zum Unterwäsche-Ausziehen war ich viel zu müde. Ich kroch ins Bett und zog mir die Tuchent über den Kopf. Ich versuchte, meine allerschönsten Träume zu denken. Den, wo ich auf dem russischen Panzer saß und in den Sonnenschein hineinfuhr, und den, wo ich ein amerikanisches Girl mit einem weißen Holzhaus war. Es gelang mir nicht. Ich sah nur immer den Waschak-Rudi vor mir, wie er der alten Russ eins über den Schädel haut. Und ich sah die alte Russ, und die hatte einen blutigen Trichter im Hirn. Ich sah, wie sie langsam in die Knie ging, vornüberkippte und der Länge nach auf dem Boden lag. Und ich sah, daß der Waschak-Rudi einen Nudelwalker in der Hand hatte. Einen Nudelwalker voll mit Blut, an dem lange, graue Russ-Haare klebten. Und ein Stück Russ-Haut. Und kleine, spitze Knochensplitter.

Draußen in der Küche, die nur durch einen Vorhang vom Zimmer getrennt war, weil die Bomben die Tür kaputtgemacht hatten, ratschte die alte Cerny noch immer über ihren fürchterlichen Eiterzahn drauflos. Zwischendurch hörte ich das Geräusch von ausgespuckter Flüssigkeit auf Waschmuschelporzellan.

Ich versuchte zu beten. Auch das gelang mir nicht, weil ich darin nicht geübt war. Mehr als »Gegrüßet seist du, Maria, voller Gnaden...« fiel mir nicht ein. Diesen Satzbrocken leierte ich so lange vor mich hin, bis ich die Wohnungstür aufgehen hörte.

Meine Mutter kam in die Küche. Sie rief: »Im Pezzlpark ist sie nicht, und bei den Wölfels ist sie auch nicht. Und die Seite vom Telefonbuch, wo die Ribichs sein müssen, die fehlt!«

Mein Vater sagte: »Reg dich ab, sie ist schon da! Sie liegt schon im Bett!«

Ich hörte meine Mutter laut und erleichtert aufseufzen, und dann erklärte ihr die Frau Cerny lang und breit, wie sie mich auf dem Dachboden gefunden hatte, wie sie zuerst einen riesigen Schreck bekommen hatte, weil sie gedacht hatte, nun lauere der Russ-Mörder hinter ihren Leintüchern und trachte ihr nach dem Leben. Und wie ihr dann »ein Stein vom Herzen gefallen« sei, als sie mich erkannt hatte. »Sicher haben die Sekal-Buben sie auf den Boden gesperrt«, behauptete die Frau Cerny, »unter Garantie waren das diese Falotten!« Sie wollte ja nichts sagen, »aber da können S' Gift drauf nehmen, wenn so was passiert, waren es immer die Sekal-Buben!«

Dann verabschiedete sich die Frau Cerny, und meine Mutter kam zu meinem Bett und fragte mich, ob ich Hunger hätte. Ich tat, als schliefe ich tief und fest. Sie schlich auf Zehenspitzen aus dem Zimmer und zog den Vorhang vor. Trotzdem konnte ich hören, was sie mit meinem Vater redete. Sie sagte: »Ist doch Wurscht, wer sie eingesperrt hat. Wieso ist sie überhaupt da oben? Was sucht sie dort?« Mein Vater gab ihr keine Antwort. Nur Salbeitee klatschte wieder in die Waschmuschel. Meine Mutter seufzte und fuhr fort: »Ganz durcheinander muß sie sein! Das ist es! Wegen deiner Mutter! Der ihr Theater hat sie so durcheinandergebracht.« Dann seufzte sie wieder und sagte: »Wenn die Alte noch lang lebt, kommen wir wegen ihr noch alle ins Narrenkastel! Das sag ich dir!« Meine Schwester, die anscheinend mit meiner Mutter nach Hause gekommen war, sagte: »Aber krank ist sie überhaupt nicht, oder?«

Mein Vater lachte. »Da brauchst dir keine Hoffnungen machen«, sagte er. »Die ist von einem gesunden Schlag, die wird hundert. Die überlebt mich sicher.«

Und dann besprachen sie, ob die Rote nun tatsächlich die Geliebte vom Großvater sei. Meine Mutter hielt die ganze Geschichte für eine hinterhältige und infame Lüge der Minnatante. Sie meinte: »Der trau ich das zu. Die ist boshaft wie ein Erdgeist. So häßliche, verwachsene Menschen werden so.« Aber mein Vater war überzeugt, daß der Großvater mit der Roten tatsächlich eine Liebschaft hatte. »Eisern«, sagte er. »Da kannst einsetzen! Und die erste wär's auch nicht. Der hat doch immer nebenbei eine gehabt.«

»Hat er dir das selber gesagt? Hat er es wirklich zugegeben?« fragte meine Mutter. Anscheinend nickte mein Vater, denn meine Mutter rief: »Ehrlich? Jetzt mach keine Witz', bitte!« Und dann: »Na so was! Zweiundsiebzig und eine Geliebte! Alle Achtung, Hut ab!«

Meine Schwester sagte: »Ich hab geglaubt, das geht gar nimmer, wenn man so alt ist. Die Emmi hat gesagt, man kann nur bis fünfundsechzig.«

Mein Vater und meine Mutter lachten, und meine Schwester rief, man solle sie gefälligst nicht auslachen, sondern ihr sagen, wie lange man wirklich könne.

»Das ist grundverschieden«, sagte mein Vater. »Die einen sind schon mit fünfzig impotent, und die anderen pempern bis achtzig.«

»Aber Vati!« rief meine Mutter entsetzt. »Wie redest du denn? So etwas sagt man nicht!«

»Wie sagt man denn?« fragte mein Vater.

»Man muß das überhaupt nicht aussprechen, man kann das auch umschreiben«, sagte meine Mutter.

Mein Vater lachte laut, meine Schwester kicherte im Hintergrund, meine Mutter rief: »Ich bin eben gegen alles, was ordinär ist!« Und ich fing wieder zu weinen an und versuchte mich dabei daran zu erinnern, wie es nach ». . . voller Gnaden« im Gegrüßet-seist-du-Maria weitergeht.

6.
Die trostlose Waschung
Der nackte Großvater
Der gefährliche Moses

Am nächsten Morgen, als ich erwachte, erinnerte ich mich zuerst gar nicht mehr an die Sache mit der alten Russ. Ich hatte bloß eine riesige Wut auf meine Schwester, denn die hatte seit halb sechs in der Früh, laut vor sich hin brabbelnd, lateinische Vokabeln gelernt. Neben mir, auf der Eck-Bettbank. Mindestens dreimal war ich von ihrem portus-manus-tribus-femina-auf-ibus-Gemurmel munter geworden. Meine Schwester lernte ja dauernd, aber am liebsten lernte sie am Morgen, vor der Schule. Sie behauptete, ein »Kurzzeitgedächtnis« zu haben. Über Nacht, meinte sie, vergäße sie die wichtigsten Sachen wieder. Dieses Morgen-Lernen erfüllte mich jeden Tag mit dumpfer Wut. Unsere Betten, die sogenannten »Bettbänke«, waren übers Eck gestellt. Und der Kopf meiner Schwester war, wenn wir im Bett lagen, daher dicht an meinem. Die Möglichkeit, uns so hinzulegen, daß nicht unsere Köpfe, sondern unsere Füße aneinanderlagen, konnten wir deshalb nicht wahrnehmen, weil dann der Kopf meiner Schwester neben dem Ofen zu liegen gekommen wäre. Das war meiner Schwester – im Winter zumindest – nicht zuzumuten. Und gegen die Lösung: meine Füße an ihrem Kopf, wehrte sie sich entschieden. Sie behauptete, ich hätte Schweißfüße; was nicht stimmte.

Jetzt war allerdings Sommer. Meine Schwester hätte ihren Kopf ruhig am unteren Bettende, neben dem kalten Ofen lagern können. Fast jeden Abend ersuchte ich sie darum, aber sie lehnte das ab. »So lieg ich immer«, sagte sie stur. »Andersherum kann ich nicht einschlafen.« Ich hielt das für einen reinen Bosheitsakt.

Ich stieg aus dem Bett und ging in die Küche hinaus. Meine Mutter stand beim Herd und stopfte weiße Bettwäsche in den großen blauen Wäschehäfen und schimpfte vor sich hin, weil die Wäsche im Häfen kaum unterzubringen war und die Waschlauge über den Häfenrand tropfte und die Gasflamme zischend erlosch.

Meine Schwester war über die Waschmuschel gebeugt und putzte Zähne. Ich beschwerte mich bei meiner Mutter über die Morgen-Lernerei meiner Schwester. Meine Mutter nahm die Beschwerde überhaupt nicht zur Kenntnis. Lernen war bei ihr immer erlaubt. Es hätte sie garantiert nicht einmal gestört, wenn meine Schwester um Mitternacht laut brüllend Lateinvokabeln aufgesagt hätte.

Meine Schwester schaute gekränkt und beleidigt, spuckte weiter weißen Schaum und keppelte: »Mir sind meine Noten halt nicht so Wurscht wie dir. Glaubst, ich verzichte auf meinen Vorzug, nur damit die Gnädige einen gesunden Schlaf hat?« Ein »Vorzug« war ein Zeugnis, in dem nur Einser und Zweier standen.

Ich gab meiner Schwester einen Tritt gegen das Schienbein, und sie brüllte auf, als hätte ich mit einem Vorschlaghammer losgeschlagen. Meine Mutter packte mich am Unterhemd und zog mich von der Waschmuschel weg, bevor ich einen zweiten Tritt austeilen konnte. Sie rief: »Ich bitt dich, fang nicht schon wieder Streit an. Und wasch dich ordentlich, du bist ja total verdreckt!«

Als ich meine Arme und Beine anschaute und die grauen Dreckstreifen auf der Haut sah, fiel mir der Dachboden wieder ein und die alte tote Russ auch. Ich setzte mich auf das Küchenstockerl und wartete, daß meine Schwester die Waschmuschel endlich freigab. Meine Mutter kam zu mir her und hielt mir ein Häferl mit Tee unter die Nase.

»Trink was«, forderte sie. Und: »Trink ihn, bevor er kalt ist!« Sie bestand jeden Morgen auf etwas »Warmem im Magen«. Ich drehte den Kopf vom Teehäferl weg.

»Jetzt trink«, drängte meine Mutter. Das Teehäferl war wieder vor meiner Nase. Ich schob es weg. Tee schwappte über.

»Am Morgen bist du noch unausstehlicher als sonst«, rief meine Mutter und wischte mit einem Taschentuch auf ihrem Bauch herum. Ihre Kittelschürze war naß vom verschütteten Tee.

Sie ging zum Herd zurück, füllte das Teehäferl wieder randvoll, kam zu mir, hielt es mir wieder unter die Nase und sagte: »So trink schon! Ohne was Warmes im Bauch gehst du mir nicht aus dem Haus!«

Ich fühlte mich einem Morgenstreit nicht gewachsen. Ich nahm das Teehäferl, trank es in einem Zug leer und gab es meiner Mutter zurück.

»Na siehst du, es geht ja, wenn du willst. Du darfst nur nicht immer so stur sein!« Meine Mutter war zufrieden. »Nervöse Kinder«, erklärte sie milde, »haben etwas Warmes im Magen besonders nötig!«

»Ich bin kein nervöses Kind!« rief ich, sprang auf, stellte mich zur Waschmuschel und versuchte, meine Schwester zur Seite zu drängen.

»Aber natürlich bist du nervös«, sagte meine Mutter freundlich. »Das weißt du nur nicht. Du bist ja noch ein Kind, du verstehst das nicht.«

»Mama! Schau! Sie stößt mich!« klagte meine Schwester. »Mama, bitte! Sag ihr, daß sie weggehen soll! Ich bin noch nicht fertig!«

Meine Mutter schaute auf die Küchenuhr und sah, daß es schon ziemlich spät war, und versuchte meiner Schwester einzureden, daß es auch möglich sei, sich zu zweit an einem Waschbecken zu reinigen.

»Aber nicht mit ihr!« rief meine Schwester. »Nicht mit der da!« Sie schaute mich an, als sei ich eine dicke, fette Spinne. Fette, dicke Spinnen waren für meine Schwester der größte Graus. Ich trat meiner Schwester auf die Zehen, und sie brüllte wieder los.

»Lieserl, schrei nicht, du weckst mir den Vati noch auf«, bat meine Mutter.

Meine Schwester hörte tatsächlich zu brüllen auf und gab die Waschmuschel frei. Wir hatten nur kaltes Fließwasser, und ich bekam die Gänsehaut schon während ich den Waschlappen unter den Wasserstrahl hielt. Kaltes Wasser war schrecklich. Wäre meine Mutter nicht neben mir gestanden, hätte ich mit dem Waschen gar nicht angefangen. Vorsichtig machte ich einen Unterarm naß. Der weiße Waschlappen färbte sich grau.

»Aber doch nicht so!« rief meine Mutter. »Wenn du so langsam weitermachst, bist du zu Mittag noch nicht fertig!« Sie zog mir den Waschlappen von der Hand, tauchte ihn tief ins kalte Wasser, machte ihn klatschnaß, fuhr damit ribbelnd über das Seifenstück und begann dann an mir herumzuschrubben. Dabei schnaufte sie empört und murmelte: »Zwölf Jahr alt und kann sich nicht einmal waschen! Zwölf Jahr alt und stellt sich an wie ein Baby! Dabei ist sie dreckig wie ein Sandkastenkind! So was von einem Dreck ist ja nicht mehr normal!«

Ich bekam eine rotzornige Wut. Ihr fester Griff, ihre eckigen Bewegungen mit dem Lappen und das kalte Wasser machten mich stierwild. Und als sie mir dann den seifigen Lappen auch noch mitten ins Gesicht klatschte, ganz so, wie unsere Hausmeisterin immer den Ausreibfetzen auf die Gangkacheln klatschte, stieß ich sie weg. Meine Mutter war auf den Stoß nicht gefaßt und taumelte. Ich brüllte, weil mir Seife in die Augen gekommen war.

Die Tür zum Kabinett rollte auf. Barfuß tappte mein Vater zu mir. Ich sah ihn nicht, weil ich die Augen wegen der beißenden Seife fest zudrückte, aber ich spürte seine Hand auf meiner Schulter und hörte seine Stimme. Er sagte leise: »Gleich hört's auf, Menscherl! Gleich! Das muß man mit sehr viel Wasser auswaschen, dann geht's gleich vorbei!«

Ich beugte den Kopf vor. Viel kaltes Wasser schwappte gegen mein Gesicht. Jetzt war das kalte Wasser angenehm. Ich konnte die Augen wieder ein bißchen aufmachen. Ziemlich verschwommen, so als wäre ich sehr kurzsichtig, sah ich dicht neben mir braune Vaterhaut.

Meine Mutter war zum Küchenherd zurückgegangen, sie stocherte wieder im Wäschehäfen herum und schimpfte vor sich hin: »Na, das ist ja wieder einmal typisch! Das Saumensch führt sich auf wie verrückt, und der Herr Vater tröstet sie noch! Gar nichts ist ihr passiert, gar nichts. Einrahmen und vergolden sollt' er sich sein Menscherl lassen. Das ist ja eine Affenliebe, eine blöde!«

Mein Vater tupfte noch ein bißchen mit dem Waschlappen an meinen Augen herum, dann hauchte er drei kleine samtweiche Küsse auf meinen Hals und flüsterte: »Laß sie reden, Menscherl! Leut', die nicht denken können, reden halt!« Er lächelte mir zu, nahm das Handtuch und trocknete vorsichtig und zart mein Gesicht ab. Schließlich gab er mir noch einen vierten Kuß, einen auf die Nasenspitze, dann ging er zur Kabinettür zurück, und während er die Tür hinter sich zuzog, sagte er zu meiner Mutter: »Um neun möchte ich geweckt werden!«

Ich wusch weiter an mir herum. Auf dem Fußboden war eine große Wasserlache. Im Spiegel konnte ich die Küchenuhr sehen. Gleich war es dreiviertel acht. In fünf Minuten spätestens mußte ich weggehen, wenn ich nicht zu spät in die Schule kommen wollte. Ich wusch trotzdem weiter an mir herum.

Meine Mutter gab meiner Schwester das Schulbrot. Meine Schwester küßte meine Mutter auf die Wange, stopfte das eingewickelte Brot in die Schultasche und ging aus der Wohnung. Ich wusch noch immer. Meine Mutter war eindeutig böse auf mich. Wäre sie nicht böse gewesen, hätte sie mich, wie an jedem anderen Morgen, darüber belehrt, daß man sich besser am Abend gründlich wäscht. Sie war so böse, daß sie mir nicht einmal alle zwei Minuten mahnend die Uhrzeit kundtat.

Ich hörte mit der Wascherei auf und zog mich an, so langsam wie möglich. Ich packte mein Schulzeug ein. Ich fing an, alle Bleistifte zu spitzen. Es war acht Uhr! Meine Mutter litt. Sie wollte mich durch totales Schweigen strafen. Totales Schweigen war die größte Strafe, die sie kannte. Aber sie wollte mich auch zum Weggehen zwingen. Sie fühlte sich für mein pünktliches Eintreffen in der Schule verantwortlich. Ich genoß ihr

Leiden. Ich wollte ihr zeigen, daß sie nicht fähig war, die »größte Strafe« anzuwenden. Ich wußte, daß ich sie zum Reden zwingen konnte.

Ich holte drei Blätter ausgefranstes rosa Löschpapier aus der Schulmappe und nahm eine Schere und schnitt sorgfältig die Löschblattränder zurecht. Da konnte meine Mutter nicht mehr.

»Jetzt reicht es mir aber!« rief sie. »Es ist zehn nach acht! Was glaubst du denn, du Fratz, du!«

»Ist mir doch ganz Wurscht, ob ich zu spät komme oder nicht«, sagte ich grinsend, legte die Löschblätter langsam in die Mappe zurück und band aus den Mappenbändern eine zierliche Schleife. In Wirklichkeit war es mir überhaupt nicht »Wurscht«, wenn ich zu spät in die Schule kam. Ganz im Gegenteil. Ich fürchtete mich vor dem Zuspätkommen. Ich haßte es, in eine stumme, starrende Klasse zu treten und von einer hinterhältig lächelnden Lehrerin gefragt zu werden, ob ich verschlafen habe oder ob etwa wiederum meine Großmutter gestorben sei. Denn einmal hatte ich, um einer Rüge zu entgehen, beim Zuspätkommen behauptet, meine Großmutter sei gestorben. Was man mir als schreckliche Unmenschlichkeit gegen meine Großmutter in der Schule noch immer nachtrug.

»Ich schreib dir eine Entschuldigung«, sagte meine Mutter. »Ich schreib, daß dir schlecht war!« Sie ging zum Ladenkasten und zog die Lade heraus, in der wir das Briefpapier hatten.

»Nein danke!« rief ich. »Ich brauch deine Entschuldigung wirklich nicht!« Ich packte die Schultasche, nahm das Jausenbrot, das auf dem Tisch lag, und ging aus der Wohnung.

Eben hatte ich meine Mutter komplett besiegt! Eben hatte

ich ihr beigebracht, daß sie die »größte Strafe«, das »totale Schweigen«, nicht durchhalten konnte. Eine Entschuldigung für die Schule wäre wieder ihr Sieg gewesen. Die Annahme des mütterlichen Zettels hätte geheißen: Ich sehe ein, daß du für mich sorgst, daß du gütig bist, daß du immer einen Ausweg weißt, daß du alle meine Fehler ausbügelst!

Ich hatte mich nicht unterworfen! Ich hatte nicht klein beigegeben! Stolz schlug ich die Wohnungstür hinter mir zu.

Am Gang, bei den Klotüren, traf ich den Großvater. Er hielt den riesigen, gußeisernen Kloschlüssel in der Hand. Er hatte eine lange, weiße Unterhose an und ein Hemd ohne Kragen. Die Unterhose war aus grobem Leinen und unten, an den Beinenden, mit langen, zweimal um die Fesseln gewickelten Körperbändern zugebunden. Das kragenlose Hemd war blauweiß gestreift und ziemlich verschlissen. Der Großvater benutzte es als Nachthemd. Außerdem hatte der Großvater noch die Schnurrbartbinde um.

»Ja Menscherl, ja Menscherl«, sagte der Großvater erstaunt, »was machst denn du noch zu Hause? Du kommst ja viel zu spät in die Schule!« Der Großvater zischte beim Reden, weil er das falsche Gebiß noch nicht im Mund hatte. Ich streckte dem Großvater die Zunge heraus und drehte ihm eine lange Nase und schielte dazu.

Das war nicht unfreundlich gemeint. So begrüßte ich ihn oft, und er freute sich darüber.

Der Großvater wollte ins Klo hinein, aber ich vertrat ihm den Weg, griff ihm unter das Hemd, packte die weiße Leinenunterhose am Gummizug, zog sie vom Bauch weg und ließ sie zurückschnalzen. Ich hatte ja Zeit. Wenn man schon zu spät in die Schule kommt, ist es besser, viel zu spät zu kommen. Für eine ganz versäumte Stunde gibt es eine Menge Erklärungen. Für fünfzehn versäumte Minuten tut man sich viel schwerer, die zeugen von nichts als Trödelei, Langschläferei und schulischem Desinteresse.

»Menscherl, jetzt werd ma nicht blöd«, kicherte der Großvater. Er hielt seine Unterhose fest und sperrte die Klotür auf. »Und beeil dich, Menscherl, versäumst ja alles und bleibst mir dumm!« Der Großvater drängte mich zur Seite und verschwand im Klo.

Neben den Klotüren war die gußeiserne Bassena mit dem Messinghahn. Dort hatten wir früher, als wir noch keine Waschmuschel hatten, unsere Wasserkanne gefüllt. Ich drehte den Messinghahn ein wenig auf und schaute zu, wie das Wasser aus dem Hahn tröpfelte, und bemühte mich – erfolglos – die Wassertropfen zu zählen. Dann drehte ich das Wasser ein bißchen stärker auf und hielt mit dem Daumen den Messinghahn zu. Das Wasser spritzte wunderschön zwischen Messinghahn und Daumen durch und spritzte auf die kackegelbe Gangwand und tupfte sie dunkelbraun.

Die Tür zur Wohnung der Großmutter stand einen Spalt weit offen, und die Türklinke bewegte sich auf und ab. Das kam davon, weil die Großmutter an der Innenseite der Tür stand und die Klinke putzte. Das tat sie jeden Morgen. Nach der Klinke kam das Messingtürschild dran und danach der Messingdeckel vom Türguckloch.

Ich ging zur Großmutter-Tür. Ich hörte die Großmutter laut schnaufen. Immer wenn die Großmutter eine Arbeit tat, schnaufte sie. Auch bei den leichteren Arbeiten. Immer tat sie, als leiste sie Schwerarbeit. Ich überlegte, ob die große Wut von gestern schon weg war. Ich entschied, daß die große Wut nicht mehr dasein konnte. Sonst hätte sich die Türklinke wilder bewegt und die Großmutter noch lauter geschnauft. Ich drückte die Tür weiter auf und schlüpfte durch den Türspalt.

»Ah, du bist es!« sagte die Großmutter, stopfte den Putzlappen in die Schürzentasche und schloß die Tür. Für die Großmutter war »Schule gehen« nicht wichtig. Sie selber – seinerzeit, vor einer halben Ewigkeit – war kaum in die Schule gegangen. Und außer ihrem Namen gab es fast kein Wort, das sie richtig schreiben konnte.

Ich setzte mich auf die Kohlenkiste, ließ die Beine baumeln und freute mich, daß die Großmutter wieder friedlich war, daß die große Wut weg war, daß so eine große Wut über Nacht verschwinden konnte, daß keiner mehr der Großmutter die gestrige Wut ansah. Sie hatte die Rote nicht umgebracht und den Großvater auch nicht. Sie lächelte freundlich und gab mir zwei Haferflockenkekse aus der Vorratsdose. Ich zerbiß die Kekse und dachte: Es ist alles nicht so arg, nie ist alles so arg, nichts ist so arg. Alles geht vorüber – wie die Wut der Großmutter –, und hinterher ist das Böse nicht schlimmer als ein uralter, schlechter Traum.

Der Großvater kam vom Klo zurück und verscheuchte mich von der Kohlenkiste, weil er dort die blecherne Waschschüssel aufstellen wollte. Die Großmutter nahm den Häfen mit dem heißen Wasser vom Herd und füllte damit die Waschschüssel. Der Großvater zog das gestreifte Hemd und die Unterhose aus. Seine Haut war schneeweiß und so faltig wie Kreppapier. Der Großvater war sehr groß. Er hatte dünne Arme und dünne Beine und einen kleinen, prallen Kugelbauch. Der Kugelbauch, das hatte mir der Großvater genau erklärt, war kein Fettbauch. »Mein gasgefüllter Luftballon«, nannte der Großvater seinen Bauch. Zwei Magengeschwüre waren irgendwo im Bauch drinnen. Und das Essen, das die Großmutter kochte, vertrugen diese Magengeschwüre nicht. Da blähte sich dann der Bauch wütend, wenn er das Großmutter-Essen verdauen mußte. Rülpsend und pforzend protestierte er. Und nach jedem Pforzer und Rülpser seufzte der Großvater erleichtert auf, weil wieder ein wenig Gas aus dem Luftballon entwichen war.

Ich schaute den Großvater aufmerksam an. An den Waden, unter der weißen Kreppapierhaut, waren dicke blaue Adern. Krampfadern. Die Krampfadern, das wußte ich, taten dem Großvater oft weh. Und irgendwie gefährlich waren sie angeblich auch. Ich legte gern einen Finger auf eine der Krampfadern. Da glaubte ich dann, das Blut in der Ader tikken zu spüren, und das war ein angenehmes Gefühl.

Doch an diesem Morgen interessierten mich die Krampfadern nicht.

An diesem Morgen interessierte mich am nackten Großvater etwas, das mich vorher noch nie interessiert hatte. Mich interessierte das, was der Großvater sein »Gscham« nannte. Ich schaute dem Großvater auf die geringelten weißen Schamhaare und auf den winzig kleinen schweinsrosa Penis dazwischen und war mir plötzlich ganz sicher, daß die Minnatante die Geschichte von der Roten einfach erfunden hatte. Auch mein Vater mußte sich irren! Und falls der Großvater zu meinem Vater gesagt hatte, daß er ein Verhältnis mit der Roten habe, dann hatte er eben geschwindelt. Der Großvater hatte nichts mit der Roten. Der Großvater hatte mit niemandem irgend etwas! »Geliebte« hatten die schönen jungen Männer in den Kinofilmen. Eine Geliebte hatte vielleicht auch der Edlinger-Julius. Oder der Vater von der Ribich-Eva. Und mein Vater – natürlich – hätte eine Geliebte haben können. Der Großvater aber ganz sicher nicht! Sein Körper, nackt bis auf die Schnurrbartbinde, war mir Beweis genug für seine Unschuld. Wer so aussah, wer so ein »Gscham« hatte, der hatte nichts mit Liebe zu tun; außer mit Großvaterliebe zu mir.

Die Großmutter putzte jetzt den Gucklochdeckel mit Sidol. Das stank. Der Großvater seifte seinen Bauch ein.

»Was war denn gestern noch?« fragte ich ihn.

»Was soll denn gewesen sein?« fragte der Großvater.

Ich deutete auf die Großmutter. »Wegen der Roten, mein ich!«

Der Großvater sagte: »Na, tobt hat's halt und gesagt, sie bringt sich um!«

Wir sprachen ganz normal laut. Die Großmutter war so schwerhörig, daß sie trotzdem kein Wort verstand. Und weil sie uns den Rücken zukehrte, merkte sie nicht einmal, daß wir miteinander redeten.

»Und dann wollte sie sich«, der Großvater wischte mit einem Lappen sorgfältig den Seifenschaum vom Bauch weg, »dann wollt' sie sich das Brotmesser in den Bauch rennen.« Er kicherte und drückte den seifigen Lappen im Waschwasser aus. »Und da hab ich ihr das Brotmesser weggenommen und hab ihr ins Ohr gebrüllt, daß sie mein ein und alles ist und daß die ganze Sache halt nur ein Irrtum war.«

»Schmeiß die Minnatant' raus«, schlug ich vor, »weil nur die ist an allem schuld. Die hat ihr das eingeredet. Ich war dabei, ich hab es gehört.«

Der Großvater schüttelte den Kopf. »Die ist doch nichts wie eine arme Haut«, sagte er, »wenn s' ihrer Schwester nicht alle paar Wochen so was erzählt, dann hat s' kein gutes Leben bei ihr, verstehst?«

»Trotzdem!« rief ich.

»Nichts trotzdem!« Der Großvater seifte seinen Hintern ein. »Eine bucklerte, krätzerte Person wie die Minna, die auch noch hatschert ist, die hat's schwer genug.«

»Mir graust vor ihr!« sagte ich.

»Meinst, mir nicht?« sagte der Großvater.

Das ärgerte mich. Er war schon wieder einmal viel zu gutmütig. Immer war er zu gutmütig. Nie setzte er seinen Willen durch. Meine Mutter und mein Vater sagten das auch. Und manchmal sagte mein Vater sogar, daß der Großvater überhaupt nicht gutmütig sei, sondern einfach ein ganz gewöhnlicher Feigling.

Ich ging ins Zimmer hinein, zum Fenster, und stellte mich hinter den brettelsteif gestärkten Vorhang mit dem Spitzenmuster und schaute durch die Löcher im Spitzenmuster auf die Straße hinaus und sah, gegenüber, vor der Trafik, den Waschak-Rudi. Der Rudi lehnte an der Hausmauer, rauchte und sah zu unserer Haustür her. Er hatte den bösen Blick. Und er wartete auf mich. Was hätte er sonst schon hier zu suchen gehabt? Da gab es keinen Zweifel, der Rudi wartete auf mich!

Die Großmutter kam ins Zimmer, sie hatte den Staubwedel in der Hand und fummelte damit an der Pendeluhr herum. Dann ging sie zum anderen Fenster, zum Blumenfenster, und stocherte mit dem Staubwedel zwischen den Blumentöpfen. »Na so was«, murmelte sie. »Jetzt steht der Depp doch noch immer da drüben!« Sie drehte sich zu mir. »Steht der Depp seit einer geschlagenen Stunde da drüben und raucht und glurt vertrottelt!« Die Großmutter wackelte unwillig mit dem Kopf und sagte: »Was muß denn die Rotzpiepen rauchen? In seinem Alter! Und ausgewachsene Männer haben hint' und vorn keine Zigaretten nicht! Soll sich ein Hundstrümmerl ins Maul stekken, das raucht auch!« Mit jedem Satz wurde die Stimme der Großmutter lauter und wütender, sie konnte sich einfach über alles aufregen, über jeden wild werden; auch wenn sie die Sache gar nichts anging. Sie mischte sich überall ein. »So ein Gfrast!« Jetzt schrie die Großmutter schon richtig. »So ein dummes Luder! Und lacht mich auch noch aus!« Der Rudi hatte sie nicht ausgelacht. Der Rudi hatte sie wahrscheinlich überhaupt nicht gesehen, denn die grünen Stauden im Blumenfenster wuchsen hoch und dicht.

»Na wart nur, du Piepen, dir werd ich geben! Mich auslachen!« fauchte die Großmutter. Sie kam zu mir her und drängte mich zur Seite.

Sie zog den Vorhang vom Fenster, riß das Fenster auf, drohte mit dem Staubwedel zum Rudi hinüber und brüllte: »Waschak-Bub, du Laus, schau, daß du weiterkommst, sonst komm ich raus und schmier dir eine!«

Der Rudi tat, als sei er genauso schwerhörig wie die Großmutter. Er schaute nicht einmal zu unserem Fenster her, er starrte weiter das Haustor an und rührte sich nicht. »Jesus-Maria, auf wen schimpft sie denn schon wieder?« Der Großvater, wieder in Unterhose und Hemd, jetzt auch mit dem Gebiß im Mund, stand in der offenen Zimmertür. »Juli«, schrie er, »mach das Fenster zu, es zieht mir aufs Kreuz, hörst?«

Die Großmutter hörte ihn nicht. Sie schimpfte weiter zum Rudi hinüber.

»Terrische Kapellen«, seufzte der Großvater, ging zum Fenster, packte die Großmutter an den Schürzenbändern, zog sie vom Fenster weg und brüllte ihr ins Ohr: »Die Leut' beschweren sich doch, wennst dauernd herumschreist! Mag dich eh schon keiner mehr!«

Die Großmutter murmelte irgend etwas, ich verstand bloß: »Können mich gern haben!« Dann riß sie sich vom Großvater los – die Schürzenbandmasche ging dabei auf – und lief zum Fenster zurück, zum Blumenfenster, und staubwedelte weiter am Grünzeug herum. Ich setzte mich auf das grüne Plüschsofa mit der hohen Rückenlehne und spielte mit den Seidenquasten, die von den Armlehnen baumelten. Mir war übel. Speiübel. In meinen Ohren sauste es. Und im Hals würgte es mich. Ich konnte nicht mehr lange bei der Großmutter bleiben. Jeden Augenblick war es möglich, daß meine Mutter zur Tür hereinkam und nachfragte, ob sie der Großmutter etwas vom Einkaufen mitbringen sollte. Ich konnte aber auch nicht aus dem Haus gehen. Vor dem Haus war der Waschak-Rudi, und der hatte den bösen Blick. Und seine Steinschleuder hatte er in der Hand gehabt. Auch wenn er keine Steinschleuder und keinen bösen Blick gehabt hätte, hätte ich ihn nicht treffen mögen. Nie mehr wollte ich ihn treffen, nie mehr wollte ich ein Wort mit ihm reden. Und alles, was ich je mit ihm gesprochen hatte, wollte ich vergessen.

»Ja, sag einmal, Menscherl, willst jetzt net bald in die Schul' gehen, oder wie?« Der Großvater grinste und zwinkerte mir zu. Ich stand auf. Speiübel war mir noch immer. Ich nickte dem Großvater zu. Langsam ging ich in die Küche, nahm die Schultasche, die an der Kohlenkiste lehnte, und verließ die Großmutter-Wohnung. Zuerst dachte ich daran, in den Keller hinunter oder auf den Dachboden hinauf zu gehen. Aber der Keller war heute zugesperrt. Es wäre zu auffällig gewesen, wäre ich noch einmal zur Großmutter zurück und hätte mir den Kellerschlüssel ausgeborgt. Und auf den Dachboden zu gehen, fiel mir ein, war ebenfalls ganz unmöglich. Meine Mutter hatte ja in der Früh Wäsche gekocht. Vielleicht schwemmte sie die Wäsche gerade. Vielleicht legte sie die Wäsche gerade in den Wäschekorb. Vielleicht war sie auch schon bei der Wohnungstür und wollte mit der Wäsche auf den Dachboden hinauf!

Mir blieb nur mehr der Weg durch die Hintergärten. Der war mühsam und gefährlich. Aber der Waschak-Rudi war noch viel gefährlicher.

Ich schlich zur Hoftür und versuchte sie zu öffnen, ohne dabei ein quietschendes, krächzendes Geräusch zu erzeugen. Es gelang mir nicht. Die Tür krächzte und quietschte wie immer. Dicht an der Hausmauer, an der Klopfstange und am Hackstock vorbei ging ich zu den Mistkübeln, kletterte auf den ersten Mistkübel und schaute dabei besorgt und beklommen zu unserem Küchenfenster hin. Meine Mutter, hätte sie zufällig am Fenster gestanden, hätte mich leicht entdecken können. Die Mauer zum Russ-Haus war nicht hoch. Vom Mistkübeldeckel aus konnte ich gut über sie steigen. Aufpassen mußte ich nur, weil in der Mauer, oben, spitze Glasscherben eingemauert waren.

Auf der anderen Seite der Mauer standen Kohlenkisten. Ich sprang auf die Kisten hinunter. Meine Schultasche bekam von den Mauerglasscherben einen tiefen, hellen Kratzer ins dunkle Leder; aber ich hatte Glück, niemand war im Russ-Haus außer der dicken, weißen Katze der Hausmeisterin. Auch die Katze war ein Glück für mich. Wenn die Katze im Hof saß, dann blieben die Ratten in ihren Löchern und Verstecken. Mit den Ratten vom Russ-Hof traf ich nicht gerne zusammen. Ich lief durch den Hof zur Waschküche hin und hoffte inständig, daß heute niemand aus dem Russ-Haus Waschtag hatte.

Die Waschküche vom Russ-Haus war ein kleiner, ans Haus gebauter Schuppen, in dem ein Holzherd mit einem Kessel zum Wäschekochen, zwei Einweichbottiche und ein Waschtrog standen. Und ein Fenster, zum Klein-Garten hin, war in der Waschküche. Der Klein-Garten war früher ein Wirtshausgarten gewesen. Er war dick mit Kies bestreut. Es knirschte bei jedem Schritt, wenn man knöcheltief im Kies versank. In einer Ecke vom Klein-Garten waren alte, morsche Wirtshaussessel aufgestapelt. Und richtig dämmrig war es im Klein-Garten immer, weil die Kronen von fünf riesigen Kastanienbäumen kaum einen Sonnenstrahl durchließen. Nur bei der großen gläsernen Hoftür, zum Klein-Haus hin, war es etwas heller. Dort lag meistens der Moses. Der Moses war hellgrau und riesengroß. Der Moses bellte nie. Er knurrte. Und wenn man ihm auf drei Schritte nahe kam, erhob er sich, legte die Ohren an, machte einen steifen Schwanz und bekam ein gesträubtes Fell und fürchterlich funkelnde Augen. Ob er jeden tatsächlich in die Waden biß, der an ihm vorbei und ins Haus hinein wollte, wußte ich nicht. Alle Kinder in der Gegend behaupteten es. Aber ich würde es bald wissen! Denn die einzige Möglichkeit, vom Rudi unbelästigt zur Schule zu kommen, war der Weg durch den Klein-Garten und das Klein-Haus auf die Hernalser Hauptstraße.

In der Waschküche war niemand. Es roch nach Schimmel und Seifenlauge. In den zwei Bottichen war trübgraues Wasser, schmutzige Wäschestücke schwammen darin. Und vor dem Herd lagen Holzspäne und Zeitungspapier, zu Kugeln zerknüllt. Da hatte jemand schon Vorbereitungen zum Ofenanzünden gemacht. Und das bedeutete, daß der bald in die Waschküche kommen würde. Ich hatte also nicht mehr viel Zeit. Ich öffnete das Fenster und stieg in den Garten hinaus. Ich holte mein Jausenwurstbrot aus der Schultasche, wickelte es aus dem Papier und ging langsam auf die helle Hoftür und den Moses zu. Der Waschak-Rudi hatte einmal behauptet, wenn man drei Schritte vor dem Moses steht und ein Stück Wurst in weitem Bogen wegschleudert, dann jagt der Moses hinter der Wurst her, und man kann ungeschoren zur Hoftür hin.

Ich war noch gut fünf Schritte vom Moses entfernt, als er aufstand, die Ohren anlegte, den Schwanz steif machte und zu knurren anfing. Nicht einen einzigen Zentimeter näher hätte ich mich an das Biest herangewagt. Ich warf das Wurstbrot und zitterte dabei. Ich warf schlecht. Das Brot plumpste in den Kies. Kaum drei Meter hatte ich geworfen. Der Moses scherte sich überhaupt nicht um mein Brot.

Ich weiß nicht, wie lange wir so standen, ich zitternd, der Moses knurrend. Die Katze vom Russ-Haus erlöste mich. Sie kam über den Zaun gesprungen und lief zu einem Kastanienbaum und kletterte den Stamm hinauf. Da verlor der Moses alles Interesse an mir. Er raste zum Kastanienbaum und stellte sich, noch lauter knurrend, dort auf.

7.
Die gelogenen Gallensteine
Der feige Plan
Die ganz anderen Sorgen der Eva

Ich kam gegen zehn Uhr in die Schule, als die Glocke gerade die Pause einläutete. Die Deutschlehrerin war noch in meiner Klasse, und ich sagte ihr, daß meine Mutter einen furchtbar argen Gallensteinanfall gehabt habe und ich habe auf den Arzt warten und nachher in die Apotheke laufen und dann Gallensteintee kochen müssen. Die Deutschlehrerin sah ein, daß ich unter diesen Umständen keinen Entschuldigungsbrief vorweisen konnte.

»Aber ich bringe ihn morgen«, beteuerte ich.

»Das hat ja Zeit, bis es deiner Mama wieder bessergeht«, sagte sie freundlich und ging aus der Klasse.

Die nächste Stunde war Englisch. Dreimal wurde ich aufgerufen, und dreimal wußte ich keine Antwort, ich wußte nicht einmal, was ich gefragt worden war. Die Englischlehrerin schimpfte mit mir, sie sagte, ich solle mir ein Beispiel an meiner Schwester nehmen, die sei immer vorbereitet, nie unkonzentriert, die träume sich nie weg. »Zwei Schwestern, so verschieden wie Sonne und Mond! Daß das überhaupt möglich ist?« sagte sie kopfschüttelnd. Da meldete sich die Helene und erklärte der Englischlehrerin, ich sei sicher deswegen so verwirrt, weil meine Mutter gallensteinkrank zu Hause im Bett liege. Der Englischlehrerin tat ich leid. Sie hörte zu schimpfen auf und versicherte mir, daß Gallenanfälle zwar eine ekelhafte und schmerzende Sache seien, daß ich mir aber um meine

Mutter keine Sorgen zu machen brauche. Lebensgefährlich sei diese Krankheit nicht. Die Englischlehrerin kam zu meinem Pult und redete freundlich auf mich ein. Ich hörte ihr gar nicht zu, ich überlegte, ob die Englischlehrerin heute noch bei meiner Schwester in der Klasse Unterricht gab. Ich versuchte, mich an den Stundenplan meiner Schwester, der über ihrer Bettbank an der Wand hing, zu erinnern. Nein, am Samstag hatte sie nicht Englisch und auch nicht Deutsch. Unangenehm wäre das gewesen, hätte die Englischlehrerin heute noch bei meiner Schwester eine Stunde gegeben. Sicher hätte sie sich bei ihr näher nach den Gallensteinen meiner Mutter erkundigt. Meine Schwester war schließlich ihre Lieblingsschülerin.

Die Eva, neben mir, stieß mich in die Rippen und deutete dabei zur Englischlehrerin hin. »Ob du vielleicht nach Hause gehen willst?« fragte mich die Englischlehrerin ungeduldig. Anscheinend hatte sie mich schon vorher danach gefragt. Ich schüttelte den Kopf, die Englischlehrerin nickte mir noch einmal tröstend zu, dann ging sie zum Lehrertisch zurück und fing an, Vokabeln zu prüfen. Zuerst nahm sie die Helene dran, dann kam die Eva an die Reihe. Ich war mir ziemlich sicher, daß sie mich in Ruhe lassen würde. Ich schlug mein Englischheft auf und malte kleine Männchen auf das Löschpapier. Aus den Augenwinkeln sah ich, daß die, die rund um mich saßen, mitleidig auf mich schauten. Ich merkte, wie mir Tränen in die Augen stiegen. Die Tränen tropften auf das Löschpapier zwischen die kleinen Männchen. Ich zog Ringerln um die nassen Flecken auf dem Löschpapier und überlegte, was der Rudi von mir gewollt hatte. Wollte er das Russ-Geld mit mir teilen? Nein, das wollte er sicher nicht, sonst hätte er nicht den bösen

Blick gehabt. Es gab nur eine Möglichkeit: Der Rudi war hinter mir her, weil ich alles wußte. Er wollte mich zwingen, den Mund zu halten. Der Rudi war dumm, der wußte nicht, daß ich sowieso keinem Menschen etwas sagen wollte. Der Rudi war böse und mißtrauisch, der würde mir nicht glauben, daß ich ihn nicht verrate. Der Rudi glaubte niemandem etwas. Was konnte mir der Rudi tun? Steinschleudersteine nachschießen? Mir auflauern? Mich schlagen? Ich dachte: Der Rudi tut alles. Es gibt gar nichts, was der Rudi nicht tut. Dem Rudi macht es nicht einmal etwas aus, auch mich totzumachen. Er hat mich nicht gern, er hat niemanden gern. Ich dachte: Ich muß ihn doch verraten! Ich muß ihn so verraten, daß niemand merkt, daß ich am Raubplan beteiligt war. Ich muß so tun, als habe ich zufällig davon erfahren. Sie müssen den Rudi einsperren, damit er mir nichts tun kann!

Männchen malend und um Tränenflecken Ringerln ziehend, versuchte ich die ganze Russ-Geschichte so umzuerzählen und so zurechtzubiegen, daß ich nur mehr ahnungslose Mitwisserin, Beobachterin, Aufdeckerin war. Ich probierte viele Geschichten, alle hatten einen Haken: Sie waren schwer zu glauben. Ich konnte doch nicht gut sagen, ich habe den Raub beobachtet. Warum, würde man mich dann fragen, habe ich nicht gleich Alarm geschlagen. Ich konnte auch nicht sagen, daß mir der Rudi von seiner Raubabsicht erzählt hatte und daß ich sie bloß nicht ernst genommen hatte. Den Waschak-Rudi nahm man ernst, daß ich den nicht ernst genommen hatte, konnte ich niemandem einreden. Und daß mir ein anderes Kind alles erzählt hatte? Da würde man doch wissen wollen: Ja, wer denn? Und außer mir gab es in der ganzen Gegend kein Kind, das mit dem Rudi redete.

Als die Englischlehrerin die Klasse verließ, war ich mit meiner Russ-Geschichte so weit gekommen, daß ich eine Möglichkeit für mich und mein ruhiges Weiterleben sah. Wenn der Rudi das Russ-Geld tatsächlich in der Hundehütte beim Linealmacher versteckt hatte, dann mußte ich das Geld finden. Rein zufällig entdecken! Und auf die Polizeiwache tragen! Und dazu sagen, ich hätte gesehen, wie der Rudi dort etwas versteckt habe, und da sei ich neugierig geworden und sei nachschauen gegangen. Die Polizisten, die würden dann schon den richtigen Schluß ziehen!

Ich schob mein nasses Löschblatt und das Englischheft in das Pult und wartete auf die Mathematikstunde. Mathematik mochte ich. Ein Dreieck so zu zeichnen und die Winkelsymmetralen so zu ziehen, daß sie sich haarscharf in einem Punkt treffen, darin war ich Spitze. Das machte mir niemand in der Klasse nach. Und der Treffpunkt der zwei von A und B aufeinander losfahrenden Züge, zu verschiedenen Abfahrtszeiten, mit verschiedenen Geschwindigkeiten, der war auch mein Spezialgebiet. Mein ganzer Ehrgeiz und meine ganzen Anstrengungen beim Lernen galten ausschließlich der Mathematik. Mathematik war: denken. Sehr gut in Mathematik sein, war: ein gescheiter Mensch sein. In Mathematik nichts können, war: ein Depp sein. Das hatte mir niemand eingeredet, das hatte ich mir selber zusammengedacht, der Familiensituation entsprechend. Meine Großmutter hatte Mühe, beim Zusammenzählen den Zehnersprung zu schaffen. Meine Mutter hatte sich schon schwergetan, meine Volksschul-Schlußrechnungen zu kontrollieren; von dem, was ich jetzt rechnen mußte, verstand sie überhaupt nichts. Und meine Schwester, trotz Vorzugszeugnis, hatte ihre Mühen und Qualen mit der

Mathematik. Aber mein Großvater und mein Vater, die lösten Mathematikbeispiele, bei denen meine Schwester nicht weiterkam, obwohl weder der Großvater noch mein Vater ins Gymnasium gegangen waren. Wer Hirn hatte, der konnte eben rechnen und Inkreise und Umkreise so ziehen, daß sie haarscharf in Dreiecke hinein oder herum paßten, der begriff auch, ohne daß es ihm von jemandem erklärt wurde, wie die Fläche eines Trapezes zu errechnen ist.

Großvater – Vater – Tochter – eine gerade Linie, wünschenswert und beglückend. Großmutter – Mutter – Tochter – eine schreckliche Linie, eine, die man zumindest durch »Rechnen-Können« verwischen mußte. Rechnen-Können hatte ich mir so antrainiert, daß ich es auch in dieser Mathematikstunde einwandfrei konnte. Rechnen war für mich jetzt sogar eine große Erleichterung. Einfache Gleichungen gab es zu lösen, die brauchten nicht umerzählt und zurechtgebogen zu werden. In simplen Regeln durfte da gedacht werden, und als Ergebnis dieser schlichten Denkanstrengung bekam man dann eine Lösung geschenkt, die eindeutig stimmte: a ist 1, und b ist 2. Unabänderlich! Auch vom listigsten Polizisten auf der Wachstube nicht anzuzweifeln.

Gut ein Dutzend solcher wohltuender a-b-Denkereien erledigte ich, bis die Schulglocke dem ein Ende setzte. Weil ich in der Mathematikstunde wieder normal, ganz ohne Tränen funktioniert hatte, hielt die Ribich-Eva meinen Kummer um die gallensteinkranke Mutter für geschwunden. Sie warf mir keine Mitleidsblicke mehr zu, sondern grinste mich an und sagte: »Gelobt sei der Samstag mit seinen vier Schulstunden!« Sie packte ihre Schulsachen in die Schultasche und holte ihr Eau de Toilette aus der Handtasche. Sie stöpselte es auf und fummelte mit dem Fläschchen hinter den Ohren herum. Als Zeichen besonderer Zuneigung hielt sie das Eau-de-Toilette-Fläschchen auch über meinen Kopf und beutelte es kräftig. Dann bat sie mich, zum Fenster zu gehen und nachzuschauen, ob ihr Papa bereits mit dem Auto vor dem Schultor wartete. Die Eva liebte es, solche kleinen Dienstleistungen von mir zu verlangen. Wie einen Huld-und-Gnaden-Beweis vergab sie sie an mich.

Ich ging zum Fenster. Der Studebaker vom Herrn Ribich war noch nicht vor der Schule. Nur ein altes Lastauto parkte da. Aber auf der anderen Straßenseite, vor dem schiefen, zerlöcherten Rollbalken vom Curacek-Juwelier, stand der Waschak-Rudi. Und genauso stur, wie er am Morgen unser Haustor angestarrt hatte, schaute er jetzt zum Schultor her.

»Ist mein Papi schon da?« fragte die Ribich-Eva. Ich schüttelte den Kopf.

»Immer kommt er so spät!« raunzte die Eva. Sie saß auf ihrem Platz, hatte einen kleinen Spiegel in der einen Hand und einen Lippenstift in der anderen. Sie tupfte mit dem Lippenstift an der Oberlippe herum und murmelte: »Nur einen Hauch! Sonst gibt mir der Papa wieder eine Watschen!«

Jeden Samstag holte der Herr Ribich die Eva von der Schule ab. Am Samstag nämlich war auch die andere Ribich-Großmutter zum Ribich-Mittagessen eingeladen. Diese Großmutter hatte ein krankes Bein. Ein unheimlich dick geschwollenes Bein. »Elefantenfuß« nannte es die Eva. Der Herr Ribich holte die Elefantenfuß-Großmutter am Samstag immer mit dem Auto von ihrer Wohnung ab, und weil die Wohnung gleich neben der Schule war, bestand die Eva darauf, daß er auch sie mit nach Hause nahm. Der Eva ging es nicht darum, sich die paar Minuten Heimweg zu ersparen. Der Eva kam es darauf an, allen in der Schule, Schülern, Lehrern und Schulwarten, den Studebaker vorzuführen. Auf den war sie sehr stolz. Nur drei Väter der Kinder meiner Klasse hatten ein Auto. Der Helene ihr Vater hatte einen Wagen, der war vorne ein alter Opel und hinten ein alter Peugeot. Und der Vater von der Lisi hatte ein uraltes Steyr-Baby, das überhaupt nur im Sommer, wenn es nicht regnete, zu fahren war, weil es im Winter nicht ansprang und im Dach Löcher hatte, durch die der Regen rann. Mit so etwas Feinem und Vornehmem wie einem neuen Studebaker konnte überhaupt niemand in der Schule angeben! Wie eine Königin schritt die Eva jeden Samstagmittag auf den hellgrünen, glänzenden Wagen zu. Und ihr einziger Kummer bei der Sache war, daß ihr Vater meistens sehr spät kam. So spät, daß nur mehr ein paar Schüler vor der Schule standen, wenn der Herr Ribich hupend hielt.

Die Eva fummelte sich mit einer weißen Hasenpfote im Gesicht herum. Auf der Hasenpfote war schweinsrosa Puder. Angeblich war es besonders modern, Puder mit Hasenpfoten aufzutragen. Die Mutter von der Eva machte das auch.

»Jetzt könnte er aber schon langsam kommen«, seufzte die Eva. Sie entzündete ein Streichholz, ließ es kurz brennen, blies es aus, brach das verglühte Kopferl ab und zeichnete mit dem verkohlten Stengel die Augenbrauen nach.

Außer mir und der Eva war niemand mehr in der Klasse. »Ich geh runter und wart unten!« sagte die Eva. Sie warf das Streichholz auf den Fußboden und wickelte die Hasenpfote säuberlich in ein Taschentuch und steckte es in die Handtasche. »Der Papa regt sich sonst auf, wenn er auf mich warten muß!« Die Eva nahm ihre Schultasche und schnallte sie wie einen Rucksack um. Das tat sie nur am Samstag. Der Ribich-Vater bestand darauf. Schultaschen, in der Hand getragen, behauptete er, machen krumm und bucklig.

»Wenn mich der Fritz so sieht«, jammerte die Eva und deutete auf die Schulterriemen rechts und links von ihren Brüsten, »dann bring ich mich um! Wie ein Baby muß ich herumrennen!« An der Eva sah die Buckel-Schultasche wirklich sehr komisch aus, weil die Eva einen recht großen Busen hatte und die Schulterriemen den Busen so sonderbar hochdrückten.

Meine Schultasche hatte schon längst keine Schulterriemen mehr. Die hatte ich mir in der vierten Volksschulklasse abmontiert. Auf dem Heimweg von der Schule hatte ich sie weggeworfen. Und Leder, selbst schmale Schulterriemen, gab es damals nicht zu kaufen. Meine Mutter, die da die gleiche Ansicht wie der Herr Ribich hatte, war wochenlang herumgelaufen, um neue Schulterriemen für mich zu ergattern. Für drei Eier, hatte der Taschner meiner Mutter erklärt, könne er vielleicht solche Riemen auftreiben. Aber das war für meine Mutter ein völlig unsinniges Angebot. Verschaffte sich meine Mutter, was selten genug vorkam, einmal irgendwo ein Ei, legte sie es in ein großes Glas, das mit einer schwabbeligen, trübweißen Flüssigkeit gefüllt war, die Wasserglas hieß und Eier konservierte. In diesem grauslichen Saft wurden bei uns zu Hause Eier für Geburtstagstorten und Weihnachtsbäckerei aufgespart oder für den Fall, daß jemand in der Familie krank wurde und kräftigere Kost brauchte. Für Schultaschenriemen waren diese Wasserglaskostbarkeiten zu schade.

Langsam und zögernd verließ ich neben der Eva die Klasse. Bei der Stiege blieb ich stehen, tat, als müsse ich meine Schuhbänder fester binden, und überlegte dabei, wie ich dem Rudi am besten entgehen könne. Die Eva wartete auf mich. Auf der Treppe dann fragte ich die Eva, ob sie, ohne sich am Geländer festzuhalten, die Stufen auf einem Bein hinunterhüpfen könne. Sie konnte! Ich tat ganz begeistert und bat sie, das Kunststück zu wiederholen. Viermal hüpfte die Eva vom ersten Stock ins Parterre hinunter, und mir war noch immer keine Lösung für mein Problem eingefallen. Dann hupte, von der Straße her, der Studebaker. Die Eva nickte grüßend und lief zum Schultor. Sie schaute verwundert, weil ich, ebenfalls laufend, neben ihr blieb. Um etwas zu bitten, fiel mir schwer. Die Eva um etwas zu bitten, fiel mir besonders schwer. Ich wurde knallrot im Gesicht, als ich sie fragte: »Bitte, darf ich ein Stück mit eurem Auto fahren?«

Die Eva blieb stehen. Gönnerhaft sprach sie: »Da muß ich den Papa fragen. Ich kann das nicht entscheiden.« Dann schritt sie, königlich wie jeden Samstag, auf den Studebaker zu, beugte sich zum offenen Wagenfenster und rief hinein: »Papa, sie möchte mitfahren, darf sie?«

Natürlich ließ mich der Herr Ribich mitfahren! Es hätte der blöden Fragerei gar nicht bedurft. Die hatte bloß dazu gedient, mir wieder einmal zu zeigen, daß ich ein armes Schwein und die Eva ein ungeheuer wohlhabendes Kind war, das milde Gefälligkeiten huldvoll austeilen konnte. Wäre der Waschak-Rudi nicht am Curacek-Rollbalken gelehnt, hätte ich mich dieser Demütigung nicht ausgesetzt.

Die Eva setzte sich vorne, neben ihren Vater, ins Auto. Ich mußte nach hinten, zur Elefantenfuß-Großmutter. Der Herr Ribich fuhr los, und der Waschak-Rudi rannte über die Straße und hinter uns her. An der Kreuzung, wo eine Straßenbahn den Vorrang hatte und der Herr Ribich warten mußte, holte uns der Rudi ein. Kaum einen Meter von mir entfernt stand er auf dem Gehsteig und keuchte und schielte mich an. Ich drehte den Kopf weg. Als die Straßenbahn bimmelnd vorübergefahren war und der Herr Ribich in die Hauptstraße einbog, folgte uns der Rudi nicht mehr. Ich sah ihn die Straße, in die entgegengesetzte Richtung, überqueren.

»Wie geht's denn dem Walter?« fragte der Herr Ribich. Der Walter war mein Vater. Ich sagte, daß es meinem Vater gutgehe.

»Ein Geschäft sollt' sich der Walter aufmachen«, sagte der Herr Ribich. »Eines in Leibrenten, unter Umständ'. Daheim Uhren reparieren, das geht net. Da arbeitet er sich deppert, und der, für den er in Heimarbeit tschinagelt, der wird davon fett!«

Die Elefantenfuß-Großmutter nickte zustimmend, musterte mich dann aber aus kleinen, glitzernden Teddybäraugen und fragte: »Hat er überhaupt die Meisterprüfung? Weil ohne Meisterprüfung geht das ja net!«

Ich gab keine Antwort.

»Na, hat er die Meisterprüfung«, fragte die Eva, »oder hat er sie nicht?« So etwas interessierte die Eva. Alles, was andere Leute unter Umständen nicht haben können, war ihr wichtig.

»Natürlich hat mein Vater die Meisterprüfung«, log ich. Von der Meisterprüfung war bei uns zu Hause ständig die Rede. Mein Vater war nur Uhrmachergeselle, und der Großvater versuchte immer ihn zu überreden, die Meisterprüfung zu machen. Aber mein Vater weigerte sich. Da hätte er jeden Abend einen Meisterkurs besuchen müssen. Das wollte er nicht. Er war überhaupt nicht gern Uhrmacher geworden. Lieber wäre er ins Gymnasium gegangen und hätte hinterher etwas studiert. Ingenieur wäre er gern geworden, aber auch Geschichte hätte er gern studiert. »Alles«, sagte er oft, »wäre gescheiter gewesen als die Uhrmacherei!« Mein Vater haßte es, mit der Lupe im Auge über winzige Uhrwerke gebeugt zu sitzen, die Dinger zu zerlegen, Fehler zu suchen, Dreck wegzuputzen, neue Bestandteile einzusetzen und die Dinger hinterher wieder zusammenzustellen.

Der Großvater gab dem Krieg die Schuld daran, daß mein Vater die Meisterprüfung noch immer nicht hatte. »Wär der Scheißkrieg und die Arbeitslosigkeit davor nicht gewesen«, sagte er, »dann hätt' der Bub die Meisterprüfung schon längst. Dann hätt' ihn nichts herausgerissen aus seinem normalen Lebensweg!« Er sagte auch: »Dem Buben haben s' doch das Leben total versaut. Jetzt, mit seine fünfunddreißig Jahr und seine zerschossenen Haxen und seinem kranken Herz, da ist es ja klar, daß er zu nichts mehr einen Ehrgeiz hat!«

Aber das, fand ich, ging die Eva nichts an. Und ihren Vater und die Elefantenfuß-Großmutter auch nicht. Leute, die so viel Geld haben, das hatte ich schon gemerkt, halten Leute, die wenig Geld verdienen, für Deppen. Vor diesem Deppen-Verdacht war mein Vater zu schützen.

»Mein Vater hat ein Geschäft auf der Kärntnerstraße in Aussicht«, sagte ich. Die Kärntnerstraße war mir als sehr vornehme Geschäftsstraße drinnen in der Innenstadt bekannt. Anscheinend hatte ich zu stark übertrieben, denn der Herr Ribich lachte und sagte: »Kärntnerstraße? Nana, was denn net gar?« Und die Eva drehte sich zu mir, zog eine zündholzgeschwärzte Braue hoch und fragte: »Kärntnerstraße? Seids unter die Millionäre gegangen, oder wie?«

Ich wußte keine Antwort, doch die Elefantenfuß-Großmutter schaute mich interessiert an. »Warum eigentlich nicht?« sagte sie. »Wenn's um einen Witwenbetrieb geht, dann könnt' es schon stimmen. Der Walter ist ja schließlich ein ausnehmend schöner Mann!«

Bis zum Haus der Eva, bis in die Garage, hinten im Hof, überlegte ich mir, was die Elefantenfuß-Großmutter mit dem »Witwenbetrieb« und dem »ausnehmend schönen Mann« gemeint haben konnte. Außer der Unterstellung, daß mein Vater mit einer Uhrmacherwitwe eine Liebschaft angefangen habe, um günstig in den Besitz ihres Ladens zu kommen, konnte die teddybäräugige Vettel nicht viel gemeint haben. Einerseits empörte mich diese Unterstellung, andererseits erfüllte sie mich mit großer Genugtuung. »Ausnehmend schöner Mann«, hatte die dickfüßige Alte schließlich gesagt. Sehr anerkennend hatte sie das gesagt, und das war immerhin etwas wert. Das sollte die Eva gefälligst zur Kenntnis nehmen. Da konnte sie mit mir nicht in Konkurrenz treten. Dem halbglatzigen, mickrigen Bleichling, der da gerade der Elefantenfuß-Großmutter aus dem Auto half, würde kein Mensch unterstellen, daß er Kärntnerstraßenwitwen in Liebe entflammen ließ.

»Wennst magst, Pupperl«, sagte der Herr Ribich zu mir, »dann fahr ich dich noch schnell heim!« Er hatte für Kinder, die gern Auto fahren, eine gewisse Vorliebe.

Ich war erleichtert. Wenn mich der Herr Ribich mit dem Studebaker bis zur Haustür brachte, war ich bis auf weiteres, bis zum Montag morgen, vor dem Waschak-Rudi in Sicherheit.

Die Eva zog ein indigniertes Gesicht. Die Vergünstigung, mich nach Hause zu kutschieren, schien ihr übertrieben. Sie sagte: »Aber Papa! Die Oma ist sicher schon mit dem Kochen fertig. Und wenn du sie nach Hause fährst, dann werden deine Schnitzel kalt. Und dann keppelst du wieder, weil du keine kalten Schnitzel magst!«

Beim Wort »Schnitzel« verkrampfte sich mein Magen. Ich hatte gestern kein Nachtmahl gegessen, in der Früh nur ein Häferl Tee getrunken und mein Jausenbrot sinnlos dem Moses geopfert. Ich dachte: Aber ich kann trotzdem keinen Hunger haben, wenn man in so einer fürchterlichen Lage ist wie ich, dann ist das unmöglich, der Magen muß mir weh tun, weil mir übel ist, so speiübel wie heute früh bei der Großmutter!

Fast war ich schon vom Zustand der Speiübelkeit überzeugt, da fragte mich der Herr Ribich: »Oder magst bei uns Schnitzel essen? Wir haben sicher genug.«

Samstag zu Mittag gab es bei uns zu Hause meistens »Grenadiermarsch« aus pappigen Nudeln und gerösteten Zwiebelfäden mit ein paar Erdäpfelscheiben dazwischen. Ich dachte daran, daß meine Mutter jetzt wahrscheinlich beim Herd stand und im Grenadiermarsch herumrührte, daß meine Schwester eben zur Tür hereinkommen könnte und daß meine Mutter mit ihr beratschlagen könnte, ob ich auch schon auf dem Heimweg wäre und ob man schon die Teller auf den Tisch stellen sollte. Ich verabscheute Grenadiermarsch. Schnitzel hatte ich das letztemal vor ein paar Monaten, zu Weihnachten, bekommen. Ich merkte, daß das grausliche, krampfige Gefühl in meinem Bauch tatsächlich Hunger war, und sagte zum Herrn Ribich: »Ja gern, Herr Ribich, wenn ich darf.«

Die Eva hatte sich geirrt. Die Ribich-Großmutter war mit dem Kochen noch nicht fertig. Sie panierte die Schnitzel erst. Die Mutter von der Eva war grantig. Zuerst glaubte ich, sie ärgere sich, weil mich ihr Mann zum Schnitzelessen eingeladen hatte. Dann merkte ich aber, daß sie sich über das Kleid ärgerte, das sie anhatte. Das Kleid war neu. Die Edlinger-Margit hatte es am Vormittag abgeliefert. Mir kam das Kleid wunderschön vor, doch die Frau Ribich und die Elefantenfuß-Großmutter erklärten es für verschnitten. Der Rock war angeblich nicht glockig genug, und auf dem Rücken spannte es. »Und die Ärmel sind auch zu kurz«, rief die Frau Ribich, »in dem Fetzen kann man sich nicht wohl fühlen!« Sie stand vor dem großen Spiegel im Wohnzimmer und stampfte wütend mit einem Fuß auf. Gelbgrün vor Ärger war sie im Gesicht. Die Eva flüsterte mir zu: »Jetzt wird sie gleich ihre Migräne bekommen. Immer wenn sie sich so aufregt, kriegt sie Migräne.«

Der Herr Ribich ging zu seiner Frau und betrachtete sie. Er verzog den Mund und sagte leise: »Für den Otti-Deppen bist immer noch fein genug!«

Die Frau Ribich drehte sich zu ihrem Mann und zischte ihm zu: »Halt doch den Mund, gib doch Ruh! Mir hängt dein blödes Gerede zum Hals raus.« Sie schaute den Herrn Ribich fuchsteufelswild an. Der Herr Ribich versuchte ein bitteres Filmheldenlächeln, es saß schief und mißglückt um seinen Mund herum. Er sagte: »Glaubst, ich bin blöd, glaubst, ich weiß net, warumst dir für heut ein neues Kleid hast machen lassen?«

Da begann die Frau Ribich vor Wut richtig zu zittern. So wie meine Großmutter, wenn sie eine große Wut bekam. Sie brüllte: »Leck mich doch am Arsch mit deiner hundselendigen Eifersucht, ich kann das nimmer hören.« Sie hob einen Arm, als wolle sie dem Herrn Ribich eine runterhauen. Der Herr

Ribich packte den erhobenen Arm. »Na, hau vielleicht her, na, trau dich doch!« keuchte er. Filmheldenlächeln war jetzt keines mehr in seinem Gesicht. Die Frau Ribich schrie wie am Spieß. Schrie irgend etwas von einem eifersüchtigen Trottel und daß sie nun langsam genug davon habe, mit so einem wahnsinnigen Kretin verheiratet zu sein, und daß es kein Wunder wäre, wenn sie sich einen anderen suchen würde. Der kleine Bruder von der Eva, der vorher friedlich auf dem Teppich herumgekrochen war und mit Bausteinen gespielt hatte, fing nun auch zu greinen und zu schreien an, und die Elefantenfuß-Großmutter war aufgesprungen und versuchte, die kreischende Tochter aus dem Griff des Schwiegersohnes zu befreien. Dabei schnaufte sie enorm und jammerte: »Franzi, laß sie los, Franzi, tu ihr nix!«

Die Eva saß beim Eßtisch, sie war sehr blaß im Gesicht und biß an ihrer Unterlippe herum. Ihre Augenlider zuckten. Ich sah, daß die Frau Ribich mit einem Stöckelschuhfuß nach dem Herrn Ribich trat, aber der wich dem Stöckelschuhfuß aus, und der Schuhabsatz traf das kranke Bein der Elefantenfuß-Großmutter. Die quietschte auf und humpelte, so schnell sie konnte, von den kämpfenden Eheleuten weg. Sie ließ sich neben mir auf den Sessel fallen, massierte ihr dickes Bein und stöhnte. Dann gab der Herr Ribich mit seiner freien Hand der Frau Ribich eine Ohrfeige, und die Frau Ribich boxte mit ihrer freien Hand den Herrn Ribich in den Bauch. Fasziniert schaute ich zu. So etwas hatte ich noch nie gesehen. Die Frau Ribich bekam auch den zweiten Arm frei und faßte in die spärlichen Haare vom Herrn Ribich, und der heulte auf wie ein getretener Hund. In diesem Augenblick kam die Ribich-Großmutter mit einem Riesenteller voll großer Schnitzel ins Wohnzimmer. Sie schaute auf ihren Sohn und ihre Schwiegertochter, stellte den Schnitzelteller auf den Eßtisch, ging zu mir und sagte: »Jetzt gehst aber doch besser nach Hause, das ist nix für dich!« Sie packte mich an der Schulter und zog mich vom Sessel hoch. Ich stolperte aus dem Wohnzimmer, nahm meine Schultasche, die im Vorzimmer auf der Bauerntruhe stand, und verließ die Wohnung.

Die Ribich-Großmutter rief hinter mir her: »Kommst halt ein anderes Mal, wir haben fast jeden Samstag Schnitzel!«

Ich war schon beim Haustor, da kam die Ribich-Großmutter die Treppe herunter. Mit einem fettfleckigen Papiersackel watschelte sie auf mich zu. Sie hielt mir das Sackel hin. »Nimm's mit nach Haus«, sagte sie, »und gib deiner Schwester auch eins davon!«

Das fette Papiersackel war warm. Vier Schnitzel waren darin. Die Ribich-Großmutter lief zur Treppe zurück. Ich setzte mich ins offene Haustor, auf den steinernen Türstaffel, und machte mich über die Schnitzel her.

Die Fenster vom Ribich-Wohnzimmer waren genau über dem Haustor, und sie waren offen. Ich hörte, daß der Streit im Wohnzimmer weiterging. Er wurde sogar noch lauter und wilder als vorher. Die Elefantenfuß-Großmutter und die Ribich-Großmutter schrien und kreischten jetzt auch. Auf der gegenüberliegenden Straßenseite waren etliche Leute an den Fenstern und schauten neugierig zu den Ribich-Fenstern herüber. Und ein Mann aus dem Haus gegenüber brüllte: »Wenns dauernd streitets, dann laßts euch doch scheiden, aber gebts endlich einmal eine Ruh, ihr Schleichhändlerbagage, ihr!« Dann flog ein weißer Porzellanteller aus dem Fenster über mir und zersplitterte mitten auf der Straße. Ich nahm das letzte

Schnitzel aus dem Papiersackel, warf das leere Sackel in den Hausflur hinein und stand auf. Langsam ging ich die Hauptstraße hinunter, biß vom Schnitzel ab, kaute und schluckte und überlegte, ob der Otti-Depp, von dem der Herr Ribich geredet hatte, der Ottokar Inführ sein könnte, der, den alle in der Gegend den »Schleich-Kaiser« nannten, weil er davon lebte und reich wurde, daß er Lastwagen voll Essen und Schnaps und Schuhen und Kleidern und Stoffen einkaufte und verkaufte und nur deshalb nicht längst schon eingesperrt war, weil er allen Polizisten von der Schleichhandelsware etwas abgab.

Der Herr Ribich war ja auch ein Schleichhändler, aber so ein großer und erfolgreicher wie der Ottokar Inführ war er nicht. Der Ottokar Inführ war, sozusagen, der Chef vom Herrn Ribich. Die Eva hatte mir das erklärt: Der Ottokar Inführ kaufte – zum Beispiel – einen Lastwagen voll Schinken in Dosen von einem US-Magazinverwalter. Und der Herr Ribich kaufte dann vom Ottokar Inführ einen Studebaker-Kofferraum voll Schinkendosen. Auf meine Frage, warum denn der Herr Ribich nicht gleich den Schinken vom US-Magazinverwalter kaufe, sagte die Eva: »Weil die ganz Großen niemanden ins Geschäft einsteigen lassen und weil dem Papa die großen Barmittel fehlen.« Und dann machte sie gern geheimnisvolle Andeutungen, daß sich die Lage aber schon demnächst ändern werde, daß ihr Papa und ein paar andere die »Großen« aus dem Geschäft »ausbooten« würden. Aber genau, das mußte die Eva zugeben, wußte sie da auch nicht Bescheid. Sie konnte mir nur das erzählen, was sie hin und wieder am Abend – hinter einer Tür lauschend – mitbekam. »Der Papa«, sagte die Eva, »will nicht, daß ich was von seinen Geschäften weiß. Er hat Angst, daß ich etwas weitererzähle und daß dann alles auffliegt, aber ich bin doch nicht blöd, ich sag ja niemandem etwas, nur dir natürlich, weil du meine Freundin bist.« Daß ich alles, was sie mir von den Geschäften ihres Vaters erzählte, zu Hause brühwarm berichtete, kam ihr anscheinend gar nicht in den Sinn.

Den letzten Bissen vom letzten Schnitzel schaffte ich kaum mehr. Unentwegt mußte ich rülpsen. Meine Hände waren voll Schnitzelfett. Mein Gesicht, um den Mund herum, auch. Am liebsten hätte ich das angebissene Schnitzel in den Rinnstein geworfen, aber Essen wegwerfen war die einzige Sünde, die ich kannte. Außerdem hatte ich Angst, jemand könne mich beim Schnitzelwegwerfen beobachten und mir wegen der Sünde Vorwürfe machen. So mampfte ich das Schnitzel in mich hinein und würgte es hinunter. Den fetten Mund wischte ich am Kleiderärmel ab, die fetten Finger rieb ich am Rock trokken.

Am Elterleinplatz, auf dem Amtshaus, gleich unter dem Giebel, war eine große Uhr, die ging meistens richtig. Ein Uhr und fünf Minuten war es da.

Zehn Minuten nach zwölf, spätestens, hätte ich zu Hause sein sollen. Meine Mutter nahm das sehr genau, besonders an einem Tag, wo es schon am Morgen Streit zwischen uns gegeben hatte. Nun würde es gleich wieder Streit geben, und dieser Streit würde ganz fürchterlich werden, weil ich mich keineswegs in der Lage fühlte, die pappigen Nudeln, die seit einer Stunde auf dem Dunst vor sich hin dörrten, zu essen. Meine Mutter kochte »mit Liebe«, wie sie immer sagte. Auch pappiger Grenadiermarsch enthielt Mutterliebe. Verweigerte ich den, verweigerte ich alles, was meine Mutter an diesem Samstag an Mutterliebe zu bieten hatte.

Ich bog von der Hauptstraße in die Seitengasse ein, die zu unserem Haus führte. Ich wollte nicht nach Hause gehen. Ich hatte Angst vor dem Streit. Heute war ich wirklich nicht mehr nach Streit aus. Mir war klar, daß mit jeder Minute, die ich länger von zu Hause wegblieb, der Streit ärger werden würde. Ich beschloß, den Waschak-Rudi die Sache entscheiden zu lassen. Steht er wieder bei unserem Haus und lauert, dann werde ich nicht nach Hause gehen, dachte ich. Dann gehe ich zum Linealmacher in den Hof, zur Hundehütte, und schaue nach, ob das Geld vielleicht doch in der Hütte ist. Der Rudi ist dumm, der ändert einen Plan nicht so leicht. Es ist möglich, daß der Rudi das Geld in die Hütte gesteckt hat. Wenn aber der Rudi nicht bei unserem Haus auf mich lauert, dachte ich, dann gehe ich heim und ersticke den Streit im Keim, indem ich sage, daß mich die Eva auf Schnitzel eingeladen hat. Und Schnitzeln kann ich halt nicht widerstehen! Dann sage ich, ich kann ja nichts dafür, daß wir zu Hause nie Schnitzel haben, und ich kann auch nichts dafür, daß wir kein Telefon haben; sonst hätte ich angerufen. Daß mir ein gutes Schnitzel wichtiger war als Mutterliebe mit Grenadiermarsch, mußte jeder einsehen.

Unser Haus war ein Eckhaus. In der Seitengasse, die ich bergauf ging, waren nur Fenster, das Haustor war auf der anderen Seite. Vorsichtig schlich ich auf die Hausecke zu und schaute zum Haustor hin. Der Waschak-Rudi saß auf dem Gehsteig, gleich neben dem Haustor. Im Türkensitz saß er, und eine Zigarette rauchte er. Ich drehte mich um und lief die Gasse wieder hinunter, bis zum Linealmacher-Haus. Laut hörte ich mein Herz klopfen, als ich durch den Linealmacher-Hausflur in den Hof ging. Ich stieg über die Holzwürfelberge zur alten Hundehütte hin. Schon von weitem sah ich, daß jemand an der Hundehütte gewesen war. Sie war leer. Ganz leer. Die eiserne Kassa vom Rudi fehlte. Ein paar von den alten Fetzen, mit denen die Kassa zugedeckt gewesen war, lagen vor der Hütte. Ich dachte: Entweder bin ich zu spät gekommen, oder der Rudi hat die eiserne Kassa schon vorher aus der Hütte geholt. Und dann fiel mir noch eine Möglichkeit ein: Es könnte sein, daß der Rudi das Geld in die Hütte, in die Kassa gelegt hat und daß ihn dabei jemand beobachtet hat, und daß sich der das Geld geholt hat. Und der Rudi könnte jetzt glauben, das sei ich gewesen. Und hat darum so eine Wut und so einen Haß auf mich. Und will mir was tun!

Ich setzte mich auf den Holzberg vor der Hundehütte und zielte mit kleinen Holzstücken auf die Hundehüttentür.

8.
Die unangenehme Frage
Das große Versprechen
Die fürchterliche Heimkehr

Lange hockte ich im Lineal-Hof, im hintersten Winkel, bei der alten Hundehütte. Die Sonne war schon halb hinter dem Dach vom Linealmacher-Haus verschwunden, und die Hauswand warf einen großen, kalten Schatten über mich. Mit den kleinen Holzstücken schoß ich längst nicht mehr. Auf der Schultasche saß ich, damit sich die harten Kanten der kleinen Holzwürfel nicht schmerzend in meinen Hintern bohrten. Ich wartete. Auf den Abend und auf die Dunkelheit wartete ich. Der Rudi bekam Angst, wenn es finster wurde. Gesagt hatte er mir das nie, aber ich hatte es oft bemerkt. In der Dunkelheit zuckte der Rudi zusammen, wenn wo ein Geräusch war, da versteckte er sich in einer Tornische, wenn Schritte kamen. Wenn es dunkel wurde, würde der Rudi nach Hause schleichen. Und wegen meiner Mutter war es auch besser zu warten. Wäre ich um eins nach Hause gekommen, sagte ich mir, hätte sie einen Riesengrant gehabt, wäre sie vor Ärger unausstehlich gewesen. Jetzt, gegen halb drei, sagte ich mir, wird sie schon ein bißchen Angst um mich haben. Und die Angst wird den Grant und den Ärger langsam verdrängen. Komme ich erst um sieben, halb acht Uhr nach Hause, sagte ich mir, dann wird ihre Angst um mich so groß sein, daß kein Platz mehr da ist für Grant und Ärger. Dann ist sie heilfroh, daß sie mich überhaupt wiederhat. Dann sagt sie bloß, so wie gestern abend, »Gott sei Dank« und läßt mich in Frieden.

Die Muschi kam über einen Holzberg auf mich zugesprungen. Die Muschi war die Katze vom Holzwurm. Sie war schwarz und hatte einen weißen Flecken auf der Brust und klingelte beim Springen. Das Klingeln kam von einer kleinen, blechernen Glocke, die ihr der Holzwurm an einem Halsband umgebunden hatte. Der Holzwurm liebte nämlich nicht nur Katzen, sondern auch Vögel. Die klingelnde Blechglocke sollte die Vögel im Kastanienbaum warnen. Und das tat sie auch. Bevor die Muschi noch zu einem todbringenden Sprung ansetzen konnte, waren alle Vögel vom Kastanienbaum weggeflogen.

Ich mochte nur Katzen, Vögel waren mir gleichgültig. Die Muschi wußte das. Sie kam zu mir her und rieb ihren Kopf an meinen Beinen. »Aber klar, Muschi, aber natürlich, Muschi«, murmelte ich. Das Halsband von der Muschi war ein braunes Schuhband, mit einer doppelten Masche war es zusammengeknüpft. Ich machte die doppelte Masche auf und warf das Schuhband samt Blechglocke in die Hundehütte. Ich erwartete, daß die Muschi sofort zum Kastanienbaum auf Vogeljagd schleichen würde. Die Muschi war nämlich keine Katze zum Streicheln und Bauchkraulen. Nur wenn sie wollte, kam sie zu Menschen her. Aber die Muschi blieb neben mir sitzen. Angespannt starrte sie nach hinten, zur Hoftür, und das hieß: Dort ist etwas Interessantes! Der Holzwurm konnte es nicht sein. Der war für die Muschi nicht interessant. Außerdem schlapfte der Holzwurm beim Gehen und murmelte ständig laut vor sich hin. Den Holzwurm hätte ich auch gehört. Die Muschi duckte sich, ihr Schwanz wurde dick und struppig, dann rannte sie davon, der Mauer vom Nachbarhaus zu. So benahm sich die Muschi nur, wenn sie einen Menschen sah, den sie nicht gut kannte, oder einen, den sie nicht leiden mochte. Ich saß ganz still und wagte nicht, mich umzudrehen. Schritte hörte ich keine, aber ich hörte das Geräusch von rollenden Holzstücken. Niemand konnte durch den Hof gehen, ohne den Holzabfall ins Rutschen und Rollen zu bringen. Ich dachte: Das ist der Rudi, das muß der Rudi sein, am Samstag kommt niemand um Holzabfall, am Samstag verkauft der Holzwurm nicht, am Samstag kommt nur der Rudi!

Das Holzwürfelgeräusch hinter mir wurde lauter, ein kleines Holzstück kugelte neben mir zur Hundehütte hin. Ich schaute ihm nach und wäre gerne aufgesprungen und davongelaufen, aber ich konnte mich überhaupt nicht rühren. Dann waren plötzlich zwei nackte Beine neben mir, zwei gerade, schlanke, braune Beine. Die Füße waren auch nackt. Bis zu den Knien hinauf waren die Beine nackt und braun. Weiter oben waren sie von einer grünen Hose verdeckt. Das waren nicht die Beine vom Rudi. Der Rudi hatte krumme, weiße Beine. Ich hob den Kopf und wußte nicht, ob ich mich weiter fürchten oder erleichtert sein sollte. Der, der neben mir stand, war der Bub von der Hausmeisterin vom Kriegelstein-Haus, der Hansi. Sicher, der Hansi war mein Feind, aber er war ein alter Feind, ein bekannter Feind. Schrecklich viel konnte mir da nicht passieren. Anrempeln konnte er mich, in den Bauch boxen konnte er mich. »Servus, Depperte«, sagen konnte er zu mir. Und ich konnte ihm einen Tritt gegen die nackten Schienbeine geben und davonlaufen, so schnell ich konnte; und wenn es sein mußte, konnte ich sehr schnell laufen. Ich griff zwischen meine Beine und packte die Schultasche am Griff. Die Schultasche durfte ich bei meiner Flucht nicht vergessen. Um Stunden zu spät nach Hause kommen und dazu noch ohne Schultasche, das konnte ich mir nicht leisten! Fest umklammerte ich den Taschengriff und wartete auf den ersten Puffer und das »Servus, Depperte«. Es kam kein Stoß, kein Tritt, kein Puffer. Der Hansi sagte: »Was tuts ihr denn da immer im Hof herinnen?«

»Wer – wir? Was – immer?« Ich stand auf und schaute verstohlen zur Haustür hin und versuchte, mir einen günstigen Fluchtweg zurechtzulegen. Schnell über die Holzhaufen zu rennen, war nicht so einfach.

»Na, wer schon? Der blöde Rudi und du!«

Ich zuckte mit den Schultern und sagte: »Nix! Nur so halt!« Einfach loslaufen war doch nicht richtig. Langsam, Schritt für Schritt, mußte ich mich zur Hoftür hinmogeln. »Wir reden eben so, der Rudi und ich.«

»Was redest denn mit dem?« Viel Verachtung für den Rudi war in der Stimme vom Hansi.

Ganz so, als könne kein normaler Mensch mit dem Rudi reden.

Zwei Schritte zur Hoftür hin gelangen mir, dann packte mich der Hansi am Arm und zog mich zur Hundehütte zurück. Wir standen dicht beieinander, bis über die Knöchel im Holzabfall versunken. Ich schaute dem Hansi ins Gesicht und mußte wieder einmal feststellen, daß das ein sehr hübsches Gesicht war. So aus der Nähe betrachtet noch viel hübscher als aus dem Respektabstand gesehen, den ich bisher immer zum Hansi eingehalten hatte. Die Augen vom Hansi waren besonders schön. Leberblümchenblau waren sie, und im Leberblümchenblau waren winzige grüne Sprenkel. Zu einem Sternenmuster waren die Sprenkel rund um die Pupillen in der Iris angeordnet. Radieschen, wenn man sie aufschneidet, haben so ein Muster. Auch die Nase vom Hansi war schön. Dünn und sehr gerade, mit zarten Nasenlöchern und ganz ohne Buckel am Nasenrücken. Und der Mund vom Hansi war ebenfalls so, wie ich mir einen schönen Mund vorstellte, weil die Lippen vom Hansi schmal und sehr blaß waren. Vor roten Lippen, die dick waren und feucht glänzten, grauste mir. Die fand ich widerlich. Die Zähne vom Hansi, allerdings, die hätten schöner sein können. Schneeweiß waren sie zwar, aber sie standen ziemlich schräg und schief im Kiefer, und einem der oberen Vorderzähne fehlte die untere Hälfte. Die mußte sich der Hansi ausgebissen haben. Vielleicht war sie ihm auch bei einer Rauferei weggebrochen. Aber ein schadhafter Zahn, fand ich, war ein minimaler Schönheitsfehler. Der zählte kaum. Von allen Buben in der Gegend, das sah ich nun einwandfrei, war der Hansi mit großem Abstand der hübscheste. Gegen ihn war sogar der Bruder von der Helene, für den alle in unserer Klasse schwärmten, übliche Durchschnittsware.

»Warum rennst denn immer davon vor mir?« fragte der Hansi. Er ließ meinen Arm los. »Wennst rennen willst, dann renn schon!« Er deutete mit einer Hand zur Hoftür hin. Ich schüttelte den Kopf. Ich wollte wirklich nicht mehr weglaufen. Um das deutlich zu zeigen, ließ ich meine Schultasche fallen und setzte mich wieder darauf. Ich setzte mich so, daß die halbe Tasche frei blieb. Das war ziemlich unangenehm, weil nur eine Popohälfte auf der glatten Tasche war und die andere auf dem kantigen Holzabfall, aber es war ein Angebot an den Hansi. Der Hansi nahm das Angebot an. Er setzte sich zu mir. Er war so dünn, daß sein ganzer Hintern auf der Schultaschenhälfte Platz hatte. Der Hansi legte seinen Arm um meine Schultern. »Zerdrück ich eh nichts?« fragte er und zeigte auf die Schultasche. Ich schüttelte den Kopf. Es hätte ja sein können, daß der Hansi auf meiner Füllfeder saß und die Füllfeder kaputtmachte. Gute Füllfedern waren Heiligtümer, waren in keinem Geschäft zu kaufen, hatte es auch im Krieg nicht gegeben. Gute Füllfedern stammten aus der Vorkriegszeit. Meine Füllfeder gehörte eigentlich dem Großvater. Nur zögernd und seufzend hatte er sie mir ausgehändigt, und aufgetragen hatte er mir, sie wie meine Augäpfel zu hüten. Aber jetzt war mir die Füllfeder total gleichgültig. Von mir aus konnte sie der Hansi krumm sitzen und zerbrechen. Von mir aus konnte er auch Falten in die Heftdeckel sitzen und das hölzerne Dreieck aus den Falzen und Nuten drücken. Im Augenblick war das alles sehr unwichtig. Wichtig war bloß, daß der Hansi nicht mehr mein Feind war, wichtig war, wie es jetzt weiterging, wichtig war, daß ich nichts Dummes sagte und nichts Dummes tat und damit diesen ungeheuer angenehmen Zustand beendete.

»Den Rudi mag ich überhaupt nicht«, sagte der Hansi, »der Rudi ist ein Depp!«

Ich murmelte: »Ich mag ihn auch nicht, überhaupt auch nicht, den Rudi.«

Der Hansi warf ein Holzstück zur Hundehütte hin. »Und was bist dann dauernd mit ihm beinand?«

Ich schüttelte den Kopf. »Jetzt doch nimmer. Jetzt red ich gar nimmer mit ihm. Den will ich nicht einmal mehr sehen.«

»Echt?« Der Hansi schaute mich an. Sein Gesicht war so dicht vor dem meinen, daß ich es gar nicht mehr richtig sehen konnte. Die zwei leberblümchenblauen Hansi-Augen verschmolzen für mich zu einem Riesenauge über der Hansi-Nase. Ich sagte: »Echt. Wirklich. Sowieso.«

»Und wennst lügst?« Der Hansi drehte den Kopf von mir weg und warf wieder mit Holzstücken.

»Warum sollt' ich denn? Wegen dem Deppen doch nicht!«

Der Hansi begann zu pfeifen. *La Paloma* pfiff er, und er pfiff mindestens so gut wie der Stengl-Willi, der ein Freund von meinem Großvater war und früher als Kunstpfeifer beim Heurigen sein Geld verdient hatte. Ich lauschte dem Hansi beglückt, bis der Hansi zu pfeifen aufhörte und sagte: »Das spielst du immer bei der alten Kriegelstein, und der Albers singt es im Radio.« Ich nickte.

»Wenn mein Vater aus der Gefangenschaft heimkommt und wenn er dann ein Geld verdient, hat die Mama gesagt, dann darf ich auch Klavier lernen«, sagte der Hansi. »Und wenn er vielleicht dann viel Geld verdient, dann krieg ich sogar eine richtige Ziehharmonika.«

»Ich will nicht Klavier lernen«, sagte ich, »ich muß!«

»Warum mußt?« Der Hansi sah mich ungeheuer erstaunt an.

»Wegen meiner Mutter«, sagte ich, »die spinnt nämlich!«

»Meine spinnt auch«, sagte der Hansi, »aber die ist anders spinnert!«

»Wie spinnt denn die?«

Der Hansi gab mir keine Antwort. Ich wagte nicht, noch einmal zu fragen, obwohl ich wirklich gern gewußt hätte, auf welche andere Art die Hansi-Mutter spinnert war. Wir blieben nebeneinanderhocken, den Arm hatte der Hansi noch immer auf meinen Schultern liegen, und schwiegen. Die Sonne war schon ganz hinter dem Dach vom Linealmacher-Haus verschwunden, überall war Schatten. Ohne den Hansi-Arm auf mir, ohne den Hansi-Körper neben mir hätte ich sicher gefroren. Der Hansi versuchte, mit den nackten Zehen nach Holzstücken zu greifen und sie hochzuheben. Es gelang ihm nicht. Ich lachte.

»Lach net«, sagte der Hansi, und dann fragte er: »Willst mit mir gehen?« Das war ein eindeutiger Antrag, und mein Herz begann laut zu klopfen. Es war das erste Mal in meinem Leben, daß mir die Willst-mit-mir-gehen-Frage gestellt wurde, und ich mochte sie nicht. Sicher, dort, wo ich wohnte, war diese Frage üblich, und von einem Liebespaar sagte auch jeder in der Gegend: Die gehen miteinander! Und Schulfreundinnen hatten mir schon oft erzählt, daß sie von einem Buben gefragt worden waren, ob sie mit ihm »gehen« wollten. Und keiner von ihnen war diese Frage zuwider gewesen; sie hatten höchstens am Frager etwas auszusetzen gehabt. Aber mir war die Frage unangenehm. Sie hatte für mich nichts mit »Liebe« zu tun, mit Liebe, wie ich sie mir vorstellte. »Willst mit mir gehen« war als Liebeserklärung vom Waschak-Rudi zu erwarten, war für die Ribich-Eva vielleicht geeignet, wurde vom Edlinger-Julius unter Umständen benutzt. Möglich, daß auch der Großvater die Rote gefragt hatte, ob sie mit ihm »gehen« wolle. Aber das war alles nicht Liebe, nach der ich aus war. Meine Liebe, die sollte so sein wie die von der »Gräfin Bileschowska«.

Über die und ihre Liebesabenteuer hatte ich ein dickes Buch gelesen.

Oder so wie im Kino sollte meine Liebe sein. Dort fand meine Liebe statt, wenn Bing Crosby auf Ginger Rogers zusteppte, den Zylinder zog, tief in ihre Augen schaute, »I love you« flüsterte und in dicker, weißer Schrift der Untertitel »Ich liebe dich« auf die Leinwand kam und so lange dort blieb, bis Bing Crosby Ginger Rogers küßte; was keines Untertitels bedurfte. So hatte ich mir die Liebe immer gewünscht. Aber so eine Liebe, den Verdacht hatte ich schon lange, brauchte sicher auch so eine Villa, wie Ginger Rogers im Film eine hatte, und so ein Abendkleid aus Tüll mit Flitterbesatz und so eine frischgebügelte Innenrolle im goldblonden Haar wie die von Ginger Rogers. In Unterhosen, die schlapprig um die Schenkel baumeln, in einem verfärbten Leintuchkleid, mit hundsbraunen Zöpfen, die ausgefranst über die Schultern baumeln, passiert einem so eine Liebe nicht. Die ist nichts für Vorstadtzinskasernen, die hält sich nicht auf in Häusern, wo die Klos am Gang sind und die Ratten in den Kellern. Und Kohlgeruch in den Küchen. Zwischen den Leuten, die ich gut kannte, merkte ich keine Ich-liebe-dich-Liebe. Bei den Leuten, die ich gut kannte, gab es als Anzeichen von Zuneigung einen klatschenden Tapser auf den Hintern, eine Zigarette, aufgespart und nach dem Nachtmahl verschenkt, ein Lieblingsessen: »Das mag der Papa.« Auch mühsam geflickte Hemden und ein brav abgelieferter Wochenlohn und kein Familienkrach waren Anzeichen von Zuneigung. Ich hatte nichts gegen diese Art von Liebe, aber ich wünschte sie nicht für mich, und da ich den Verdacht hatte, daß diese Lieben immer irgendwann einmal mit der Frage »Willst mit mir gehen?« angefangen hatten, mochte ich diese Frage nicht.

»Was ist? Willst oder willst nicht?« Der Hansi schaute mich nicht an, er starrte auf sein linkes Knie, dort war eine ziemlich große Kretze, an der zupfte er herum.

»Laß die Kretze in Ruh«, sagte ich. »Wennst sie runterreißt, dann blutet es wieder!«

»Ist doch mir ganz Wurscht«, sagte der Hansi und riß die Kretze vom Knie. Unter der Kretze war rosarote Haut, ein kleiner Blutstropfen, genau in der Mitte vom Rosaroten, wurde langsam größer. Der Hansi steckte die Kretzenkruste in den Mund und lutschte daran, und ich bekam ein mächtig starkes Gefühl von inniger Verbundenheit mit ihm. Wer Kretzenkrusten lutschte, der nagte garantiert auch an seinen abgeschnittenen Fingernagelschnipseln und fraß seine Rotzrammeln auf! Und kaute seine harte Fußsohlenhaut! Unentwegt wurde ich daheim wegen solcher Tätigkeiten gerügt. Sogar mein Vater machte sich deswegen über mich lustig. »Bis auf die Scheiße vertilgt sie ihren eigenen Abfall restlos!« sagte er immer, wenn er mich beim Haut-Rotz-Nägel-Haut-Essen ertappte, und verzog das Gesicht vor Grausen, als hätte er in eine saure Zitrone gebissen. Auch unter den Kindern, die ich kannte, gab es keines, das mein Laster verstand. Alle schauten sie mich angewidert an, wenn ich nicht widerstehen konnte, mir etwas Abgezupftes, Rausgebohrtes in den Mund zu stecken. Bis auf den Waschak-Rudi natürlich. Dem war das immer gleichgültig gewesen. Aber kapiert hatte er von meiner Leidenschaft auch nichts. Sonst hätte er mir nicht besonders fette und große Nasenrammeln, die er aus der eigenen Nase geholt hatte, freundlich angeboten. Daß ich mich bloß selber auffraß und kein Fuzerl von ihm wollte, begriff er nicht.

»Gehst jetzt mit mir oder nicht?« Der Hansi zog die Kretzenkruste zwischen den Lippen heraus und legte sie auf das linke Knie, genau auf die rosarote Stelle mit dem roten Blutstropfen. Er drehte die Kretzenkruste vorsichtig im Rosaroten, so als suche er exakt die richtige Lage, um sie wieder zum Anwachsen zu bringen. Ich merkte, daß der Hansi, wenn ich ihm keine Antwort gab, nichts mehr reden würde.

Ich sagte: »Warum bist denn dann immer auf mich losgegangen?«

»Bin ich doch gar nicht!« Der Hansi nahm die Kretzenkruste vom Knie, sie war jetzt feuchtrot vom Blut, und steckte sie wieder in den Mund und lächelte verlegen. Das Lächeln machte sein Gesicht noch hübscher, trotz halbem Vorderzahn, der dabei sichtbar wurde.

»Doch«, sagte ich, »richtig mein Feind warst. Angerempelt hast mich und geschimpft auch. Und auf einmal willst mit mir Freund sein?«

Der Hansi ließ sich mit der Antwort Zeit. Das störte mich nicht, dafür hatte ich Verständnis. Schließlich hatte ich ihm eine schwierige Frage gestellt. Endlich sagte der Hansi: »Das war nur wegen dem Siegfried. Der ist mein Freund. Der mag dich nicht. Aber ich hab nie etwas gegen dich gehabt. Der Siegfried hat gesagt, wir müssen gegen dich sein.«

»Und jetzt sagt er das nimmer?«

»Weggezogen ist er«, sagte der Hansi. »Die haben in einer Nazi-Wohnung gewohnt, die haben sie jetzt wieder zurückgeben müssen.« Der Hansi schaute traurig. »Er kommt mich jeden zweiten Tag besuchen, hat er gesagt, aber er ist noch nie 'kommen. Und ich weiß gar nicht, wo er jetzt wohnt.«

Ich fühlte Enttäuschung in mir. Es wäre schöner gewesen, wenn der Hansi gesagt hätte, er habe sich wegen mir mit diesem Siegfried zerstritten, weil er mich lieber hat als den Siegfried. »Du mußt dich entscheiden: ich oder sie!« könnte der Siegfried gesagt haben. Und der Hansi hätte sich dann für mich entschieden. Ein bißchen kam ich mir wie »Siegfried-Ersatz« vor.

Der Hansi seufzte. »Meine Mutter hat gesagt, er hat mich gar nicht echt mögen, er ist eh nur 'kommen, wenn ihm fad war oder wenn er die Aufgabe nicht gewußt hat.«

Ich probierte einen Trick, weil es ja nicht der Hansi war, der mir unangenehm war, sondern weil mich die Sätze vom Hansi störten. Also übersetzte ich mir seine Sätze.

Ich übersetzte: Der Siegfried hat mich nie geliebt, er hat mich bloß benutzt!

Der Hansi sagte: »Aber das gibt's nicht, wir waren so lang Freund, es muß ihm was passiert sein.«

Ich übersetzte: Aber ich kann ihn nicht vergessen, ich sehne mich immer noch nach ihm!

Ich schaute den Hansi an, betrachtete sein schönes Gesicht mit den gesenkten Lidern, mit den langen, schwarzen Wimpern, die in meiner Übersetzungssprache sicher »vor Trauer bebten«, und lehnte meinen Kopf an die Schulter vom Hansi. Ich dachte: Es stimmt, es stimmt genau! Sein Gesicht paßt zu meinen Sätzen. Meine Sätze sind die richtigen.

Der Hansi seufzte. Sein Arm, der bis jetzt leicht auf meinen Schultern gelegen war, wurde hart und zog mich eng an den Hansi-Leib. Mein Kopf rutschte gegen den Hansi-Hals, meine Nase wurde am Hansi-Hals ganz platt gedrückt. Ich mußte durch den Mund atmen.

»Also gehst jetzt mit mir.« Das war keine Frage mehr, das war eine Feststellung. Ich versuchte zustimmend zu nicken, weil ich »Also liebst du mich!« übersetzt hatte, aber der Hansi preßte mich so fest an sich, daß das nicht möglich war. Ich murmelte ganz leise: »Ja, ich liebe dich!« So leise, daß es der Hansi ganz bestimmt nicht hörte.

Der Hansi lockerte seinen festen Griff, ich bekam wieder durch die Nase Luft, der Hansi sagte leise: »Und jetzt müssen wir uns küssen!« Den Satz übersetzte ich nicht, den strich ich einfach weg, der war überflüssig. Ich hob bloß willig den Kopf und schloß die Augen. Zuerst war der Kuß vom Hansi unangenehm, weil ich nichts spürte als Hansi-Zähne auf meinen Lippen und die Hansi-Zunge, die in meine Mundhöhle hineinwollte. Das kam mir sonderbar und falsch vor. Doch dann nahm der Hansi meinen Kopf zwischen seine Hände – wie Ohrenschützer lagen seine Handflächen auf meinen Ohren – und küßte meine Wangen, meine Nasenspitze, die Stirn, die geschlossenen Augen, das Kinn. Wie Streicheln war das. Wie ganz hauchzartes Streicheln. So angenehm und gut, wie ich es noch nie erlebt hatte. Ich genoß die streichelnden Lippen auf meinem Gesicht und hielt still, und je länger der Hansi küßte, um so mehr spürte ich Lust nach Hansi-Haut, Hansi-Wangen, Hansi-Nase und Hansi-Lippen. Ich wollte sie fühlen. Der Hansi schien das zu merken. Er ließ sich nach hinten fallen, zog mich mit, lag im Holzabfall und schaute mich an. Ich schob eine Hand unter seinen Kopf, damit ihm die Holzwürfel nicht weh taten, und küßte ihn. Der Hansi nahm die Hände von meinen Ohren und legte sie auf meine Schultern. Ich küßte gerade seine Nasenspitze, da sagte er: »Hast das mit dem Rudi auch gemacht?«

Ich hörte zu küssen auf, zog meine Hand unter seinem Kopf hervor, rieb an den roten Striemen herum, die die Holzwürfel auf ihr zurückgelassen hatten, und erzählte dem Hansi vom Rudi und mir. Alles erzählte ich ihm. Vom Raubplan erzählte ich, vom günstigen Montag, vom Wunsch nach Spezialschuhen für meinen Vater und einem Glasauge für die Rudi-Mutter. Und von der Angst, die ich nun vor dem Rudi hatte. Und daß ich hergekommen war, um nach dem Geld zu schauen. Und daß ich es zur Polizei getragen hätte, wenn es da gewesen wäre.

Der Hansi richtete sich auf, seinen Arm legte er wieder um meine Schultern. »Wir gehören jetzt zusammen«, sagte er, »jetzt beschütz ich dich. Der Depp macht mir keine Angst. Du brauchst dich nimmer fürchten. Ich begleit dich in der Früh in die Schule. Mir ist es Wurscht, wenn ich zu spät komm. Und zu Mittag hol ich dich ab. Und sonst sind wir ab jetzt sowieso zusammen.«

Während ich dem Hansi von mir und vom Rudi erzählt hatte, hatten sich meine Augen mit Tränen gefüllt. Ich wollte die Tränen mit dem Handrücken wegwischen, aber der Hansi holte ein Taschentuch aus der Hosentasche und tupfte damit die

Tränen weg, und mir fiel mein Vater ein und der gutkalte Waschlappen von heute in der Früh.

Ich sagte: »Ich muß jetzt nach Hause, ich war seit der Schule noch nicht zu Hause.«

Der Hansi nickte. Er stand auf und zog mich hoch. Er nahm meine Schultasche. Langsam stiegen wir über die Holzberge zum Hoftor hin.

Im Hausflur stand der Holzwurm. Er grinste mich an. »Na, hast einen neuen Freund jetzt?« fragte er. Ich lächelte ihm zu.

Wir waren schon beim Haustor, da rief mir der Holzwurm nach: »Hast eh einen guten Tausch g'macht, Pupperl!«

Wir gingen die Gasse hinauf, unserem Haus zu. Der Hansi sagte: »Der Linealmacher steht auf meine Mama. Wenn mein Vater aus der Gefangenschaft nimmer kommt, dann will er sie heiraten, hat er gesagt. Aber die Mama muß sich das erst überlegen. Sie sagt, schlecht wär's nicht, weil der Linealmacher eine große Wohnung hat und ein Geld verdient. Dann müßt' sie nicht mehr Hausmeisterin sein.«

»Und du?« fragte ich.

Der Hansi zuckte mit den Schultern. »Getan hat er mir noch nichts«, sagte er. »Aber ich kann mir nicht vorstellen, wie das sein würd'.«

Wir waren an der Ecke bei unserem Haus. Wir schauten zum Haustor hin. Der Waschak-Rudi saß neben dem Haustor, unter den Fenstern der Großmutter-Wohnung. Ich legte meine Hand in die vom Hansi, der Hansi schloß seine Finger fest um meine Hand. »Das mach ich schon«, sagte er leise. »Komm nur.«

Der Hansi mußte mich zum Haustor hinziehen. »Sei doch

net dumm«, flüsterte er, »den verbogenen Achter zerfetz ich in der Luft, wenn er sich mit mir anlegt!«

Als wir nur noch ein paar Schritte vom Haustor entfernt waren, stand der Rudi auf und holte die Steinschleuder aus der Hosentasche. »Renn rein!« sagte der Hansi zu mir und deutete mit dem Kopf zum Haustor und gab mir die Schultasche. Ich schnappte sie und lief in unser Haus hinein. Aber kaum hatte ich die Haustür hinter mir zugeworfen, kam ich mir schäbig und feig vor. Ich durfte den Hansi nicht mit dem Rudi und der Steinschleuder allein lassen! Das war gemein! Ich machte die Haustür einen Spaltbreit auf und schaute vorsichtig hinaus. Der Hansi stand noch immer dort, wo ich ihn verlassen hatte, der Rudi war mit erhobener Steinschleuder auf ihn zugegangen. Ungefähr einen Meter weit war der Abstand zwischen den beiden.

Ich hörte den Hansi sagen: »Laß sie in Ruh! Sie geht jetzt mit mir! Wenn du sie nicht in Ruh läßt, bring ich dich um, verstanden?«

Vom Rudi sah ich nur die Hinterseite, aber daß er den bösen Blick hatte, dessen war ich mir sicher. »Wer geht mit dir, du Trottel?« Mir fiel auf, daß auch die Stimme vom Rudi häßlich war, hoch und kreischend. Das war mir bisher nicht aufgefallen.

Der Hansi zeigte auf unser Haustor. »Mit der da geh ich. Mit der, die zur Kriegelstein in die Klavierstunde geht. Wo ihre Mutter die Kindergartentant' war.«

»Nicht einmal ihren Namen weißt und behauptest, du gehst mit ihr!« Der Rudi sagte das sehr höhnisch.

»Der Name ist mir doch Wurscht, den wird s' mir schon noch sagen, du Depp!« rief der Hansi. »Und jetzt verschwind von da, du Kretin!« Und dann, ich konnte es kaum glauben, drehte sich der Rudi um und rannte weg, seinem Haus zu. Ich wollte auf die Straße hinauslaufen. Dem Hansi wollte ich sagen, daß ich Christine heiße. Christine Susanna Rudolfine. Aber da ging die Tür der Großmutter-Wohnung auf, die bucklige Minnatante streckte den Kopf heraus und kreischte: »Da ist sie ja endlich! Gelobt sei Jesus Christus! Da ist sie ja!« Die Minnatante humpelte auf mich los, und der Großvater und die Großmutter kamen hinter ihr her. Der Großmutter saß der goldene Zwicker schief auf der Nase, sie zitterte von den grauen Dauerwellenkringeln bis zu den karierten Filzpatschen. Sie umarmte mich und klagte: »Wo bist denn gewesen? 'glaubt haben wir, daß dir was geschehen ist! Ans Schlimmste haben wir schon denkt!« Sie war so gerührt über ihre eigene Angst, daß sie zu schluchzen und zu weinen anfing. Dicke Tränen rollten über ihre faltigen Wangen.

Die Minnatante zerrte an meinem Rock und rief: »Jetzt komm schon zur Mama! Daß s' dich wiederhat, daß s' nimmer Angst haben muß!«

Ich befreite mich von den zwei alten Frauen – und benutzte dazu auch meine Ellenbogen. Ich ging zum Großvater, der auf dem halben Weg zwischen mir und der Wohnungstür stehengeblieben war. Scheinheilig fragte ich ihn: »Was haben s' denn? Was ist denn los?«

Der Großvater zupfte an seinem Schnurrbart herum, schaute auf mich herunter, seufzte und sagte: »Frag doch nicht so dumm. Weißt doch eh, wie spät es ist!«

Die Großmutter und die Minnatante gingen mit Sichelmündern und Gramblick in die Wohnung zurück. Sie waren beleidigt. »Wie spät ist es denn?« fragte ich. Der Großvater zog die Taschenuhr aus der Uhrtasche. »Fünf nach sieben ist es«, sagte er. »Und der Walter zieht sich gerade an, weil deine Mama wollt', daß er auf die Polizei geht.«

Verstört schaute ich den Großvater an. »Auf die Polizei?« fragte ich beklommen. »Was will er denn dort?«

»Na, du hättest ja auch unter ein Auto kommen können und jetzt im Spital sein«, sagte der Großvater. »Oder sonst was Grausliches hätt' dir passieren können!« Er packte mich an der Schulter und ging mit mir den Gang entlang zu unserer Wohnung zu. »Ich steh dir schon bei«, sagte er leise, »so arg wird es auch nicht werden. Tust halt schön um Verzeihung bitten!«

Immer hatte der Großvater so komische Ideen! Um Verzeihung bitten! Da sollte mir eher die Zunge abfallen oder im Mund verdorren, ehe ich dieses blöde »Ich bitte um Verzeihung, ich werde es nimmer tun« herausratschte! Noch nie hatte ich das gesagt. Niemand und nichts würde mich dazu bringen, das zu sagen. Für meine Schulfreundinnen war das ein ziemlich alltäglicher Satz, benutzt, um unangenehme Folgen verbotener Taten abzuwehren. Aber denen hatte man das schon im Kleinkindalter beigebracht. Mir hatte das nie jemand abgefordert. Bloß der Großvater legte es mir immer, bei größeren Vergehen, nahe.

Der Großvater stammte eben aus einer anderen Zeit, dem konnte man das nicht übelnehmen, der verstand das nicht besser.

»Was ist denn schon dabei, wenn ich einmal später heimkomme«, sagte ich. »Es ist wirklich nicht anders gegangen.«

»Später heimkommen! Daß ich nicht lach!« Der Großvater machte unsere Wohnungstür auf und schob mich in die Küche.

»Sieben Stund' ist nicht später! Sieben Stund' später heimkommen ist eine Sauerei!« sagte er.

Mein Vater stand in der Küche. Er hatte seinen Anzug an und ein weißes Hemd und eine Krawatte um den Hals. Frisch rasiert war er auch. So sah ich meinen Vater selten. Sonst trug er immer einen blauen Overall, und stoppelbärtig war er auch meistens.

»Ende der Aufregung!« rief mein Großvater. »Die verlorene Tochter ist heimgekehrt!« Er war um Fröhlichkeit bemüht. Meine Mutter kam aus dem Zimmer. Sie hatte rot verschwollene, dick geweinte Augen. Hinter ihr tauchte meine Schwester auf. Sie nagte an der Unterlippe und betrachtete mich neugierig. Mein Vater und meine Mutter sagten gar nichts. Sie sahen mich bloß an, und ich konnte ihre Blicke nicht deuten.

»Wo bist denn so lang gewesen?« fragte meine Schwester. Wenn mich mein Vater und meine Mutter nicht so wortlos und merkwürdig angeschaut hätten, hätte ich ihnen sicher vom Hansi erzählt, weil ich Lust hatte, vom Hansi zu erzählen. Ich hatte keine Lust auf Ausreden und Lügen. Daß ich zu lange weggeblieben war, war sicher nicht schön. Aber während ich weg war, war mir etwas Schönes passiert. Wenn einem Schönes passiert, will man es jemandem sagen. Ich hätte anfangen können mit: Der, der früher mein Feind war, der Hansi aus dem Kriegelstein-Haus, der ist jetzt mein Freund. Der mag mich.

»Die Mama hat schon geweint«, sagte meine Schwester, »und der Vati ist fast schon am Weg zur Abgängigkeitsanzeige!«

Meine Mutter nickte dazu, nahm ein Taschentuch aus der

Schürzentasche und schnüffelte hinein. Mein Vater nahm die Krawatte vom Hals und schlüpfte aus dem Jackett. Er warf es auf die Wäschebank. Er traf nicht gut. Das Jackett fiel zu Boden. Meine Schwester hob es auf. Mein Vater sagte zu mir: »Geh ins Bett! Verschwind! Ich will dich heut nimmer sehen!«

Ich ging ins Zimmer hinein. Ich hörte meine Mutter hinter mir herfragen: »Hast einen Hunger?« Ich ging zu meiner Bettbank. Das Bett war noch nicht aufgedeckt. Ich hob die Matratze, unter der das Bettzeug war, hoch und holte das Leintuch und die Decke und den Polster heraus. Ich machte mein Bett, zog mich aus und legte mich ins Bett. Die Decke zerrte ich mir über den Kopf. Dumpf und unverständlich drangen von der Küche her Stimmen zu mir. Ich wollte die Stimmen gar nicht verstehen. Keinen von ihnen wollte ich hören. Und sehen auch nicht. Den Hansi hätte ich gern bei mir gehabt. Seine Stimme wäre gut gewesen. Und seine Lippen auf meiner Haut auch. Die in der Küche verstanden überhaupt nichts! Das war nicht weiter schlimm. Nur, daß mein Vater auch zu denen in der Küche gehörte, das war schlimm. Noch nie hatte er so mit mir geredet. Immer hatte er mich bisher verstanden. Seit vielen Tagen endlich einmal wieder war es mir gutgegangen. Und da wurde er böse! Da wollte er mich nimmer sehen! Da sagte er: Verschwind! Das begriff ich einfach nicht. Ich rollte mich zu einer Kugel und steckte einen Daumen in den Mund und saugte an ihm. Ich spürte ein Würgen im Hals und merkte, daß ich zu weinen anfangen mußte. Das störte mich nicht. Ich wischte die Tränen, die mir über die Wangen liefen, auch nicht weg.

Draußen, in der Küche, schlug die Wohnungstür zu. Der

Großvater war sicher weggegangen. Die Stimmen wurden lauter. Die Stimmen waren jetzt im Zimmer bei mir. Die Stimme von meinem Vater fehlte. Nur die von meiner Mutter und meiner Schwester waren zu hören. Und jetzt war auch zu hören, was sie sagten. »So ein kleines Mistviech«, sagte meine Mutter, »einen so in Angst zu versetzen! So ein Kind hat ja keine Ahnung, was es einem antut!« Und meine Schwester fragte: »Wo kann sie denn überhaupt gewesen sein? Ich versteh das nicht! Und wieso hat mich die Englischlehrerin gefragt, was mit deinen Gallensteinen ist? Du hast doch noch nie einen Gallenstein gehabt!«

Ich nahm den Daumen aus dem Mund, weil ich beide Hände brauchte, um sie mir über die Ohren zu legen, um nichts mehr zu hören. Ich versuchte einen Traum. Einen Hansi-Traum. Mir fiel kein Hansi-Traum ein. Mir fehlte die Geschichte zum Hansi-Traum. Sosehr ich mich bemühte, ich sah nichts anderes vor mir als mich und den Hansi auf den Holzwürfelhaufen. Hansi, wie er mich küßt, Hansi, wie ich ihn küsse, Hansi, wie er mir vom Holzhaufen hochhilft, Hansi, wie er mich heimbegleitet, Hansi, wie er dem Waschak-Rudi entgegentritt. Aber das machte nichts. Auch die einfachen Hansi-Bilder genügten zum friedlichen Einschlafen.

9.
Die schrecklichen Sonntage
Die neue Klobesenfrisur
Die gute Überraschung

Sonntage mochte ich nicht sehr. Sie hatten zwar den Vorteil, daß sie schulfrei waren, dafür waren sie aber besonders langweilige Tage. Mit den Sonntagen wußte ich nichts anzufangen. Am Sonntag war bei uns in der Gegend alles friedlich und still, wie in einen Dornröschenschlaf versunken. Auf der Gasse sah man kaum Menschen, und Autos fuhren auch keine. Die Rollbalken der Geschäfte waren heruntergezogen. Am Sonntag spielten die Leute in ihren Wohnungen: Familie. Man konnte sich mit keinem Kind für Sonntag verabreden. »Am Sonntag muß ich zu Hause bleiben«, hieß es. Man konnte auch kein Kind am Sonntag besuchen. »Am Sonntag kannst du nicht kommen, da ist der Papa zu Hause«, hieß es. Nicht einmal im Hof spielen durfte ich am Sonntag. »Sie stört die Sonntagsruhe«, hieß es da.

Am Sonntagvormittag hätte ich in die Kindermesse gehen können. Aber das lag mir nicht. In der Kirche war mir immer langweilig. Außerdem konnte ich kein einziges Gebet. Und Singen war auch nicht meine Stärke.

Meine Mutter redete manchmal davon, daß man einen Sonntagsausflug machen könnte, aber dagegen war mein Vater. Seine kranken Beine, sagte er, hielten den Ausflug nicht aus. Und allein mit meiner Mutter und meiner Schwester im Wienerwald herumzulatschen, erschien mir entsetzlich. Das lehnte ich ab. Nicht einmal der Waschak-Rudi war am Sonntag zu haben. Der fuhr jeden Sonntag mit seinem Großvater-Vater zu einer uralten Tante, die wohnte in Kaisermühlen in einem Schrebergartenhaus, das aus Wellblech und Kistenbrettern zusammengeflickt war.

Dort lebte sie in einem Raum zusammen mit einer Ziege und ein paar Hasen und ein paar Hühnern.

Gern hätte ich mir die uralte Waschak-Tante einmal angeschaut, und der Rudi und sein Großvater hätten mich auch sicher mitgenommen zu ihr. Aber meine Mutter erlaubte das nicht. »Kommt doch gar nicht in Frage«, hatte sie jedesmal entsetzt erklärt, wenn ich davon gesprochen hatte. »Ich laß doch meine Kinder nicht mit der Waschak-Bagage herumziehen!«

Der Franzi, der früher mein Freund gewesen war, kam mich manchmal am Sonntag besuchen. Bei mir zu Hause gab es kein Sonntagsbesuchsverbot. Aber der Franzi war genauso langweilig wie die Sonntage. Wenn er kam, kam er gleich nach dem Mittagessen und brachte Spielkarten mit. Quartett spielte er am liebsten. Und meine Schwester mußte mitspielen, weil Quartett zu zweit nicht lustig ist. Ich machte mir nichts aus Kartenspielen. Mir war sogar egal, ob ich gewann oder verlor. Nur Schwindeln beim Kartenspielen machte mir Spaß. Aber weder der Franzi noch meine Schwester waren geeignete Schwindelpartner. Meistens endete die Kartenspielerei mit Streit. Entweder schrie meine Schwester: »Die schwindelt ja, die mogelt, mit der kann man ja nicht spielen!« Oder der Franzi sammelte gekränkt seine Karten ein und rief: »Wennst so bist, dann geh ich nach Hause!« Und rauschte beleidigt ab. Und hinterher mußte ich mir dann einen langen Vortrag von meiner Mutter über meinen unehrlichen und unverträglichen

Charakter anhören. Und kaum ein Sonntag ging vorüber, ohne daß meine Mutter sagte: »Wenn dir schon so langweilig ist, dann lern halt etwas. Lernen schadet nie. Und in Latein kannst ohnehin überhaupt nichts, hat die Frau Professor gesagt!«

Nein, Sonntage waren nichts für mich. Und der Sonntag, der dem Samstag mit dem Hansi folgte, fing noch trostloser an als üblich. Ich wachte erst spät auf. Meine Schwester war schon in der Kirche. In der Zehnuhrmesse. Sie ging immer in die Zehnuhrmesse, weil die von einem jungen hübschen Kaplan gelesen wurde. Die ganze Oberstufe unserer Schule war in der Zehnuhrmesse, um ergriffenen Herzens dem jungen Kaplan zu lauschen. Meine Schwester war besonders vernarrt in ihn. Seinen Vornamen »Hubert« kritzelte, gravierte und ritzte sie überallhin. Ihre Löschblätter, ihre Notizhefte, Dreiecke und Lineale waren mit unzähligen »Hubert« vollgeschmiert. Und das breite Zimmerfensterbrett, auf dem sie oft ihre Aufgaben schrieb, schmückten zirkelspitzengeritzte »H«. Und ein Herz dazu. Meine Schwester bekam jedesmal schrille Schreikrämpfe, wenn ich sie mit ihrer Liebe zum Kaplan aufzog, und sie behauptete, es handle sich um einen ganz anderen Hubert. Doch das konnte sie mir nicht einreden. Einen anderen Hubert gab es bei uns in der Gegend überhaupt nicht.

Von meinem Vater war an diesem Sonntagvormittag nichts zu sehen und nichts zu hören. Die Tür zu seinem Kabinett war geschlossen. Wahrscheinlich hatte er bis lange in die Nacht hinein gelesen und schlief noch. Mein Vater war ein »Nachtmensch«. Richtig munter wurde er erst, wenn es finster wurde. Den hellen Tag verschlief er am liebsten. Weil das aber meistens nicht möglich war, schlief mein Vater viel zuwenig, und der Großvater sagte oft: »Der Bub, der wird sich noch umbringen mit seinem Lebenswandel, der wird net alt bei der Lebensart.«

Meine Mutter saß beim Zimmertisch. Sie hatte einen Weitling mit Germteig zwischen den Knien und schlug mit einem Kochlöffel auf den Teig ein. Da sie mir keinen »guten Morgen« wünschte, nicht einmal hochschaute, als ich an ihr vorbei in die Küche ging, merkte ich, daß sie noch immer böse auf mich war. Das kam selten vor. Die meisten meiner Vergehen tilgte meine Mutter über Nacht, das war ein freundliches Prinzip von ihr. Ein Streit, erklärte sie, darf nicht ewig dauern, wenn man ihn überschläft, muß er sich erledigt haben.

Ich suchte in der Küche nach einem weichen Stück Brot oder einer Semmel. Am Sonntag konnte ich Frühstück essen. Ich fand ein zähes weißes Weckerl und lauwarmen Tee in einem Häferl. Am Häferlrand waren zarte Lippenstiftspuren. Da mußte meine Schwester daraus getrunken haben. Bevor sie zum Kaplan in die Zehner-Messe ging, bemalte sie immer ihre Lippen. Ich wartete darauf, daß meine Mutter in die Küche kommen würde, um mir frischen Tee zu kochen. Mich zu nähren war schließlich ihre Pflicht. Der hatte sie sich bisher noch nie entzogen. Und das tat sie auch diesmal nicht. Ich hörte sie seufzen und irgend etwas murmeln. Dann kam sie in die Küche. Ohne mich anzuschauen, stellte sie ein Häferl mit Wasser auf den Herd, holte frisches Brot aus einem Sack, den ich übersehen hatte, strich Butter aufs Brot, bröselte Tee ins wallende Wasser und goß den Tee in ein Porzellanhäferl.

Sie tat, als sei ich überhaupt nicht anwesend. Es mußte ihr – in unserer kleinen Küche – unheimliche Schwierigkeiten machen, dauernd an mir vorbeizuschauen, aber sie hielt durch.

Sie stellte das volle Teehäferl auf die Kredenz, legte das Butterbrot daneben, seufzte und ging wieder ins Zimmer. Gleich darauf hörte ich den Kochlöffel wieder auf den Germteig klatschen.

Wut kroch hoch in mir. Was hatte ich denn schon getan? In Angst und Schrecken hatte ich sie angeblich versetzt!

Na und! War es meine Schuld, wenn sie so ängstlich war? Warum sollte ausgerechnet ich unter eins von den paar Autos kommen, die in der Gegend herumfuhren? Und wenn sie so eine große Angst um mich hatte, dann mußte sie mich ja auch besonders gern haben. Und wenn sie mich so besonders gern hatte, warum tat sie dann so böse und beleidigt? So böse, daß sie ihren Grundsatz: Kein Streit soll über die Nacht dauern, vergaß?

Ich trank vom Tee und biß lustlos am Butterbrot herum, auf dem viel zuviel weiche Butter war. Ich schlich zur Kabinettür und legte ein Ohr ans Holz. Ich hörte meinen Vater regelmäßig atmen. Den hat sie auch gegen mich aufgehetzt, dachte ich. Wenn sie nicht so gemein wäre, hätte er sich gestern nicht so zu mir benommen. Wenn sie nicht da wäre, hätte ich ihm alles erklären können, und er hätte mich verstanden. Klar hätte er mich verstanden. Wie er noch ein Kind gewesen war, da war er auch nicht pünktlich nach Hause gekommen. Sogar die Schule geschwänzt hatte er tagelang. Und Entschuldigungen gefälscht. Das hatte er mir schon oft erzählt. Und mit einer Resi aus dem Nachbarhaus hatte er eine große Liebe gehabt. Und da war er um zwei Jahre jünger als ich jetzt gewesen. In der Waschküche hatten sie sich getroffen. Einmal mitten in der Nacht. Und wenn mir mein Vater davon erzählt hatte, hatte er nie gesagt, daß das falsch oder dumm gewesen war. Ganz im

Gegenteil: Schön und richtig war es gewesen, hatte er mir immer gesagt. Also mußte er auch das von mir und dem Hansi verstehen.

Ich ging zum Küchenfenster und schaute in den Hof. Unser Hof hatte zwei Teile. Der vordere war gepflastert. Dort waren die Klopfstange und der Hackstock, die Kohlenkisten und die Mistkübel. Und dann war ein grünlackierter Zaun zum anderen Teil. Das war der »Hausherren-Garten«. Der war so groß wie zwei Zimmer, und dort wuchsen in drei Beeten, mit Kieswegen dazwischen, Fliederbuschen, Hortensien und ein Pfingstrosenstrauch. Unser Küchenfenster war beim Hausherren-Garten. Früher, als der Hausherr noch bei uns im ersten Stock gewohnt hatte, das hatte mir die Großmutter erzählt, war es streng verboten gewesen, den Flieder-Hortensien-Pfingstrosen-Garten zu betreten. Und Teppichklopfen war auch nur am Mittwoch erlaubt, und Mistkübel ausleeren nur am Vormittag zwischen neun und elf Uhr. Jetzt war unser Hausherr uralt und wohnte irgendwo bei Verwandten, und niemand im Haus kümmerte sich mehr um seine Gebote. Die Tür im grünen Holzzaun stand immer offen. Wenn die Sonne schien, saß die alte Frau Benedikt aus dem zweiten Stock auf einem Stockerl im Hausherren-Garten, und meine Großmutter hatte dort ihren Wäschestrick gespannt, weil sie den schweren Waschkorb manchmal nicht auf den Dachboden tragen wollte.

Ich schaute auf die Küchenuhr. Fünf Minuten fehlten auf elf Uhr. Bald mußte meine Schwester von der Messe zurück sein. Ich fürchtete mich vor der Hartnäckigkeit meiner Schwester. Garantiert würde sie wieder nach den Gallensteinen fragen. Es war ja eindeutig, daß ich die Englischlehrerin angelogen hatte, und meine Lügen aufzudecken, war eine Lieblingsbeschäftigung meiner Schwester.

Auf meine Schwester wollte ich jetzt unter gar keinen Umständen stoßen.

Ich ging ins Zimmer hinein. Meine Kleider, die ich gestern einfach vor dem Bett hatte liegenlassen, waren nun, fein säuberlich gefaltet, auf einem Sessel. Und die alte Unterhose war gegen eine frische vertauscht.

Ich zog mich an, flocht meine Zöpfe auf und kämmte die Haare. Meine Haare, wenn sie offen waren, reichten mir bis zur Taille. Meine Mutter war stolz darauf, daß ich so lange, dicke Zöpfe hatte. Dabei waren die Zöpfe eine Qual. Das Haar waschen war besonders arg, weil wir kein warmes Fließwasser hatten. Ich mußte beim Kopfwaschen mit zugekniffenen Augen, über eine Waschschüssel gebeugt, hocken, und meine Mutter schüttete mir Wasser, das sie auf dem Herd gewärmt hatte, über den Kopf. Meistens war zuwenig warmes Wasser da, und auf meiner Kopfhaut blieb ein Seifenrest, der juckte. Am schrecklichsten war aber das Durchkämmen der Haare nach dem Waschen. Da riß mir meine Mutter jedesmal ganze Haarbüschel aus dem verfilzten, zerzausten Haargeflecht.

Ich hätte gerne kürzere Haare gehabt, ohne Zöpfe. Schulterlange, glatte Haare mit Ponyfransen über der Stirn. Meine Mutter war dagegen. »So schöne Haare schneidet man nicht ab«, sagte sie. Und: »Zöpfe sind für ein Mädchen die schönste Frisur!« Und: »Ein Bubikopf steht dir gar nicht!« Ich kämmte meine Haare im Zimmer beim Fenster. Meine Schwester hatte am Fensterriegel einen tellergroßen Spiegel aufgehängt. Wäre die große Schere nicht auf dem Fensterbrett gelegen, wäre ich wahrscheinlich gar nicht auf die Idee gekommen, mir die Haare abzuschneiden. Eigentlich wollte ich sie zuerst gar nicht wirklich wegschneiden, sondern meiner Mutter damit bloß drohen. Ich kämmte mir einen Mittelscheitel, legte den Kamm weg, nahm die Schere. Meine Mutter schaute nicht zu mir her. Ihre ganze Aufmerksamkeit war auf den Germteig gerichtet. Ich packte ein dickes Haarbüschel und setzte die Schere in Schulterhöhe an. Jetzt schaute meine Mutter zu mir her. Ich rechnete fest damit, daß sie gleich einen Entsetzensschrei ausstoßen oder sonst irgend etwas Hinderndes tun würde, doch sie starrte mich bloß an. Da blieb mir nichts anderes übrig, als zu schneiden. Büschel um Büschel schnitt ich schulterkurz, und dann schnitt ich mir Stirnfransen, gerade Stirnfransen, die bis über die Augenbrauen reichten. Meine Mutter hatte aufgehört, den Germteig zu schlagen, stumm hockte sie da und starrte mich an. Gerade als ich die letzten unregelmäßigen Haare über den Augen abschnipselte, kam meine Schwester von der Messe zurück. Sie stürmte ins Zimmer, stürzte auf meine Mutter zu und stotterte vor lauter Erregung beim Reden. »Jetzt, jetzt, jetzt weiß ich alles! Die Helene hat es mir nach der Kirche erzählt! Sie, sie –« dabei deutete meine Schwester auf mich, »sie ist gestern erst um zehn in die Schule gekommen, und als Ausrede hat sie erklärt, sie hat dir Tee kochen müssen, wegen deiner Gallensteine!«

»Und jetzt hat sie sich die Zöpfe abgeschnitten.« Meine Mutter schluchzte fast.

Meiner Schwester waren meine Haare gleichgültig, sie stotterte weiter: »So was Gemeines, so was. Einmal läßt sie die Großmutter sterben, und dann macht sie dich krank, krank!«

»So schön waren die Zöpfe«, sagte meine Mutter, »und jetzt schaut sie aus wie ein Klobesen!«

Das stimmte nicht. Ich schaute nicht wie ein Klobesen aus. Meine neue Frisur war hübsch. Fast so hübsch wie die Mädchen in den amerikanischen Illustrierten von der Edlinger-Margit schaute ich aus. Bloß so schöne Kleider wie die, die ich in meinem Kuvert gesammelt hatte, fehlten mir.

»Na, na, was ist jetzt?« fragte meine Schwester ungeduldig. Sie wartete sichtlich auf eine Bestrafung meiner Person. Zumindest auf ein ordentliches Verhör. Doch meine Mutter sagte bloß: »Sie wird schon sehen, wohin sie kommt, wenn sie so weitertut!« Und dann, nach einer kleinen Pause: »Sag das alles besser dem Vati. Der soll sich darum scheren, der soll schauen, wie er mit seinem goldigen Menscherl zurechtkommt. Er hat ja immer alles besser gewußt, er hat ja immer gesagt, daß ich alles falsch mache bei der Erziehung. Das hat er jetzt davon!«

Ich überlegte, ob ich die abgeschnittenen Haare zusammenkehren sollte. Ich entschied mich dafür, sie am Boden liegenzulassen. So schnell wie möglich wollte ich weg aus diesem Zimmer, weg von den beiden keifenden, zeternden, stotternden Weibern. Ich legte die Schere auf das Fensterbrett zurück und ging hocherhobenen Hauptes an meiner Mutter vorbei zur Küche. Bei der Küchentür drehte ich mich um und streckte meiner Schwester die Zunge heraus. Ich hörte noch ihr klagendes: »Mama, jetzt hat sie mir die Zunge gezeigt.« Dann schlug ich die Tür hinter mir zu.

An unserer Klotür steckte der Schlüssel. Ich klopfte gegen die Klotür. »Bist du's, Opa?« fragte ich. Ich bekam keine Antwort. Also saß die schwerhörige Großmutter auf dem Klo. Ich zog den Schlüssel von der Klotür und steckte ihn in die Rocktasche meines Kleides. Ich hatte vor, in die Großmutter-Wohnung zu gehen und den Kloschlüssel in die Kredenz, in die Eßzeuglade, zu legen. Das hatte ich schon einmal getan, und das hatte für mich einen Heidenspaß ergeben. Im ganzen Haus war die Großmutter herumgerannt, alle hatte sie beschuldigt, ihr den Kloschlüssel gestohlen zu haben. Als sie ihn dann zwischen den Gabeln und den Messern gefunden hatte, hatte sie die Welt nicht mehr verstanden.

Gegen mich hatte sie nicht den geringsten Verdacht geschöpft. Mir – und da war ich eine Ausnahme – traute die Großmutter nie etwas Böses zu.

Ich kam nicht mehr dazu, den Kloschlüssel in die Kredenz zu schmuggeln, denn bei der Hoftür, an die Gangmauer gelehnt, stand der Hansi. »Eine halbe Stunde wart ich schon«, sagte er. »Weil ich nicht gewußt hab, hinter welcher Tür du wohnst.« Er lächelte und deutete den Gang hinunter, zu unserer Wohnungstür. »Jetzt weiß ich's aber!«

Ich nickte und hätte dem Hansi gern etwas Freundliches, Schönes, Liebes, Gutes gesagt. Mir fiel nichts ein. Bloß: »Ich hab mir gerade die Haare geschnitten!«

»Auf der rechten Seite sind s' länger als auf der linken«, sagte der Hansi. »Aber schön sind s'. Schöner als die Zöpf'. Wie s' in die amerikanischen Film' die Haar' haben, schaust jetzt aus!«

Ich merkte, daß ich vor lauter Freude rot wurde, und das machte mich verlegen. »Komm, gehn wir«, sagte ich und nahm den Hansi an der Hand und zog ihn zum Haustor hin.

»Wie lang darfst denn ausbleiben?« fragte der Hansi. Ich zuckte die Schultern.

»Wann eßt ihr denn Mittag?« fragte der Hansi.

Ich zuckte wieder mit den Schultern und murmelte: »Ich hab eh keinen Hunger, und fort bleib ich, so lange ich mag.«

»Und wennst nachher Watschen kriegst?«

»Ich hab noch nie eine Watschen bekommen!«

»Echt?« Der Hansi machte das Haustor auf. Heller Sonnenschein fiel in den dunklen Hausflur. »Von deinem Vater auch nicht?«

Ich schüttelte den Kopf und lachte. Die Vorstellung, daß mir mein Vater eine Ohrfeige geben könnte, war komisch für mich. Einfach unmöglich war das! Niemandem konnte mein Vater eine Ohrfeige geben. Dazu hatte er die falschen Hände. Sehr schmale Hände mit sehr langen Fingern. Hände mit ganz warmer, ganz brauner Haut. Magere Hände, an denen so wenig Fleisch war, daß man jede Ader auf dem Handrücken genau sehen konnte. Das waren Hände zum Uhrenreparieren und zum Streicheln, zum Seifenschaumwegtupfen und zum Buchseitenumblättern. Hände zum Ohrfeigengeben schauten anders aus. Mein Onkel hatte Ohrfeigenhände, dicke, fleischige Würstelfinger mit gelben Haaren auf dem fettgepolsterten Handrücken.

»Gehn wir spazieren?« fragte ich den Hansi. Ich wollte weg aus unserem Haus, weil die Großmutter sicher nicht mehr lang auf dem Klo sitzen würde. Ich wollte nicht, daß sie mich und den Hansi sah. Die Großmutter konnte sehr aufdringlich sein. Von »Wie heißt denn der Bub da?« bis zu »Warum stehst denn mit einem fremden Buben auf dem Gang?« war bei ihr alles möglich. Und ganz sicher war, daß sie dann nichts Eiligeres zu tun haben würde, als meiner Mutter vom »fremden Buben« zu berichten. Doch der Hansi ging auch meine Mutter nichts an. Jetzt nicht mehr. Gestern abend, wenn sie mich angehört hätte, hätte ich ihr gern vom Hansi erzählt. Jetzt war der Hansi mein Geheimnis, und sie war selber schuld daran!

Wir gingen die Gasse hinunter, der Hauptstraße zu. An unseren Zimmerfenstern vorbei. Meine Schwester stand bei dem offenen Fenster und schaute auf mich herunter. Der Hansi sagte: »Die geht auch zur Kriegelstein, die spielt ganz schwere Sachen.«

»Weil s' dauernd übt, die Strebsau, die! Brauchst nicht glauben, daß die vielleicht musikalisch ist!«

»Kannst sie nicht leiden?« fragte der Hansi.

»Sie ist meine Schwester!« Das schien mir als Erklärung zu reichen, und dem Hansi genügte es auch.

»Wennst wirklich zu Mittag nicht zu Haus sein mußt«, sagte er, »dann gehn wir auf den Schafberg. Ich muß auch net nach Haus. Meine Mutter ist nach Tulln gefahren. Zu einem Bauern um Eier, die kommt erst am Abend.«

Wir bogen in die Hauptstraße ein, gingen stadtauswärts. Der Hansi hatte einen Arm auf meinen Schultern liegen. Die Sonne schien. Der Himmel war blitzblau, und ich kam mir unheimlich glücklich vor.

Bei der Vorortelinie, in der alten Schule, war eine amerikanische Kaserne. Vor dem Eingang, über dem *Knaben* stand, hielt ein Negersoldat Wache. Aus ein paar Fenstern schauten Soldaten. Kinder waren heute keine vor der Kaserne. Sonst, unter der Woche, waren immer Kinder da und bettelten um Kaugummi und Schokolade. Kasernen, in denen viele Negersoldaten wohnten, waren besonders beliebt bei den Kindern. Angeblich schenkten die Neger leichter etwas her.

Der Hansi deutete auf den Wache-Neger. »Soll ich ihn um einen Kaugummi für dich fragen?«

»Nein!« Ich zog den Hansi weiter. »Ich will keinen Kaugummi von denen!«

»Gern hätt' ich's eh nicht gemacht«, sagte der Hansi.

Ich fragte den Hansi nicht, ob er manchmal mit den anderen Kindern bei der Schule stand und »Blis Dschuwingam, blis« zu den Fenstern und den Soldaten hinaufbrüllte, weil ich Angst hatte, daß es so sein könnte. Und die Kinder, die um Kaugummi bettelten, verachtete ich. Ich sagte: »Ich mag die Ami nicht.« Und verbesserte: »Die Neger natürlich schon!« Neger mußte man mögen. Wer Neger nicht mochte, war wie mein Onkel. Ein Rassist, nannte das mein Vater. »Neger stinken«, erklärte mein Onkel, sooft von Negern die Rede war. Und: »Neger haben ein Hirn, das ist so klein wie das von den Affen!« Mein Onkel mochte nur die »Deutschen«. Russen waren bei ihm »Untermenschen«, Italiener »Katzelmacher«, Amerikaner »blöde Farmerbuben«, Franzosen »degenerierte Schwänze« und Engländer »hinterlistige Tommies«. Für Juden brauchte er kein Schimpfwort. Das Wort Jude war schon arg genug für ihn. Und wenn er von einem Juden, der den Krieg und die Hitlerregierung überlebt hatte, sprach, dann sagte er: »Der ist dem Adolf leider von der Schaufel gesprungen!«

»Besoffene Neger sind aber arg, die haben Frauen vergewaltigt!« sagte der Hansi. Wir bogen von der Hauptstraße in eine Seitengasse ein. »Alle Besoffenen sind arg«, sagte ich und lehnte meinen Kopf an die Schulter vom Hansi. »Die besoffenen Russen waren auch arg. Und der Großvater vom Waschak-Rudi ist auch arg.«

Der Hansi blieb stehen. »Früher haben wir da einmal gewohnt«, sagte er und zeigte auf einen großen Schutthaufen zwischen zwei Häusern. »Im dritten Stock oben, wo noch das blaue Muster an der Wand pickt.« Ich schaute nicht zum dritten Stock hinauf, sondern schaute mir den Schutthaufen aus Holzbalken und Ziegeln und Mörtel und zerbrochenen Fenstern und Türen und Stukkaturstroh an. Ich fragte mich, ob der Hansi damals, als die Bombe das Haus kaputtgemacht hatte, im Keller, unter dem Schutt, gewesen war. Im Keller sitzen, wenn eine Bombe ins Haus fällt, war das Schrecklichste, was ich je erlebt hatte. Und über das Schrecklichste war sehr schwer zu reden. Da hätte man von der großen Angst reden müssen. Ich kannte kein Kind, das über Angst redete. Über die eigene Angst.

»Im Schutt ist sicher noch allerhand, was was wert ist«, sagte ich zum Hansi. »Vielleicht ist sogar noch was drinnen, was dir gehört hat!« Wenn der Hansi oben im dritten Stock gewohnt hatte, war es ziemlich wahrscheinlich, daß die Sachen aus der Wohnung vom Hansi nicht allzu tief im Schutt vergraben waren. Nach Kriegsende, als wir wieder in die alte, ausgebombte Wohnung zurückgezogen waren, war Schuttdurchsuchen meine Leidenschaft gewesen. Stundenlang, jeden Tag, war ich mit dem Waschak-Rudi durch die Gegend gezogen und hatte Hausruinen nach wertvollen Dingen abgesucht. Einmal hatten wir eine Taschenuhr gefunden, eine goldene. Aber ein alter dicker Mann aus dem Nachbarhaus hatte uns dabei beobachtet und war uns nach und hatte uns die Uhr weggenommen. Es sei die seine, hatte er behauptet. Geglaubt hatten wir das nicht, aber gegen den dicken Alten waren wir hilflos gewesen. Manchmal sah ich den Alten noch, und meine Wut auf ihn war noch immer so groß, daß ich ihm jedesmal die Zunge herausstreckte und »Uhrendieb« hinter ihm herrief.

Der Schutthaufen vom ehemaligen Hansi-Haus schien mir

zum Durchsuchen gut geeignet. Er war leicht zu besteigen und schaute nicht gefährlich aus. Viele Holzbalken lagen wie Treppenstufen über den Ziegeln und dem Mörtel.

»Wir haben gar nichts gehabt, was sich zum Finden auszahlen tät'«, sagte der Hansi. Ich wollte trotzdem auf den Haushaufen hinauf. Auf Haushaufen, die derart leicht zu besteigen waren, mußte man einfach klettern! Meine Kusine hatte mir erzählt, daß eine aus ihrer Klasse aus einer Bombenruine einen Diamantanhänger ausgegraben hatte, der war so viel wert gewesen, daß ihr Vater ihn gegen eine ganze Kaukasisch-Nuß-Rundbaueinrichtung getauscht hatte. Man konnte Glück haben!

»Hat bei euch im Haus wer Reicher gewohnt?« fragte ich den Hansi. Der Hansi schüttelte den Kopf. Nur der Hrdlicka, der Schneider, meinte er, der habe ein Klo in der Wohnung gehabt und eine Badewanne in der Küche. »Und außerdem kannst sowieso nicht raufsteigen«, sagte der Hansi, »weil's Löcher zum Keller runter gibt, und wennst wo falsch hinsteigst, brichst ein!« Der Hansi packte mich am Arm und hielt mich fest.

»Mir passiert nichts«, sagte ich. »Ich kenn mich aus auf Schutthaufen!«

Der Hansi ließ meinen Arm nicht los. Er zeigte auf ein Schild, das an der Feuermauer vom Nachbarhaus klebte. *Achtung Einsturzgefahr* stand darauf.

Aber solche Schilder waren an fast allen Ruinen. Die hatten nicht viel zu bedeuten.

»Ich mach keinen Schritt auf den Haufen drauf«, sagte der Hansi. »Ich war lang genug unter dem Haufen. Zwei Tag lang hat's 'dauert, bis sie uns ausgegraben haben. Und du gehst auch nicht!« Der Hansi packte meinen Arm so fest, daß es weh tat. Seine Fingernägel bohrten sich so tief in das Fleisch, daß ich aufschrie. Da ließ der Hansi meinen Arm los und ging weiter.

Ohne Hansi war der Schutthaufen nicht wichtig für mich. Mit dem Hansi zusammen hatte ich etwas finden wollen. Mit ihm gemeinsam hatte ich eine Chance auf Glück gewittert. Ohne Hansi war der Schutthaufen nicht mehr wert als jeder andere Schutthaufen in der Gegend auch. Ich lief dem Hansi nach. »Der blöde Schutt ist ma doch eh Wurscht!« rief ich, als ich ihn eingeholt hatte. Der Hansi nickte zufrieden und legte wieder einen Arm um meine Schulter. Er zeigte ans Ende der Gasse. »Wenn wir durch den Friedhof gehen, sind wir schneller am Schafberg oben!«

Den Friedhof mochte ich. Früher war ich jede Woche zweimal mit der Großmutter auf den Friedhof gegangen. »Die Grünbecks gießen«, nannte das mein Vater spöttisch. Die Grünbecks waren die Eltern und die Großeltern und die Urgroßeltern meiner Mutter und lagen in einer großen, steinernen Gruft auf dem Hernalser Friedhof. Meine Großmutter, obwohl sie mit diesen Grünbecks gar nichts zu schaffen hatte, liebte die Gruft. Eine Gruft war »vornehm«, war etwas »Besseres«. Vom Reichtum, den die Familie meiner Mutter einmal gehabt hatte, war nur diese Gruft übriggeblieben. Doch wenn die Großmutter vor der Gruft stand und die Blumen im schmiedeeisernen Korb goß, merkte das niemand. Für die, die an der gießenden Großmutter vorbeikamen, waren die Gruftbesitzer auch Villenbesitzer und Fabrikbesitzer. Die Großmutter genoß es, so falsch eingeschätzt zu werden. Darum ging sie zweimal in der Woche die Grünbecks gießen und scherte sich um das kleine Grab, in dem ihre eigene Familie lag, überhaupt nicht.

»Wir haben eine Gruft am Friedhof«, sagte ich zum Hansi. Den Hansi beeindruckte die Gruft nicht. »Gleich beim mittleren Eingang in der ersten Reihe«, fuhr ich fort. Das war angeblich die vornehmste Lage für eine Gruft. Aber auch das war dem Hansi gleich. »Wir haben auch ein Grab«, sagte er bloß.

Wir gingen auf das Friedhofstor zu. »Pfeif was«, bat ich ihn.

»Warum?«

»Weil's so schön ist!«

Der Hansi lachte. »So gut pfeif ich erst, seit ich mir den Zahn ausgebissen hab«, sagte er. Und dann pfiff er. Ich erkannte die Melodie sofort. Im amerikanischen Soldatensender spielten sie das Lied oft.

Irene good night,
Irene good night,
good night Irene,
good night Irene,
I'll see you in my dream...

Ich hätte gern mitgesummt, aber ich traute mich nicht, weil ich nur falsch singen und summen konnte.

Als wir durch das Friedhofstor, am Friedhofswärter vorbei, den Friedhof betraten, hörte der Hansi zu pfeifen auf. »Sonst regt sich wer auf«, sagte er.

»Ist doch eh keiner da!« sagte ich.

An einem Sonntag – und dazu noch zu Mittag – war kaum jemand auf dem Friedhof, und Begräbnisse fanden am Sonntag auch nicht statt. Nicht einmal die Klofrau war da. Sonst hockte sie vor dem Türl, an dem *Frauen* stand, und strickte an einer riesigen runden Tischdecke im Spitzenmuster. Früher, wenn ich mit der Großmutter auf den Friedhof gegangen war, war ich immer bei der Klofrau stehengeblieben und hatte sie und ihr Klo beobachtet. Mir kam es komisch vor, daß es ein Friedhofsklo gab. Die Friedhofsbesucher wanderten immer mit sehr ernsten, traurigen Gesichtern auf dem Friedhof herum, und die behielten sie auch, wenn sie auf das Klo zuschritten. Und wenn sie dann in den Geldbörsen kramten und das Geldstück für die Klofrau herausholten, schaute das so aus, als trauerten sie ihrem Klo-Zehnerl nach.

Der Hansi und ich gingen den steilen Mittelweg zwischen den Grüften hinauf. Unsere Gruft schaute der Hansi gar nicht an, aber die Nachbargruft begeisterte ihn. Die hatte einen merkwürdigen Grabstein aus schwarz-grünem Marmor. Wie ein Türstock war der Marmor zurechtgehauen, und im Türstock war eine Marmortür, die stand einen Spalt weit offen. Ein zwei Meter großer Engel mit riesigen schwarzen Flügeln und einem Lilienstengel in der Hand hielt vor dem Türspalt Wache. Andächtig sagte der Hansi: »Hinter dem Türl ist das ewige Leben!«

Ich lachte. »Hinter dem Türl sind kaputte Blumentöpf' und eine löchrige Gießkanne!« Das Geheimnis der Türhinterseite hatte ich längst erforscht. Hinter der Marmortür schaute es genauso aus wie hinter den anderen Grabsteinen. Alles Verdorrte und Verfaulte, was die Leute von den Gräbern räumten, warfen sie hinter die Grabsteine. Und wenn man dort Verstekken spielen wollte, mußte man gut aufpassen, weil auch viel rostiger Draht von alten Kränzen im Abfall lag.

»So hab ich es nicht gemeint«, sagte der Hansi. Er schaute

den Türspalt und den Engel immer noch ganz andächtig an.
»Gehn wir doch weiter«, drängte ich. Ich wollte nicht, daß der Hansi den Engel bewunderte. Der Engel war, das sagten alle in meiner Familie, Kitsch! Scheußlich war er! Und seinerzeit, als ich den Engel noch bewundert hatte, hatte meine Mutter mild lächelnd zu meinem Großvater gesagt: »Ja, ja, Kinder haben was übrig für Kitsch!« Ich wollte mich aber auch auf keine Diskussion mit dem Hansi über den kitschigen Grabstein einlassen, weil ich ihm nicht erklären konnte, warum er so kitschig war. Mir hatte das auch niemand erklärt.

Zögernd ging der Hansi mit mir den steilen Weg zur oberen Friedhofsmauer weiter. Aber ein paarmal drehte er sich noch um und schaute zum steinernen Engel zurück. Es war jetzt sehr heiß. Ich schwitzte, und in meinem linken Schuh stach etwas unter der Ferse. Ich hockte mich nieder und zog die Schuhe aus und die Kniestrümpfe auch. Im linken Schuh stand tatsächlich eine Nagelspitze aus der Innensohle. Ich stopfte die Kniestrümpfe in die Tasche meines Rockes und merkte, daß in der einen Tasche noch der Kloschlüssel der Großmutter war. Ich holte ihn heraus und warf ihn in weitem Bogen weg. Er fiel auf einen steinernen Grabdeckel zwischen Stiefmütterchen. Ich dachte: Jetzt ist unser Kloschlüssel ein Schlüssel zur Ewigkeit!

Ich knüpfte die Schuhe an den Schuhbändern zusammen, hängte sie über die Schulter und stand auf.

»Willst bloßfüßig gehen?« fragte der Hansi erstaunt.

»Der Weg ist eh asphaltiert«, sagte ich.

»Ich darf nur unter der Woche bloßfüßig gehn. Am Sonntag muß ich Schuh' anziehn, wegen die Leut'. Die Mama sagt, sonst halten sie uns für eine Bagage.«

Aber dann zog der Hansi doch seine Schuhe aus. Barfuß marschierten wir weiter. Rechts und links vom Weg waren jetzt keine Grüfte mehr, nur mehr einfache Gräber, die meisten mit eisernen Kreuzen statt Grabsteinen, manche ohne Namenstafeln.

Auf einem Bankerl, unter einem großen Tannenbaum am Wegrand, saß die Leichen-Emma. Die Leichen-Emma war eine alte Frau, die so hieß, weil sie immer auf dem Friedhof war.

Dabei gab es hier angeblich gar kein Grab, in dem Verwandte von ihr lagen.

Die Leichen-Emma kümmerte sich auch gar nicht um Gräber. Sie ging bei allen Begräbnissen mit. Als letzte im Leichenzug. Und bei uns in der Gegend, wenn man von jemandem redete, der keinen Freund und keine Familie hatte und gar niemanden, der sich um ihn kümmerte, sagte man: »Dem wird auch nur der Pfarrer und die Leichen-Emma die letzte Ehr' erweisen!«

Die Leichen-Emma hatte eine Semmel in der einen Hand und eine Thermosflasche in der anderen. Sie aß zu Mittag. Um sie herum waren ein paar Tauben, die warteten auf Semmelbröckerln. Der Hansi sagte: »Die Wessely glaubt, daß die Leichen-Emma der Totenengel ist!« Die Wessely war die Nachbarin der alten Kriegelstein, die mit dem gelben, wackligen Zahn. »Am Abend nämlich, wenn sie den Friedhof zusperren und die Leichen-Emma raus muß«, fuhr der Hansi fort, »dann schleicht sie durch die Gassen und sucht sich ein Haus aus und macht ein weißes Kreuz mit einer Kreiden an die Haustür. Und in dem Haus stirbt dann am nächsten Tag einer!« Der Hansi lachte. »Die Wessely glaubt das wirklich! Und wenn s' die Leichen-Emma vor unserem Haus sieht, dann scheucht sie sie weg, damit s' nicht stirbt, die Wessely.«

Die obere Friedhofsmauer war an zwei Stellen von Bomben zerstört, und der Friedhof – im oberen Teil – hatte auch ein paar Bombentrichter.

Umgestürzte, zerbrochene Grabsteine und verbogene Eisenkreuze lagen herum. Und niemand schnitt hier das Gras. Richtige kleine Wiesenstücke mit Löwenzahn und Margeriten und Dotterblumen gab es hier.

»Da ist es eh viel schöner wie am Schafberg oben«, sagte der Hansi. »Wenn Mittag vorbei ist, wandern die Leut' in Dreierreihen über die Alszeilen auf den Schafberg rauf.«

Wir setzten uns ins Gras. Ich rupfte zwei Margeriten aus. Und eine Dotterblume.

»Laß sie stehen«, meinte der Hansi. »Auf dem Friedhof kannst mit Blumen net rausgehen. Der Wächter beim Türl glaubt sonst, du hast sie von einem Grab genommen.«

Ich warf die Margeriten weg. Der Hansi legte sich ins Gras und schloß die Augen. Ich betrachtete sein schönes Gesicht und versuchte, es mir ganz genau zu merken. Zum Aufzeichnen genau. Zum Wiedererinnern genau. Damit ich es jederzeit, wenn der Hansi nicht bei mir war, zur Verfügung hatte. Dann zupfte ich einen Grashalm aus der Wiese und fuhr dem Hansi damit über den Nasenrücken. Das hatte ich einmal in einem Film gesehen. Das war mir besonders sanft und zärtlich vorgekommen.

Der Hansi fuhr hoch. »Na wart«, rief er und packte mich an den Schultern und drückte mich ins Gras. »Jetzt wirst 'kitzelt«, murmelte er, »jetzt wirst tot'kitzelt, friedhofstot!«

»Ich bin gar nicht kitzlig«, sagte ich.

»Wetten?« Der Hansi nahm eine Hand von meinen Schultern und ließ die Finger über meinen Hals kribbeln. Ich schloß die Augen und dachte an die 23er-Reihe im Einmaleins – 23, 46, 69, 91, 115. Wenn ich angestrengt an etwas anderes dachte, konnte ich auf das Lachen beim Gekitzeltwerden vergessen.

»Aber auf die Fußsohlen hältst es nicht aus!« Der Hansi drehte sich um, lag quer über meinem Bauch, packte meinen Fuß und zog ihn hoch. Da nützte auch die 23er-Reihe nichts mehr. Ich quietschte los.

»Gewonnen!« sagte der Hansi triumphierend. Ich wollte meinen Fuß freibekommen. Ich strampelte und versuchte, den Hansi von meinem Bauch herunterzudrängen. Der Hansi ließ meinen Fuß los, aber blitzschnell hatte er mich wieder an den Schultern gepackt. »Und jetzt wird es noch ärger«, flüsterte er. Er legte sich auf mich, ich konnte mich überhaupt nicht mehr rühren. Mit seinen Zehen kitzelte er mich auf den Fußsohlen, und mit seinen Lippen kitzelte er mich am rechten Ohr. »Mucks-maus-tot-'kitzelt bist jetzt«, murmelte er dabei, und sein Atem in meiner Ohrmuschel kitzelte am meisten.

»Mucks-maus-tot, in Ewigkeit tot«, flüsterte ich. Die großen Zehen vom Hansi hielten jetzt still. Seine Lippen bewegten sich auch nicht mehr. Nur der Hansi-Atem war an meinem Ohr. »Zerdrück ich dich eh nicht?« fragte er. »Überhaupt nicht«, murmelte ich. Der Hansi war wirklich sehr leicht. Kaum schwerer als eine dicke Tuchent. Und viel angenehmer als eine dicke Tuchent.

Eine böse, kreischende Stimme nahm mir die angenehme Tuchent weg. »Ja, es Saubarteln es, schämts euch net!« Die Leichen-Emma stand ein paar Schritte von uns entfernt und drohte wütend mit ihrem Krückstock nach uns. »So was! Net einmal der Friedhof is' ihnen heilig zu so was! Schauts, daß weiterkommts, sonst hol ich den Wächter!«

Der Hansi sprang auf, ganz rot war er im Gesicht. Er packte seine und meine Schuhe. »Komm, lauf«, sagte er zu mir. Er nahm mich an der Hand, zog mich hoch und galoppierte mit mir auf das Bombenloch in der Friedhofsmauer zu. Ich stieß mir eine große Zehe an einem Grabsteinstück blutig. Die Leichen-Emma verfolgte uns nicht. Sie schwang bloß den Krückstock und keppelte hinter uns her. Was sie keppelte, konnte ich nicht verstehen.

Wir liefen die Friedhofsmauer an der Außenseite entlang. Keuchend liefen wir; als ob ein Dutzend Leichen-Emmas hinter uns her wären. Verwundert schauten uns die Leute, die uns entgegenkamen, an. Erst unten, bei der Wattgasse, beim Lehrersportplatz, hielten wir – ganz außer Atem – an. »So ein blödes altes Luder«, sagte ich. Der Hansi gab mir keine Antwort. »Was tun wir denn jetzt?« fragte ich. Der Hansi gab mir meine Schuhe. Ich setzte mich an den Randstein, holte die Kniestrümpfe aus den Rocktaschen und zog sie an. Dann schlüpfte ich in die Schuhe. »Jetzt kriegst aber ganz dreckige Socken«, sagte der Hansi. Ich zuckte mit den Schultern, dann fragte ich wieder: »Und was tun wir jetzt?«

»Ich muß eh nach Haus«, sagte der Hansi. »Ich muß noch die Rechenaufgabe machen.« Ich merkte, daß der Hansi log. »Ich muß lauter Einser haben«, sagte der Hansi. »Weil ich möcht nächstes Jahr von der Hauptschule ins Gymnasium übertreten. Und ohne Einser laßt mich die Mama nicht. Nur wenn ich lauter Einser hab, erlaubt sie es mir.«

»Und was tust mit Latein?« fragte ich. »Wennst ein Jahr versäumt hast, kommst da nimmer mit!«

»Ich hab ein Lateinbuch«, sagte der Hansi. »Ich lern mir das selber!«

Dann gingen wir schweigend nebeneinander her, die Hauptstraße entlang. Verstohlen schaute ich den Hansi immer wieder an. Gern hätte ich gewußt, was er dachte. Und gern hätte ich die Leichen-Emma erwürgt. Sie war an allem schuld. Sie hatte den schönen Sonntag mit dem Hansi kaputtgemacht.

Bis zu unserem Haustor begleitete mich der Hansi.

»Morgen um dreiviertel acht hol ich dich ab«, sagte er. »Und begleit dich! Wegen dem Rudi.«

Ich nickte dem Hansi zu. Am liebsten hätte ich zu weinen angefangen. »Dreiviertel acht«, murmelte ich, dann machte ich die Haustür auf und ging ins Haus hinein. Ich ging in die Großmutter-Wohnung.

Der Gustl-Onkel war bei der Großmutter. Der Gustl-Onkel und die Großmutter spielten Karten.

Die Großmutter war lustig und lachte. Das hieß: Sie gewann jedes Spiel. Wenn sie einmal verlor, dann ärgerte sie sich nämlich grün und blau und war unausstehlich.

Der Großvater lag auf dem Diwan und las die Arbeiter-Zeitung. »Menscherl, die Mama hat dich schon gesucht«, sagte er.

»Ist mir doch Wurscht«, sagte ich.

Ich legte mich zum Großvater auf das Sofa und schaute auch in die Zeitung. Aber dort war nichts zu lesen, was mich interessierte.

»Ich hab gelogen für dich, Menscherl«, sagte der Großvater. »Wie dich die Mama gesucht hat, hab ich gesagt, du warst bei uns, und dann bist mit dem Franzi und der Frau Schodl in den

Schrebergarten ’gangen. Und ich hab’s erlaubt und hab nur vergessen, es der Mama zu sagen.«

Ich schloß die Augen. Ich wollte einschlafen. Der Großvater legte die Diwandecke über mich. »Aber das war eine Ausnahm’«, sagte er leise, »ein zweites Mal schwindel ich nimmer für dich! Du kannst net dauernd wegbleiben, ohne daß d’ sagst, wost hingehst, verstehst?«

10.
Die neugierige Eva
Der alte Bunkereinstieg
Der Ersatzschlüssel

Am Montag, Punkt dreiviertel acht, war ich bei unserem Haustor. Es war das erste Mal in den sieben Jahren, die ich zur Schule ging, daß ich vor meiner Schwester die Wohnung verlassen hatte. Meine Mutter hatte sehr zufrieden hinter mir hergenickt. Ich ahnte, was sie gedacht hatte. Sie hatte gedacht: Na, endlich! Sie bemüht sich! Sie hat in den letzten Tagen den Bogen überspannt und merkt nun, daß sie zu weit gegangen ist, und will sich jetzt bessern! Mir war ziemlich gleichgültig, was sich meine Mutter dachte, sie sollte mich bloß in Frieden lassen. Das war ein ganz neues Gefühl für mich. Vor einer Woche noch hätte mich ihr zufriedenes Hinterhernicken geärgert, hätte ich ihr zeigen müssen, daß mein pünktlicher Aufbruch absolut nichts mit kindlicher Unterwerfung zu tun hatte.

Der Hansi wartete vor der Trafik. Er hatte mir den Rücken

zugekehrt und schaute auf die Zeitungen, die neben der Trafiktür in einem Drahtständer klemmten. Nur ein paar Meter von ihm entfernt, vor dem Haustor, stand der Waschak-Rudi. Er sah mich zuerst. Langsam kam er über die Straße. Ich rief: »Hansi!«

Der Hansi drehte sich um und lief zu mir. Er erreichte mich, bevor der Rudi noch auf meiner Straßenseite war.

»Komm, gehn wir«, sagte er. »Scher dich doch um den Deppen gar nicht!« Er gab mir die Hand. Er ging sehr schnell. Ich konnte kaum mit ihm Schritt halten. Als ich mich umdrehte, um nach dem Rudi zu schauen, stolperte ich und wäre fast hingefallen, wenn mich der Hansi nicht aufgefangen hätte. Der Waschak-Rudi lief hinter uns her. Schultasche hatte er keine. Aber mit der Schule nahm es der Rudi nie genau. Manchmal ging er gar nicht hin, manchmal kam er erst gegen zehn Uhr dort an. Er ging in die Sonderschule. »Hilfsschule« nannten wir die. Dort lernte man nicht viel. Der Rudi konnte nicht einmal multiplizieren. Und wenn er etwas schreiben mußte, dann malte er es in Blockbuchstaben auf.

Zuerst dachte ich: Der Hansi rennt so, weil er sich auch vor dem Rudi fürchtet. Aber dann, in der Kalvarienberggasse, bei der Kirche, sagte der Hansi: »Wir haben nämlich heut in der ersten Stunde Rechenschularbeit!« Er schaute ziemlich entsetzt auf die Kirchturmuhr, auf der es schon drei Minuten vor acht Uhr war. Ich beruhigte ihn und sagte, daß die Kirchenuhr vorging. Ich sagte: »Es kann erst zehn vor acht sein!« Doch ich schämte mich. Wie ein sehr kleines Kind kam ich mir vor, eines, das man an der Hand in den Kindergarten führen muß. Unten am Elterleinplatz standen die Helene und die Gerti und warteten, daß sie über die Straße hinüber konnten.

»Jetzt trau ich mich schon allein weiter!« sagte ich zum Hansi, und der Hansi schaute erleichtert. »Wann hast aus?« fragte er hastig. »Um halb zwei!« sagte ich. Der Hansi nickte mir zu, und dann rannte er die Kalvarienberggasse zurück. Ich sah, daß der Rudi sich ihm in den Weg stellte und daß der Hansi dem Rudi einen Stoß gab. Der Rudi taumelte, und der Hansi lief weiter. Der Rudi rannte dem Hansi nach, gab aber nicht acht und lief in eine große, dicke Frau mit einer Einkaufstasche hinein. Die Frau packte den Rudi am Arm und keppelte auf ihn los. Der Hansi verschwand um die Hausblockecke.

Ich ging mit der Helene und der Gerti über die Straße.

»Wer war denn das?« fragte die Gerti neugierig.

»Wer denn?« Ich tat, als wüßte ich gar nicht, von wem die Rede war.

»Na, der Bub, der mit dir 'gangen ist!«

»Ach der? Der war einer aus unserem Haus«, sagte ich und wunderte mich über mich selber. Früher, wenn die anderen in der Klasse von ihren »Freunden« erzählt hatten, hatte ich mir oft gewünscht, von jemandem sagen zu können: »Das ist mein Freund!« Und jetzt, wo ich einen hatte, sogar einen, auf den man stolz sein konnte, einen, den sicher jede in unserer Klasse hübsch fand, tat ich, als hätte ich keinen Freund.

Der Vormittag zog sich wie Kaugummi. Die Ribich-Eva saß schweigend und muffig neben mir. Sie wollte von mir nichts wissen. Wahrscheinlich hatte sie Angst, daß ich den anderen vom Streit zwischen ihren Eltern erzählen könnte. Als ich in der Zehner-Pause auf meinem Platz blieb und im Naturgeschichtsbuch las, holte die Eva ihr Schinkenbrot aus der Schultasche und schob es mir zu.

Das hieß soviel wie: Danke schön, daß du jetzt nicht tuschelnd und kichernd mit ein paar anderen in einer Ecke stehst und über mich herziehst!

Ich brach das Schinkenbrot in zwei Teile und gab eine Hälfte der Eva zurück. Sie lächelte mir zaghaft zu, biß ins Brot und sagte: »Sie vertragen sich eh schon wieder!«

In Naturgeschichte wurde ich geprüft und bekam einen Einser, weil mich die Naturgeschichtslehrerin genau nach dem gefragt hatte, was ich in der Pause im Naturgeschichtsbuch gelesen hatte. Der Einser befriedigte mich. Den konnte ich meiner Mutter, wenn sie wieder einmal darüber schimpfte, daß ich zuwenig lernte, vorhalten.

Dann war Turnen, und ich hatte meinen Turnbeutel zu Hause vergessen. Ich entschuldigte mich bei der Turnlehrerin damit, daß ich »meine Tage« hätte und daher leider nicht mitturnen könne. Dabei hatte ich noch nie in meinem Leben »meine Tage« gehabt. Die Turnstunde über hockte ich auf dem gepolsterten Kasten und sah den anderen beim Völkerballspielen zu und träumte vor mich hin. Ich träumte vom Hansi. Zukunftsträume. Ich sah mich und den Hansi auf dem Friedhof zwischen den umgefallenen Grabsteinen im Gras hocken und mit ihm Latein lernen. Rosa-rosae-rosae-rosam-laudo-laudas-laudat! Und der Hansi lernte unheimlich leicht und schnell. Und ich war eine grandios begabte Lehrerin. Dem Hansi lateinische Endungen beizubringen, war die einzige Wohltat, die mir für ihn einfiel. Alles andere konnte er besser als ich.

Die letzten zwei Stunden war Zeichnen. Unsere Zeichenlehrerin war eine alte Frau mit einer riesengroßen Nase in einem gelbsuchtgelben Gesicht und schwarzen, fetten, mittelgescheitelten Haaren. Mir grauste vor ihr fast so stark wie vor der alten Kriegelstein. Eine Wunderblume sollten wir zeichnen. »Da könnt ihr eure Phantasie austoben«, sagte sie. Ich hätte lieber wirkliche Blumen gezeichnet. Wunderblumen fand ich langweilig. Außerdem war das Schüsserl mit der roten Farbe in meinem Malkasten leer. Und Gelb und Grün hatte ich auch nicht mehr viel. Die Eva wollte eine Wunderblume mit dem Zirkel konstruieren. Zirkelblumen, erklärte sie mir, seien die schönsten Wunderblumen. Die Zeichenlehrerin verbot der Eva den Zirkel. »Das ist doch keine Phantasie, wenn man den Zirkel nimmt«, sagte sie. Die Eva war beleidigt, verschränkte die Arme über der Brust und zeichnete gar nicht mehr. »Ich lad dich ein auf ein Eis!« sagte sie zu mir. »Nach der Schule, ja?« Sie starrte mich völlig verblüfft an, als ich »nein, danke« sagte. Das hatte ich bei einer Eissalon-Einladung noch nie getan.

»Spinnst?« fragte sie. »Oder hast Halsweh? Wennst kein Eis essen darfst, laß es zerrinnen, dann schmeckt's auch noch!«

»Ich werd abgeholt«, sagte ich.

»Von deiner Mama? Geht's wohin?«

Ich schüttelte den Kopf. Von meinem Freund, wollte ich sagen, aber ich brachte den Satz nicht zuwege.

»Von wem denn?« Die Eva war neugierig geworden. »So red doch schon.« Die Eva beugte sich zu mir. »Mir kannst das doch sagen, wir sind doch Freund!« Sie flüsterte. Dabei redeten wir sonst in der Zeichenstunde ganz normal laut miteinander. »Hast einen Freund?« Die Eva war jetzt ganz aufgeregt. Sie boxte mich auffordernd in die Seite. »So sag schon!«

Die Eva spuckte beim Reden immer ein bißchen. Kleine Speicheltröpfchen sprühten in mein Gesicht.

»Einen richtigen Freund, der dich abholt?«

Ich nickte.

»Stellst ihn mir nach der Schule vor?«

Das war nun wirklich das letzte, was ich vorhatte! Erschrokken rückte ich ein Stück von der Eva weg.

»Oder bist eifersüchtig?« Die Eva kicherte.

»Ein anderes Mal stell ich ihn dir vor«, sagte ich, »heute müssen wir schnell wohin!«

»Wohin?« fragte die Eva.

Ich beugte mich über meine scheußliche, klatschnasse Wunderblume und versuchte, die grüne Farbe, die zur blauen Farbe überlaufen wollte, mit dem Pinsel zurückzuhalten, und dachte angestrengt nach, wohin ich so dringend mit dem Hansi gehen müsse. Schließlich sagte ich: »Zu seiner Tante müssen wir. Die hat einen Garten. Wir holen Kirschen von ihr.«

Die Eva hatte an meiner Erklärung nichts auszusetzen. Aber sie gab mir keine Ruhe. Flüsternd erkundigte sie sich weiter: »Hast schon geschmust mit ihm?« Und: »Wie küßt er denn?« Und: »Hat er dich schon angegriffen?« Dabei kicherte sie andauernd. Ich bekam eine große Wut auf die Eva und verfluchte mich, daß ich ihr vom Hansi erzählt hatte. Aber gesehen hätte sie ihn ja auf alle Fälle. Und dann hätte sie mich eben morgen so saudumm ausgefragt.

Als die Schulglocke dem langweiligen Schulvormittag ein Ende bimmelte, packte die Eva ihre Schulsachen so hurtig wie sonst nie ein. Nicht einmal ihr Eau de Toilette tupfte sie auf. Und Lippenstift nahm sie auch keinen. Aus lauter Angst, daß ich ihr davonlaufen und sie den Hansi verpassen könnte.

Der Hansi lehnte am Curacek-Rollbalken. Er mußte nach der Schule schon zu Hause gewesen sein, denn Schultasche hatte er keine mehr. Er hatte auch eine andere Hose an als am Morgen. Eine lange blaue Hose mit einer steifen Bügelfalte.

Und ein weißes Hemd trug er. Und eine locker gebundene dunkelblaue Krawatte hatte er um den Hals. Die Hände hatte er in die Hosentaschen vergraben. Der Rudi war nicht da. »Ist es am End' der dort drüben?« Die Eva machte ganz kugelrunde Kulleraugen und starrte ergriffen zum Hansi hin.

»Ja, das ist er!«

»Alle Achtung«, sagte die Eva. Eine ganze Menge Neid war in ihrer Stimme, und das tat mir sehr wohl. Ich nickte der Eva zu und wollte über die Straße hinüber zum Hansi, doch die Eva hängte sich plötzlich in mich ein. »Kann ich mit euch zu der Tante in den Garten gehen?« fragte sie. »Ich nehm dich ja auch mit, wenn du willst!«

Ich schüttelte den Arm der Eva ab. »Das geht wirklich nicht«, stotterte ich. »Die Tante erlaubt das nicht!« Und dann, weil ich nicht wollte, daß die Eva auf mich böse wurde, sagte ich schnell: »Aber morgen kannst mit uns gehen, da gehen wir baden!«

»Ehre-schwöre?« Die Eva hielt mich fest.

»Ehre-schwöre!« sagte ich und lief über die Straße. »Dann bis morgen, Christine!« rief die Eva hinter mir her. Es war ganz klar: Die blöde Kuh hatte sich nicht von mir, sondern vom Hansi verabschiedet!

Ich hielt dem Hansi meine Wange hin. Der Hansi schaute verwirrt. Endlich begriff er, daß ich auf die Wange geküßt werden wollte. »Doch nicht vor der Schule«, sagte er ziemlich entsetzt. »Warum nicht! Kann doch jeder wissen!« sagte ich. Der Hansi schüttelte den Kopf. »Komm!« sagte er. »Wenigstens um die Ecken herum, bitte!«

»Feig bist!« sagte ich. Aber da in diesem Augenblick unsere Lateinlehrerin aus der Schule kam, war ich doch ziemlich froh über die Feigheit vom Hansi. Der Kuß hätte schließlich für die Eva bestimmt sein sollen und nicht für die Lateinlehrerin.

»Mußt gleich nach Hause?« fragte der Hansi. Die Eva stand noch immer auf der anderen Straßenseite und schaute zu uns her. »Nicht gleich, aber bald«, sagte ich. »In den Pezzlpark können wir noch ein bißl gehen!«

»Aber dreckig machen darf ich mich nicht.« Der Hansi schaute bekümmert auf seine Bügelfaltenhose. »Ich hab nämlich der Mama gesagt, ich muß in die Kirchen, zu einer Hochzeit, in den Chor, zum Singen. Sonst hätt' sie mich nicht so schnell wieder weg'lassen!«

Wir gingen in Richtung Pezzlpark. Und das war gut so. Das war nicht die Richtung, in der die Eva gehen mußte.

»Und wenn deine Mama draufkommt, daß in der Kirchen gar keine Hochzeit mit Chor ist?« Die Mama vom Hansi, das hatte ich schon gemerkt, mußte eine ziemlich strenge Mama sein.

»Das merkt sie nicht«, sagte der Hansi. »Um die Kirchensachen kümmert sie sich nicht. Da geht sie nie hin, in die Kirche.« Der Hansi legte einen Arm um meine Schultern. »Du glaubst auch nicht an den Gott, oder?« fragte er mich. Auf so eine Frage war ich nicht vorbereitet.

»Ich? Wieso?« Ich wollte mich nicht festlegen. Ich wollte vor allem den Hansi nicht beleidigen.

»Weil ich dich nie in der Kirchen seh am Sonntag.«

»Du gehst in die Messe?« Ich war wirklich erstaunt. Daß der Hansi ein Kindermessen-Geher war, hätte ich nicht für möglich gehalten.

»Ich muß«, sagte der Hansi.

Jetzt kannte ich mich gar nimmer aus. Eben hatte er doch

noch gesagt, seine Mutter gehe nie in die Kirche, kümmere sich nicht um »Kirchensachen«.

»Wegen mein' Vater«, sagte der Hansi. »Damit mein Vater wiederkommt aus der Gefangenschaft. Damit er nicht verhungert oder so.«

»Und du glaubst, daß das hilft?« Ich versuchte meiner Stimme einen neutralen Klang zu geben.

»Schaden kann's nichts«, sagte der Hansi. »Und sonst kann ich eh nichts tun für ihn.«

Wir kamen zum Pezzlpark. In der Sandkiste spielten ein paar kleine Kinder. Auf einer Bank saß eine Frau und strickte. Sonst war niemand zu sehen. Der Hansi suchte eine Bank aus, die halbwegs rein war. Er nahm ein Taschentuch aus der Hosentasche, legte es auf die Bank und setzte sich drauf. »Wegen der blöden Hosen«, entschuldigte er sich. Dann sagte er: »Den Rudi übrigens, den hab ich heimgeschickt. Und er ist gleich verduftet!« Der Hansi grinste. »Der ist überhaupt net so arg, wie du glaubst, der tut nur so.«

Ich protestierte. »Vor dem fürchten sich sogar Erwachsene«, sagte ich. »Unsere Nachbarin, die Frau Simon, zum Beispiel! Und meinem Opa hat er schon mit der Steinschleuder nachgeschossen! Und mir hat er mein Notenheft zerrissen. Und ein Loch in den Kopf geschossen.«

»Ein Loch in den Kopf?« Ungläubig schaute mich der Hansi an.

»Ein kleines. Aber geblutet hat es stark!«

Der Hansi lachte. »Übertreib nicht!« sagte er. »Der Rudi ist nur saublöd, das ist alles. Den hab ich schon im Kindergarten in den Schwitzkasten genommen. Der ist doch gar nicht stark.«

»Aber so bös kann er werden«, sagte ich. »Und dann wird er ganz gemein. Wirklich!« Ich verstand einfach nicht, daß der Hansi den Rudi nicht ernst nahm. Der Rudi war ernst zu nehmen. Ich kannte Kinder in der Gegend, die extra, nur damit sie dem Rudi nicht in die Quere kamen, einen Umweg machten, über die Ottakringerstraße – zum Beispiel – nach Hause gingen, obwohl der Weg am Rudi seinem Haus vorbei viel kürzer gewesen wäre.

»Paß auf«, sagte der Hansi, »das ist so: Wenn der Rudi merkt, daß einer vor ihm Angst hat, dann traut er sich was. Aber nur dann! Und wenn er merkt, daß einer keine Angst vor ihm hat, dann rennt er! Und vor dir tät' er auch davonrennen, wenn du net davonrennen tätest, verstehst?«

»Und wieso haben dann auch die Erwachsenen Angst vor ihm?« fragte ich. Der Hansi zuckte mit den Schultern. »Vielleicht weil die Waschak eine Bagage sind. Weil der Alte sauft. Und ein Messerstecher war. Vielleicht denken s', der Rudi ist auch so.«

Was der Hansi sagte, klang ganz richtig, die Angst vor dem Rudi nahm er mir trotzdem nicht. Da war nämlich noch die tote alte Russ. Aber von der wollte ich nimmer reden. Im Linealmacher-Hof hatte ich dem Hansi alles erzählt. Er mußte wissen, warum der Rudi so gefährlich war.

Der Hansi beugte sich zu mir. Er legte seinen Kopf auf meine Schulter und zupfte mit den Lippen an meinen Haaren herum. »Schau, gemein ist bald einer«, sagte er. »Ich hab dich doch auch immer angestänkert und dir Rempler gegeben. Sogar ›Depperte‹ hab ich hinter dir hergerufen. Und dabei hast mir immer schon gefallen.«

»Das war was anderes!« sagte ich.

Der Hansi richtete sich wieder auf und spuckte ein Haar von mir aus. »Drei Jahr' bist jetzt fast jeden Tag mit dem Rudi zusammengewesen«, sagte er und zog noch ein Haar zwischen den Lippen hervor. »Und nix hat er dir 'tan, oder? Bis auf das kleine Loch im Kopf!«

Ich sagte dem Hansi, daß der Rudi nur an den Tagen mit dem bösen Blick gefährlich sei, und der Hansi lachte mich aus und sagte, in drei Jahren müsse der Rudi ja schon eine ganze Reihe Böser-Blick-Tage gehabt haben, und ich lebe schließlich immer noch! Ich wurde ganz verzweifelt. Ich glaubte, der Hansi stelle den Rudi bloß deshalb so harmlos hin, weil er keine Lust mehr hatte, mich in die Schule zu bringen und von der Schule abzuholen. Und das hieß: Er liebte mich gar nicht so sehr. Ein bißchen Schwierigkeiten beim Zuspätkommen und ein paar Schwindeleien beim später Nachhausekommen waren ihm schon zuviel Mühe für mich!

»Mußt mich eh nimmer abholen!« rief ich und schluchzte fast dabei. »Kannst mich eh allein gehen lassen, ich brauch dich eh net!«

»Spinnst?« Der Hansi starrte mich empört an. »Was glaubst denn von mir? Red doch nicht so blöd. Ich hol dich ewig ab, wennst magst. Und wenn wir grad keine Schularbeit haben, dann muß ich auch nicht so schnell wegrennen. Ich hab dir nur die Wahrheit gesagt, damit du dir nicht was Falsches einredest, verstehst! Weil's wahr ist, daß der Rudi nicht gefährlich ist! Und der ist auch nicht gefährlich, wenn eure alte Nachbarin und dein Opa vor ihm Angst haben!«

Nun blieb mir doch nichts anderes übrig, als von der alten toten Russ zu reden. »Und daß er die Russ um'bracht hat, das ist nix? Das ist gar nix?« Ich fing zu weinen an. Ich schluchzte drauflos. Es tat mir wohl, so richtig weinen zu können. Der Hansi zog das Taschentuch unter seinem Hintern hervor und gab es mir. Ich wollte das Taschentuch nicht haben. Ich wollte weiterweinen. Ich warf das Taschentuch auf den Boden. Der Hansi hob es auf. »Schneuz dich«, sagte er, »dir hängt der Rotz runter!« Und dann sagte der Hansi: »Daß der Rudi die alte Russ erschlagen hat, das glaub ich auch nicht. Weil er dazu zu blöd ist. Und auch nicht stark genug!«

Gleich neben unserer Bank war der Einstieg zum Luftschutzbunker. Den Bunker hatte man im Krieg gebaut, für die Leute, die keinen eigenen, sicheren Keller im Haus hatten. Die waren dann, wenn die Luftschutzsirenen geheult hatten, mit Klappstockerln und Decken in den Bunker gelaufen. Manchmal hatten sie die ganze Nacht unten bleiben müssen, weil ein »feindlicher Kampfverband« hinter dem anderen angeflogen war und die Bomben die ganze Nacht über heruntergesaust waren. Im Bunker zu hocken war noch viel schrecklicher gewesen, als im eigenen Keller zu sitzen, weil die Bunkerwände feucht waren und viel zuwenig frische Luft durch die Luftschächte kam. Richtig verrückt, behauptete mein Großvater, seien manche Leute im Pezzlpark-Bunker geworden. Der komische alte Mann, der immer aus einem Fenster auf die Ottakringerstraße hinausschaute und dabei am ganzen Leib zitterte, als habe er einen Preßlufthammer im Bauch, der hatte sich dieses Zittern auch im Bunker geholt.

Jetzt war der Bunkereinstieg mit Brettern vernagelt, und dicke Fliederbüsche wuchsen davor. Wenn man nicht genau hinschaute, sah man den Einstieg hinter den grünen Stauden gar nicht.

Der Hansi flüsterte: »Sei einmal still, bitte! Da ist wer, ich hör was!« Ich versuchte, nicht mehr laut zu schluchzen, doch es gelang mir nicht. Der Hansi sprang auf, lief zu den Fliederbüschen, schlüpfte zwischen ihnen zum Bunkereinstieg. Sehen konnte ich ihn nicht mehr, aber ich hörte ihn.

»Hab ich dich, du Laus, du dreckige!« rief er. Er tauchte wieder auf, den Waschak-Rudi hatte er am Genick gepackt. Er schimpfte: »Hast nicht kapiert, daß du nicht immer hinter uns her sein sollst?«

Der Hansi schleppte den Rudi zu unserer Bank. »Und jetzt red!« sagte er. Er drückte den Rudi auf die Bank. »Jetzt red, sonst kriegst eine!«

»Was soll ich denn reden?« fragte der Rudi. Er hatte eindeutig den bösen Blick, aber seine Stimme klang nicht böse, sondern nur sehr ratlos.

»Warum lauerst ihr immer vor ihrem Haus auf? Und vor der Schule auch?« Der Hansi zeigte auf mich, und der Rudi schaute mich an. Sein linkes Auge schaute mich an. Die Iris vom rechten war, neben der Nase, halb in der Augenhöhle verschwunden.

Scheußlich schaute das aus.

»Weil sie Freund mit mir ist, weil ich reden will mit ihr, sonst gar nix!« sagte der Rudi.

»Sie ist aber nimmer Freund mit dir, sie ist Freund mit mir! Kapierst das nicht!« Der Hansi brüllte richtig.

»Ich hab ihr nichts getan«, sagte der Rudi. »Überhaupt nichts getan habe ich ihr!«

Der Hansi setzte sich auf die Bank, so, daß der Rudi zwischen ihm und mir saß. »Und was ist nun mit der alten Russ?«

»Die ist tot«, sagte der Rudi. »Die ist umgebracht!«

»Und?« Der Hansi packte den Rudi am Arm, als ob er ihn am Weglaufen hindern wollte, aber der Rudi saß ohnehin ganz still und rührte sich nicht.

»Und?« wiederholte der Hansi.

»Und was?«

»Hast du sie umgebracht?«

Jetzt wollte der Rudi doch aufspringen und weglaufen, aber der Hansi hielt ihn noch immer fest, und der Hansi war viel stärker als der Rudi.

Der Rudi strampelte mit den Beinen und kreischte: »Bist hinig auf der Birn'? Ich doch nicht! Wie kommst denn da drauf?«

»Sie hat es behauptet!« Der Hansi deutete auf mich, der Rudi drehte den Kopf zu mir, linkes Auge gerade, rechtes halb im Kopf drinnen, starrte er mich an. Zu strampeln hatte er aufgehört. »Wieso sagst denn das?«

Auch der Hansi schaute mich an, als warte er auf eine Antwort.

»Er hat ihr Geld haben wollen«, sagte ich.

»Das haben wir zusammen haben wollen!« Der Rudi scharrte mit den Füßen im Kies. Viel Staub wirbelte auf. »Das war überhaupt ihre Idee! Sie hat damit angefangen!«

»Halt die Füße still«, sagte der Hansi. »Meine Hose darf nicht dreckig werden!« Der Hansi klopfte an seinen Hosenbeinen herum.

»Ich wollt' doch eh die ganze Zeit mit dir drüber reden«, sagte der Rudi zu mir. »Dauernd hab ich gewartet auf dich. Immer. Aber du –« Der Rudi schwieg.

»Schwör, daß du die Alte nicht umgebracht hast!« verlangte der Hansi.

Der Rudi hob einen Arm und streckte zwei Finger hoch. Als ob er in der Schule aufzeigen wollte, schaute das aus.

»Man schwört mit der Linken nicht! Mit der Rechten schwört man«, sagte der Hansi.

»Ich mach alles mit der Linken«, sagte der Rudi. Er ließ trotzdem den linken Arm sinken und hob den rechten und murmelte: »Ehre-schwöre!«

»Kannst gehen!« sagte der Hansi.

Aber der Rudi stand nicht auf.

Er blieb zwischen uns sitzen. Er sagte: »Das Geld muß noch in der Wohnung drinnen sein.« Er griff in die Hosentasche und holte einen kleinen Sicherheitsschlüssel heraus. »Und ich hab einen Schlüssel für die Russ-Wohnung!«

Der Hansi schaute auf den kleinen Schlüssel. Auf der Stirn vom Hansi, von der Nase bis zum Haaransatz, war eine tiefe Falte.

Ganz verwundert schaute der Hansi auf den Schlüssel, und der Blick hieß: Hat der Depp die alte Russ am Ende wirklich umgebracht?

Der Hansi packte den Rudi wieder am Arm. »Jetzt sag aber sofort alles, alles, was du ’tan hast!«

Der Rudi machte eine Faust um den kleinen Schlüssel. Er schielte auf mich, dann zum Hansi hin. »Ich brauch euch überhaupt nichts sagen!« Der Rudi scharrte wieder mit den Füßen im Kies. »Überhaupt nichts! Aber wenns mit mir Freund sein wollts, dann red ich!«

»Red!« rief der Hansi.

Der Rudi schien das als Freundschaftsangebot zu nehmen. Er redete. Ziemlich verworren war das, was er erzählte. Aber daß er nicht log, merkte ich. Und daß er recht hatte, glaubte ich. Die Geschichte vom Rudi, wenn man sie richtig zusammensetzte, ging so:

Die alte Russ war wirklich am Montag nachmittag umgebracht worden, weil der Mörder, genau wie der Rudi und ich, erkannt hatte, daß der Montag ein günstiger Tag dafür war. Außerdem war die alte Russ noch am Montag vormittag in der Trafik um die Zeitung und eine Schachtel 3er-Zigaretten gewesen. Am Dienstag war sie nicht mehr in die Trafik gekommen. Das war ein sicherer Beweis. Die Zeitung und die Zigaretten hatte sie jeden Tag geholt. Nie hatte sie darauf vergessen. Und wenn sie einmal krank gewesen war, dann hatte sie jemanden aus dem Haus in die Trafik geschickt.

Am Montag nachmittag hatte der Rudi im Hof vom Russ-Haus auf mich gewartet, und als ich, wie jeden Montag, nicht gekommen war, war er im Hof auf der Kohlenkiste sitzengeblieben.

»Auf der Kisten, neben der Katz'«, sagte der Rudi, »weil die Sonne gescheint hat.«

Und da hatte der Rudi gehört, daß jemand ins Haus ging, in den ersten Stock hinauf. Weil die Gangfenster über dem Rudi offen gewesen waren, hatte er dann eine Türglocke ratschen gehört, und eine Männerstimme hatte gesagt: »Laß mich rein, ich muß mit dir reden!« Und der Rudi war sehr froh gewesen, daß ich nicht gekommen war und daß wir den Raubplan nicht ausgeführt hatten.

»Am End' wär der dann gerade 'kommen, und wir wären drinnen gewesen, und er hätt' uns erwischt«, sagte der Rudi.

Dann hatte der Rudi die Stimme der alten Russ gehört, die war nicht so kunsthonigsüß wie sonst gewesen, sondern kreischend und bitterböse. Richtig verstanden hatte der Rudi nicht, was die alte Russ gekeift hatte. Nur: »Verschwind« hatte er deutlich gehört und: »Wir sind geschiedene Leut', wir zwei!« Und dann hatte der Mann der alten Russ gedroht, daß er sie anzeigen würde, bei der Polizei, wenn sie die Tür nicht gleich aufmachte. Und da mußte die alte Russ die Tür dann aufgemacht haben, denn der Rudi hörte kurz darauf, daß die Tür zugeschlagen wurde. Er war von der Kohlenkiste gestiegen und ins Haus hineingeschlichen.

In den ersten Stock hinauf.

Bis zur Russ-Tür hatte er sich nicht gewagt. Beim Stiegenhaus war er stehengeblieben. Und gehört hatte er auch nicht mehr viel. Die Russ und der Mann waren nicht in der Küche gewesen, sondern in einem Zimmer hinter der Küche. Nur ein böses Stimmengemurmel hatte der Rudi gehört. Und dann einen Quietscher. Aber der war gar nicht sehr laut gewesen.

»Daß der vom Umbringen her kommt«, sagte der Rudi, »hätt' ich nicht geglaubt!«

Gleich nach dem Quietscher, kaum eine halbe Minute später, war die Russ-Tür wieder aufgegangen, der Mann war herausgekommen, die Tür war zugeschnappt, und der Mann war über die Stiegen hinuntergelaufen.

»Aber gesehen hab ich ihn nicht«, sagte der Rudi, »weil ich mich in die Nische bei der Stiege gedrückt hab, damit er mich nicht sieht!«

Der Rudi meinte, in einer halben Minute könne der Mann das versteckte Russ-Geld nicht gesucht und nicht gefunden haben.

»Der hat sie nur abgemurkst und ist davongerannt!«

»Und wieso hast du den Schlüssel?« fragte ich. »Hat er den verloren?«

Der Rudi schüttelte den Kopf. Er grinste. »Den habe ich, weil ich am Samstag dem Weinhüttl in der Werkstatt geholfen hab. Und da hat der zu seiner Frau gesagt, jetzt ist er der Depp. Die Russ hat vor zwei Wochen einen Reserveschlüssel bei ihm bestellt, und abgeholt hat sie ihn nicht. Und der Sohn von der Russ, hat der Weinhüttl gesagt, der wird ihm das Geld für den Schlüssel jetzt nicht mehr geben, weil der braucht ihn nicht.«

Der Weinhüttl-Schlosser hatte den Reserveschlüssel von der Russ-Wohnung in eine Lade gelegt. Vielleicht, hatte er zu seiner Frau gesagt, könne ihn der brauchen, der demnächst in die Russ-Wohnung einzieht.

Und als der Weinhüttl dann aufs Klo gegangen war, hatte der Rudi den Reserveschlüssel aus der Lade genommen.

»Aber sehr lang«, sagte der Rudi, »trau ich mich den Schlüssel nicht behalten. Wenn der Weinhüttl in die Lade schaut, dann merkt er, daß er nimmer drinnen ist. Und außer mir kann ihn niemand haben. Dann fliegt alles auf!« Der Rudi machte die Faust wieder auf. Er hielt dem Hansi den Schlüssel hin. Er fragte: »Holen wir zusammen das Geld?«

»Ich hab gehört, daß die Polizei die Tür versiegelt hat«, sagte der Hansi zögernd.

»Schon!« sagte der Rudi. »Aber das ist nur so ein Papierpickerl, das kannst mit die Finger wegkratzen!«

»Trotzdem!« Der Hansi schüttelte den Kopf. »Wie willst denn das machen? Untertags, da sehen uns die Leut'. Und in der Nacht kommst nicht ins Haus rein, weil das Haustor zugesperrt ist.«

»Das ist ja der Scheißdreck!« murmelte der Rudi.

Ich saß ganz still. Eine Menge Gedanken wanderten zick und zack und kreuz und quer in meinem Kopf herum. Der wichtigste war: Der Rudi ist gar nicht gefährlich, der Rudi wollte mir gar nichts tun. Aber da war noch ein wichtiger Gedanke, und der ging so: Ob das Haustor zugesperrt ist, ist ganz gleichgültig, weil die Hoftür nicht versperrt ist und weil man über unsere Hofmauer in den Russ-Hof hinüber kann und von dort ins Haus hinein! Ein dritter wichtiger Gedanke war auch noch in meinem Kopf. Vergiß die Russ-Geschichte, hieß er. Halt den Mund! Sag nichts von der Hofmauer und der unversperrten Hoftür!

Ich sagte trotzdem: »Ihr braucht nur in unserem Haus zu warten, bis es finster ist. Dann können wir über die Hofmauer steigen und durch die Hoftür hinein. Und ein Gangfenster im Parterre ist auch immer offen!«

Der Rudi murmelte: »Nein. In der Nacht mach ich es nicht. In der Nacht nicht. Weil ihr Geist in der Wohnung ist. Weil s' nicht normal gestorben ist!«

»Spinnst?« Der Hansi lachte. »Geister gibt's nicht. Geister sind Leut' mit weißen Leintüchern über dem Kopf.«

Der Rudi blieb stur. Um nichts in der Welt, nicht einmal um zehnmal soviel Geld, wie bei der Russ zu holen war, wollte er mitten in der Nacht in die Wohnung. »Du tätest dich trauen?« fragte er den Hansi.

»Na klar, ich fürcht mich doch nicht vor Geistern.« Der Hansi schaute mich an. »Und du?« fragte er.

Ich lächelte dem Hansi zu und nickte. Mit ihm zusammen wollte ich alles. Mit ihm zusammen ging nichts schief. »Dann kannst dir auch ein Klavier kaufen«, sagte ich.

Der Rudi rief: »Aber 'teilt mit mir wird trotzdem! Weil ich den Schlüssel dazu 'geben hab!«

»Ehre-schwöre«, murmelten der Hansi und ich und hoben dabei unsere rechten Arme.

Wir meinten es ehrlich.

Zu dritt gingen wir aus dem Park, heimzu.

»Sind wir jetzt Freund, alle drei?« fragte der Rudi.

»Nur wennst zur Kenntnis nimmst, daß wir zwei miteinander gehen und du kein Recht auf sie hast«, sagte der Hansi.

Der Rudi nickte, bös schaute er trotzdem. »Weißt wenigstens schon, wie sie heißt?« fragte er.

Da rief ich ganz schnell: »Natürlich weiß er, daß ich Christl heiß!«

»So ein Depp!« Der Hansi gab mir die Hand. »Glaubt der, ich kenn deinen Namen nicht! So ein Depp!«

11.
Der endlose Nachmittag
Die Angst im Bett
Der Irrtum mit den Katzen

Nervös hockte ich am Nachmittag zu Hause und tat, als lerne ich, und murmelte halblaut lateinische Vokabeln vor mich hin, um meine Mutter von meinem Fleiß und meiner Strebsamkeit zu überzeugen. Sie ließ sich überzeugen und redete wieder mit mir. Sie war besänftigt. Vor allem, weil ich mir von ihr die Haare zu zwei Büscheln rechts und links vor den Ohren hatte binden lassen. »Damit du wenigstens nicht wie ein Klobesen ausschaust!« hatte sie gesagt.

Mein Vater hatte wieder Zahnweh. Aber geschwollen war sein Gesicht nicht, und er gab das Zahnweh auch nicht zu. Ich merkte es bloß, weil er nicht still sitzen konnte. Immer wieder stand er vom Werktisch auf, kam in die Küche, ging ins Zimmer und wanderte herum. Und manchmal, wenn er sich unbeobachtet fühlte, blieb er in der Küche vor dem Spiegel stehen, riß den Mund auf, betrachtete bekümmert die Mundhöhle und seufzte dabei leise.

Meine Schwester schrieb an einem englischen Aufsatz. Dabei biß sie an der Füllfeder herum und starrte oft minutenlang die Wand an, bevor sie ein paar Wörter hinschrieb.

»Wissen möcht ich gern«, sagte meine Mutter, »wer der Großmutter wirklich den Kloschlüssel gestohlen hat!«

Meine Schwester legte die Füllfeder weg. Sie sagte: »Wenn die Großmutter immer mit allen Hausparteien streitet, dann ist es kein Wunder, daß sich die an ihr rächen!« Und dann redeten meine Mutter und meine Schwester darüber, wie lästig das nun sei, daß der Großvater und die Großmutter – und die Minnatante auch – jedesmal, wenn sie aufs Klo mußten, um unseren Kloschlüssel kamen.

»Laß ihn doch stecken!« sagte ich.

»Daß s' uns den auch noch fladern?« Meine Mutter schüttelte den Kopf.

Ich räumte meine Schulsachen für den nächsten Tag ein und holte mir dann die Mappe mit den Sachen, die ich aus den amerikanischen Illustrierten ausgeschnitten hatte. Ich setzte mich auf mein Bett und sortierte die Sachen in »meinem Kuvert«. Wenn heute nacht alles klappte, konnte ich bald wirklich so schöne rote Schuhe haben und so ein herrliches kariertes Seidenkleid. Auch Dauerwellen konnte ich mir dann leisten. Und einen breiten Ledergürtel. Und eine dünne Goldkette ums Knöchelgelenk.

So eine Goldkette war überhaupt das Vornehmste, was ich mir vorstellen konnte.

Fünf Uhr war es jetzt. In vier Stunden, knapp bevor unsere Hausmeisterin das Haustor versperrte, würde der Hansi in unser Haus gehen und in den Hof schleichen. In der Nische bei der Klopfstange würde er warten. Sehen würde ihn niemand, weil es dann schon ganz finster war. Und seiner Mutter würde er auch nicht abgehen, denn die war gar nicht zu Hause. Die war jeden Abend beim Holzwurm. »In der Bedienung«, sagte sie dem Hansi. Aber das war gelogen. Sie war die Freundin vom Holzwurm. Das stand fest. Kein Mensch war bis Mitternacht in der Bedienung.

Punkt neun Uhr legte sich meine Schwester jeden Tag ins Bett. Spätestens um halb zehn war sie dann eingeschlafen. Und meine Mutter war auch nie länger auf. Um elf Uhr, das hatte ich dem Hansi garantiert, könnte ich aus dem Küchenfenster steigen und zu ihm in den Hof kommen.

Die fünf Stunden – bis elf Uhr – kamen mir wie eine Ewigkeit vor. Nie, dachte ich, werden die vorübergehen. Und irgendwie fand ich das sogar beruhigend.

Mein Vater merkte, daß ich nervös war. »Was hat denn mein Menscherl?« fragte er mich und unterbrach seine Hinundherwanderei vor meiner Bettbank. »Du schaust ja ganz mies aus, ist dir nicht gut, Haserl?« Er setzte sich zu mir. Er lachte. »Das kommt vielleicht von den blöden Borstenpinseln, die sie dir gemacht haben!« Er zog die zwei roten Bänder, die meine

Mutter zu Maschen gebunden hatte, von meinem Kopf. Er fuhr mit den Fingern durch meine Haare und lockerte sie auf. »Na, was hab ich gesagt!« flüsterte er mir ins Ohr. »Die Borstenpinsel waren das! Jetzt schaust wieder normal aus!«

Meine Mutter schaute meinen Vater bitterböse an. Er tat, als bemerke er das gar nicht. »Daß mir ja keiner mehr mein schönes Menscherl so herrichtet!« sagte er. Er zwinkerte mir zu. »Richtig verschandelt habt ihr sie ja!« Er gab mir einen Kuß auf die Nasenspitze, stand auf und ging wieder, quer durch Zimmer und Küche, auf und ab und auf und ab.

Zehn Minuten nach fünf Uhr war es erst. So langsam verging die Zeit nicht einmal in der langweiligsten Schulstunde!

Ich schaute die ausgeschnittenen Sachen in der Mappe durch und versuchte, Geschichten zu den Sachen auszudenken. Volle-Eiskasten-Geschichten, Glänzende-Auto-Geschichten, Vornehme-Haus-Geschichten, Lustige-Negermama-Geschichten, Gute-Ahornsirup-Pan-Cake-Geschichten. Keine Geschichte gelang mir.

Um halb sechs sagte meine Mutter: »Räum deine Schultasche ein!« Ihre Stimme klang wieder grantig. Wahrscheinlich war sie böse, weil mein Vater meine »ordentliche Frisur« kaputtgemacht hatte.

»Hab ich ja schon!« sagte ich und zeigte meiner Mutter die prall gefüllte, ordentlich eingeräumte Schultasche. Dann drehte ich das Radio auf. Den amerikanischen Soldatensender. »... good night Irene, good night Irene, I'll see you in my dream« spielten sie, und ich summte mit. Meine Schwester raunzte, daß sie bei dieser Negermusik und bei meinem unmelodischen Gesumme keinen Aufsatz schreiben könne. Ich drehte das Radio wieder ab. Meine Mutter schaute mich erstaunt an. Sie war nicht daran gewöhnt, daß ich, ohne Streit, einem Wunsch meiner Schwester nachkam. Ich versuchte zu lesen. Ein Buch von meiner Schwester nahm ich mir. *Deutsche Balladen* stand vorne drauf, und drinnen waren lauter Frakturbuchstaben. Die waren mir sehr zuwider, weil ich sie nicht gut lesen konnte. Die »s« und die »f« verwechselte ich dauernd. Ein paar Bilder waren auch im Buch. Schwarzweiße, scheußliche Bilder. Auf einem tanzte eine Frau mit einem Totengerippe zwischen offenen Gräbern, aus denen andere Totengerippe herausschauten. Darunter stand:

»Leonore fuhr ums Morgenrot empor aus schweren Träumen

Bist untreu, Wilhelm, oder tot? Wie lange willst noch säumen?«

Das »säumen« verstand ich nicht. Wieso säumte der Wilhelm? In Handarbeiten hatte ich voriges Jahr ein Babyjäckchen säumen müssen. Und meine Mutter säumte Kleider und Röcke. Der untreue oder tote Wilhelm aber, der hatte mit solchen Handarbeiten garantiert nichts zu schaffen! Vielleicht hieß es doch »fäumen«. Aber »fäumen«, so ein Wort, das hatte ich überhaupt noch nicht gehört.

Ich ging mit dem Balladenbuch zu meinem Vater. Der saß wieder im Kabinett am Werktisch. Ich erkundigte mich nach dem »säumen – fäumen«. Mein Vater, mit der Lupe im Auge über eine winzige Uhr gebeugt, erklärte mir das altmodische Wort. Ich legte mich auf sein Bett und knipste die kleine Wandlampe, die über dem Bett hing, an. Ich schaute zum schmutzigen, braungefleckten Plafond hinauf. »Genau über mir«, sagte ich, »ist das Gesicht von einem alten Mann mit langem Bart!«

»Verkehrt herum ist es ein Foxterrier!« sagte mein Vater. »Ein gefleckter!«

Ich drehte mich auf dem Bett um und versuchte, den Foxterrier zu finden. Ich konnte ihn in den braunen Flecken nicht entdecken.

»Sein Schwanz ist ein bißl zu kurz«, sagte mein Vater, »aber sonst stimmt er!«

Nun sah ich den Foxterrier doch. »Ein Riesenschnauzer ist das in Wirklichkeit«, murmelte ich. Dann machte ich die Augen zu, griff nach dem Lichtschalter der Wandlampe und knipste ihn an und aus und an und aus. Durch meine Augenlider drang abwechselnd rosaroter und hellgrauer Schimmer.

»Du machst mir den Schalter kaputt«, sagte mein Vater.

Mein Vater drehte sich zu mir. »Ist dir so fad?« Er stand auf, holte die Spielkarten aus der untersten Lade vom Werktisch. »Schnapsen oder Siebzehnundvier?« fragte er. Ich war für Siebzehnundvier. »Aber um Geld!« rief ich. Mein Vater suchte in allen Overalltaschen nach Kleingeld. Eine ganze Menge brachte er zusammen und teilte mit mir.

Im Türkensitz hockten wir auf dem Bett einander gegenüber und spielten. Ich hatte unheimliches Glück. Dreimal hintereinander bekam ich ein As und einen Zehner. Ich raubte meinen Vater komplett aus. Alle Zehnerln waren schon auf meiner Seite. Mein Vater wollte einen Hosenknopf als Einsatz geben. Ich war dagegen. »Nimmst eine Zigarette?« fragte er. Ich war dafür und gewann auch die Zigarette.

»Und jetzt rauch ich sie!« sagte ich. »Gewonnen ist gewonnen!«

»Du wirst dich ankotzen, ehrlich!« sagte mein Vater.

»Ist doch nicht meine erste«, grinste ich. »Hab ich doch mit dem Rudi schon oft!« Ich steckte die Zigarette in den Mund, hielt sie mit vornehm abgespreiztem kleinen Finger und näselte: »Dürfte ich den Herrn um Feuer bitten?«

Mein Vater griff nach der Zündholzschachtel, zündete ein Streichholz an und hielt mir die Flamme vor die Zigarette. In diesem Augenblick zog meine Mutter die Kabinettür auf und sagte: »Das Nachtmahl ist fertig!«

Mein Vater blies das Zündholz aus, ich ließ die Zigarette fallen, meine Mutter fauchte los: »Hast denn überhaupt keinen Verstand mehr? So was gibt's ja gar nicht! Lernt dem Kind das Rauchen! Das ist ja wirklich das Letzte!«

»Es war doch nur Spaß«, sagte ich. Ich verteidigte nicht mich, sondern meinen Vater. Meine Mutter drehte sich um und marschierte ins Zimmer zurück. »Sie versteht keinen Spaß«, sagte ich zu meinem Vater. »Überhaupt keinen!« Mein Vater nickte mir zu. Ich stieg vom Bett und wartete, daß mein Vater auch aufstehen würde, aber der rührte sich nicht. »Kommst nicht?« fragte ich. Er schüttelte den Kopf. »Grießschmarren gibt's, und den mag ich nicht!« Er streckte sich auf dem Bett aus, zog ein Buch unter dem Kopfpolster hervor und schlug es bei einer umgeknickten Seite auf. »Oder brauchst mich? Als Beistand?«

»Nein!« sagte ich und ging zum Grießschmarren und zur grantigen Mutter.

Halb neun war es, als ich das schweigsame Grießschmarren-Nachtmahl hinter mir hatte. Meine Schwester gähnte, zog sich aus, legte sich ins Bett und drehte das Zimmerlicht ab. Sie erklärte mir, sie müsse morgen zeitig aufstehen und Latein lernen, und ich solle gefälligst auch gleich einschlafen und das

Licht ja nicht mehr andrehen, weil sie sonst am Einschlafen gehindert sei. Sie hatte keine Ahnung, wie recht mir das war. Meine Mutter stand in der Küche und wusch das Geschirr ab. Sie bemühte sich, leise zu sein. Ich schlüpfte aus den Schuhen, kroch ins Bett und zog mir die Decke bis zum Hals.

»Ich brauch eh kein Licht mehr«, sagte ich zu meiner Schwester und gähnte laut. »Ich bin heut eh so müd!« Meine Schwester murmelte etwas Freundliches und drehte sich zur Wand. Ich gähnte noch zweimal laut, dann lag ich still da. Zwei ganze Stunden noch, dachte ich. Das steh ich überhaupt nicht durch, dachte ich. Ich bin ja wirklich müde! Und wenn ich einschlafe, steht der Hansi die ganze Nacht bei der Klopfstange, weil er aus dem zugesperrten Haus nicht raus kann. Dann fiel mir ein, daß meine Mutter zu meinem Vater ins Kabinett gehen könnte, um mit ihm wegen der Zigarette einen Streit anzufangen. Und daß dieser Streit sehr lange dauern könnte. Und noch eine Möglichkeit gab es: Mein Vater könnte hungrig werden. Er hatte ja den Grießschmarren verweigert. Er könnte in die Küche kommen, könnte sich Tee kochen und ein Schmalzbrot streichen, könnte sich in die Küche setzen, essen und Zeitung lesen. Oder sein Buch weiterlesen. Wenn mein Vater einmal wo hockte und las, konnte das ewig dauern. Und aufs Klo mußte ich plötzlich auch!

Kurz nachdem die Kirchturmuhr zehnmal geschlagen hatte, hörte ich meine Mutter das Abwaschwasser in den Kübel schütten. Dann murmelte sie: »Jetzt ist der verdammte Häuselschlüssel bei den Alten drüben! Und die schlafen wahrscheinlich schon!« Ich hörte ihre Schritte zum Küchenfenster hin. »Alles finster drüben!« sagte sie. Dann waren Schritte zum Kübel zurück, und dann plätscherte es leise. »Nicht einmal mehr auf das Klo kann man!« murmelte meine Mutter. Sie mußte auf dem Kübel hocken. Ein paar Sekunden später stand sie bei der Zimmertür. »Schlaft ihr schon?« fragte sie leise. Meine Schwester schlief nicht nur, sie schnarchte auch. Ich bemühte mich, ruhig zu atmen. Meine Mutter knipste das Licht in der Küche aus und tappte dann im Finstern ins Zimmer zu ihrem Bett. Der Betteinsatz quietschte. Ganz dunkel war es im Zimmer nicht. Von der Straße fiel so viel Straßenlampenlicht durch die Vorhänge, daß ich meine Mutter, auf dem Bett sitzend, als dunkle Figur erkannte. Meine Schwester hatte eine Kunstpostkarte, darauf war eine Plastik abgebildet, die hieß »Der Denker«. Wie dieser Denker, eine Hand unter dem Kinn, hockte meine Mutter auf dem Bett. Nur dicker als der Denker war sie. Dann kippte der dicke Denker. Das Bett quietschte wieder, meine Mutter seufzte. Tief seufzte sie, und ich dachte: Sie ist traurig. Ich spürte, daß sie mir leid tat. Ich fühlte mich nicht schuld an ihrer Traurigkeit, aber daß ich der Grund dafür war, war mir klar. Meine Mutter seufzte sich in den Schlaf.

Die Kirchturmuhr schlug zweimal – halb elf war das; da schnarchten meine Mutter und meine Schwester. Ich schob die Decke weg, stieg aus dem Bett, wollte in die Schuhe schlüpfen, überlegte mir, daß barfuß laufen weniger Lärm machte, und zog die Kniestrümpfe aus. Den Weg aus dem Zimmer, durch die Küche, zum Küchenfenster fand ich, ohne das geringste Geräusch zu machen. Diesen Weg war ich schon hundertmal gegangen – ohne Licht –, wenn ich in der Nacht aufs Klo mußte.

Ich kletterte auf das Fensterbrett und schwang die Beine aus dem Fenster. Ich spürte kalten Hofboden unter den Zehen und zuckte erschrocken zusammen, weil es in der Küche, hinter mir, laut schepperte. Ich hatte auf das Blechhäferl vergessen, das immer auf dem Fensterbrett stand. Meine Mutter wässerte darin den Schnittlauch. Das Blechhäferl rollte durch die Küche und schepperte noch immer. Meine Mutter hörte zu schnarchen auf. Unverständliche Wortbrocken murmelte sie. Viele »w« waren dabei. Dann schepperte das Blechhäferl nimmer, und meine Mutter fing wieder zu schnarchen an. Sonst war es ganz still. Genauso still, wie ich mir das vorgestellt hatte, als der Hansi und ich die Sache ausgedacht hatten. Nur so finster, wie ich mir den Hof vorgestellt hatte, war er nicht. Im Kabinett, bei meinem Vater, brannte noch Licht. Ich hatte nicht geahnt, daß die kleine Wandlampe über dem Vater-Bett so ein großes helles Viereck in den Hof zaubern konnte. Doch das helle Viereck war, Gott sei Dank, nicht zwischen der Klopfstangennische und dem Küchenfenster. Ich mußte nicht durch das helle Viereck durch. Es ging mich gar nichts an. Und die Mauer, über die wir drüber mußten, lag auch nicht im Lichtviereck.

»Hansi«, flüsterte ich, »bist du da, Hansi?« Ich tastete mich die Hausmauer entlang, spürte die Glasscheibe vom Gangfenster, stieß mir das Knie am Hackstock.

»Da bin ich.« Das war die Stimme vom Hansi. Von der Klopfstangennische, ganz wie verabredet, kam sie. Ich meinte, auf den Hansi zuzugehen, und lief in einen Mistkübel hinein. Entsetzlich laut schepperte der Blechkübel, als ich dagegenprallte. Und irgendeine Stange stach mich in den Bauch. Richtig schwindlig wurde mir davon. Dann spürte ich die Hände vom Hansi auf meinen Schenkeln. »Ich sitze auf der Erde da«, flüsterte er, »und mein Hintern ist schon ganz kalt!« Der

Hansi kicherte. »Zuerst hab ich gesehen, wie deine Mutter auf den Kübel wischerln gegangen ist.«

Ich ließ mich zum Hansi auf den Boden gleiten, ganz dicht rückte ich an ihn heran und kuschelte mich an ihn.

»Hast Angst?« fragte der Hansi.

Angst hatte ich keine. Nur ein bißchen übel im Bauch, von der eisernen Mistkübelstange, war mir.

Und kalt war mir.

Aber eng an den Hansi geschmiegt, hörte der Schmerz im Bauch bald auf, und warm wurde mir auch.

So sitzen war gut. Mit dem Hansi im Stockfinstern hocken, den Hansi spüren, den Hansi angreifen, und ein paar Meter weiter das helle Viereck, das die Lampe meines Vaters auf die Gartenbeete zeichnete, mehr brauchte ich nicht!

Der Hansi streichelte mich. Mein Gesicht streichelte er, meine Arme, meinen Hals.

»Willst unbedingt rüber zu ihr?« fragte er mich leise. »Wennst sehr willst, dann geh ich schon. Aber weißt –« der Hansi zögerte, »wir könnten dem Rudi auch sagen, daß wir kein Geld gefunden haben. Weil nämlich, ausgeben können wir es eh nicht. Woher, sollt' ich denn sagen, daß ich das Geld für das Klavier auf einmal hab? Da kommen sie uns doch drauf!«

Daran hatte ich auch schon ein paarmal gedacht. Aber nicht so richtig ernsthaft. Weil mir der Gedanke unangenehm gewesen war. Da wird mir dann schon irgend etwas einfallen, hatte ich mir immer gesagt. Und einmal hatte ich mir überlegt, daß ich meinem Vater ruhig die Wahrheit sagen kann. Vielleicht sogar dem Großvater und meiner Mutter auch. Viel Geld, davon war ich überzeugt, würde sie auf das, was man »Ehrlichkeit« nennt, vergessen lassen. Und gar so weit her mit dieser Ehrlichkeit, das wußte ich, war es bei den erwachsenen Leuten nicht. Nach dem Krieg, da hatten die meisten gestohlen. Lebensmittellager hatten sie ausgeräumt. Aus den Wohnungen, wo Leute geflohen waren, hatten sie Sachen geholt. Und aus den Kellern hatten sie sich gegenseitig den letzten Kübel Kohlen gestohlen.

»Nur jemandem, der weniger hat als man selber«, hatte mir mein Großvater einmal erklärt, »darf man unter gar keinen Umständen etwas wegnehmen. Wo man den anderen etwas wegnehmen darf«, hatte er gesagt, »muß man von Fall zu Fall entscheiden.« Die alte Russ hätte leicht ein Fall sein können, bei dem sich der Großvater für das Wegnehmen entschieden hätte!

Aber beim Hansi zu Hause war das wahrscheinlich ganz anders.

Und wenn der Hansi vom Geld kein Klavier haben konnte, dann wollte ich auch nichts vom Geld haben.

»Hast recht«, sagte ich zum Hansi. »Gehen wir nicht. Vielleicht würden sie uns eh erwischen!« Ich wollte den Hansi auf den Mund küssen, aber meine Lippen trafen auf weiche Halshaut.

»Später einmal, wenn wir groß sind, heiraten wir uns«, flüsterte der Hansi. Seine Lippen fanden meine gleich. Zuerst waren sie kalt und schmeckten nach Schnittlauch. Dann wurden sie warm und schmeckten nur mehr nach Hansi. Die Leichen-Emma und ihr Krückstock fielen mir ein, während ich den Hansi küßte. Und der Rudi, der gar nicht gefährlich war, wenn man ihn richtig behandelte. »Der ist wie ein böser Hund«, hatte mir der Hansi das heute mittag vor dem Haustor erklärt, »solange du ihn anschaust, wedelt er mit dem Schwanz. Drehst dich um und rennst, dann beißt er!«

Die Zunge vom Hansi, in meiner Mundhöhle, war nicht mehr so unangenehm wie damals im Linealmacher-Hof. Sie war angenehm. Sie gehörte dort hin. Und wenn sie wieder weg sein würde, dann würde mir etwas fehlen. Dann würde es mir nicht mehr so gutgehen wie jetzt.

Sehr viel Licht fiel plötzlich über mich und den Hansi. In einem hellen Lichtkreis saßen wir. Das Licht kam aus einer Taschenlampe, und der, der die Taschenlampe hielt, war mein Vater. Der Hansi sprang auf. Ich blieb am Boden sitzen. Ich war gar nicht viel erschrocken. Es war ja mein Vater, der da stand, und mir war auch sofort klar, warum er da stand. Mein Vater liebte Katzen sehr. Manchmal, in der Nacht, kamen fremde Katzen in unseren Hof. Dann schepperten die Mistkübel auch. Und manchmal sprangen die Katzen sogar in unsere Küche und suchten nach Fressen und warfen dabei ein Häferl oder den Salzstreuer oder ein Gewürzglas um. Mein Vater lockte die Katzen gern. Ganz stolz erzählte er manchmal am Morgen, daß er in der Küche oder im Hof ein Katzengeräusch gehört hatte und daß er aus dem Kabinett geschlichen sei. Auf sein zärtliches »miez-miez« hin sei die Katze dann zu ihm gekommen. Mit einem Butterstückerl oder einem Wurstzipfel habe er sie gefüttert. Und streicheln habe sie sich auch lassen. Einmal hatte mein Vater eine ganze Knackwurst, die für das Mittagessen am nächsten Tag bestimmt war, an eine Katze verfüttert. Meine Mutter war schrecklich bös deswegen gewesen. »Selber nichts zu fressen, aber Katzen füttern!« hatte sie geschimpft.

Mein Vater hatte mich für eine Katze gehalten! So war das!

Und sicher hatte er auch einen Wurstzipfel in einer Overalltasche!

Ich blinzelte in den Lichtstrahl der Taschenlampe und lächelte zu meinem Vater hinauf.

Mein Vater ließ die Taschenlampe sinken, einen fußballgroßen Lichtkreis zeichnete der Taschenlampenstrahl über das Kanalgitter.

»Burscherl, es ist spät«, sagte mein Vater zum Hansi. »Du mußt jetzt nach Haus gehen!«

Ich sah den Lichtkreis zur Hoftür hin wandern, die bloßfüßigen Beine vom Hansi gingen mit dem Licht mit. Mein Vater brachte den Hansi zum Haustor. Ich blieb sitzen und wartete darauf, daß mein Vater zurückkam.

Das Haustor quietschte, der Haustorschlüssel drehte sich laut krächzend im Schloß, die Vaterschritte kamen zu mir her. Mein Vater setzte sich neben mich auf den Boden. »Was machst denn für Sachen?« fragte er leise. Er legte einen Arm um meine Schultern. »Bist denn übergeschnappt? Das geht doch nicht, Menscherl. Wirklich!«

Ich lehnte mich an meinen Vater. Er roch so gut wie immer, nach Rauch und Benzin und Putzlappen und Vater, diesmal auch ein bißchen nach Salbeitee.

»Der Hansi war das!« Ich bohrte meine Nase in den Overallstoff und schnupperte.

»Und wer ist der Hansi?« fragte mein Vater.

Meine Nase im rauchigen Overall, meinen Mund am benzinschmeckenden Stoff, erzählte ich meinem Vater vom Hansi. Und damit er auch richtig begriff, wie herrlich und gut der Hansi für mich war, erzählte ich ihm auch vom Rudi und von der Angst vor dem Rudi. Und da mußte ich auch vom Russ-

Raub erzählen. Und vom vielen Geld, das sicher noch in der Wohnung war. Und daß es für schöne Kleider und ein Glasauge, für ein Klavier und Spezialschuhe gehört hätte.

Mein Vater unterbrach mich kein einziges Mal. Ganz müde war ich, als ich mit dem Erzählen endlich fertig war. Mein Vater nahm mich in die Arme. »Menscherl, Menscherl«, flüsterte er, »was du dir für Sachen ausdenkst!« Er küßte mich auf die Nasenspitze. »Für solche Sachen bist ja noch viel zu klein.« Er hob mich hoch und trug mich zum Küchenfenster und stieg – mit mir auf den Armen – in die Küche hinein. Er trug mich zu meinem Bett. Er zog mich aus und deckte mich zu. Er stieß im Dunklen an einen Sessel, und der Sessel kippte um.

»W-w-w was ist denn?« Meine Mutter fuhr im Bett hoch.

Mein Vater stellte den Sessel wieder auf. »Gar nichts ist, schlaf nur weiter«, sagte er zu meiner Mutter. »Und du schlaf auch«, flüsterte er mir zu. »Und träum was sehr Schönes!«

12.
Der Dienstag • Der Donnerstag
Der Samstag
Die Fragen und die Antworten

Der nächste Morgen war ein schöner Morgen. Und ein sehr friedlicher Morgen auch. Mein Vater schlief, wie immer um diese Zeit. Meine Mutter war nicht mehr grantig. Und traurig schien sie auch nicht zu sein. Sie bürstete an meinen Haaren herum und freute sich, daß ich mich gegen die harten Bürstenstriche nicht zur Wehr setzte. Ich protestierte nicht einmal, als sie die zwei roten Bänder holte und mir wieder Borstenpinsel band. Ich ließ auch jede Möglichkeit zu einem Streit mit meiner Schwester unbeachtet. Ich fragte sie sogar freundlich, ob sie alle Lateinvokabeln auswendig könne, und ließ sie so lange, wie sie nur wollte, Zahnpasta spucken und Hals waschen.

Der Hansi wartete vor dem Haustor auf mich. Der Rudi stand neben ihm. »Schad', jammerschad'«, sagte der Rudi zur Begrüßung, »schwören hätt' ich können, daß sie viel Geld im Zimmer hat.« Der Hansi zwinkerte mir zu. Ich kapierte, daß der Hansi dem Rudi den Schwindel vom nicht vorhandenen Russ-Geld erzählt hatte. »Ja, schad', jammerschad'«, sagte ich und fügte hinzu: »Vielleicht ist es eh da. Aber wir haben uns keinen Lärm zu machen getraut. Und so unheimlich war es drinnen auch.« Das mußte einem, der sich vor Geistern fürchtete, doch einleuchten!

Der Rudi ging mit uns bis an die Ecke, zur Kalvarienberggasse. »Jetzt dreh ich aber um!« sagte er. »Sonst renn ich noch unserer Lehrerin in die Hände!« Er machte kehrt und ging langsam, O-beinig und gebeugt, die Gasse zurück.

»Ich hab solche Angst um dich gehabt«, sagte der Hansi zu mir. »Gar nicht schlafen hab ich können in der Nacht.«

»Wieso Angst?«

»Na, wegen deinem Vater! Hat er dich gehaut?« Der Hansi legte einen Arm um meine Schultern. Fest zog er meinen Körper an seinen. »Ich wär ja dageblieben. Aber gegen so einen großen Mann kann ich ja nichts tun. Und vielleicht, hab ich mir denkt, wird's noch ärger, wenn ich was sag für dich!«

Ich lachte. »Mein Vater haut doch nicht, Hansi«, sagte ich. »Das hab ich dir doch schon gesagt!«

Ungläubig schaute mich der Hansi an. »Bei so was auch nicht?«

»Was heißt bei so was?« Ich lachte wieder. »Wir sind ja eh nicht zur Russ-Wohnung rüber!« Ich wußte ganz genau, was der Hansi meinte. Daß er den langen Kuß meinte, den mein Vater gesehen hatte, aber ich wollte, daß der Hansi davon redete.

»Na, weißt schon«, sagte der Hansi. Richtig rot wurde er im Gesicht. Ich stellte mich weiter dumm. »Was meinst denn? Gar nichts weiß ich!«

»Weil er uns doch gesehen hat miteinander!«

»Na und?« Ich schmiegte mich eng an den Hansi. »Nur blöde Leut' regen sich da auf. Mein Vater doch nicht!«

Am Nachmittag traf ich mich mit dem Hansi im Alszeilenbad. Meiner Mutter hatte ich vorgeschwindelt, daß ich mit meiner Klasse zum Schwimmen ins Jörgerbad gehen müsse. Das Jörgerbad war ein Hallenbad. Das Alszeilenbad war im Freien. Und es hatte erst den zweiten Tag offen. Meine Mutter hätte mir sicher, wenn ich ihr die Wahrheit gesagt hätte, einen Krach gemacht. Sie hätte erklärt, zum Baden im Freien sei es noch viel zu kalt. Sie hätte mir wahrscheinlich sogar den Badeanzug weggenommen, damit ich nicht heimlich ins Alszeilenbad hätte gehen können.

Der Rudi war auch im Bad. Das Wasser war zum Schwimmen wirklich viel zu kalt. Wir lagen in der Sonne, auf einer Pritsche. Der Rudi hatte eine Schachtel Lucky Strike mit und zwei Tafeln Cadbury-Schokolade. Die könnten wir jetzt immer haben, versprach er uns. Seine Schwester, erzählte er uns, habe jetzt einen neuen Ami-Freund, einen besseren, höheren, einen Staff-Sergeant, der sei viel großzügiger als der alte

Freund. »Den John«, sagte der Rudi, »den hab ich immer anbetteln müssen, aber der Neue, der gibt mir sogar was, ohne daß ich was sag!« Der Rudi redete auch viel davon, wie schön es gewesen wäre, wenn wir das Russ-Geld gefunden hätten. Daß dann unser Leben ganz anders geworden wäre. Mir tat der Rudi leid. Der Badehosen-Rudi nämlich schaute noch viel häßlicher aus als der angezogene Rudi. Eine ganz weiße Haut hatte er und rote Wimmerln am Rücken. Und auf den dünnen O-Beinen waren schwarze Haare.

Die Ribich-Eva war auch ins Bad gekommen. Sie hatte eine rosarote Wolldecke mitgebracht und thronte auf der und lud mich und den Hansi ein, auf ihrer Decke zu sitzen. »Aber den Affen«, sagte sie und deutete auf den Rudi, »den bringts nicht mit. Der schaut ja aus, als ob man von ihm die Krätzen kriegen könnt'!«

Der Hansi sagte zu mir: »Den Rudi können wir nicht allein auf der Pritsche lassen. Ich bleib bei ihm!« Das freute mich. Nicht wegen dem Rudi, sondern weil der Hansi nicht zur Eva wollte. Ich hatte Angst um den Hansi. Die Eva hatte einen wunderschönen Badeanzug an. Und man konnte sehen, daß sie einen ziemlich großen Busen hatte. Mein Badeanzug war häßlich, von meiner Mutter handgestrickt, und Busen hatte ich überhaupt keinen. Die Eva wollte dem Hansi auch eine Banane schenken. Der Hansi nahm sie nicht. Da war die Eva beleidigt und schaute uns nicht mehr an.

»Gefällt sie dir nicht?« fragte ich den Hansi. Der Hansi schüttelte den Kopf. Ich sagte: »Aber sie hat echte Dauerwellen. Und eine gute Figur!« Mit der »guten Figur« meinte ich den Busen.

»Die und eine Figur.« Der Hansi lachte. »Die ist doch eine

blade Blunzen. Aus der kriegst einen Häfen Schmalz, wennst sie auf den Herd legst!«

Der Rudi, der von weitem gesehen hatte, daß die Eva dem Hansi lockend die Banane hingehalten hatte, ärgerte sich über den Hansi. »Warum hast denn die Banane nicht genommen?« fragte er. »Wennst keine Bananen magst, hättest sie mir gegeben!« Bananen waren eine ganz außergewöhnliche Seltenheit. Die gab es nirgends, auch um viel Geld nicht, zu kaufen.

»Von so einer aufdringlichen Gurken«, sagte der Hansi, »will ich nichts!«

Ich war sehr glücklich.

Am Mittwoch sah ich den Hansi nur am Morgen. Wir hatten Wandertag. Der Hansi begleitete mich bis zur Endstation der Straßenbahn, wo der Treffpunkt für meine Klasse war. Die meisten Mädchen aus meiner Klasse standen schon dort. Sie schauten den Hansi neugierig an. Und die Eva tuschelte mit ihnen herum. »Du bist die Schönste in deiner Klasse«, sagte der Hansi zu mir. »Die sind ja alle schiache Blunzen!«

»Lauf zurück, Hansi«, sagte ich. »Du kommst eh schon viel zu spät in die Schule!« Doch dem Hansi war das Zuspätkommen ganz egal. Er blieb bei mir, ein paar Schritte von den anderen entfernt, und hielt meine Hand. Als unsere Turnlehrerin kam, die mit uns auf den Wandertag ging, drückte er meine Hand noch einmal fest und sagte: »Wennst um fünf schon zurück bist, dann wart ich auf dich im Pezzlpark, beim Bunker! Aber um sechs muß ich zu Haus sein. Ich muß mit meiner Mutter zur Großmutter, die hat Geburtstag.«

Ich kam erst um halb sieben vom Wandertag zurück. Ich schaute trotzdem, bevor ich nach Hause ging, in den Pezzlpark zum Bunker. Und war ziemlich enttäuscht, daß der Hansi nicht dort war.

Am Donnerstag in der Früh war nur der Hansi vor dem Haus. Der Rudi war nicht da.

»Vielleicht ist er krank geworden«, sagte der Hansi. Das glaubte ich nicht. Krank, richtig krank, war der Rudi noch nie gewesen. Und wenn er verkühlt war, dann lief er trotzdem auf der Gasse herum; mit roter, rotziger Nase und verschwollenen Augen. Einen kranken Rudi im Bett, das konnte ich mir nicht vorstellen.

»Vielleicht ist es ihm zu fad, dauernd neben uns herzurennen!« sagte der Hansi. Das glaubte ich auch nicht. Aber mir war ziemlich gleichgültig, warum der Rudi nicht da war.

In der Schule war die Ribich-Eva sehr lästig. Dauernd fragte sie mich aus. Auch während der Stunden. Sie schrieb sogar kleine Zetterln mit Fragen. Sie wollte wissen, in welche Schule der Hansi geht und was seine Eltern für einen Beruf haben. »Macht ihr Zungenküsse?« schrieb sie auf einen Zettel. Den Zettel schaute ich lange an. Jetzt verstand ich endlich, was dieses sonderbare Wort, das ich in der Klasse schon ein paarmal gehört hatte, zu bedeuten hatte. Daß es da ein eigenes Wort dafür gab, wunderte mich sehr.

Die Eva war ziemlich beleidigt, weil ich ihr auf keine ihrer Fragen eine Antwort gab. Und als ich ihr erklärte, daß ich am Nachmittag nicht zu ihr kommen werde, sagte sie giftig: »Na schön! Wenn dir Sau das Schmusen wichtiger ist, dann bitte!«

Und nach der Schule, als wir aus dem Schultor gingen, boxte sie mich mit dem Ellbogen in die Rippen und sagte: »Na, wo ist er denn? Hat er dich versetzt? Hat er sich eine andere gefunden? Tät' mich nicht wundern!« Sie kicherte blöd und lief dann weg. Ich grinste hinter ihr her. Sollte der dumme Trampel ruhig glauben, daß mich der Hansi versetzt hatte, daß es aus mit ihm war! Belästigte sie mich wenigstens nicht mehr mit ihren blöden Fragen! Dabei hatte mich der Hansi nur deshalb nicht abgeholt, weil er länger Schule hatte als ich. Und weil ich mich ja jetzt vor dem Rudi nicht mehr fürchten mußte. Um vier, nach der Klavierstunde, war ich mit ihm bei seinem Haustor verabredet.

Es war das erste Mal in meinem Leben, daß ich gern zur Kriegelstein ging. Und ich bemühte mich, besonders gut zu spielen, weil ich dachte, der Hansi, im Parterre unten, könne mich hören. Die Kriegelstein war sehr zufrieden mit mir. Nach der Stunde sagte sie: »Na, du Besen! Wenn du willst, dann geht es ja halbwegs!« Und der alte Kriegelstein hinter dem Grünzeug lobte kichernd, daß er heute zum ersten Mal gemerkt habe, daß ich *La Paloma* spielte. Weil die Kriegelstein so freundlich zu mir war, fragte ich sie, ob sie nicht dem Hansi auch Klavierstunden geben könne. Sie schaute mich dumm an und sagte: »Jeder, der zahlt«, dabei rieb sie ihre Finger aneinander, »kann zu mir kommen!«

»Und ohne Geld?« fragte ich.

»Ohne Geld keine Musik«, sagte sie und lachte.

»Und mit mir gemeinsam?« fragte ich.

Die Kriegelstein überlegte den Fall. »Die Hälfte drauf«, sagte sie schließlich. Das empörte mich. »Wieso? Eine Stunde ist eine Stunde«, rief ich.

»Aber zwei Kinder sind doppelt soviel Plag' wie eines«, sagte die Kriegelstein. Da gab ich ihr mein Stundengeld und ging. So ein Trampel, dachte ich. Was hat denn die für eine Plage!

Hockt da auf ihrem fetten Hintern und murmelt: eins-zwei-drei-eins-zwei-drei!

Der Hansi saß auf den zwei Steinstufen vor der Kriegelstein-Haustür, als ich mit der Notenmappe unter dem Arm aus dem Haus trat. Er zog gerade einen Rotzrammel aus der Nase und betrachtete ihn aufmerksam. Ich setzte mich zu ihm.

»Gibst ihn mir?« fragte ich.

Der Hansi schaute mich entsetzt an. »Wen? Den Rammel willst haben?«

Ich nickte.

»Graust dir denn nicht?«

Ich schüttelte den Kopf. Der Hansi nahm den Rotzrammel von seinem Zeigefinger und klebte ihn mir in die offene Handfläche. Nur ganz kurz zögerte ich, dann steckte ich ihn in den Mund. Der Rotzrammel schmeckte haargenauso wie einer aus meiner Nase.

»Was tun wir denn jetzt?« fragte der Hansi.

Ich hatte keine Ahnung, was wir unternehmen hätten können. Der Himmel war grau, sehr warm war es auch nicht. Mir fiel nur der Holzwurm und sein Lagerplatz ein.

»Willst zum Linealmacher?« fragte ich ihn.

Der Hansi sagte, eigentlich wolle er das gar nicht. Weil der Holzwurm dann so blöde Witze über ihn und mich mache. Und seiner Mutter habe der Holzwurm auch schon von uns erzählt.

»Na und?« fragte ich.

»O.K., dann gehen wir halt!« sagte der Hansi.

Wir standen auf, der Hansi nahm meine Mappe und klemmte sie unter den Arm. Wir gingen dem Linealmacher-Haus zu.

»Schön ist so eine Klaviermappe«, sagte der Hansi, und ich überlegte, wie ungerecht es auf der Welt zuging. Da war einer, der wollte Klavier spielen und durfte nicht. Und ich wollte nicht und mußte. Als wir an der Trafik vorbeikamen, fiel mir ein, daß ich meine *Kinderpost* diese Woche noch nicht geholt hatte. Die *Kinderpost* hatte ich abonniert. Sie mußte seit Montag schon in der Trafik liegen. Die *Kinderpost* war ziemlich langweilig, aber vielleicht machte es doch Spaß, sie mit dem Hansi zusammen auf den Holzhaufen durchzublättern.

Wir gingen in die Trafik. Den Trafikanten mochte ich. Er war meistens lustig. Daß ein Mann, dem ein Bein fehlte, so lustig sein konnte, gefiel mir ganz besonders an ihm. Unsere Trafik war nicht nur zum Zigarettenkaufen und Zeitungkaufen da. Wenn der Trafikant nach der Mittagspause den Rollbalken hochschob, standen meistens schon ein paar Leute vor dem Laden. Und die wollten nicht nur kaufen, die wollten tratschen. Mit dem Trafikanten und in der Trafik ging das anscheinend besonders gut.

Diesmal waren die Frau Cerny, die Frau Weinhüttl und ein alter Mann beim Trafikanten.

Der alte Mann saß auf dem Stockerl in der Ecke und döste vor sich hin. Er roch nach Bier.

Die Frau Weinhüttl, die Schlosserin, sagte gerade: »Es waren ja wirklich keine Zustände bei denen!« Und die Frau Cerny nickte zustimmend und meinte: »In solchene Umständ' kann ein Kind ja wirklich nicht aufwachsen, oder?«

Der Trafikant zuckte mit den Schultern. Dann sagte er, es gäbe aber schließlich noch was Ärgeres, als daß ein Kind einen amerikanischen GI im Bett seiner Schwester herumkugeln sähe. Man solle da nicht so sein.

»Ja wissen S' denn nicht, daß dem seine Mutter auf den Strich geht? Mein Mann hat S' auf dem Gürtel unten stehen gesehen!« Die Weinhüttl wollte noch etwas sagen, schaute aber dann mich und den Hansi an und schwieg. Wörter wie »Strich« sagte man vor Kindern nicht. Aber die Frau Cerny, die es mit dem, was »man« vor Kindern sagt, nicht so genau nahm, beugte sich über das Pult zum Trafikanten hin und wisperte: »Man weiß ja nicht einmal sicher, ob nicht sein Großvater sein Vater ist. Der hat's ja angeblich damals mit der eigenen Tochter getrieben!«

Mir war ziemlich klar, daß die drei vom Waschak-Rudi redeten, aber ich dachte mir nicht sehr viel dabei. Über den Waschak-Rudi wurde oft geredet. Und über seine Strich-Mutter und seine GI-Schwester und seinen Säufer-Großvater auch. Die Leute in der Gegend regten sich gern über »diese Bagage« auf. Aber dann sagte die Frau Weinhüttl: »Das hätten S' Ihnen anschauen müssen, wie der gestrampelt und herumgehaut hat, wie sie ihn abgeholt haben. Daß der so eine Kraft hat, hätt' ich mir nicht denkt! Zwei Polizisten und eine Fürsorgerin hat's 'braucht, bis s' ihn im Auto drinnen gehabt haben. Und den einen Polizisten hat er in die Hand 'bissen!«

»Na, aber der hat ihm vielleicht eine geschmiert!« Die Frau Cerny sagte das sehr zufrieden.

Der Hansi und ich standen in der Trafik herum und taten, als schauten wir Zeitungen an, bis die Frau Weinhüttl und die Frau Cerny endlich gegangen waren. Dann fragte ich den Trafikanten: »Bitte, was ist mit dem Rudi passiert?«

Der Trafikant seufzte. »Na ja«, sagte er, »die Fürsorge hat ihn abgeholt. Wegen der Zustände zu Hause.« Er zuckte mit den Schultern. »Vielleicht ist es ja wirklich besser, wenn er von dort wegkommt!« Er seufzte wieder. »Aber so, wie die Heime sind, wird es wahrscheinlich auch nicht besser für ihn sein.« Und dann sagte der Trafikant noch: »Ich sag euch, das muß einer angezeigt haben. Daß sich die selber drum scheren, das glaub ich nicht. Da hätten die viel zu tun!«

»Wieso angezeigt?« fragte ich.

»Na, da ist eben wer auf die Polizei gegangen. Oder auf das Fürsorgeamt. Und hat erzählt, wie die Waschak leben. Und daß der Rudi das alles sieht. Und gar nicht krank ist, wenn er von der Schule wegbleibt.« Der Trafikant kratzte sich am Kopf. »Ich hätt' das nicht getan«, sagte er. »So hat er ja auch gelebt, der Rudi!«

Lang hockten der Hansi und ich nachher beim Holzwurm auf den Holzhaufen. Die *Kinderpost* schauten wir nicht einmal an. Vom Rudi redeten wir. Und von Heimen. Und daß wir uns nicht vorstellen könnten, wie es in so einem Heim ist. Und daß wir sicher seien, daß es dort nicht gut sein kann. Weil man keine Freiheit hat, nicht einmal das bißchen Freiheit, das andere Kinder haben.

»Und dabei hat er gestern noch zu mir gesagt, ab morgen wird er in die Schule gehen«, sagte der Hansi.

Wir warfen Holzwürfel zur Hundehütte hin und waren ziemlich traurig. Das größte Stück Traurigkeit in mir kam davon, daß ich den Rudi nicht gern gehabt hatte. Und daß es nun zu spät war, das Rudi-Gernhaben zu probieren.

Am Samstag in der Früh erwartete mich ein verstörter, blasser Hansi vor dem Haustor. Blasse, verstörte Kinder hatte ich schon oft gesehen. Aber noch nie hatte mir das sehr viel ausgemacht. Der blasse, verstörte Hansi ließ mir das Herz schneller schlagen. Und im Hals würgte es mich. Ganz elend war mir zumute.

»Nächste Woche schicken s' mich in die Schweiz. Wegen deinem Vater«, sagte er.

Da war die Schule nicht mehr wichtig, da war nichts mehr von den Kleinigkeiten wichtig, die ein zwölfjähriger Mensch am Samstagmorgen zu bestehen hat. Nur mehr der Hansi war wichtig. Und die Schweiz war auch wichtig. Ich stolperte neben dem Hansi den Weg zur Schule entlang. Aber nur, weil das ein so sehr gewohnter Weg war. Ans Schule-Gehen dachte ich nicht mehr. Und weil wir gerade über den Kirchenplatz gingen, blieb ich vor der Kirche stehen. Ich konnte einfach nicht mehr weitergehen. Ich setzte mich auf die Stufen vor dem großen Portal.

»Wieso wegen meinem Vater?« fragte ich. Das mußte ein Irrtum sein, das konnte nicht stimmen, und wenn das nicht stimmte, dann stimmte vielleicht auch der Kindertransport in die Schweiz nicht.

Der Hansi setzte sich neben mich. »Dein Vater ist zu meiner Mutter gekommen und hat gesagt, daß das mit uns so nicht weitergehen kann und daß das aufhören muß!«

»Nein!« sagte ich.

»Doch«, sagte der Hansi, »ich hab ihn ja gesehen, ich war ja zu Hause, ich hab alles mitgehört.«

»War's nicht mein Großvater vielleicht?« Das war eine saudumme Idee. Der Hansi hatte meinen Vater ja wiedererkannt. Und mein Großvater wußte vom Hansi überhaupt nichts. Die Idee war so saudumm, daß mir der Hansi darauf nicht einmal eine Antwort gab. Er fuhr fort: »Meine Mama hat deinem Vater gesagt, daß sie das schon irgendwie abstellen wird, daß sie mir verbieten wird, mit dir zu gehen, und da hat dein Vater gesagt, das genügt nicht, weil wir uns nichts verbieten lassen!«

Der Hansi schwieg und kratzte an seiner Kniekretze herum. Als ob es nichts Wichtigeres auf der Welt gäbe als diese kleine, dunkelbraune Blutkruste.

»Und was war dann?« fragte ich.

»Dann ist dein Vater gestern vormittag mit meiner Mutter auf die Fürsorge gegangen. Dort war er nämlich schon vorher einmal, wegen dem Rudi!« Der Hansi riß sich die Blutkretze vom Knie. »Daß der Rudi im Heim ist, das hat auch er gemacht!«

Ich wollte wieder »nein« sagen, aber es gelang mir nicht.

»Und die Fürsorgerin hat gesagt, sie wird deinem Vater helfen«, sagte der Hansi. »Weil das zufällig leicht geht. Weil ich nämlich zehn Kilo Untergewicht habe und weil für den Kindertransport in die Schweiz, nächste Woche, ein Platz frei ist. Weil einer gerade die Masern bekommen hat. Und der jetzt nicht fahren kann!« Der Hansi steckte die Kretzenkruste in den Mund. »Und meine Mama hat dann zu mir gesagt, so eine Chance, daß ich in die Schweiz komme, die kommt nie wieder. Dort gibt es Schokolade und Butter und alles. Und sie wäre verrückt, wenn sie nein sagen tät'.« Ganz steif hockte der Hansi neben mir. Ich versuchte, mich an ihn zu lehnen, ihn zu spüren. Doch der Hansi rückte von mir weg. Er sagte: »Ich hab eh gesagt, daß ich nicht weg will und daß ich lieber dableiben will, aber sie haben nicht auf mich gehört. Das ist die beste Lösung, hat dein Vater zu meiner Mutter gesagt. Und die Fürsorgerin hat das auch gesagt. Und wegen der Schokolade haben sie dauernd auf mich eingeredet.« Der Hansi zerkaute die Kretzenkruste und schluckte sie. »Und jetzt muß ich aufs Magistrat impfen gehen. Für die Schweiz muß man geimpft sein, gegen Typhus und Ruhr und Cholera!«

Ich sah eine Möglichkeit. »Und wennst nicht impfen gehst?« Der Hansi schüttelte den Kopf. »Dann geht meine Mutter am Montag mit mir hin!« Er schaute mich an. »Die tun doch alles, was sie wollen! Die haben doch die Macht über uns!«

Bis gegen zehn Uhr blieben der Hansi und ich auf den Kirchenstufen sitzen. Wir redeten nicht mehr miteinander. Ich wollte ihn die ganze Zeit über fragen, ob er mich noch gern hatte, ob er mich in einem halben Jahr, wenn er aus der Schweiz zurückkommen würde, auch noch gern haben würde. Aber das traute ich mich nicht.

Dann stand der Hansi auf und ging die Gasse hinunter, dem Magistrat, der Impfstelle zu. Ich saß bis zum Mittagläuten auf den Kirchenstufen, und daß mich ein paar Leute, die in die Kirche hineingingen, verwundert anschauten, störte mich gar nicht. Als die Kirchenglocke zwölfmal gebimmelt hatte, sprang ich auf, packte meine Schultasche und lief nach Hause.

Meine Mutter stand in der Küche beim Herd. »Wieso bist denn schon da?« fragte sie.

Ich riß die Tür zum Vater-Kabinett auf. Mein Vater saß beim Werktisch, erstaunt schaute er mich an. Daß er ein gemeiner Schuft war, wollte ich ihm sagen, daß er mir alles, was schön ist, zerstört hatte, wollte ich ihm sagen, daß er der gemeinste, widerwärtigste Kerl auf der ganzen Welt war und daß ich ihn haßte auf ewig und wie niemanden sonst.

»Was ist denn los, Menscherl?« fragte mein Vater. Die Uhrmacherlupe, die er im rechten Auge hatte, ließ er fallen, fing sie mit der Hand auf und legte sie auf den Werktisch. Ich schrie schluchzend: »Vati!«, stürzte auf ihn zu und fiel ihm um den Hals. Er zog mich auf seinen Schoß, er streichelte mich, er machte mit seinen Armen einen festen sicheren Käfig um mich herum.

»Warum bist du denn so?« schluchzte ich.

Ob mein Vater meine Frage beantwortete, weiß ich nicht mehr.

Ein paar Tage später verhaftete die Polizei den Sohn der alten Russ, und er gestand, daß er seine Mutter im Streit umgebracht hatte, weil sie ihm kein Geld hatte geben wollen. Das Geld, von dem der Rudi und ich geträumt hatten, war tatsächlich noch in der Russ-Wohnung. Polizisten fanden es. Es war genau dort, wo es der Rudi und ich vermutet hatten: unter dem Linoleum, in der Pendeluhr und hinter dem Kamintürl. Weil Mörder, auch wenn sie Söhne sind, nicht erben dürfen, erbte das viele Geld ein neunzigjähriger Cousin der alten Russ.

Vom Waschak-Rudi las ich etliche Jahre später in der Zeitung, daß er aus einer Erziehungsanstalt entsprungen sei und am Donaukanal eine alte Frau überfallen habe. Zwei Polizisten schnappten ihn, als er mit der Tasche der alten Frau weglaufen wollte. In der Tasche ist ein Gebetbuch gewesen und ein Taschentuch und eine leere Geldbörse.

Der Hansi ist aus der Schweiz nicht mehr zurückgekommen. Die Gasteltern wollten ihn nicht mehr hergeben. Seiner Mutter war das recht. Sie hat ein paar Jahre später den Holzwurm geheiratet und noch ein Kind bekommen. Aus dem Hansi ist, wenn seine Mutter die Wahrheit sagt, ein schweizerischer Rechtsanwalt geworden.

Meine Mutter hat vom Hansi nie etwas erfahren. Sie war damals nur glücklich, daß der Waschak-Rudi endlich weg war. Oft hat sie gesagt: »Der Waschak war ein schlechter Einfluß auf sie! Angst und bang ist mir geworden um das Kind! Schief hätt' das ausgehen können, wenn sie sich dauernd mit dem Schulschwänzer aus der Bagage herumgetrieben hätt'!« Nachdem der Rudi weg war, sagte meine Mutter, sei ich endlich ein ordentliches Kind geworden, halbwegs brav und halbwegs lernwillig. Und bessere Freundinnen habe ich mir auch gesucht. Anständige Kinder aus meiner Klasse; wie die Ribich-Eva, zum Beispiel. Nie mehr habe sie dann, sagt meine Mutter, zittern müssen, daß aus mir »etwas wird«.

Meinen Vater habe ich lange nicht gefragt, warum er mir den Hansi weggenommen hat. Ganz erwachsen war ich schon, als ich ihn danach fragte, und er hat gelacht und hat mir zur Antwort gegeben, daß das doch ganz selbstverständlich gewesen sei. Viel zu maßlos und heftig, hat er gesagt, sei meine Zuneigung zum Hansi gewesen, an gar nichts anderes als den Hansi habe ich mehr denken können. Und das hätte mir sehr geschadet. Und wenn meine Mutter dahintergekommen wäre, hat er gesagt, dann wäre erst recht der Teufel los gewesen. Dann hätte ich nur Scherereien und Streitereien gehabt. Nichts als Geschrei und Tränen hätte es dann gegeben.

»Es war wirklich nur zu deinem Schutz«, hat mein Vater gesagt. Aber das glaubte ich nicht. Bis heute glaube ich es ihm nicht. Er hat es einfach nicht ausgehalten, daß ich jemand anderen genauso stark liebe wie ihn. Nur das hat er nicht zugelassen.

Nachwort von Christine Nöstlinger zur Neuausgabe von »Maikäfer, flieg!« & »Zwei Wochen im Mai«

Bald werden es zwanzig Jahre sein, die vergangen sind, seit ich diese beiden Bücher, die aus meiner Kindheit erzählen, geschrieben habe.

Zwanzig Jahre sind eine lange Zeit. In dieser langen Zeit habe ich mich sehr verändert. Ich habe viel dazugelernt und viel vergessen. Meine Kindheit ist heute – zugleich – weiter weg von mir und näher bei mir.

Erinnerungen, die ich an mich als Kind vor zwanzig Jahren noch ganz bunt und lebhaft im Kopf hatte, sind nun etwas verblichen und vage geworden. Dafür sind andere aufgetaucht. Nicht weniger bunt und lebhaft.

Die Wirklichkeit meiner Kindheit scheint für mich in jedem Jahrzehnt meines Lebens eine andere zu sein.

Im »Maikäfer flieg« und den »Zwei Wochen im Mai« erzähle ich vom Krieg, von den Bombenfliegern, den Russen, den Nazis, dem Wiederaufbau und den Amis, aber vor allem erzähle ich ja doch von einem kleinen Mädchen, das mit dem Lieben und dem Geliebtwerden nicht zurechtkommt.

Was die Umstände betrifft, unter denen dieses Nichtzurechtkommen von mir erlebt wurde, was also Krieg, Bombenflieger, Russen, Nazis, Wiederaufbau und Amis betrifft, decken sich meine heutigen Erinnerungen noch immer mit denen, die ich vor zwanzig Jahren hatte. Was aber die Menschen betrifft, mit denen ich als Kind gelebt hatte, die mir das Geliebtwerden leicht oder schwer, das Lieben möglich oder unmöglich gemacht hatten, deckt sich vieles gar nicht mehr. Der Großvater und die Großmutter, die Mutter und der Vater, die Schwester, sie alle haben sich in meiner Erinnerung sehr verändert. Warum das geschehen ist, habe ich mir so zurechtgelegt:

Vor zwanzig Jahren lebten meine Eltern noch, und solange sie lebten, konnte ich ihnen nicht verzeihen. Meinem Vater nicht, daß ich ihn zu viel geliebt habe, meiner Mutter nicht, daß ich sie zu wenig geliebt habe.

Ich schrieb mir also meine Wut und meine Trauer von der Seele. Ich schrieb diese zwei Bücher zu einem guten Teil wohl auch für meine Eltern. Als ziemlich hilfloses Angebot zur Auseinandersetzung mit dem was sie mir Kind »angetan« hatten.

Ich weiß noch genau, wie ich schreibend vor der Reaktion meiner Mutter auf das Geschriebene Angst hatte und mir trutzig dachte: Trotzdem! Lies das nur! Und kapier endlich, wie du mir eine ganze Kindheit lang auf die Nerven gegangen bist!

Und ich weiß auch noch, wie ich schreibend immer wieder meinem Vater lange Kopf-Monologe hielt. Ihm gegenüber fühlte ich mich nicht schuldig, ihn sah ich in meiner Schuld. Er sollte mir, verdammt-noch-einmal, endlich erklären, warum er mich zu dieser unmäßigen Liebe gezwungen hatte!

Weder meine Mutter noch mein Vater haben mein Angebot angenommen. Sie haben einfach so getan, als hätten sie die beiden Bücher nicht gelesen. Egal, ob sie bloß so taten oder ob sie sie wirklich nicht gelesen haben, es kommt auf das gleiche heraus.

Vor zwanzig Jahren war ich ihnen deswegen böse. Heute meine ich zu verstehen, daß sie damals eben genauso hilflos waren wie ich. Dieses späte Verstehen kommt wohl zum Teil auch daher, daß ich nun selber erwachsene Kinder habe und auch nicht weiß, wie ich mit dem, was ich ihnen in ihrer Kindheit angetan habe, umgehen soll.

Und dann ist da noch meine Schwester. Die lebt, und ich habe sie in den letzten zehn Jahren sehr liebgewonnen. Ja, das gibt es, daß man mit vierzig Jahren noch anfangen kann, die Geschwisterliebe zu erlernen. Und Liebe läßt einem ganz andere Erinnerungen aus dem Kopf-Depot hervorkramen.

Vielleicht schreibe ich noch einmal ein Buch über meine Schwester. Und dann wird sie für die Leser von »Maikäfer flieg« und »Zwei Wochen im Mai« gar nicht mehr wiederzuerkennen sein. Wie sie dann sein wird, kommt ganz darauf an, wieviel Zeit ich mir noch für dieses Buch lasse. Ich habe ja noch keine Ahnung davon, was ich in ein paar Jahren an Erinnerungen aus meinem Kopf-Depot herausholen werde, ich weiß ja nur, was mein Hirn jetzt an Erinnerung gerade zuläßt.

An der Wand, hinter meinem Schreibtisch, klebt ein Zettel. Darauf habe ich einen Satz geschrieben, den ich vor ein paar Jahren im Radio gehört habe. Der Martin Walser hat diesen Satz in einem Interview gesagt. Und dieser Satz betrifft mich so sehr, daß ich ihm, seit er da klebt, jeden Tag mindestens einmal freundlich zunicke. Er lautet: Ich verändere nichts, mich verändert alles!

Wien, im Dezember 1989

Bücher von Christine Nöstlinger

Hugo, das Kind in den besten Jahren

Roman. 320 Seiten, Gulliver Taschenbuch (78142) *ab 12*
Hugo ist das Kind, das nie erwachsen wird. Allen altgewordenen und unterdrückten Kindern möchte er helfen. Dabei wird er selbst von seinen Eltern ordnungsliebend unterdrückt. Durch gemeine List und ungewöhnliche flugtechnische Kenntnisse verschafft er sich aber Ausgang und unternimmt abenteuerliche Reisen.

Einen Vater hab ich auch

Roman. Gebunden, 192 Seiten (79652) *ab 12*
Feli kommt mit ihren ›geteilten‹ Eltern gut zurecht. Erst als die Mutter diesen tollen Job in München annimmt, gerät alles durcheinander. Feli will unbedingt in Wien bleiben. Doch der Vater hat keinen Platz für sie, meint er.

Der TV-Karl

Roman. Gebunden, 80 Seiten (79670) *ab 10*
Zwischen dem TV-Karl und Anton entsteht eine große Freundschaft. Und weil der TV-Karl zum echten Lebensberater für alle Anton-Probleme wird, will ihn der Anton auch mit niemandem teilen. Doch die phantastische Tagebuch-Geschichte nimmt eine dramatische Wendung.

Der Zwerg im Kopf

Roman. Mit Bildern von Jutta Bauer.
Gebunden, 168 Seiten (80035) *ab 10*
Ein Zwerg im Kopf bringt Spannung ins Leben und hilft bei Problemen. Davon hat Anna nämlich genug. Vor allem mit den Eltern, die getrennt leben.

Stundenplan

Roman. 136 Seiten, Gulliver Taschenbuch (78709) *ab 14*
Die Welt der Vierzehnjährigen, wie sie wirklich ist: der tägliche Kram, die Probleme mit den Erwachsenen, Schule, Klatsch, Liebe, Eifersucht und der Treff mit den anderen.

Beltz & Gelberg
Beltz Verlag, Postfach 10 01 54, 69441 Weinheim